南方医科大学近医学科特色系列教材

卫生法学
Science of Health Law

杜仕林　主　编
李娜玲　冯　曦　副主编

中山大学出版社
·广州·

版权所有　翻印必究

图书在版编目（CIP）数据

卫生法学／杜仕林主编．—广州：中山大学出版社，2012.4
ISBN 978-7-306-04133-3

Ⅰ．①卫…　Ⅱ．①杜…　Ⅲ．①卫生法—法的理论—中国—医学院校—教材　Ⅳ．①D922.161

中国版本图书馆 CIP 数据核字（2012）第 048012 号

出版人：祁　军
策划编辑：鲁佳慧
责任编辑：鲁佳慧
封面设计：曾　斌
责任校对：杨文泉
责任技编：黄少伟
出版发行：中山大学出版社
电　　话：编辑部 020-84111996，84113349，84111997，84110779
　　　　　发行部 020-84111998，84111981，84111160
地　　址：广州市新港西路 135 号
邮　　编：510275　　传　真：020-84036565
网　　址：http://www.zsup.com.cn　　E-mail：zdcbs@mail.sysu.edu.cn
印刷者：广州市友盛彩印有限公司
规　　格：787mm×1092mm　1/16　19.5 印张　470 千字
版次印次：2012 年 4 月第 1 版　2019 年 7 月第 4 次印刷
印　　数：6001～7000 册　　定　价：45.00 元

如发现本书因印装质量影响阅读，请与出版社发行部联系调换

"南方医科大学近医学科特色系列教材"编委会

编委会主任：周增桓　姜　虹
编委会副主任：文民刚　王维平
编委会委员：（按姓氏笔画排序）
邓坤金　孙　鳌　李国兴　李海燕　邢晓辉　邹　飞
陈立明　严金海　林雄辉　赵　棣　耿仁文　常军武
曾志嵘　曾其毅　雷锦程

内 容 提 要

本书是南方医科大学近医学科特色系列教材之一。全书共分两编、十三章。绪论部分是对卫生法学这门课程和学科的入门介绍，主要介绍了卫生法学的概念与特征、研究对象与体系，以及卫生法学与相关学科的关系。上编是卫生法学总论，主要对卫生法学的基本理论问题进行了介绍，分为五章。第一章重点介绍了卫生法的概念与特征、调整对象、法律渊源。第二章分析了卫生立法的特点和国内外卫生立法的历史演变，并重点分析了我国改革开放后卫生立法的现状与未来。第三章分析了卫生法的健康公平理念。第四章对卫生法的基本原则进行了深入分析和思考。第五章对卫生法律责任进行了介绍。下编是卫生法学分论，分为八章，围绕卫生法的调整范围，分析介绍了卫生法在不同领域的具体法律制度，并针对不同领域的特点提出了具体的法律制度完善意见。分论的具体内容包括：医疗卫生资源管理法律制度、公共卫生法律制度、医疗产品法律制度、健康相关产品法律制度、医患关系法律制度、医疗保障法律制度、传统医学法律制度、医学科学新技术相关法律制度。

本书可作为全国高等院校卫生法学、卫生事业管理、卫生经济等专业的本科生和研究生教材以及医学专业的选修及参考教材，还可作为参考书或培训教材提供给卫生法律实务和医院管理人员使用。

前　言

《卫生法学》是高等医科院校近医学科特色系列教材之一。

随着人类社会的进步，医疗卫生领域的法律问题显得越来越重要。能否保障健康，关键在于对个人卫生行为和社会卫生行为的规范。如何用法律规范来规范医药卫生领域的个人卫生行为和社会卫生行为，是现代社会所必须思考的。人类医学模式已经演变为社会—心理—生物医学模式。在此背景之下，卫生法学作为一门学科存在具有其社会回应性。自20世纪90年代起，卫生法学研究在国内开始起步；自21世纪初，卫生法学专业教育异军突起。本书的编写，旨在为卫生法学研究和卫生法学教育贡献一份力量，以期达到抛砖引玉的效果。

与其他同类教材相比，本书具有以下特点：一是，本书本着卫生法学作为一个独立学科的基本判断，以维护和保障公民生命健康权益为主线，将卫生法学的基本理论和具体的卫生法律制度有机结合，既突出卫生法学自身理论体系的完整性和独特性，又汲取了卫生立法的最新成果。二是，本书突破了以往卫生法学教材编写中局限于对现有卫生法律法规予以注释的局限，更多地按照卫生法学本身的学科体系，坚持理论与实践的有机结合。三是，为保证卫生法学学科理论体系的完整性与内部逻辑性，本书分为卫生法学总论、卫生法学分论两编。四是，在实用性方面，结合各章节的内容，精心选取了若干卫生法学案例或实证资料，以注重理论与现实的结合。

《卫生法学》凝结了全体编写人员的努力与汗水。各章编写分工如下：

杜仕林：绪论、第一章第二节、第二章、第三章、第六章第一节。

李娜玲：第十二章、第十三章。

冯　曦：第六章第二、三节、第七章。

翟方明：第一章第一、三、四节。

雷　娟：第四章。

姜　雯：第五章。

翁开源：第八章。

胡汝为：第九章。

陈晓嫱、雷光和：第十章。

贺红强：第十一章。

在本教材出版之际，对于支持、帮助本教材编写及出版的领导、老师，一并表示诚挚的谢意。对于教材中存在的错误及不足之处，恳请批评指正，并提出宝贵意见，以期不断修订完善。

编　者

2011年12月

目 录

绪论 ·· (1)

上编 卫生法学总论

第一章 卫生法概述 ·· (8)
  第一节 卫生法的基本概述 ·· (9)
  第二节 卫生法的调整对象与卫生法律关系 ·· (12)
  第三节 卫生法的渊源 ··· (16)
  第四节 卫生法的效力 ··· (18)

第二章 卫生立法 ·· (22)
  第一节 卫生立法概述 ··· (25)
  第二节 卫生授权立法 ··· (28)
  第三节 卫生立法的历史演进 ··· (31)
  第四节 我国改革开放后的卫生立法解读 ·· (33)

第三章 卫生法的健康公平理念 ··· (37)
  第一节 健康公平概述 ··· (38)
  第二节 健康公平的法律本质 ··· (42)
  第三节 健康公平的实现途径 ··· (45)

第四章 卫生法的基本原则 ·· (49)
  第一节 卫生法基本原则概述 ··· (50)
  第二节 卫生法基本原则的具体分析 ··· (56)

第五章 卫生法律责任 ··· (66)
  第一节 卫生法律责任概述 ·· (66)
  第二节 卫生民事责任 ··· (68)
  第三节 卫生行政责任 ··· (69)
  第四节 卫生刑事责任 ··· (71)

下编 卫生法学分论

第六章 医疗卫生资源管理法律制度 (76)
第一节 医疗卫生资源概述 (76)
第二节 医疗机构管理法律制度 (82)
第三节 执业医师法律制度 (89)

第七章 公共卫生法律制度 (99)
第一节 突发公共卫生事件法律制度 (99)
第二节 公共卫生监督法律制度 (112)
第三节 传染病防治法律制度 (123)
第四节 职业病防治法律制度 (133)
第五节 国境卫生检疫法律制度 (138)

第八章 医疗产品法律制度 (145)
第一节 药品管理法 (145)
第二节 血液与血液制品法律制度 (160)
第三节 医疗器械管理法律制度 (169)

第九章 健康相关产品法律制度 (175)
第一节 健康相关产品概述 (176)
第二节 食品安全管理法律制度 (178)
第三节 保健食品管理法律制度 (196)
第四节 化妆品管理法律制度 (198)

第十章 医患关系法律制度 (201)
第一节 医患关系概述 (201)
第二节 医患间的权利与义务 (205)
第三节 医患纠纷的预防与处理 (210)
第四节 医患纠纷诉讼 (214)

第十一章 医疗保障法律制度 (226)
第一节 医疗保障制度概述 (227)
第二节 农村医疗保障法律制度 (235)
第三节 城镇医疗保障制度 (242)
第四节 医疗保险法律制度 (249)

第十二章 传统医学法律制度 ……………………………………………… (256)
 第一节 传统医学法律制度概述 ……………………………………… (256)
 第二节 中药管理法律制度 …………………………………………… (259)
 第三节 中医医疗机构管理法律制度 ………………………………… (264)
 第四节 民族医药管理法律制度 ……………………………………… (267)

第十三章 医学科学新技术相关法律制度 …………………………… (271)
 第一节 人工生殖相关法律制度 ……………………………………… (271)
 第二节 基因工程相关法律制度 ……………………………………… (279)
 第三节 器官移植相关法律制度 ……………………………………… (282)
 第四节 脑死亡相关法律制度 ………………………………………… (287)
 第五节 安乐死相关法律制度 ………………………………………… (290)

参考文献 …………………………………………………………………… (294)

绪 论

> **+ 学习目标**
> 通过本章的学习,使学生能够初步了解卫生法学是一门什么样的学科,能够初步把握卫生法的本质和特点,并能够很好地认识学习卫生法学的重要性,还能够初步掌握学习卫生法学这门学科的方法。
> (1) 掌握:卫生法学的概念与特征;卫生法学的研究对象和体系。
> (2) 理解:卫生法学与相关学科之间的关系。
> (3) 了解:卫生法学的历史发展与学科地位;卫生法学的学习意义与学习方法。

一、卫生法学的概念

卫生法学是自然科学和社会科学相互渗透交融的一门新兴边缘交叉学科,是对卫生领域的法律现象进行研究的一门学科。从法学角度看,它是法律科学中一门有关医药卫生问题的应用学科。虽然卫生法的学科属性具有交叉性,但从学科主导性来看,我们认为,卫生法学是研究卫生法律规范及其发展规律、医药卫生领域的法律现象的一门社会科学,属于法学的分支学科。其研究目的和宗旨是促进卫生事业健康发展,保护和增进民众的健康。它是医学、卫生学、药物学等自然科学和法学相互交融、渗透,并随着传统生物医学模式向现代生物—心理—社会医学模式的转变而逐渐产生和发展起来的新兴学科。

二、卫生法学的特征

(一) 卫生法学的新兴性

卫生法学作为一门独立的学科,大致形成于 20 世纪 60 年代后期。当时,在世界范围内卫生立法得到了迅猛发展,其主要原因是由于卫生事业在整个国家社会经济中占有越来越重要的地位,而在其发展中又产生了许多新的社会关系,需要制定相应的法律规范予以调整。同时,医学新技术的广泛应用,在为人类造福的同时也带来了道德和法律上的困惑,并产生一系列副作用,需要通过立法来加强管理;此外随着社会经济的发展,人们对健康和疾病的了解越来越深刻,法制意识逐渐增强,医患双方的冲突和纠纷日渐增多,需要有专门的法律法规来调整。因此,作为研究卫生法律规范及其发展规律的卫生法学学科在世界许多国家兴起。

（二）卫生法学的交叉性

卫生法学是法学与医学、卫生学、药物学等自然科学相互结合的产物。法学是研究法、法律的现象以及与法相关问题的理论体系，用法律手段维护卫生事业健康发展，保护和促进民众健康是法学的宗旨之一。医学、卫生学、药物学等自然科学虽然有着各自的研究领域，但同样具有保护和促进民众健康的宗旨。而卫生法学则是借助以上学科的成果而发展起来的综合性学科，运用这些学科的概念和方法去研究卫生领域的法律问题。因此，卫生法学是为了保护人类健康这一共同对象，将相关学科的方法和对象有机地结合起来的交叉学科。

（三）卫生法学的技术性

作为卫生法学研究对象的卫生法律规范，相当部分是由操作规程和卫生标准构成的。卫生法律规范是依据医学等自然科学的基本原理和研究成果制定的，同时为保护人类健康这一特定对象，又必然将直接关系到人类健康的科学工作方法、程序、卫生标准等确定下来，这些操作规程和卫生标准经有权机关发布就成为必须遵守的技术性法律规范，具有法律约束力。可见，与其他法学学科相比而言，卫生法学具有更强的技术性特征。

（四）卫生法学的综合性

卫生法学具有多学科相互融通的特征。有效保护人类健康是一个具体而又复杂的社会统工程。作为以保护人类健康为根本目的的卫生法学，必须将医学、法学、伦理学、管理学等学科的有关研究成果融合起来，才能实现自己的宗旨。同时卫生法调整的社会关系涉及行政、民事、刑事等多种法律关系。因此，卫生法学不仅以法理学为基础，而且与行政法学、民法学、刑法学等法律部门密切相关，表现出很强的综合性。

三、卫生法学与相关学科的关系

（一）卫生法学与法学

法学，是以法和法律现象及其发展规律为研究对象的一门社会科学。卫生法学，则是以卫生法为研究对象的一门法学分支学科，两者是一般与特殊的关系。卫生法学在法学基础理论的指导下开拓、发展自己的专门研究领域，而法学则可以吸收卫生法学中带有普遍意义的原则和规律来丰富自己。但法学对卫生法学的指导处于主导地位，因此，学习和研究卫生法学应该努力掌握法学基础理论知识。

（二）卫生法学与医学伦理学

医学伦理学是运用一般伦理学的道德原则来解决医疗卫生实践和医学科学发展中人们相互之间、医学与社会之间的关系而形成的一门科学。两者的区别是：卫生法学是以医疗卫生领域的法律为主要研究对象，卫生法律具有强制性，作用范围只限于违法者，且只存在于阶级社会；而医学伦理学以医德为研究对象，是一种非强制性力量，它主要依靠医务人员对医德规范的自觉遵守，适用于医学职业的所有方面而且存在于任何社会，并随医学的发展而发展。两者的联系是：医德与卫生法律都是用来调节人们的行为规范，而且互相渗透、彼此包含，即卫生法律规范包含着医德，医德规范中也有卫生法律的内容。因此，医学伦理学与卫生法学在内容上相互吸收，在功能上相互补充，共同调节人们之间的关系，维护广大人民的健康利益和社会秩序。

（三）卫生法学与卫生政策学

卫生政策是党和国家在一定的历史时期内，为实现一定的卫生目的和任务而制定的行为准则。两者的区别是：首先，卫生法通过法律等规范性的文件形式表现，规定人们的权利和义务，内容较为具体；而卫生政策则通过决议、决定、纲要等形式表现出来，内容比较笼统。其次，卫生法比卫生政策更有稳定性，卫生政策的时间性较强，随着形势的发展而变化较快。两者的联系是：一方面党和国家的卫生政策是卫生法的灵魂和依据，卫生法的制定要体现党和国家政策的方向和内容；另一方面卫生法是实现党的卫生政策的工具，是卫生政策的具体化和规范化。当然，卫生法和卫生政策都是建立在一定的经济基础之上的上层建筑，在本质上是一致的，都体现了广大人民群众的意志和利益，都具有规范性，是调整社会关系的行为准则。

（四）卫生法学与卫生管理学

卫生管理学是研究卫生管理工作中普遍应用的基本管理理论、知识、方法及其规律的一门学科。两者的区别是：卫生管理的方法有多种，法律方法仅是其中的一种。卫生法律法规是卫生管理工作的活动准则，实施卫生管理工作的准则和依据。但卫生法学与卫生管理学的出发点都是为了加强管理，保障卫生事业健康发展，更好地保护人民健康。

四、卫生法学的研究对象与体系

（一）卫生法学的研究对象

卫生法学的研究对象包括两个方面，一是卫生法律规范，二是卫生法律现象及其发展规律。卫生法律规范主要包括：卫生法学的产生和发展规律，具体包括卫生法的调整对象、特征、基本原则、卫生法学体系；卫生法学的制定和实施；卫生法学与相关学科之间的关系；国外卫生法学理论；立法和司法实践。卫生法律现象则是与医药卫生相关的法律现象，是医药卫生领域的许多问题的法律解决之道，比如安乐死、器官移植、辅助生殖技术、转基因食品等医药卫生领域的高科技发展问题的法律解决，还比如医药卫生体制改革中的具体制度建构等体制性问题的法律解决。

（二）卫生法学的体系

卫生法包括医药卫生领域的所有法律规范，涉及公共卫生、卫生资源管理、医疗产品、医患关系、健康相关产品、医疗保障、医药高科技、传统医学等诸多方面，构成了一个宽泛、庞杂的医药卫生领域的法律体系。卫生法学作为一个学科存在，其研究领域与卫生法体系是基本一致的，但作为一个学科存在，其必须具有能够自圆其说的理论体系和理论脉络。综观整个卫生法律体系，卫生法学均是围绕公民健康权的公平保障展开研究的，可以说其理论脉络就是公民健康权的公平保障。同时，尽管卫生法学是医学和法学的一门交叉学科，但其作为法学学科的一门分支学科，应遵循法学学科的基本范畴及基本理论线索。因此，卫生法学的体系大致可以做如下表述：

（1）卫生法学总论。该部分主要围绕卫生法学的理论脉络展开，包括卫生法学的概念与特点、卫生法的调整对象、卫生法基本原则与基本理念、卫生法律责任等。该部分应注重理论性，成为卫生法学学科存在的基础，也是卫生法学研究最应加强的部分。

（2）卫生法学分论。该部分主要围绕卫生法律体系展开，可以包括公共卫生法律制度、卫生资源管理法律制度、医患关系法律制度、医疗产品和健康相关产品法律制度、传统医学法律制度、医学高科技法律制度等具体法律制度。

五、卫生法学的发展历程与学科地位

（一）卫生法学的发展历程

在国际上，卫生法学作为一门学科，形成于20世纪60年代后期。由于生产社会化的加剧，卫生事业的发展对社会生产起着举足轻重的地位，并且在卫生事业的发展过程中，产生了许多新的社会关系，原有的法律规范不能调整，需要新的法律规范来予以规范。涉及临床医学、公共卫生、疾病防治、职业卫生、人类生殖、人口政策、药品管理、食品卫生、传统医学、精神卫生和健康教育等领域立法日趋完善。随着立法数量的增多，卫生法学研究的基本理论完善，理论体系逐步建立了轮廓，卫生法学作为一门学科的条件日趋成熟。

卫生法学在国内的出现始于20世纪80年代中期。卫生法制建设的发展，促进了卫生法学这一新兴学科的繁荣与发展。1989年，在沈阳首次召开了有五大卫生部门（卫生部、国家计划生育委员会、解放军总后勤部卫生部、国家医药管理局、国家中医药管理局）从事医学法学研究的专家参加的理论研讨会。同样中华医学会医学教育学会医学法学专业学会组建成立。1992年11月，卫生部主办的《中国卫生法制》创刊发行。1993年3月5日，中国卫生法学会经国家民政部注册登记批准成立。近年来，各地相继成立了省级、地（市）卫生法学社团。全国已有近30所医学院校开展了卫生法学专业建设，不少具有医学和法学复合背景的年轻学者加入了卫生法学研究和教学团队。同时，五大传统政法院校和不少全国著名综合性高校的法学专家也开始关注卫生法学，并且不少院校也相继成立了卫生法学研究机构。尽管目前卫生法学领域的高质量研究成果还较少，卫生法学的基本理论体系还不够完善，但随着卫生法学学者队伍的不断壮大，加之卫生立法的日趋成熟和完善，高水平的卫生法学研究成果必将越来越多，也将越来越引起传统法学界的高度关注和卫生立法界的高度重视。

（二）卫生法学的学科地位

虽然关于卫生法是不是独立的法律部门，目前还存在较多争议，但这并不妨碍卫生法学成为一门独立的学科。因为"法律部门"与"法学学科"是两个不同的法学范畴。法律部门是调整同一类社会关系的法律规范的总和，而法学学科是研究特定领域法律规范所形成的法学门类。传统上，法律部门的划分与法学学科的划分是一致的。有一个法律部门，就有一个与之相对应的法学学科。但现代社会法律规范所调整的社会关系日益复杂，一个法律问题的缘起往往不再仅仅局限于一个法律部门，而是跨越两个乃至两个以上法律部门。对于错综复杂的法律问题，已不是通过单独研究某一法律部门就可以解决的，而是需要对分散于各个法律部门的多种相关的法律规范进行综合研究才能应对，由此而形成的综合性法学学科的研究范围必然涉及多个法律部门。现代法理学也不再拘泥于法律部门的划分与法学学科划分的完全一致，尤其是对于一些交叉学科，更是如此。因此，即使目前我国不存在一个独立的"卫生法"法律部门，但并不影响一个独立的"卫生法学"学科的存在。

2009年1月，国务院常务会议通过《关于深化医药卫生体制改革的意见》（即新医改方案），确立了逐步实现人人享有基本医疗卫生服务的远大目标。卫生事业的发展和宏伟目标的实现，需要不断推进卫生管理体制和卫生服务体系以及医疗卫生机构内部运行机制的改革和创新。各项改革措施的实施势必会遇到许多新情况、新矛盾，将会更加尖锐地触动体制性、结构性、机制性等深层次的问题。卫生法学作为一门独立学科，不断丰富和发展，将为我国深化医药卫生体制改革和卫生事业长远健康发展，提供更加坚实的理论基础和营造更加良好的法治环境。

六、学习与研究卫生法学的意义

（一）保障公民健康权的需要

我国的医药卫生事业，以为公民的健康服务为中心，以维护公民的健康权利为核心。卫生法学也同样围绕公民健康权的保障而展开。学习和研究卫生法学，对于中国公民而言，可以掌握或了解卫生法学的基本原理、基本概念，对生命权和健康权有一个全面、系统、科学的认识，树立法治观念，尊重生命，尊重健康，在自身健康权受到侵犯时，可以维护自己的合法权利，同时在日常生活和工作中，依法遵守相关卫生法律规范，约束与规范自身行为，提高遵守卫生法律规范的自觉性。

（二）落实依法治国方略的需要

医药卫生事业是社会主义事业的重要组成部分，依法管理医药卫生事业是实现依法治国、建设社会主义法治国家的重要组成部分。加强对卫生法学的学习和研究，能够有助于提高卫生立法水平，培养公民的卫生法治意识，提高公民的卫生法治观念，进而有助于实现依法治国、建设社会主义法治国家的宏伟目标。

（三）发展医药卫生事业的需要

在新的历史时期，医药卫生事业面临诸多挑战，也面临诸多机遇。尽管医药卫生事业有着自身的特点和规律，但仍然离不开法律制度的规范和保障。医药卫生事业的发展需要法律予以保障，医药卫生事业也将逐步走向法治化管理的轨道，不仅医药卫生从业人员、各类医药卫生服务机构均要进行法治化管理，而且公民的卫生行为、求医行为、尊医行为均要进行法治化管理。学习和研究卫生法学，有助于培养医药卫生领域从业人员的法律素养，明确其在执业中的权利与义务，正确履行岗位职责，也有助于培养公民的守法意识，保障医药卫生事业的良性发展。

(四) 提高卫生执法水平的需要

卫生行政执法是政府管理医药卫生事业的基本方式，是实现预防战略、保障公民健康权得以实现的基本手段。卫生执法水平的高低，不仅关系到改善社会公共卫生状况、提高社会卫生水平和公民生活质量的问题，而且关系到规范市场经济秩序、优化投资环境、促进经济发展的问题。学习和研究卫生法学，既能够培养一支既有丰富的专业知识又有法治意识的卫生执法队伍，又能够有助于完善卫生法律体系，更好地做到有法可依、有法必依、执法必严、违法必究，不断提高卫生执法水平。

七、学习与研究卫生法学的方法

(一) 理论联系实际的方法

卫生法学是一门应用性较强的法学学科，具有很强的实践性。这里的理论，主要包括卫生法学的基本理论、基本知识和相关学科的知识。这里的实践，主要指医药卫生领域的大量法律问题和法律现象。所谓理论联系实际，一是要联系客观的事实、制度、现象和实际存在的问题；二是要密切关注我国医药卫生体制改革和卫生法治建设的实践；三是要联系各种社会思潮，认清各种观点的优劣，能够正确把握学习和研究的方向；四是要结合个人思想实际和专业工作实际，注重个人特点和个人发展路径。只有广泛地联系和深入地考察卫生法治实践，才能开拓我们的眼界和思路，避免纸上谈兵和思想僵化；同时要注意充分应用卫生法学的基本理论来研究问题和解决问题，才能让理论的科学性在实践中得到检验。

(二) 比较分析的方法

卫生法学是一门医学和法学的交叉学科，与法医学、卫生管理学、卫生政策学、医学伦理学等多门学科均有交叉。比较分析方法是学习卫生法学的基本方法之一。比较有纵向比较和横向比较之分。纵向比较就是了解古今卫生法律规范的历史演变，用批判分析的态度对待卫生法学历史；横向比较就是要了解世界各国的卫生法律制度和国际卫生立法状况，既要吸收国外卫生立法的先进经验和科学成果，又要剔除其不符合我国国情的成分，做到有分析、有比较、有选择，注重形成和发展具有中国特色的卫生法律体系和卫生法学体系。

(三) 历史分析的方法

法是人类社会发展到一定历史阶段的产物，同当时的社会物质生活条件密切联系，也受到当时的社会政治、经济、文化和宗教等社会意识形态的影响。卫生法律规范的确定和实施都是基于具体的历史条件和特定的历史背景的。我们在学习和研究卫生法学的过程中，一定要坚持历史分析的方法，对法律规范和法律现象的研究要同一定的社会经济关系、意识形态以及卫生事业发展的实际状况等联系起来，深入研究不同卫生法律规范的产生和发展基础，探索其产生和发展的根源和条件。

关键术语

卫生法学（science of health law） 历史发展（history development） 学科地位（subject status） 研究对象（study object） 内容体系（content system） 概念与特征（concept and features） 研究与学习意义（significance of health law study） 研究与学习方法（method of Health Law Study）

问题与思考

（1）简述卫生法学的历史发展。
（2）简述卫生法学的研究对象和体系。
（3）简述卫生法学的学科地位。
（4）简述卫生法学的概念和特征。

（杜仕林）

上编　卫生法学总论

第一章　卫生法概述

> ✚ 学习目标
> 通过本章的学习，使学生掌握卫生法的基本概念和特点，对卫生法这门新兴的部门法有深刻的认识，并能够与民商法、行政法、经济法等部门法能够对比分析，能够熟练把握卫生法的特殊性。
> (1) 掌握：卫生法的概念及特点；卫生法的调整对象的概念与特征；卫生法律关系的构成要素；卫生法的效力等级。
> (2) 熟悉：卫生法学与卫生法的区别；卫生法的具体调整对象；卫生法律关系的概念与特征；卫生法的渊源。
> (3) 了解：卫生法学的概念、特征与学科地位；卫生法的作用；卫生法律关系的产生、变更与消灭。

案例 1-1

医生为救人献血，医院被判非法采血受罚

2005年6月，昆明市某产妇在东川区人民医院行剖宫产术后，子宫出现大出血症状，医护人员迅速向她体内输入1 600 mL悬浮红细胞，但该产妇仍出血不止，生命垂危；在四处为她寻找AB血型的义务献血者无果、电话征得区卫生局领导同意的情况下，妇产科主治医生卢某紧急为产妇义务献血200 mL，使其转危为安。卢某的医德感动了患者全家，也感动了全体医务人员。但接到群众举报的云南省卫生厅法监处经过调查认定：东川区人民医院没有采供血许可证，为患者进行采供血的行为属于非法采供血。通知医院停止非法采用血行为、进行整改、不准表扬卢某，并处以医院6万元罚款。

第一节 卫生法的基本概述

一、卫生法的概念与特点

(一) 卫生法的概念

卫生法是指调整国家在保障公民健康权实现的活动或过程中所产生的社会关系的法律规范的总称,即国家立法机关制定或认可的,以国家强制力保证实施的,在调整和保护公民健康权实现的活动或过程中所形成的各种社会关系的法律规范的总称。卫生法有广义与狭义之分。广义的卫生法是指一切涉及卫生领域的法律法规的总称,包括所有立法机关和授权立法机关所制定的所有法律法规,即包括卫生单行法律法规和其他法律法规中就卫生领域的规定的总称。狭义的卫生法专指拥有国家立法权的全国人大及其常委会制定的卫生专门法律。

(二) 卫生法的特点

卫生法作为我国法律体系的重要组成部分,具有法律的一般属性,但是,由于卫生法的调整对象是围绕人体健康生命权益而产生的各种社会关系,它不仅要受到政治、经济、文化、社会习俗的影响和制约,而且要受到自然规律和科学技术发展水平的影响。因此,卫生法和其他法律部门相比,又有自己独有的特点。

1. 形式上无统一法典

在形式上,卫生法是由宪法、法律、行政性法规等众多的法律文件所构成,是卫生法律规范的总和。卫生法的这一特征,是由其自身的特殊性所决定的。在卫生领域,需要卫生法调整的范围十分广泛、内容十分繁杂;卫生特别是医疗卫生事项繁琐多变,与卫生有关的法律法规甚多而又修改频繁,这都使卫生法难以在目前对卫生问题作出统一的规定、制定一部统一的卫生法。卫生法体系中还有相当一部分规范性文件是以"办法"、"规定"、"通知"等政策形式出现的。《中华人民共和国民法通则》第6条就明确规定:"民事活动必须遵守法律,法律没有规定的,应当遵守国家政策。"即政策也是人们必须遵守的规范。因此,国家和党的卫生政策在卫生法律关系中也同样适用的,可以说在我国目前卫生法的体系中还占有相当的地位。

2. 融入大量技术性规范

医药卫生工作是一项科学技术性很强的工作,当前科技发展更使医学诊断和治疗过程日益复杂,而卫生法保护的是人体健康,这就要求将直接关系到公民健康的医疗方法、程序、操作规范、卫生标准等大量的技术规范法制化,把遵守技术法规确定为法律义务,确保公民健康权的实现。因此,在众多卫生法律文件中,都包含着大量的操作规程、技术常规和卫生标准,如我国药品管理法规定:"药品必须符合国家药品标准……国务院卫生行政部门颁布的《中华人民共和国药典》和药品标准为国家药品标准。"这里所说的《中华人民共和国药典》和药品标准即属于技术规范,决定着药品的名称、成分、制作工艺等。

这种技术性规范和卫生标准的规定和要求几乎在各种卫生法律法规中都有体现，如《中华人民共和国食品卫生法》（以下简称《食品卫生法》）、《中华人民共和国职业病防治法》（以下简称《职业病防治法》）、《中华人民共和国国境卫生检疫法》（以下简称《国境卫生检疫法》）等。这些广泛用于医疗卫生当中的规定，既具有科技性，又具有法律性，构成了卫生法的重要内容，这在绝大多数非卫生法律规范文件中是没有的。

3. 稳定性不强

一般来说，法律应具有相对稳定性。但是，由于我国卫生行政法制建设才刚刚起步，相当大的一部分卫生方面的事务还在靠政策来调整。同时，卫生法的调整对象涉及卫生行政组织、卫生行政执法和监督、医疗机构和医师管理、计划生育和母婴保健、药品、食品及健康相关产品、公共卫生等多个领域，而这些领域主要由技术性操作规范和技术标准构成，也导致了卫生法内容的科技性。而这些事项的发展与进步，如器官移植、脑死亡、基因诊断与治疗、生殖技术等，不断需要新的立法并对原有的卫生法进行不断的修改和完善因而其调整的范围也就具有不稳定性的特征，导致卫生法就不得不随着卫生事业事项的变更而变更。因此卫生法的修改就较为频繁，表现为多变性。

4. 法律调节手段的综合性

卫生法调整社会关系的广泛性，决定了其调节手段的多样性：既要采用行政手段来调整卫生行政组织管理活动中产生的社会关系，如用行政许可手段来处理机关、团体、企事业单位及公民提出的卫生许可申请，对违法者予以行政处罚，用行政强制措施手段来控制传染病流行等；又要采用民事手段来调整卫生服务活动中的权利义务关系，如医患关系等；同时，对于在医疗卫生和提供食品、药品等服务活动中严重的侵权行为还要追究相应的刑事责任。从这一角度看，卫生法是多元的，因此国外卫生法学将卫生法解释为与卫生保健以及与卫生保健直接有关的一般民事法、行政法及刑法的法律规范的总称。

二、卫生法的作用

法的作用是指法对人与人之间所形成的社会关系所发生的一种影响，它表明了国家权力的运行和国家意志的实现。法的作用可以分为规范作用和社会作用。规范作用是从法是调整人们行为的社会规范这一角度提出来的，而社会作用是从法在社会生活中要实现一种目的的角度来认识的，两者之间的关系为：规范作用是手段，社会作用是目的。

（一）卫生法的规范作用

（1）指引作用。是指卫生法对个人行为所起的引导作用。卫生法律规范不仅通过规范形式从正面引导人们在法律范围内活动，还通过让违反卫生法律规范的人承担的不利法律后果来指引人们权衡得失，自觉守法。

（2）预测作用。是指人们根据卫生法，可以预先估计相互间将怎样行为以及行为的后果等，从而对自己的行为作出合理的安排，适时调整自己的行为。

（3）评价作用。是指卫生法作为人们对他人行为的评价标准所起的作用。

（4）教育作用。是卫生法通过其本身的存在以及运作产生广泛的社会影响，教育人们实施正当行为的作用。

（5）强制作用。是指卫生法以国家强制力制止恶行、强制行为，并迫使不法行为人作出赔偿、补偿或予以惩罚以维护法律秩序的作用。

（二）卫生法的社会作用

（1）贯彻卫生政策。国家对社会的管理方式是多种多样的，其中重要的方式是制定国家政策，包括制定卫生政策，用以规范各级政府的卫生工作和人们的卫生行为。通过卫生立法，使党和国家的卫生政策具体化、法制化，成为具有稳定性、规范性和国家强制性的法律条文，从而使卫生工作向科学化、社会法和法制化方向发展，并最终促进卫生事业的发展。

（2）保障公民生命健康。卫生工作的目的是防病治病，保护人类健康，卫生法就是国家围绕实现这一目的而制定的行为规范的总和。它将现代卫生工作中的许多卫生标准、卫生技术规范和操作规程上升为具有国家强制力的法律规范，使公民的生命健康权益从法律上得到有效保证。同时，人力资源促进经济发展的重要资源之一，卫生法保护人体的生命健康，也就是最终保护生产力，为经济建设发挥巨大的推动和促进作用。

（3）推动医学科学的进步。医学的存在是卫生立法的基础，卫生法的制定与实施是保证和促进医学发展的重要手段。卫生立法将卫生技术规范和医学道德规范上升为法律规范，为医学的发展进步提供了强有力的保障。

（4）推动国际卫生交流和合作。随着世界经济发展和对外开放的扩大，我国与国外的友好往来日益增多，涉及的医疗卫生事务更加宽泛和复杂。为了保障国际贸易额不断增加的食品、药品、医疗用品等质量安全，预防传染病在国际间传播，维护我国主权，保障彼此间权利和义务，我国颁布了一系列涉外的卫生法律、法规和规章，参加或缔结了许多国际卫生公约和条约，使得卫生法在推动国际卫生交流和合作方面起到了重要作用。

案例 1-2

未经患者同意观摩人工流产手术

女青年秦某于 2003 年 9 月在朋友陪同下到青岛市某医院做无痛人工流产手术。手术中，主治大夫孙某让八九位医学生进入手术室观摩，事发后，双方对手术效果没有异议，但秦某对医院不经同意擅自召集见习医生观摩其流产手术的行为极为不满，认为侵犯了自己的隐私权，要求医院作出解释并给予赔偿。但医院方面认为，作为教学医院，组织见习医生观摩手术，是出于医学发展和培养医务人员的公益需要，因此拒绝赔偿。最后秦某以自己的隐私权受到侵害为由，向法院提起诉讼，要求被告给予精神赔偿 2 万元。

第二节　卫生法的调整对象与卫生法律关系

一、卫生法的调整对象

卫生法的调整对象是指在调整和规范公民健康权实现的活动或过程中所形成的社会关系。卫生法所调整的社会关系，既具有复杂性，既涉及人与人间的社会关系，又涉及人与自然间的关系；又具有广泛性和多层次性，涉及卫生事业的宏观管理、生命科学新技术的应用与控制、医药卫生资源的配置等诸多方面。这也是卫生法能够作为一个新的独立法律部门存在的主要因素。

一般来说，卫生法的调整对象主要包括：

（一）卫生组织关系

卫生法把各级卫生行政部门和各级各类卫生组织的法律地位、组织形式、隶属关系、职权范围以及权利、义务等以法律规范的形式予以固定，以形成规范的制度体系，从而能够让国家对医药卫生工作进行有序地组织和管理，并让医疗卫生组织的活动合法有据，同时保障医疗卫生组织的合法活动。如在《医疗机构管理条例》等卫生组织法律法规中，对医疗机构的准入条件、法律地位、职责范围、权利与义务进行了规定。

（二）卫生管理关系

卫生管理关系是指国家卫生行政机关及其他相关机关，在依法进行监督、管理、评估等活动时，其与医药卫生相关的企事业单位、社会团体或者公民之间形成的权利义务关系。此类社会关系是一种纵向的社会关系，具有行政隶属性，比如卫生行政机关与医疗卫生机构之间的医政管理关系，食品药品监督管理部门与餐饮食品市场的监督关系等。

（三）卫生服务关系

卫生服务关系是指卫生行政机关、医疗卫生单位以及有关企事业单位和公民向社会提供卫生咨询指导、医疗预防保健、医疗技术、卫生设施等各种服务活动的过程中，与接受服务的社会主体之间所结成的一种平等主体之间的权利义务关系。如医疗卫生机构与患者之间的医患关系，药品公司与顾客之间的药品供需关系。卫生服务关系是一种横向的社会关系。

二、卫生法律关系

（一）卫生法律关系的概念与特征

法律关系是根据法律规范产生的、以主体间的权利与义务关系的形式表现出来的特殊的社会关系。每一个法律部门都调整着特定方面的社会关系。卫生法作为一个独立的法律部门，同样调整着一定范围的社会关系。卫生法对该特定社会关系的调整所形成的法律关系就是卫生法律关系。具体而言，卫生法律关系就是卫生法所调整的发生于保障公民生命健康权的活动或过程中的社会关系而形成的权利与义务关系。对于卫生法律关系，按照不同的分类标准可以分为不同的类型。按照法律关系的性质进行分类，可以分为卫生行政法律关系、卫生民事法律关系、社会本位卫生法律关系；按照法律关系的内容可以分为卫生管理法律关系、卫生服务法律关系和医疗保障法律关系。

卫生法律关系作为法律关系的一种，同时又是具有区别于其他法律关系的一种特殊法律关系，其独有的特征如下：

1. **具有综合性**

在卫生法律关系中，纵向关系和横向关系相互交错、相互结合，形成了统一的有机整体，具有纵横交错的综合性特征。卫生立法是综合性的社会立法，它不仅包括纵向的卫生管理立法，还包括横向的卫生服务关系立法，同时也包括以社会本位为法律本位的医疗保障等方面的立法。与之相适应，卫生法律关系也包括三个方面，即纵向的卫生管理法律关系、横向的卫生服务法律关系和社会本位的医疗保障法律关系。同时，三者密切联系，共同实现对公民的生命健康权的保障。

2. **以卫生法律规范的存在为前提**

卫生法律关系必须以相应的卫生法律规范的存在为前提。国家为了保障公民健康权得以实现，通过卫生立法，对那些直接关系公民健康的社会关系加以具体规定，保护其不受非法侵犯。当这些社会关系为卫生法所确认和保护时，就上升为卫生法律关系，具有卫生法律的形式。

3. **主体具有特殊性**

卫生法是一门专业性很强的部门法，这就决定了卫生法律关系主体的特殊性，即通常是从事医药卫生工作的组织和个人。在卫生管理法律关系中，必定有一方当事人是卫生管理机关，如卫生行政机关、食品药品监督管理机关等；在卫生服务法律关系中，必定有一方当事人是医药卫生保健服务机构或个人；在医疗保障法律关系中，必定有一方是卫生服务机构或医疗保障相关行政机构。卫生法律关系主体的特殊性，并非凡是有卫生管理机构和卫生服务机构参与的法律关系都是卫生法律关系，一般仅限于在保障公民健康权的活动或过程中的法律关系才是卫生法律关系。

4. **基于保障公民健康权而结成**

卫生法律关系是以保障和维护公民生命健康为目的的。从卫生法律关系形成的过程看，卫生法律关系是在卫生管理和卫生服务过程中形成的各种社会关系，但无论是卫生行政管理中形成的卫生管理法律关系，或者是在卫生服务中形成的卫生服务法律关系，还是在医疗保障推行过程中形成的社会本位的卫生法律关系，其内容都体现了对公民健康权利的保障和维护，其目的都是为了保障人类健康。可以说，没有公民健康权的保障问题，就没有卫生法律关系。

（二）卫生法律关系的分类

有学者认为，卫生法律关系是指基于保障和维护人体健康而结成的多层面的、纵横交错、内外交叉的法律关系，涉及宪法法律关系、行政法律关系、民事法律关系、刑事法律关系等多种法律关系。因此，卫生法律关系由此可以分为卫生民事法律关系、卫生行政法律关系、卫生刑事法律关系、卫生宪法法律关系。卫生民事法律关系主要是指卫生服务关系,即卫生行政机关、卫生机构及组织、有关企事业单位、社会团体和自然人向社会公众提供医药预防保健服务、卫生咨询服务、卫生设施服务等活动过程中所产生的法律关系,表现为提供服务和接受服务的平等主体之间的民事权利与义务关系,强调各方的平等、意思自治、等价有偿。但是,卫生民事法律关系,尤其是医疗机构、医务人员与患者之间的法律关系,并非完全平等的民事法律关系。卫生行政法律关系是指卫生行政主体行使行政职能和接受行政法制监督过程中而与卫生行政相对人、行政法制监督主体之间发生的各种关系,以及行政主体内部发生的各种关系。卫生刑事法律关系反映的是国家公权力对医药卫生活动中的犯罪行为进行追究制裁时发生的各种关系,是卫生法律关系的重要组成方面。① 卫生宪法法律关系则表现为公民与国家之间的关系,现代国家应当构建起基本的卫生服务体系与医疗保障体系,从而承担起维护公民的生命健康权等法定义务。

(三) 卫生法律关系的构成要素

卫生法律关系的构成要素是指构成每一个具体的卫生法律关系所必须具备的因素。同其他法律关系一样,卫生法律关系也是由主体、客体、内容三方面的要素构成的。该三要素必须同时具备,缺一不可,否则该卫生法律关系就无法存在或继续存在。

1. 卫生法律关系的主体

卫生法律关系的主体是指参加卫生法律关系,并在其中享有权利、承担义务的当事人。在我国,卫生法律关系的主体包括卫生行政机关、卫生服务机构、企事业单位、社会团体和自然人。

(1) 卫生行政机关。国家卫生行政机关包括卫生部、中医药管理局、食品药品监督管理局、国家人口与计划生育委员会、国家检疫检验局等及其所属的各级行政部门。卫生行政机关主要通过制定和颁布各种卫生法律法规、政策,采用法律手段或者行政手段管理卫生工作。卫生行政机关同其他主体之间形成的主要是一种命令与服从的管理关系。这种行政关系包括两个方面:一是各级卫生行政机关依法与其管辖范围内的其他国家机关、企事业单位、社会团体、公民等形成的卫生行政法律关系。二是各级卫生行政管理机关之间、各级卫生行政管理机关与法律授权承担公共卫生事务管理的事业单位之间形成的卫生行政法律关系。另外,在社会本位的卫生法律关系中,具有更多服务内容和服务义务,各级各类国家机关与公民之间形成的是具有社会本位的卫生法律关系。同时,各级各类国家机关因需要卫生服务,同提供卫生服务的卫生服务机构之间形成的是卫生服务法律关系。

(2) 卫生服务机构。是指依法设立的各级各类医疗卫生组织,包括医疗卫生机构、医药院校、药检机构、妇幼保健院(所)、卫生防疫站(所)等机构。

(3) 企事业单位和社会团体。企事业单位主要包括依据卫生法的规定,作为行政相对人的食品、药品、化妆品等医疗产品和健康相关产品的生产经营单位,公共场所及

---

① 吴江生,苏玉菊. 医疗卫生法律关系之探析 [J]. 海南医学院学报,2009 (5):15.

工矿企业和学校等。社会团体是指医药卫生领域的各种行业协会，主要包括执业医师协会、餐饮协会等。

(4) 自然人。自然人作为卫生法律关系的主体有两种情况：一是以卫生服务机构内部的工作人员等特殊身份成为卫生法律关系的主体，他们一方面因需要申办资格许可和执业许可，而同卫生行政部门结成卫生行政法律关系；另一方面在提供卫生服务的过程中，他们与患者还结成医患关系。二是以普通公民身份参加卫生法律关系而成为主体，比如医患关系中的患方。对于个体行医的自然人，同样要接受当地卫生行政机关的管理和监督。此外，居住在我国的无国籍人和外国人，如其参加到我国的卫生法律关系中，也可以成为我国卫生法律关系的主体。

2. 卫生法律关系的内容

卫生法律关系的内容是指卫生法律关系的主体依法应当享有的权利和应承担的义务。其中，权利是指我国卫生法赋予主体所享有的权益，表现为享有权利的主体有权做出一定的行为，或者要求他人做出一定的行为，或者要求他人不做出一定的行为，具有选择性，可以放弃。卫生法律关系主体的权利可分为公民等一般社会主体的卫生权利和国家卫生行政机关及其工作人员的职权两种。公民等一般社会主体的卫生权利是指由我国卫生法规定，并由国家强制力保证实现的公民等一般社会主体所享有的卫生权利。国家卫生行政机关及其工作人员的职权是指由国家强制力保证实现的执行医药卫生领域的公务的权力。卫生法律关系主体的义务是指我国卫生法规定的主体应履行的某种责任，表现为负有义务的主体必须作出一定的行为或者必须不作出一定的行为。卫生义务多为一种法定的义务，受到国家强制力的约束，若义务主体不履行或者不适当履行，就要承担相应的法律责任。

卫生权利和卫生义务是卫生法律关系的两个不同方面，相互依存、密不可分。当义务人拒不履行义务或不依法履行义务时，权利人可以依法请求司法机关或卫生行政机关采取必要的强制措施，以保障其权利的享有；当权利人的权利受到对方侵害时，受害人可以依法请求司法机关或者卫生行政机关给予法律保护，并要求依法追究对方的民事责任、行政责任或者刑事责任。

3. 卫生法律关系的客体

卫生法律关系的客体是指卫生法律关系主体的权利和义务所共同指向的对象。卫生法所调整的范围涉及公民健康的各个领域，因而卫生法律关系的客体具有广泛性和多层次性。卫生法律关系的客体大致包括以下方面：

(1) 生命健康权利。生命健康权利是每个自然人生存的客观基础，是自然人正常生活和从事各种活动的重要前提。保障公民生命健康权利的实现是我国卫生法的基本目的。因此，生命健康权利是卫生法律关系最重要的客体。

(2) 卫生行为。指卫生法律关系主体为达到一定目的所进行的活动。它分为作为与不作为两种形式，其中前者是积极的行为，如卫生监督行为和卫生服务行为；后者是对一定行为的抑制，如禁止销售地沟油等。

(3) 物。是指在我国卫生法律关系中可作为主体权利和义务对象的物质财富，主要包括进行各种卫生服务和卫生管理活动中所需要的生产资料和生活资料。随着现代科技和医学科学的发展，器官移植、输血、人工生殖、植皮等医学科技和成果在临床中的大量应用，角膜、血液、骨髓、脏器等人体器官成为可交易、可捐献的对象，人身不再只是传统意义上的法律关系主体，而且在一定范围内、一定条件下已经成为法律关系的客体。不过，有生命的人的身体不是法律上的"物"，不能成为物权、债权等某些法律权利的客体，法律禁止任何人将他人或本人的整个身体作为民法上的"物"进行转让或买卖。

（4）智力成果。是指卫生法律关系的主体在智力活动中创造的精神财富，是医药卫生知识产权所指向的对象，如药品专利、生活用品、健康用品、发明创造等。

（四）卫生法律关系的产生、变更和消灭

卫生法律关系的产生，是指卫生法律关系主体之间的权利义务关系的确立和形成。卫生法律关系的变更，是指构成某一卫生法律关系的要素发生了改变，如主体、客体或者主体权利义务的内容发生了变化。卫生法律关系的消灭，是指卫生法律关系主体之间的权利义务关系的终止。

卫生法律关系的产生、变更和消灭是依据一定的卫生法律规范的规定，依照法定程序，随着一定的卫生法律事实的出现而产生、变更和消灭的。因此，引起卫生法律关系的产生、变更和消灭的条件有两个：一是卫生法律规范的规定。对于卫生法律关系的产生、变更和消灭，必须要有法律规范的事先规定。其中，卫生法律事实也必须是卫生法律规范所规定的法律事实。二是卫生法律事实的出现。是指由卫生法律规范所规定的，能够引起卫生法律关系产生、变更和消灭的客观现象。主要分为卫生法律事件和卫生法律行为。其中，卫生法律事件是能够引起卫生法律关系产生、变更和消灭的、不以人的意志为转移的客观现象，比如人的出生、传染病流行等。卫生法律行为是指卫生法律关系主体有意识、有目的的活动。卫生法律行为有合法行为与违法行为之分，其中，合法行为是符合卫生法规定的或卫生法认可的行为；违法行为是指不符合卫生法的要求或违反卫生法规定的而为卫生法予以否定性评价的行为。

第三节　卫生法的渊源

法的渊源是法的具体外部表现形态，指法由何种国家机关制定或认可，具有何种表现形式或效力等级。卫生法的渊源是卫生法律规范的具体表现形式，以及由于这些形式的权威性质而具有的相应的法律效力。根据我国宪法和法律的规定，我国卫生法的渊源主要有以下几种：

一、宪法

宪法是我国的根本大法，它是由我国最高国家权力机关——全国人民代表大会依照法定程序制定的具有最高法律效力的规范性法律文件。宪法中有关卫生方面的规定，就是我国卫生法的立法依据，也是我国卫生法的重要渊源。

我国现行宪法中有关卫生方面的法律规定主要有：第21条规定："国家发展医疗卫生事业，发展现代医药和我国传统医药，鼓励和支持农村集体经济组织、国家企事业组织和街道组织举办各种医疗卫生设施，开展群众性的卫生活动，保护人民健康。"第25条规定："国家推行计划生育，使人口的增长同经济和社会发展计划相适应。"第40条规定："夫妇双方有实行计划生育的义务。"第45条规定："中华人民共和国公民在年老、疾病或者丧失劳动能力的情况下，有从国家和社会获得物质帮助的权利。国家发展为公民享受这些权利所需要的社会保险、社会救济和医疗卫生事业。"

二、卫生法律

卫生法律是指由全国人民代表大会及其常务委员会制定的卫生方面的专门法律，其效力低于宪法。可分为两种：一是由全国人民代表大会制定的卫生基本法，目前我国还未制定卫生基本法。二是由全国人民代表大会常务委员会制定的卫生基本法律以外的卫生法律，目前已制定的有《中华人民共和国食品安全法》（以下简称《食品安全法》）、《中华人民共和国药品管理法》（以下简称《药品管理法》）、《中华人民共和国国境卫生检疫法》、《中华人民共和国传染病防治法》（以下简称《传染病防治法》）、《中华人民共和国红十字会法》（以下简称《红十字会法》）、《中华人民共和国母婴保健法》（以下简称《母婴保健法》）、《中华人民共和国献血法》（以下简称《献血法》）、《中华人民共和国执业医师法》（以下简称《执业医师法》）、《中华人民共和国职业病防治法》。

此外，在其他法律中，如民法、婚姻法、劳动法、环境保护法、刑法等法律中有关卫生方面的法律规定也是卫生法的渊源。

三、卫生行政法规

卫生行政法规是指由国务院制定发布的有关卫生方面的专门规范，其法律效力低于卫生法律。如《医疗事故处理条例》、《公共场所卫生管理条例》、《精神药品管理办法》、《传染病防治法实施办法》。关于其名称，一般来说，对某一方面的行政工作作比较全面、系统的规定，称"条例"；对某一方面的行政工作作部分的规定，称"规定"；对某一项行政工作作比较具体的规定，称"办法"。

四、卫生部门规章

卫生部门规章是国务院卫生行政部门在其权限内发布的有关卫生方面的规范性文件，是我国卫生法数量最多的渊源。卫生部是国务院的卫生行政部门，按照宪法的规定，卫生部有权根据法律和国务院的卫生行政法规、决定和命令，在本部门的权限内独自制定发布或和其他部门联合制定发布在全国范围有效的规章。如《医疗事故分级标准（试行）》、《结核病防治管理办法》、《保健食品管理办法》。

五、地方性卫生法规

地方性法规是指地方立法机关制定或认可的，其效力不能及于全国，而只能在地方区域内发生法律效力的规范性法律文件。地方性卫生法规具体是指省、自治区、直辖市的人民代表大会及其常务委员会或较大的市的人民代表大会及其常务委员会，根据本行政区域的具体情况和实际需要，依法制定或批准的，在本行政区域内发生法律效力的有关卫生方面的法律文件。根据立法法的规定，较大的市是指省、自治区的人民政府所在地的市，经济特区所在地的市和经国务院批准的较大的市。

六、卫生自治条例与单行条例

卫生自治条例与单行条例是指民族自治地方的人民代表大会依法在其职权范围内根据当地民族的政治、经济、文化的特点，制定发布的有关本地区卫生行政管理方面的法律文件。

七、地方政府卫生规章

地方政府卫生规章是指省、自治区、直辖市和较大的市的人民政府，根据法律、行政法规和本省、自治区、直辖市的地方性法规，依法在其职权范围内制定、发布的有关本地区卫生管理方面的法律文件。

八、卫生国际条约

卫生国际条约是指我国与外国缔结的或者我国加入并生效的有关卫生方面的国际法规范性文件。按我国宪法和有关法律的规定，除我国声明保留的条款外，这些条约均对我国产生法律约束力，也是我国卫生法的渊源之一。如《国际卫生条例》、《1961年麻醉品单一公约》、《1971年精神药品公约》。

第四节　卫生法的效力

法的效力即法律的约束力，指人们应当按照法律规定的那样行为，不得违反。通常法的效力分为规范性法律文件的效力和非规范性法律文件的效力。规范性法律文件的效力，也叫狭义的法的效力，即指法律的生效范围或适用范围，即法律对什么人、在什么地方和什么时间有约束力。非规范性法律文件的效力，指判决书、裁定书、逮捕证、许可证、合同等的法律效力。这些文件在经过法定程序之后也具有约束力，当事人不得违反。但是，非规范性法律文件是适用法律的结果而不是法律本身，因此不具有普遍约束力。下面阐述卫生法的效力，主要是规范性卫生法律文件的效力。

一、卫生法的效力范围

卫生法的效力范围是指卫生法约束力所及的范围，即指卫生法的生效范围或适用范围，即指卫生法对何种人，在何种空间范围、时间范围内产生法律效力。

(一) 卫生法的时间效力

卫生法的时间效力是指卫生法何时生效、何时失效，以及对卫生法生效前所发生的行为和事件是否具有溯及力的问题。

1. 生效时间

卫生法的生效时间主要有三种情况：①法律法规明确规定自颁布之日起生效。②法律法规具体规定颁布后的某一时间生效。③法律法规没有明确规定生效日期，一般应视为自颁布之日起生效。

2. 终止生效的时间

卫生法终止生效的时间即法律被废止的时间，指法律效力的消灭。它一般分为明示的废止和默示的废止两类。

（1）明示的废止。指在新法或其他法律文件中明文规定废止旧法。如卫生部《新资源食品管理办法》第28条规定："本办法自2007年12月1日起施行，1990年7月28日由卫生部颁布的《新资源食品卫生管理办法》和2002年4月8日由卫生部颁布的《转基因食品卫生管理办法》同时废止。"

（2）默示的废止。指在适用法律中，当新法与旧法冲突时，适用新法改废旧法规则。即在新法生效后，有关针对同一事项的旧法规定即使没有明令废除，也当然废止。

3. 卫生法的溯及力

卫生法的溯及力也称法律溯及既往的效力，是指卫生法律法规对其生效以前的事件和行为是否适用。如果适用，就具有溯及力；如果不适用，就没有溯及力。

法律是否具有溯及力，不同的法律规范应该区分不同情况。一般来说，法律以不溯及既往为原则，即人们不因未知的义务规定而承担责任，也就是说国家不能用现在制定的法律要求人们过去的行为，更不能用现在的法律处罚人们过去从事的、当时是合法而现在是违法的行为。因此，我国卫生法原则上不具有溯及力，除非某部卫生法律法规对溯及既往作出了明确规定。如《医疗事故处理条例》第63条规定："本条例自2002年9月1日起施行。1987年6月29日国务院发布的《医疗事故处理办法》同时废止。本条例施行前已经处理结案的医疗事故争议，不再重新处理。"表明该条例对其施行前未处理结案的医疗事故案件具有溯及力。另外，我国刑法对犯罪行为采用"从旧兼从轻"的原则，这一原则同样适用于卫生犯罪行为。

（二）卫生法的空间效力

卫生法的空间效力是指卫生法生效的地域范围，其主要是由立法机关所管辖的行政区域范围所决定的。具体包括两类。

1. 在全国范围内有效

如卫生法律、卫生行政法规与卫生部门规章等，除特别规定外，均适用于我国主权管辖范围所及的全部领域，即包括我国领陆、领海、领空及延伸意义的领土（我国驻外使馆、在我国领域外的我国船舶和航空器）。

2. 在一定领域有效

包括两种情况：一种是地方性卫生法规和地方政府卫生规章只在发布机关管辖的行

政区域生效。另一种是国家制定的但规定在一定的范围内生效,就只能在其限定的范围内适用。如国家有关农村卫生工作和某些特定地方病防治工作的行政法规或规章。

(三) 卫生法对象效力

卫生法对象效力又称对人的效力,是指法律对谁有效力,适用于哪些人。在世界各国的法律实践中先后采用过四种对人的效力的原则,即属人主义、属地主义、保护主义和以属地的原则为主,与属人主义、保护主义相结合这四种原则。现代多数国家采取以属地主义为主,与属人主义、保护主义相结合的原则,我国也不例外。即既要维护本国利益,坚持本国主权,又要尊重他国主权,照顾法律适用中的实际可能性。卫生法的对象效力具体可分为以下三种情况。

1. 普遍适用

普遍适用是指对卫生法律规范空间效力范围的所有人均有效,包括中国人、外国人和无国籍人。当然,对外国人的适用分为对外交豁免者的适用和对无外交豁免者的适用。对无外交豁免者实行普遍适用;对外交豁免者的一般不适用,除非有法律明确规定。如由于传染病防治的特殊性,根据我国有关法律规定和国际惯例,外交人员在传染病防治和国境卫生检疫等领域不享有豁免权。

2. 特定对象适用

特定对象适用是指某些卫生法只对卫生法律规范空间效力范围的某些特定职能的法人、其他组织和自然人有效。如《中华人民共和国执业医师法》(以下简称《执业医师法》)的适用对象是医师,《医疗机构管理条例》的适用对象是医疗机构。

3. 特定对象不适用

特定对象不适用是指某些卫生法对卫生法律规范空间效力范围的某些具有特定职能的法人、其他组织和自然人不适用。如《医疗机构管理条例》第53条规定:"外国人在中华人民共和国境内开设医疗机构及香港、澳门、台湾居民在内地开设医疗机构的管理办法,由国务院卫生行政部门另行制定。"

二、卫生法的效力等级

卫生法的效力等级是指由于卫生法的制定主体、程序和适用范围等因素的不同,各种卫生法律规范的效力就不同,由此而形成的卫生法效力等级秩序。卫生法的效力等级还涉及当卫生法律规范之间发生冲突时,如何选择适用的问题。卫生法的效力等级确定有以下原则:

(一) 一般规则

法的适用的一般规则是上位法优于下位法。"上位法"、"下位法"是根据位阶的不同对法律规范所作的区分。上位法优于下位法,强调的是下位法与上位法相抵触时,司法机关应优先适用上位法。宪法位于卫生法效力等级的最高层,以下依次是卫生法律、卫生行政法规、地方性卫生法规和政府卫生规章等,它们具有不同的效力等级,共同构成了我国卫生法的效力等级体系。

(二) 特殊原则

1. 特别法优于一般法

一般法和特别法是按照法的效力范围的不同所做的分类。一般法是指在一国范围内，对一般的人和事有效的法。特别法是指在一国的特定地区、特定期间或对特定事件、特定主体有效的法。一般情况下，在同一领域，法律适用遵循特别法优于一般法的原则。如在同一机关制定的卫生法律、卫生行政法规、地方性卫生法规、卫生自治条例与单行条例、卫生部门规章和地方政府卫生规章中，特别规定与一般规定不一致的，适用特别法规定。

2. 新法优于旧法

在同一机关制定的卫生法律、卫生行政法规、地方性卫生法规和卫生部门规章中，新的规定与旧的规定不一致的，适用新的规定。适用这一原则时需要注意：①须新旧法是处于同一位阶，如同为全国人大常委会制定的法律，或同为卫生部制定的部门规章等；②须新旧法的效力范围相同，若一为一般法，一为特别法，则不能适用该规则；③新旧法规定针对的是同一事项。若新旧法规定的事项不完全一致，但某一事项在新法、旧法中都中有规定，则旧法中关于该事项的规定废止，其他规定仍继续有效。

另外，当新的一般法和旧的特别法二者之间规定不一致的时候，如何适用？对此，根据《中华人民共和国立法法》（以下简称《立法法》）第85条、第86条规定，如果新的一般规定与旧的特别规定不一致，不能确定如何适用时，应送请一定的立法机关进行裁决。

关键术语

卫生法（health law） 卫生法的特征（features of health law） 卫生法的调整对象（subject matter of health law） 卫生法律关系（legal relationship of health law） 卫生法渊源（origin of health law） 卫生法效力（effectiveness of health law）

问题与思考

（1）结合案例1-1，分析案例1-1中卫生法律和伦理的冲突，思考卫生行政机关处罚的合理性。
（2）结合案例1-2，分析案例1-2中卫生法发挥着怎样的作用。
（3）简述卫生法的概念和特征。
（4）结合案例1-2，阐述卫生法的调整对象的特点及具体范围。
（5）结合案例1-1，阐述卫生法律关系的特点和构成要素。
（6）我国卫生法的渊源有哪些？
（7）简述我国卫生法的效力范围和效力等级。

（杜仕林　翟方明）

第二章 卫生立法

> **✚ 学习目标**
>
> 通过本章的学习,使学生掌握卫生立法的特点,把握卫生授权立法的特殊性,并能够对国内外的卫生立法历程有清晰的认识,对我国卫生立法的光明前景有期望和期待。
> (1) 掌握:卫生立法的特点与依据、原则。
> (2) 理解:卫生授权立法的概念与作用。
> (3) 了解:国内外卫生立法的历史演进;我国改革开放后的卫生立法现状;我国卫生立法的未来展望。

立法实例

回顾与记忆:《食品安全法》立法的时间刻度[①]

也许在新中国的历史上,还没有一部法律的出台如《食品安全法》如此坎坷——3年酝酿、4次全国人大常委会审议、7次全国人大法律委审议、1万余条群众建议……终让《食品安全法》跳下案头,来到了百姓生活当中。

立法过程的曲折代表着民心所向,也预示着政府责任之重。食品安全,不仅关系到家家户户的身心健康,也关系着整个国家和民族的发展前行。全国人大常委会法制工作委员会副主任信春鹰女士在法律颁布后第一时间向中外媒体解读说:"这部法律磨了很久,因为它太重大,它涉及的问题关系到每一个公民,也体现了党和国家对食品安全工作的高度重视。"

我们都期待着这部汇集民智、精雕细琢的法律真正为食品安全上一道"紧箍咒"、"保险门"。

刻度一:从"卫生"到"安全"

2009年6月1日,10章、104条的《食品安全法》正式实施的同时,也预示着《中华人民共和国食品卫生法》的即可废止。

在立法初期,对于到底是制定新的《食品安全法》还是修订已有的《食品卫生法》曾有过一番争论。1995年实施的《食品卫生法》堪称成果卓著,但由于食品安全日益

[①] 刘静. 回顾与记忆:《食品安全法》立法的时间刻度 [EB/OL]. [2009-07-12]. http://www.bbs.foodmate.net.

成为全球性问题，中国也逐渐暴露出食品标准不统一、对违法行为处罚力度不够、食品检验机构不规范等制度上的瑕疵。而随着修订起草工作的展开，风险评估、食品标准统一制定、食品的标签管理等制度都将引入，这已经大大超越了"食品卫生"所代表的食品清洁范畴。

而从国际立法趋势看，20世纪90年代中期以来，英国、俄罗斯、日本等国相继出台的食品质量领域基本法也都是以《食品安全法》命名的。

国家质检总局法规司司长刘兆彬向媒体介绍立法背景时说："《食品安全法》伴随着中国经济发展的脉动而产生，也伴随着全球经济一体化的进程而走来，其出台背景主要有国内和国际两个方面。"

从国内来看，随着社会经济的发展，老百姓的需求提高了：从只求温饱到营养健康，从食品卫生到食品均衡安全。但另一方面，我国的食品业生产力水平整体不高。2004年的阜阳"大头娃娃"劣质奶粉事件，成为制定《食品安全法》的重要动因，此后的几年中，"苏丹红"事件、"福寿螺"事件等食品安全事故频发，生产力发展水平整体不高与公众对食品安全需求之间形成明显差距，迫切需要法律规范。

从国际上看，随着全球一体化进程，国际贸易急剧增加，食品进口成为常态；同时，虽然我国出口食品质量99%以上是合格的，但不排除极个别会出现问题，也有些国家利用法规，提高标准，人为设置食品进口障碍，导致食品安全贸易纠纷。保证进出口食品安全已成为当务之急，但我国现有相关法条仅仅是20世纪制定的《食品卫生法》的两个条文（第31条、第32条）。

可见，尽快制定一部符合时代需要与民心所期的全新法律是当务之急。在争论之中，2007年12月，温家宝总理签署的《食品安全法（草案）》"一锤定音"，宣告法律将以新的名称而不是《食品卫生法修订案》进入立法程序。

最终，"站在成果的基础上重建"取代了仅仅是对漏洞和不足的"修修补补"。法律名称和法律规范范围果断改变的背后，是国家食品监管理念的提升。

从"卫生"到"安全"，食品安全立法不仅是法律名称的变化，更是监管理念的提升，是适应社会新形势、顺应群众新要求的切实之举。食品安全法的制定，为我国进一步加强食品安全监管奠定了坚实的法律制度基础。

刻度二：监管、监管、还是监管！

2008年4月20日，全国人大常委会办公厅向社会全文公布《食品安全法（草案）》，广泛征求各方面意见和建议，以更好地修改、完善这部法律草案。

在几万余条建议中，"食品监管体制"成为出现频率最高的内容，大家都认为解决食品安全问题，关键是理顺现行监管体制，消除弊端。这的确触到了问题的本质，全国人大常委会委员倪岳峰直言："现行监管体制不改，食品的安全状况很难有大的改观。"

其实，在《食品安全法（草案）》经过一审后，全国人大常委会委员们的一个主要意见就是，监管体制不清，负责部门不确定。草案一审稿规定"由国务院授权的部门负责"，但并未明确是哪个部门。

对于草案为什么要做这些模糊的规定，全国人大法工委行政法室主任李援表示："一个原因是，相关部委的职能范围，要等到第二年全国'两会'之后，机构改革方案定下来才可以确定。"

但是委员们仍敏锐地指出了这个问题,陈难先委员说得很直接:"翻开《食品安全法草案》,光是'国务院主管部门'、'国务院授权部门'这类词就有12处以上,完全没有看到具体的负责部门!可我们去调研《食品卫生法》的时候,18个部门都站出来。如果我们现在通过这部法律的话,就是我们没有行使监督权,因为我们不知道监督的主要对象是谁。"

第二年,国务院机构改革方案正式通过,卫生部被明确承担食品安全综合协调责任,由此立法者开始考虑解决体制问题。"随后在二审前的三四月份间,我们就确立卫生部综合协调,质检、工商、食药监等部门分段监管的思路。"李援说,"同时要将各个标准统一为食品安全国家标准,由卫生部统一制定,统一公布,以杜绝过去的弊端。"二审稿最终确立了上述规定。

虽然各部门职责已经明确,但对于分段监管,争议仍然很大。一些全国人大常委会组成人员提出,食品安全必须实行或者明确由一个主管部门负责;另有一些常委会组成人员则建议,成立一个跨部门的机构如专门委员会来进行综合协调和管理食品安全。

刘兆彬司长谈了他个人的看法:"食品安全分段监管是符合中国国情的。集中管理有集中管理的长处,分段管理有分段管理的优势,我们不能一概而论。关键是我们要从中国当前的国情出发,适合我们的才是最好的。"

我国目前的食品分段监管机制由2004年国务院颁发的关于食品监管体制方面的23号文件确立。其中,农产品由农业部门管理;食品生产、加工和制作过程由质检部门管理;食品流通和销售过程由工商部门管理;餐饮业由卫生部门管理。

刘兆彬表示,食品问题涵盖范围包括食品的生产、加工、流通和餐饮服务,还有食品添加剂的生产、经营以及食品相关产品,例如厨具的生产经营等等,门类繁多,内容庞杂。"如果说要建立一个部门来管理,不仅部门人数要奇多,而且,每个人至少是通才,因为要通晓检验、检疫、标准、认证等各方面的知识,这几乎是不可能的。"

对于分段监管的争议,国务院根据全国人大常委会组成人员的审议意见,建议推迟原定的审议计划,对食品安全监管体制等问题作了进一步研究论证。最终出台的《食品安全法》明确,国务院新设立"食品安全委员会",以协调、指导监管工作。一直关注食品安全监管体制的全国人大常委会委员温孚江说:"这一调整使监管体制更为系统和完整。"

刻度三:"三鹿"引起的"翻案"

二审之后,原本可能在2008年10月三审通过的《食品安全法》,因为2008年9月暴发的"三鹿奶粉"事件而再生波澜。

近30万名婴幼儿受到损害,5万余名婴幼儿需住院治疗。三鹿牌婴幼儿奶粉事件震惊海内外,伤透了数十万家长的心,人们强烈要求杜绝、严惩这类违法行为。

"制定过程中的《食品安全法》如何回应?"媒体不断在拷问,民间充满了各种各样的期待和厚望,让这部法律草案再次走上了"风口浪尖"。

在这一背景下,2008年10月,《食品安全法》草案提交第十一届全国人大常委会第五次会议进行三审。按照中国的立法程序惯例,进入三审的法律草案意见已相对统一，不会再做重大修改，而只会在小条款上做一些"微调"，并有望交付表决。

然而，《食品安全法》的三审稿堪称"罕见"，草案又进行了八个方面的重要修改，其中六方面都被解读为是针对"三鹿奶粉"事件而制定的。这次修改对法律文本的最终形成作用巨大，许多新增或强化的制度措施，被解读成是对"三鹿奶粉"事件暴露出的制度"痼疾"所进行的彻底整治。

"随着'三鹿奶粉'事件的情况每天被披露，我们就对照着看现在的草案对暴露出的问题是否能管得住。"李援说："几乎是和事件发展同步，今天看到有问题，加一条，明天又有新的问题了，再加一条。"

"三鹿奶粉"事件中的问题出在源头上，即在牛奶被奶企收购之前，就被添加了三聚氰胺，而奶牛养殖及牛奶收购站归农业部管理。此前的草案中，因为规定食用农产品由农业产品质量安全法负责，所以农业部门是被排除在外的。"我们就在监管的相关条文中加入了农业部门，凡是能加的都加上。"李援说。草案同时规定地方政府要对农产品安全实行全程监管，以杜绝上述监管环节中的漏洞。

"三鹿奶粉"事件中，最致命的问题便是被添加了有毒物质三聚氰胺。草案三审稿由此增加了两条规定，其一是卫生部门在制订食品添加剂标准时，要经过风险评估，证明食品添加剂是"安全可靠、技术上确有必要的"才能列入食品添加剂目录。并用四项条款对食品添加剂的使用进行了最为严格的监管，即实行食品添加剂生产许可制度，没有经过许可的，即使无害，也不可以作为添加剂来使用；申请许可首先要经过风险评估，被证明安全可靠方可使用，否则一律视为违法。对此最直接的理解是维护食品质量。即使是面粉中的增白剂、荧光剂等，虽然对人体无害，也将难以再被普遍使用。

三鹿奶粉也曾是质检总局公布的放心产品之一，享受"免检待遇"。但最后的事实证明，免检制度给食品安全监管留下了隐患。《食品安全法》特别规定，不得对食品实施免检。

针对"三鹿"事件暴露的问题，《食品安全法》还特地重申了事故报告制度，增加了责令召回制度、强化了责任追究制度，明确了制定食品安全标准的基本原则。

"吃肉怕激素、吃菜怕毒素、喝饮料怕色素……"全国人大常委会委员龚学平对此评论说，"社会上流行的顺口溜，表明人民群众对食品安全缺少信任，但是《食品安全法》针对'三鹿'事件做出的规定非常必要和及时，也顺应民心。"

第一节 卫生立法概述

一、卫生立法的概念与特点

（一）卫生立法的概念

"立法是对权利资源、权力资源以及其他社会利益，进行法定制度性配置和调整的专门活动。立法的实质是指将在国家生活或社会生活中居于主导地位的社会主体的意志上升为国家意志的专门活动。"① 与一般立法相比较而言，卫生立法的立法对象较为特殊，即维护公民健康权得以实现的法律规范。那么卫生立法是由特定主体，依据一定的职权和程序，运用一定的技术，制定、认可或变动维护公民健康权得以实现的卫生法律规范的专门性活动。

卫生立法有广义与狭义之分。从狭义上讲，卫生立法专指具有立法权的特定机关制定卫生法律规范的专门性活动。在我国是指由《立法法》所规定的具有立法权的全国人民代表大会及其常委会制定法律层次的特定性卫生法律规范性文件的专门性活动。其中，全国人大制定的卫生法律规范为卫生基本法；全国人大常委会制定的卫生法律规范为一般性卫生法律。从广义上讲，卫生立法是指有权立法的特定机关制定卫生法律规范的专门性活动。在我国，此处有权立法的特定机关，除了全国人民代表大会及其常委会之外，还包括根据《立法法》规定，由全国人民代表大会及其常委会授权立法的国务院或省、自治区、直辖市、计划单列市、国务院规定的较大市的人民代表大会或人民政府。授权立法的立法对象包括的卫生法律规范主要有卫生法律、卫生行政法规、卫生部门规章、地方卫生法规、地方政府规章等。

（二）卫生立法的特点

与其他部门法比较而言，卫生法律法规具有明显的特质性，主要表现为：具有较突出的科学性和专业性；由法律规范与技术规范的紧密结合；旨在保护人类的生命权和健康权；具有更突出的社会性与民主性等②。缘于卫生立法所指向的立法对象即卫生法律法规的特殊性，卫生立法除了具有其他部门法立法所具有的特点外，还具有以下明显特点：

（1）在卫生立法活动中，认可性立法活动较为多见。要将卫生技术规范上升为卫生法律规范，大多通过认可性立法活动来完成。认可性立法活动多见于卫生部门规章的制定过程中，如《医疗事故分级标准（试行）》等。

（2）部分卫生法律法规的稳定性差，修改、补充、废止等立法活动较为频繁。现代社会医疗科学技术日新月异，生命科学技术的发展直接会导致卫生技术规范要不定期更新，也就导致了由相应技术规范上升而成的法律规范会适时变动。

（3）授权性立法较为多见。医疗卫生领域较为宽泛，法律关系较为复杂，且立法技术要求严格。在许多医药卫生领域中，一开始就制定法律层次的法律规范性文件基本不可能，大多只能先通过授权立法来制定法规层次的法律规范性文件，待条件成熟后才能将法规层次的规范性文件通过立法活动上升为法律层次的规范性文件。

（4）立法技术具有特殊性。由于我国卫生立法的薄弱性，加之卫生法律法规中的技术性规范较为多见，这就要求卫生立法的立法技术具有不同于其他法律部门立法的特点。

---

① 周旺生. 立法学 [M]. 北京：法律出版社，2009：49.
② 张愈，戴金增. 卫生立法的主要特点与我国卫生立法基本框架探讨 [J]. 中国卫生法制，2000（1）：21-22.

二、卫生立法的依据

1. 以宪法为法律依据

宪法为国家的根本大法,也是任何部门法的立法合宪性基础,即任何部门法必须遵循宪法的相关原则性和抽象性规定。宪法中有关公民健康权保障、卫生事业发展、卫生工作的任何规定都是高度概括和原则性的,对我国的卫生立法具有指导作用。卫生立法是对宪法中的相应规定的进一步具体化,且这种具体化不是随心所欲的,是要以宪法中的相应规定为法律依据的。

2. 以社会物质生活条件为现实依据

国情对立法的作用在于立法对于国情的依赖性,既表现为立法制度对于国情的依赖,也表现为立法技术对于国情的依赖[①]。我国卫生立法的国情就是现阶段的社会物质生活条件,具体地讲包括人口年龄结构、性别结构等人口要素、地理环境要素、物质生活的繁荣程度、生命科学技术的发展程度等方面。卫生立法不能离开这些现实的社会物质生活条件,既不能超越,也不能过度滞后,只有这样才能使卫生法律法规客观地反映自然规律要求,使卫生法律法规所调整的卫生法律关系更趋科学化[②]。

3. 以卫生方针、卫生政策为政策依据

在我国,党和国家的卫生方针、卫生政策是党和国家代表全党、全国人民提出的现阶段的卫生事业、卫生工作的任务与行为准则。凝聚全党和全国人民高度智慧的党和国家的卫生方针、卫生政策,经过立法程序上升为国家意志,取得国家意志属性,成为卫生法律法规后,则成为所有社会主体均要遵守的行为准则。可见,卫生立法离不开党和国家的卫生方针、卫生政策。我国现阶段的卫生立法就要以《中共中央、国务院关于进一步深化医药卫生体制改革的意见》等卫生方针、卫生政策为政策依据。

三、卫生立法的基本原则

《立法法》在总则中确立了我国立法的法定基本原则,即宪法原则、法治原则、民主原则和科学原则。卫生立法同样要遵循这些法定的立法基本原则。由于卫生立法具有自身的特殊性,卫生立法也应当有自身的基本原则。

1. 合宪性原则

宪法是万法之法,具有最高法律效力等级,其他所有法律法规都是直接或者间接以宪法为立法依据或精神,或是不得同宪法或宪法的基本原则相抵触。卫生立法应当遵循作为法治原则组成部分的宪法原则,主要体现为两个方面:首先要坚持宪法的政治原则,坚持执政党在社会主义初级阶段的基本路线,即以坚持经济建设为中心,以坚持"四项基本原则"和改革开放为两个基本点。其次,卫生立法不得与宪法中有关医药卫生事业、公民健康权益保障、卫生工作的原则性和抽象性规定相抵触,而是这些原则性

---

① 周旺生. 立法学 [M]. 北京:法律出版社,2009:85.
② 吴崇其. 卫生法学 [M]. 北京:法律出版社,2005:38.

规定的进一步具体化。

2. 遵循医学科学发展规律的原则

卫生法与其他法律部门相区别的最大特点在于其科技性非常明显，其科技性又主要表征为其受医学科学技术的影响较为明显。医学科学发展具有自身特有的规律，我们在卫生立法中不得违背，只能遵循，否则会阻碍医学科学技术的发展，进而影响卫生事业的发展、影响公民健康权益的维护。不过，卫生立法并不是被动地适应医学科学发展的。鉴于医学科学的发展具有双面性，如辅助生殖技术等医学科学技术对人类的负面影响始终存在，我们应当通过卫生立法来限制其负面影响，进而增强其正面效应。

3. 借鉴国外卫生立法经验与我国实情相结合原则

由于卫生立法的立法技术的特殊性，加之我国现代社会的卫生立法较为滞后，没有多少卫生立法经验可以利用，而国外的卫生立法历史悠久，立法技术较为成熟，立法成果较为丰富，因此国外的立法成果、立法技术能够成为我国卫生立法的很好借鉴。但卫生立法又受制于本国社会经济发展状况、国民健康状况等诸多国内因素，卫生立法必须充分考量本国国情，对国外卫生立法经验要批判性借鉴，否则就会水土不服。显然，我国卫生立法既要充分借鉴国外的成熟立法经验，更要关注我国实情，协调处理好卫生法的移植与本土化之间的矛盾。

4. 走群众路线，坚持民主原则

卫生法作为以保护公民健康权益为宗旨的法律规范，以人的健康为永恒主题。健康问题涉及社会中的每一个成员，可以说，卫生立法直接关系到每个社会成员的自身权益。卫生立法必须充分坚持民主原则，让利益主体充分参与立法过程，在立法中充分行驶话语权。同时由于卫生立法涉及面广，单独依赖立法专家、立法官员是很难保证所制定出来的卫生法律法规的科学性与可操作性的，只有坚持走群众路线，充分坚持民主，才能尽量避免立法中的失误与缺陷。

第二节 卫生授权立法

一、卫生授权立法的概念

卫生授权立法是指卫生立法机关授权有关国家机关依据授予的卫生立法权进行的卫生立法活动。授权卫生立法权是相对卫生立法权而言的，是指由卫生立法机关的授权或委托而使有关国家机关获得的一定的卫生立法权。此处的卫生立法机关是根据宪法和宪法性法律所确定的，在国家机构体系中居于最高地位，以立法为主要职能甚至唯一职能，制定、认可和变动卫生法律的国家机关。在我国，卫生立法机关是全国人民代表大会及其常委会。此处的有关国家机关，首先是行政机关，主要由立法机关授予其一定卫生立法权；其次是下位阶或下级立法机关，主要由上位阶立法机关对下位阶立法机关授予一定卫生立法权。依据授予的卫生立法权，主要是指[①]：①授权主体将自己所拥有的卫生立法权授予没有此种立法权的主体，或将不属于自己的某种卫生立法权授予没有此种立法权的主体。一般前一种情况较为主要。②授权立法具有明确的立法权限范围，授权主体应当在授权时予以明确，受权主体行使时也不能超越。③授权立法通常采取授权法和授权法条的形式，将授权主体和受权主体明确下来，将所授予的卫生立法权限范围和其他有关制度规定下来。

同一般卫生立法比较，卫生授权立法具有以下明显特征：①卫生授权立法具有从属性。卫生授权立法是一种派生性的立法，其受权主体从授权主体的授权中获得卫生立法权，表明此种卫生立法权不是受权主体依据宪法或者宪法性法律的规定而享有的，而是授权主体所授予的。受权主体应当对授权主体负责，但在授权主体没有收回所授予的卫生立法权之前，受权主体也具有相对独立性，可以用自己的名义相对独立地制定有关规范性卫生法律文件。②卫生授权立法具有明显受制性。授权主体是立法机关，受权主体是行政机关或者位阶低于授权机关的下级立法机关。受权主体只能在授权主体的授权范围内立法，且应当接受授权主体的监督。同时，卫生授权立法通常都有明确的时间限制、事项限制和特殊的程序限制。

二、卫生授权立法的种类

1. 国家授权与地方授权、立法机关受权与非立法机关受权

此分类是根据不同的授权主体和受权主体予以区分的。在授权主体中，有的是国家立法机关，其授权是国家授权；有的是地方立法机关，其授权是地方授权。在受权主体中，有的不是立法机关，本来不能行使卫生立法权，只能基于立法机关的授权才有一定的立法权；有的也是立法机关，但位阶较低，只有基于授权才能制定更高级别的规范性卫生法律文件。

2. 主动授权与被动授权

立法机关根据需要，主动、自动地将某些卫生立法权授予有关机关行使，是主动卫生授权立法。有关机关根据需要，要求立法机关授予一定的卫生立法权，称为被动卫生授权立法。

3. 综合授权与单项授权

授权主体授予受权主体以较为广泛的卫生立法权，此为综合性授权。授权主体授予受权主体就具体的、专门性的医药卫生事项制定具体的规范性卫生法律文件的权力，此为单项卫生授权立法。

4. 自主性授权、试验性授权、补充性授权与执行性授权

自主性授权立法是指受权主体可以在一定的医药卫生事项范围和时间范围内，较为自主地立法。综合性卫生授权立法即为自主性授权立法。试验性授权立法是指受权主体根据授权所进行的立法，是为后来更高规格的卫生立法进行探索和准备经验的卫生授权立法。

---

① 周旺生. 立法学 [M]. 北京：法律出版社，2009：303.

补充性授权立法是指为了弥补授权主体所立卫生法律之不足而开展的卫生授权立法。执行性授权立法是旨在贯彻实施上位阶卫生法律、法规所进行的卫生授权立法，一般表现为受权主体根据法条授权中的规定制定卫生法律、法规的实施细则、实施办法的活动。

三、卫生授权立法的作用

1. 有助于缓解立法机关繁重的卫生立法任务

随着社会的进步和医药卫生事业的发展，卫生法律关系日益复杂，医药卫生领域的法律问题和法律现象不断增多，要求制定、认可、修改更多的卫生法律法规。在卫生立法任务十分繁重的情况下，单靠立法机关难以实现对卫生立法的需求。这就有必要由立法机关授权其他国家机关代为进行卫生立法活动。同时，卫生授权立法比较灵活和简便，立法过程相对缩短，也便于缓解立法机关繁重的卫生立法任务。

2. 有助于完成技术性和专业性较强的卫生立法任务

卫生法是医学与法学交叉而成的部门法，其法律关系的技术性和专业性较强，对于立法技术有着特殊的要求。完成卫生立法任务，往往是专门的立法机关所不能完全胜任的。而卫生行政部门和卫生服务结构往往担负着这些技术性和专业化较强领域的管理或者服务职能，具有卫生法学领域的专业人才，能够有效弥补立法机关的缺陷。

3. 有助于应对医药卫生领域的突发性事件

在现代社会中，医药卫生领域的突发性事件经常不定期地突然发生，且会对人类的健康造成重大影响。我们必须通过立法来应对这些医药卫生领域的突发性事件。立法机关的会期制度和繁琐的立法程序，往往使其难以应对医药卫生领域的突发性事件。而由立法机关授权行政机关或者其他有关立法主体立法，便可使突发性事件的立法活动更便捷、更灵活。这正如詹宁斯所言："在一个现代国家中，有许多场合有采取立法行动的突然需要，对于许多这样的需要，委托立法是唯一方便的甚至是唯一可能的应付方法。"[1]

4. 有助于贯彻实施立法机关制定的卫生法律

立法机关所制定的卫生法律通常是医药卫生领域的重大事项，所规定的法律制度往往更具有框架性、方向性、纲领性和原则性，更强调稳定和包容，它的贯彻实施通常需要下位阶的规范性卫生法律文件使其具体化和更具操作性[2]。这就需要授权行政机关或其他有关立法主体通过卫生授权性立法来完成。

5. 有助于弥补现行卫生立法体制的不足

我国卫生立法的经验较为薄弱，授权立法可以有利于积累卫生立法经验，进而为制定更成熟、更稳定的卫生法律准备条件。在我国现有立法体制较为分散的情形下，授权立法可以在不对现行立法体制进行重大或根本性改变的情况下，进行局部调整，既能弥补现行立法体制的缺陷，还能解决我国幅员辽阔、国情复杂所致的地区性立法条件差异较大的矛盾。

---

[1] （德）埃弗尔·詹宁斯. 英国议会 [M]. 北京：商务印书馆，1959：489.
[2] 周旺生. 立法学 [M]. 北京：法律出版社，2009：309.

第三节 卫生立法的历史演进[①]

一、国外卫生法的历史发展概述

国外古代社会的卫生法起源较早。在公元前3000年左右，古代埃及就颁布了一些有关医药卫生方面的法令，如对尸体掩埋、排水等公共卫生方面，对失职医生处罚等医疗方面都有详尽规定。在公元前2000年，古印度制定了《摩奴法典》，规定了死者火葬、提倡素食、重罚酗酒等。到公元前1750年，古巴比伦王国第六代国王汉谟拉比颁布了《汉谟拉比法典》，对医药卫生方面的条文就有40余款，涉及医师地位与责任、医疗活动、食品卫生等方面的规定。在古代奴隶制社会中，罗马奴隶制社会的医疗卫生法律最为发达，涉及医疗卫生的许多方面，其中最为著名的是公元前45年颁布的《十二铜表法》、《阿拉基法》、《科尼利阿法》、《得森维尔法》，对医生的监督管理、医疗事故的处罚赔偿、城市预防疾病、食品卫生监督等方面都进行了规定。

公元5世纪至15世纪，欧洲封建国家先后建立。在此期间，不少国家都加强了卫生立法，调整的范围逐步扩大，内容涉及公共卫生、医事制度、食品和药品管理、学校卫生管理、卫生检疫等方面的成文法规。如12世纪西西里王罗格尔二世颁布了禁止未经政府考试的医生行医的法令，严格规定了医生的资格；13世纪法国国王腓特烈二世颁布了《医生开业法》、《药剂师开业法》以及有关医科学校管理的法令。

随着资本主义的发展，卫生法进入了新的历史阶段，许多国家制定了专门的卫生法。如13世纪威尼斯制定了药剂师管理规章；14世纪，威尼斯、马赛等地颁布了检疫法，开创了国境卫生检疫的先河；15世纪前后，佛罗伦萨、纽伦堡、巴塞尔等地出现了药典。英国于1601年制定的《伊丽莎白济贫法》是最早的现代资本主义卫生立法，1848年又制定了《卫生法》，1859年公布了《食品药品法》，1878年颁布了《全国检疫法》，以后又逐步制定了《助产士法》、《妇幼保健法》、《精神缺陷法》、《国家卫生服务法》、《卫生和安全法》等。第二次世界大战后，随着社会经济的发展和科技的进步，各国普遍重视卫生立法，均在社会公共卫生、医政管理、药政管理、医疗保健、科技发展与个人行为等方面加强了卫生立法。

二、中国卫生法的历史发展概述

我国古代卫生法的制定和实施散见于各种律书和古籍中。我国古代卫生法有文字记载的最早可以追溯到殷商时期。《韩非子·内储说上》、《周易》、《春秋》、《周礼》、

[①] 该部分的主要资料来源于：吴崇其，张静. 卫生法学［M］. 2版. 北京：法律出版社，2007：5-8. 郑平安. 卫生法学［M］. 北京：科学出版社，2010：13-16. 陈瑶，田侃. 卫生法学［M］. 北京：科学出版社，2010：8-11.

《左传》等的记载，可以反映出古代对繁衍健康后代的认识和重视。《周礼》翔实记载了当时的医事管理制度，包括司理医药的机构、病历书写和医生考核制度等。春秋、战国后，进入封建社会，出现了较系统的成文法典，其中有一些关于医疗卫生及传染病预防方面的条文，如《秦律》禁止杀婴堕胎等。

唐、宋时期，卫生立法有了较大的发展。《唐律》中有许多涉及医药卫生的条文，对医师误伤、欺诈、调剂失误、医药害人等行为均有刑律规定，同时对饮食卫生、卫生管理等方面也有一些规定。自宋代开始，设立了管理宫廷内外的专门药政机构，开设了国家药局。另外，宋慈所著的《洗冤录》是现存世界上最早的法医学著作。元、明、清各朝代也都颁布过一些卫生方面的法令。13世纪初的《元典章》中明确规定禁止假医假药，禁止贩卖毒药和医师管理制度。明代的《大明会典》中，对医生的资格及庸医杀人等也都有规定。《清朝会典》中对太医院的职责和管理进行了一些规定，并对天花等一些传染病发布了法令。

中华民国时期是我国卫生立法进入专门化、具体化的时期。在民国中央政府设有中央卫生署即卫生部，颁布了全国卫生行政大纲和卫生法律法规、条例，卫生法律体系开始构筑，制定了《全国海关检疫条例》、《公立医院设置规划》、《中医条例》及《医师法》、《药师法》、《医事人员检核办法》、《中医师检核办法》、《传染病预防条例》等法规。

新民主主义革命时期，中国共产党在革命根据地大力开展卫生工作，在建立健全公立机构的同时进行了卫生立法，先后颁布实施了《卫生法规》、《卫生运动纲要》、《卫生防御条例》、《战时卫生勤务条例》等。

新中国成立后，我国卫生立法经历了三个阶段。

第一阶段：从新中国成立到1954年第一部宪法颁布。此时期，立国之初，百废待兴，但国家仍然重视卫生事业和卫生法制建设，制定了大量的卫生法规来促进医药卫生事业的发展和保障公民的身体健康。除起到临时宪法作用的《共同纲领》之外，先后颁布了《中央人民政府卫生组织条例》、《种痘暂行办法》、《交通检疫暂行办法》、《管理麻醉药品暂行条例》、《工厂卫生暂行条例》、《医师暂行办法》、《中医师暂行条例》及《民用航空检疫暂行办法》等。此阶段为新中国卫生立法的起步阶段。

第二阶段：1954年至1976年。在宪法的指导下，国家先后颁布了大量的卫生法规。1954年卫生部颁发了《卫生防疫暂行办法》，促进了各级卫生防疫站的建设，并在此基础上发布了《卫生防疫站工作条例》。1955年卫生部颁发了《传染病管理办法》，规定了法定传染病的种类、报告制度及处理办法。同时，在劳动卫生及食品卫生方面，先后颁布了《工厂安全卫生规程》、《工业企业卫生设计暂行卫生标准》、《职业病范围和职业病患者处理办法》、《职业病中毒和职业病报告试行办法》、《食品卫生管理试行条例》、《饮用水质标准》等一系列条例和标准。1957年公布了《中华人民共和国国境卫生检疫条例》及其实施细则，并随后在药政管理方面颁发了《关于加强药政管理的若干规定》、《管理毒药、限制剧毒药暂行规定》等。1965年又再版了《中华人民共和国药典》。鉴于此阶段的卫生立法不注重借鉴国外卫生立法的先进经验，加之国内卫生立法的经验不足，此阶段的卫生立法的水平不高。1966年至1976年"文革"期间，社会主义法律制度被破坏殆尽，卫生法制也遭到了践踏，卫生立法处于空白状态。

第三阶段：1978 年党的十一届三中全会之后，卫生立法重新起步，卫生立法有了突破性进展。1982 年宪法明确规定了"国家发展医药卫生事业"、"保护人民健康"，为新时期卫生立法指明了方向，提供了宪法依据。随着社会主义市场经济的逐步建立，卫生法制建设日益重要，卫生立法步伐大大加快。改革开放 30 多年，全国人大常委会先后制定了《食品卫生法》、《药品管理法》、《国境卫生检疫法》、《传染病防治法》、《红十字法》、《母婴保健法》、《献血法》、《执业医师法》、《职业病防治法》等法律，并修订通过了《食品安全法》。国务院批准颁布的卫生行政法规有 100 多部，如《麻醉药品管理办法》、《精神药品管理办法》、《医疗用毒性药品管理办法》、《医疗事故处理条例》等。在此期间，卫生行政部门制定和颁发的卫生规章和规范性文件数以千计。同时，地方卫生立法也较为普遍。

三、国际组织的卫生立法概述

生态环境、温室气体排放、卫生状况等关系到全球居民的生命健康，且健康领域的很多问题是任何一个国家都很难独立解决的。很显然，在世界经济一体化的进程中，国家与国家之间的国际组织在保护人类环境和人类健康方面具有不可替代的作用。鉴于此，国际组织一直致力于人类健康保护的立法，促使国与国之间签署了或承认了在共同保护人类生命健康活动中产生拘束力的原则、规则、规定、章程、制度等签约国共同认可的规范性文件。具体为：

1851 年，在巴黎举行的第一次国际卫生会议上，有 11 个参加国共同签署了第一个世界性的《国际卫生公约》。1905 年，美洲 24 个参加国签署了《泛美卫生法规》。世界卫生组织（WHO）自 1948 年成立，规范了国际卫生公约、规则和制定食品卫生、药品、生物制品的国际标准，以及诊断诊治方法的国际规范和标准；为防止传染病在国际间传播，制定了《国际卫生条例》；为控制药品质量，倡导药品生产质量管理规范（GMP），与国际放射防护委员会（TCRP）合作制定了放射防护基本安全标准；与联合国粮农组织（FAO）合作建立了食品法典委员会，制定并公布了食品卫生标准。

第四节 我国改革开放后的卫生立法解读

一、我国改革开放后的卫生立法的现状分析

我国新时期的卫生立法自 1978 年开始起步，经历了 30 多年的风雨历程，如今已经形成了基本成形的卫生法律法规体系，有专门性卫生法律 10 部、专门性卫生行政法规 40 余部、专门性卫生部门规章 400 余部。这些卫生法律法规对于规范卫生事业的发展、保障公民的生命健康权益、调整医药卫生领域的社会关系、推进医学科学技术进步等方

面均发挥了主要作用。我国改革开放后的卫生立法大致经历了三个发展阶段[①]：

第一个阶段：为1978年至1990年的12年间，以恢复重建卫生法律框架为主，重点加强了公共卫生和药品领域的卫生立法工作。鉴于卫生法律法规在"文革"期间遭受严重破坏，这一阶段的初期主要通过制定行政法规形式来恢复和重建卫生法律秩序；自20世纪80年代初期开始，就转向了制定法律层次和行政法规层次的卫生法律法规。本阶段制定的法律层次的专门性卫生法律主要有：1982年11月颁布的《食品卫生法（试行）》、1984年9月颁布的《药品管理法》、1986年12月颁布的《国境卫生检疫法》、1989年2月颁布的《传染病防治法》。

第二个阶段：为20世纪90年代的10年间，以充实医疗法律法规为主，重点加强了医疗领域的卫生立法工作。本阶段制定的法律层次的卫生法律法规主要有：1993年颁布的《红十字会法》、1994年颁布的《母婴保健法》、1995年颁布的《食品卫生法》、1997年颁布的《献血法》和1998年颁布的《执业医师法》。另外还颁布了9个行政法规。本阶段卫生立法的特点在于维护了医疗秩序、约束了医疗行为、保护了患者权利、调动了医护人员的积极性。

第三个阶段：为进入21世纪后的10年间，更加注重卫生法律法规体系的综合平衡发展，立法涉及医药卫生领域的各个方面。本阶段制定或修订的专门性卫生法律主要有：2001年颁布的《药品管理法（修订）》、《职业病防治法》与《人口与计划生育法》、2004年颁布的《传染病防治法》、2009年颁布的《食品安全法》。另外新出台的行政法规有20余个。本阶段的卫生立法具有以下特点：①注重预防为主，注重保障医疗安全，建立完善了医疗卫生机构的设置、职权规划和管理制度；②注重从制度层面保障患者健康权利的实现，初步明确了政府的健康责任；③强化对医药卫生服务市场的监管，推动了卫生监督体制的创新；④推进卫生行政管理体制改革，加强对卫生行政管理权的监督。

从以上分析，可以看出自我国改革开放30多年来，卫生立法成绩是有目共睹的，但作为新兴的法律部门，与其他法律部门相比较而言，卫生立法仍然存在以下方面的问题：

（1）卫生立法层次不高，缺乏卫生基本法。综观现有的卫生法律法规体系，仍然以部门规章、地方性法规和地方政府规章为主，专门性卫生行政法规仅有40余个，专门性卫生法律仅有10部，且呼声极高的卫生基本法的立法工作至今仍无大的进展。

（2）立法质量不高，所制定的卫生法律法规大多可操作性不强，直接影响了卫生法律法规的实施效果。

（3）医疗卫生领域诸多问题仍无法律制度予以规范，存在立法空白较多。目前关于严格的、较为细化的政府健康责任、医学科技发展中的辅助生殖技术、脑死亡等诸多问题的立法仍无大的进展。

（4）卫生立法主体多元化，卫生法律法规之间的协调性不强，主要表现为地方性卫生立法之间出现冲突的情形较为多见[②]，且部分卫生法律法规演变成为维护行业利益

[①] 汪建荣. 我国30年卫生立法进程 [J]. 山东卫生，2009（4）：53-56.
[②] 石东风，于连芳. 地方卫生立法现状及其问题评析 [J]. 医学与哲学：人文社会医学版，2007（9）：48.

的"保护伞"。

二、我国卫生立法的未来展望

目前，我国正值深化医药卫生体制改革的关键时期，卫生立法工作面临着许多新情况和新问题，主要有：

（1）我国迅速进入了人口老龄化阶段，在银发潮下我国政府的医疗卫生保健压力会越来越大，同时医疗费用上涨，作为发展中国家的政府的财力仍然有限。

（2）一些慢性病、传染病死灰复燃，公共卫生事件时有发生，公共卫生领域的压力愈来愈大。

（3）生物基因技术等医学科学技术的发展带来了新的医学伦理问题和其他不可预料的负面影响。

（4）医药卫生领域涉及诸多社会主体的利益，不同社会主体之间利益较难平衡，在有限的医疗卫生资源供给的条件下，如何在医疗卫生资源的配置方面协调好公平与效率之间的关系难度极大。

（5）医疗卫生领域的国际竞争越发激烈，如何在国内与国际的协调平衡中来保证国内医药卫生事业良性发展和保障公民健康权得以实现。

针对以上问题，我国卫生立法应把握好以下几点：

（1）尽快制定卫生基本法。卫生基本法是卫生法律法规体系的龙头，主要是对医药卫生领域的主要根本性问题，即医药卫生工作的法律地位、发展方向、政府责任、经费投入和保障、医护人员和医疗机构的职责和义务等方面进行制度性规定，既能够起到统领和协调卫生法律体系的作用，又能够为医改新政保驾护航，以法律的执行力推动新医改各项政策的贯彻落实。①

（2）注重移植性与本土性的有机结合。尽管卫生法律法规属于国内法，但保障国民健康权的公平、有效实现是任何国家的政府、乃至国际社会的共同任务。因此，卫生法具有由国内法走向国际化的明显趋势。同时，卫生法律法规中的技术规范较多，不同国家的卫生立法技术具有共通性。因此，我国卫生立法要大力借鉴国际组织的卫生立法经验。不过，由于不同国家的法律意识、社会物质社会条件、政治制度等方面具有差异性，卫生立法也要适合本国国情，对国外的立法经验要批判性借鉴，不能照搬。

（3）协调好不同社会利益主体之间的利益平衡。医疗福利或医疗卫生资源是有限的，而医疗卫生需求是无限的。在卫生立法中，我们必须注意不同利益的社会主体之间的利益协调，特别是在医患关系法律制度的构建中要把握好患方、医方以及医学科技发展的平衡。

（4）理清卫生法律体系，注重法律体系内部的和谐统一。针对目前我国卫生法律体系较为混乱的现状，我们必须按照不同卫生法律分支所调整的调整对象来梳理卫生法律体系，形成合理、科学的卫生立法框架，拟定切实可行的卫生立法进程。在卫生立法

---

① 孙瑞灼. 卫生立法刻不容缓［J］. 中国社会保障，2009（8）：73.

中，还要把握好不同卫生法律分支之间的协调性与关联性，既能够有助于避免在立法中留下不必要的立法空白，又能够尽量避免在不同卫生法律分支之间产生不必要的冲突。

(5) 加强卫生法学研究，为卫生立法提供智力支持。综观任何部门法，不难看出，凡该部门法研究成果愈丰富的，其立法经验和立法技术就越发成熟。目前我国的卫生法学研究只是刚刚起步，对诸多对卫生事业发展和公民健康权保护影响重大的卫生法律问题还没有认识清楚。可以说，这也是导致我国卫生立法滞后的重要原因。因此，我们必须大力发展卫生法学教育，壮大卫生法学研究队伍，提高卫生法学研究人员的整体素质和研究能力，整合卫生法学科研资源，就重大卫生法学问题开展协作性研究，尽量避免卫生法学研究的低水平重复。只有这样，我国的卫生法学研究才会迎来历史性突破，卫生法学研究也才能为卫生立法提高强有力的智力支持。

关键术语

卫生立法（health law legislation） 卫生授权立法（enabling legislation for health law） 立法依据（legislative basis） 立法原则（legislation principles） 立法历史演进（evolution of the legislative history）

问题与思考

(1) 与一般立法比较，卫生立法的特点有哪些？
(2) 卫生授权立法为何是卫生立法的重要特点？阐述卫生授权立法在卫生立法中的重要作用。
(3) 我国内地卫生立法的现状与未来如何？
(4) 简述国外卫生立法的历史演进。

（杜仕林）

第三章 卫生法的健康公平理念

> **✚ 学习目标**
>
> 通过本章的学习,使学生掌握卫生法健康公平理念的概念与特征,明确健康公平理念的法律本质,了解健康公平的实现途径,能够通过卫生法健康公平理念的理解来分析和解决具体的实践问题及争议。
> (1) 掌握:卫生法健康公平理念的概念与特征。
> (2) 熟悉:卫生法健康公平理念的法律本质。
> (3) 了解:卫生法健康公平理念的实现途径。

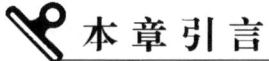

本章引言

卫生法学需要健康公平理念的支撑

卫生法学作为一门新兴的部门,尽管其存在具有必然性,但是学界除了卫生法学学者之外,传统法学界鲜有学者能够认可卫生法学的部门法学地位。其原因是多方面的:一是近些年来,卫生法学的研究成果主要以与实践结合的注释性研究居多,少有对卫生法学基础理论的深入研究和思考,导致卫生法学没有建立起自己特有的基本基本理论体系。二是由于卫生法学的技术性特征,近些年从事卫生法学研究的学者们大多为非传统的法学学者,所研究的方法和范畴与传统法学研究未能接轨,导致形成了"自说自话"的局面,很难引起传统法学学者的共鸣。

尽管近几年从事卫生法学研究的学者的法学专业素养越来越好,但如果在卫生法学的基本理论范畴和研究方法等方面不与传统法学界接轨,卫生法学的研究将前途迷茫。因此,笔者认为可以借鉴教育法学的研究路径和研究方法。近些年教育法学的研究进步很大,除了有一批专注于教育法学研究的学者之外,最主要的是他们形成了能够获得传统法学界认可的研究范畴和研究方法。通观近些年教育法学的研究成果,笔者认为,"教育公平"是其重要的研究范畴,也是其基本理念。同样,卫生法学主要围绕公民健康权保障来展开,同时健康权保障的不公平性是卫生法学始终绕不开的结,那么能否围绕健康公平理念来组建卫生法学所独有的,也能够获得传统法学界认可的基本理论范畴体系,这是笔者一直在思考的问题。基于以上思考,本书将卫生法学的健康公平理念作为单独一章进行介绍,以期达到抛砖引玉的作用。

实证资料

我国健康公平的现状[①]

新中国成立后,我国卫生工作取得了举世瞩目的成就,表现为国民健康水平有了明显改善。资料显示,婴儿死亡率由 1954 年的 139‰下降到了 1997 年的 31.4‰,人口平均预期寿命也由新中国成立初期的 35 岁提高到了 1978 年的 71 岁。可我国卫生保健支出的基尼系数在 2001 年就达到了 0.48,不仅高于同期反映我国居民收入分配状况的基尼系数 0.45,而且也远远高于国际规定的 0.40 的临界值。"卫生保健基尼系数大于收入分配基尼系数,说明了我国居民在卫生保健领域的不公平比其在收入分配中的不公平要大得多。"这一特征主要表现在我国居民健康状况在区域间和城乡间的不公平。

据中国科学院李日邦等人对全国 31 个省区市的健康相关指标研究显示,大城市和东南沿海经济发达地区与西部经济欠发达地区居民的健康水平差异极大。全国人口平均健康指数为 36.08,最高的北京为 60.15,最低的西藏仅为 10.44。按等差(差距为 5.0)排列,全国 31 个省、自治区、直辖市的健康指数呈现五个等区的特点,与世界各类国家进行比较,各类省份的居民健康状况也证实了"四个世界"的论点。城乡之间健康差异也是非常显著的,这里主要用人均预期寿命、孕产妇死亡率和婴儿死亡率三个指标来表征城乡的健康分层。资料显示,2000 年城镇居民人均寿命 75.21 岁,农村居民人均寿命 69.55 岁,前者比后者高出 5 岁多,"相当于发达国家与中等收入国家之间的差距"。同时,2000 年农村的孕产妇死亡率为 69.6/10 万,而城市为 29.3/10 万;农村婴儿死亡率为 37‰,而城市仅为 11.8‰。

第一节 健康公平概述

一、健康公平的概念

在现代社会,人们对健康越发重视。"很多情况下,健康已经取代了拯救,成为人类自身的救世主。"[②] 健康也就成为"卫生保健(health care)的最终目标"[③]。同时健康也是基本人权,"任何人都有获得健康的权利,这就是人人健康。"[④] 人人健康直接表

[①] 杜仕林. 医疗资源配置法律制度研究——以健康公平为中心 [M]. 北京:光明出版社,2010:43-44.
[②] Robert Crawford. A cultural account of "health": control release, and the social body [M] // The political economy of health care. London: Tavistock Publication, 1984: 102.
[③] 孟庆跃,严非. 中国城市卫生服务公平与效率评价研究 [M]. 济南:山东大学出版社,2005:2.
[④] 杜乐勋,张文鸣. 中国医疗卫生发展报告 3 [M]. 北京:社会科学文献出版社,2007:70.

征为健康公平。

（一）健康的概念

健康是伴随着人类发展的永恒主题，健康概念一直受到人们的关注。回顾人类历史的发展过程，"健康概念的沿革可分为远古时代、近代社会、19世纪末、20世纪初等几个阶段"①。直到20世纪初，人类就将"健康的概念延伸到社会要素、心理因素和个人行为，逐步形成了综合协调发展的健康概念"②。目前，最为权威的健康概念是1948年WHO在其宪章中的健康定义："健康不仅仅是没有疾病和衰弱的状态，而是一种在身体上、精神上和社会上的完好状态。"③ 尽管该定义从生物、心理和社会三个基本侧面形成了三维健康观，但理解起来仍比较困难，导致了国内外许多学者从社会学、伦理学等角度对健康的含义进行了广泛研究，比较有代表性的有：美国学者M.R.莱维④提出健康的五种含义⑤，杜伯斯于1988年提出健康的三个方面⑥，我国台湾学者柯永河提出以"习惯"为关键词的健康定义，我国学者张铁民综合了WHO的健康概念内涵提出的健康概念⑦。其中，以张铁民提出的健康概念最为通俗易懂："健康是人类的基本需要，是躯体的、心理的和行为的互相适应和协调的良好状态。"⑧

可以看出人类健康的概念是动态发展的，健康是人类永远追求的理想目标。"无论是从人类发展历史的角度看，还是从健康于社会发展的互动关系上讲，健康需求都表现出无限性的特征。"⑨ 同时，在生物—心理—社会医学模式之下，健康的标准呈现出超越今日医学与社会经济发展现状的趋势。可见，绝对的健康在现实中是不存在的，人类只能达到相对的健康或者接近健康。

（二）健康公平的概念

"健康公平问题之所以广受关注，其哲学基础在于生命面前人人平等这一事实，无论贫贵富贱，生命对于每个人来说都同等重要。"⑩ 因此"健康公平"的概念界定也就引起了学界的足够重视。目前，从事卫生领域研究的学者对健康公平的概念界定可以说是多种多样，但仍可大致分为机会公平派与结果公平派。机会公平派的代表观点为："健康公平即是指所有社会成员均有机会获得尽可能高的健康水平，这是人类的基本权

---

① 杨中伟. 人类健康概念解读 [J]. 体育学刊, 2004 (1): 133.
② 同上.
③ World Health Organization, New horizons in health. Geneva, 1995.
④ 张人骏. 健康学 [M]. 北京：中国科学技术出版社, 1993: 15.
⑤ 即具有增进健康的生活方式、注意身体健康、社会健康、情绪健康、精神与哲理健康. 参见杨中伟. 人类健康概念解读 [J]. 体育学刊, 2004 (1): 133.
⑥ 即健康是人类对其生活中产生的生物的、生理的、心理的和社会的刺激因素的系列的连续的适应，健康是以连续的多维形式的适应，健康代表机体适应的总体水平和外在表现. 参见：张人骏. 健康学 [M]. 北京：中国科学技术出版社, 1993: 15.
⑦ 即良好习惯多，不良习惯少的心态谓之健康；而良好习惯少，不良习惯多的心态谓之不健康.
⑧ 张铁民. 论健康 [J]. 中国健康教育, 1992 (8): 3-5.
⑨ 赵东耀. 论健康需求的无限性与医学责任的有限性 [J]. 医学与哲学, 2002 (5): 23-25.
⑩ 刘仲翔. 健康责任与健康公平 [J]. 甘肃社会科学, 2006 (4): 112.

利。"① 而结果公平派则认为:"健康公平指不同收入、种族、性别的人群应当具有同样或类似的健康水平,各健康指标如患病率、婴儿死亡率、孕产妇死亡率、期望寿命等的分布在不同人群中应无显著差别,健康状况的分布不应该与个人或群体的社会经济属性有关。"② 目前很难说两派观点谁优谁劣,不过最为权威的 WHO 与瑞典国际发展合作结构(SIDA)仍从结果公平视角界定健康公平③,意为健康公平应该是共享社会发展进步的成果,而非分摊不可避免的不幸和健康权利的损失。当然,结果公平视角的健康公平需要机会公平视角的健康公平来实现,即努力降低社会各类人群之间在健康和卫生服务上的不公正和不应有的社会差距,力求使每个社会成员均能够达到基本生存标准。

"影响健康的因素也不仅是人体生理结构和功能异常改变,而且包括遗传因素和生存环境、工作环境和家庭情况、生活方式和卫生习惯,还包括政治、经济、文化、教育、体育和社会服务等许多生物性和非生物性因素。"④ 因此,本书认为理应将机会公平与结果公平结合,将健康公平区分为应然性健康公平和实然性健康公平进行界定更为科学、更为适宜。应然性健康公平主要强调卫生服务产出或结果的公平,表现为在不同人群健康状况的基本相同或实际上的基本相似。显然,应然性健康公平只是人类的理想,在该理想中,"每一个社会成员都应有一个公平的机会发挥出足够的健康潜力,更理想地说,就是如果可以避免的话,没有人达不到这种健康潜力"⑤。实然性健康公平则为全体社会成员应该以基本的卫生服务需求为导向获得卫生服务,并达到在社会普遍健康水平上的一致性,而不是取决于其社会地位、收入等因素。可见,实然性健康公平是机会公平与结果公平的有机结合,既能够体现不同国家或地区社会经济的承受能力,又表明了不是要消除人群中所有的健康差异,而是要降低或消除由本可避免的不利因素所导致的健康差别,具体表现为承认健康不公平状况的存在而制定可以实现的分阶段目标和原则,分阶段、分层次、分人群逐步实现"人人享有健康"的目标。在我国则体现为:政府为大多数国民提供的基本医疗保障项目要强调结果公平,即全体社会成员只要有卫生服务需求,就理应得到政府规定的卫生服务;而对市场提供的各类补充性医疗保障项目要强调机会公平,全体社会成员都有机会根据自己的意愿和能力获得相应的卫生服务。

二、健康公平的特征

(一) 现实性与理想性的统一

公平性是资源短缺时人们寻求利益合理分配而达成某种被普遍接受的规则的产物,也是社会成员就利益问题达成妥协的产物;而不公平则是资源短缺与人的需求矛盾冲突的产物,也是人们的公平理念和实践受经济水平制约与历史局限性的结果。同样健康公

---

① 陈家应,等. 卫生保健与健康公平性研究进展 [J]. 国外医学:卫生经济分册,2000 (4):154.
② 侯剑平. 中国居民区域健康公平性影响因素实证研究 [J]. 特区经济,2006 (10):26.
③ WHO 和 SIDA 在 1996 年发布的倡议书《健康与卫生服务公平》中将健康公平界定为"生存机会的分配应以需要为导向,而不是取决于社会特权和收入差异"。参见:WHO/SIDA initiative. Equity in health and health care. Geneva,1996.
④ 巴德年. 当今医学科技的发展趋势及我国的发展战略 [J]. 医学与哲学,2000 (2):1-4.
⑤ 孟庆跃,严非. 中国城市卫生服务公平与效率研究评价 [M]. 济南:山东大学出版社,2005:3.

平也是一种关于配置健康资源①合理性的原则。其产生、发展必然与同期的社会历史条件相一致。它是对社会现实的反映，也是对社会现实的超越，是社会现实与理想的统一。"任何地方、任何时候，只要有不公平的现实存在，人们就会产生相应的公平观，并制定某种原则把它反映出来。"② 健康公平也是如此，表现为健康公平实现的阶段性：在经济不发达阶段，基本卫生保健人人享有，其余的根据支付能力提供相应的卫生服务；在经济较发达阶段，基本卫生保健人人享有，其余的则按社会贡献给予相应的卫生保健；在经济发达阶段，基本卫生保健人人享有，其余的根据不同的卫生需要给予相应的卫生服务。这也表明了人类不可能完全实现健康的公平分布目标，对这个目标的追求是一个永不完结的过程。人类追求健康公平的目的"不仅在于它的社会意义，而且在于它能满足人作为人的价值意义"③，体现出了一种人本主义精神④。

（二）历史性与继承性的统一

健康公平是历史的范畴，是一定历史时期的产物，受到社会的经济结构与经济社会发展水平的制约。不同的经济发展水平，不同的医疗保障制度所反映的健康公平观是有差别的。从17世纪初期英国的医疗救助制度到19世纪中下叶德国的社会医疗保险制度初步建立，医疗保障内容"主要是患病、伤残、死亡人员的基本生活救济和有限的医疗服务"⑤，其健康公平观体现的是对社会部分弱势群体的、低层次的健康关注，是初步的健康公平。从19世纪末到第二次世界大战，大多数国家为解决工业化带来的社会问题和缓和阶级矛盾而建立了局限于城市的产业工人及其家属的医疗保障制度，其健康公平观体现的是"城乡二元结构"明显的健康公平。从"二战"后到20世纪70年代，各国政府和国际社会接受了社会保障的观念，医疗保障"逐步从产业工人扩大到其他雇员、供养人，有的甚至扩大到全民"⑥，其健康公平观有了历史性突破，体现了较高层次的健康公平观。自20世纪70年代以来，西方国家受经济危机和医疗费用高负荷影响纷纷调整医疗保障政策，实行多元化的医疗保障制度，其健康公平观体现出了更为理性的成分，即通过穷人与富人不同对等的方法来消除健康分布的差别，追求结果的公平。可见，每次健康公平观的变更与调适"都不能离开特定的历史背景，都具有特定的历史意义，包括它的历史合理性与局限性。"⑦ 因此健康公平"决不能超出社会的经济结构以及经济结构所制约的社会的文化发展"。⑧

同时，健康公平在社会发展的历史长河中也具有继承性。从健康公平发展历程分析，每一历史时期的健康公平观都会不自觉地继承和发展了前期的健康公平思想与理

---

① 健康资源等同于卫生资源，同样包括公共卫生资源和医疗卫生资源。
② 郭彩琴，曹健. 教育公平：配置教育资源的合理性原则 [J]. 江苏高教，2003（5）：23.
③ 郭永松. 关于卫生保健公平性的理性思考与实践原则 [J]. 中国卫生事业管理，2002（3）：135.
④ 人本主义精神就是主体精神，即人视为评判一切的标准，把人视为价值的中心和价值的创造者，人的尊严高于一切。参见：严友春. 人：西方思想家的阐释 [M]. 北京：中国社会科学出版社，2005：319.
⑤ 乌日图. 医疗保障制度的国际比较 [M]. 北京：化学工业出版社，2004：3.
⑥ 同上。
⑦ 郭彩琴，曹健. 教育公平：配置教育资源的合理性原则. 江苏高教，2003（5）：24.
⑧ （德）马克思，恩格斯. 马克思恩格斯全集：第3卷 [M]. 北京：人民出版社，1995：305.

念。这种继承既缘于经济社会发展与医学理念、医学技术的继承性,也缘于公平理念作为联结人类历史的线索之一而在健康领域发挥着同样的作用,表现为:公平是社会稳定器,即只要公平对待每个社会成员,让人们感受到社会制度的合理性而心态平和,社会也就形成秩序而稳定前行;公平也是社会激励机制,当个人感到自己受到公平对待就会尽力回报社会,否则就会愤愤不平而减低工作热情、影响工作效率。可见,从健康公平观的演进历史看,前后之间有着不可分割的联系,后期观点都是对前期观点的批判与继承。

(三) 相对性与绝对性的统一

健康公平具有相对性,原因有三:从它所反映的社会现实看,由于不同地域或同一地域的不同发展阶段都存在个人生活的社会经济条件方面的差异,以及个人自身身体的差异,人与人之间的健康水平差异总是存在的,所以绝对的公平是不可能的,反映此种差异性现实的观念和原则当然也是相对的。其二,从健康公平的功能分析,一种观念指导下的原则是对当时的实际情况的反映,这种观念虽然具有超前性,但主要是指导卫生工作的实践,其适用性是有限的,其合理性也是相对的。其三,就人类目前状况而言,健康公平必须强调公民健康权(或医疗权)的公平保障和接受卫生服务的机会的平等,但健康影响因素的复杂性与部分影响健康的因素的不可控制性决定了健康和健康公平的相对性。说健康公平具有绝对性,是因为卫生领域也理应有适合自身的基本原则,用以调节卫生领域的复杂矛盾关系与利益冲突。健康公平也是指在健康资源配置时必须制定的公平规则,以调节人们在健康利益面前的关系。同时,就目前而言,健康权属于每个公民以及接受卫生服务的机会面前人人平等的原则是绝对的,不能因为社会成员的身份、财产、种族、地域等方面的不同而区别对待。目前,我们不能脱离现实大谈健康领域的绝对公平,而应把它与社会结构和阶级阶层差别结合起来,尽量从各阶级、各阶层在接受卫生服务的权利、机会、待遇与前提等方面加以比较分析,得出科学的健康公平观。

第二节 健康公平的法律本质

一、体现为公民健康权的公平保障

1978年国际初级卫生保健大会在其大会宣言(《阿拉木图宣言》)中指出"健康是基本人权,达到尽可能的健康水平是世界范围内的一项重要的社会性目标"。[①] "在自然法学派的眼里,健康权是先验的,人的健康被认为是与生俱来的权利。"[②] 无疑健康在法律中体现为一种权利,即健康权。事实上不少国家[③]在宪法中就直接将健康视为法律

[①] 郭小燕. 公平健康权与基本医疗保险 [J]. 山东工商学院学报, 2003 (5): 99.

[②] (澳) 罗斯·霍恩. 现代医学批判——21世纪的健康与生存 [M]. 姜学清, 译. 上海: 上海三联书店, 2005: 1.

[③] 比如智利在1925年就把健康规定为一种宪法权利。该国是被公认的最早将健康入宪的国家。

规定的基本权利。而公民健康的实现依赖于经济的发展水平，但非简单的一般线性关系，还受到诸多非经济因素的影响。可见公民健康的实现不能仅仅依赖于私法责任或私法救济，更多的需要依赖于公法责任。这也表明若要实现公民健康，健康权不能仅为一种私法领域的消极权利，还应是社会权范畴的积极权利。实际上，人类对健康权的认识过程也刚好印证了此逻辑推断。从远古时代到公元前5世纪，"都是在私法的维度上考虑健康权的体系框架和保护问题，国家只是消极地在最后道德标准的范围内为私人提供最后的救济手段。"[①] 到了17世纪人权概念基本形成之后，受古典自由主义法哲学、功利主义经济学的影响，开始把包括健康保障在内的社会保障和社会权利从慈善、人道救济或社会互助的角度转向了国家的积极行动。到了19世纪初期公共卫生问题的出现加速了将公民健康权纳入社会权考察的步伐。到第二次世界大战后，健康权已经完成了"从古代纯粹的私权形态向公私权混合形态的转变，由纯粹的向个人主张的权利转变为向个人和国家均可主张的权利"[②]。这也就意味着，只要公民健康权得到了保障，公民就收获到了健康。

健康体现为一种权利，那么健康公平则是指每个社会成员都有公平的机会获得同等的健康权利，也即是每个公民的健康权得到同等的实现。健康权的公私权混合形态属性决定了国家对公民健康权的实现负有尊重[③]、保护[④]与实现等三方面的义务。其中实现的义务显得尤为重要，主要是通过国家健康政策和在健康方面投入足够比例、提供相应的卫生服务或创设相应条件的义务，且主要表征为公民医疗权的实现。医疗权是公民健康权的自然延伸和重要保障，为"公民所享有的医疗照顾以及与之相关的一系列权利的总和"[⑤]。从结构上分析，医疗权是由医疗卫生资源配置权、医疗照顾权利[⑥]、紧急救治权利[⑦]、医疗知情同意权利[⑧]等四方面构成的权利群。医疗卫生资源分配权既体现了"天赋人权"的自然法学理念，又认识到了医疗卫生资源的稀缺性，是在不同社会主体间界分获享医疗卫生资源的范围。这是公民享有其他医疗权的基础与前提。当然后三者也是医疗卫生资源配置权的自然延伸，也可认定为是医疗卫生资源配置权的子权利。

综上所述，健康公平在法律上即体现为在涉及健康权实现的诸多环节，公平对待每一个社会成员，不因贫富贵贱而区别对待，特别是医疗平等权的法律保障。不过缘于医疗卫生资源的有限性与公民健康权的扩张性，目前我国只能保障公民基本健康权的公平实现。

---

① 蒋月，林志强. 健康权观源流考［J］. 学术论坛，2007（4）：145.
② 蒋月，林志强. 健康权观源流考［J］. 学术论坛，2007（4）：147.
③ 尊重体现为一种不采取行动的消极义务，要求政府不直接或不间接干预公民所享有的健康权。
④ 保护体现为国家负有防止第三方消极或积极侵犯公民的健康权的义务。
⑤ 戴剑波. 公民医疗权若干问题研究［J］. 天津大学学报：社会科学版，2006（6）：465.
⑥ 医疗照顾权利是指公民在受到疾病侵袭或者在其他需要时享有受到医疗照顾的权利，包括得到合理检查与检验的权利、接受科学诊断与治疗的权利、享有优质的医疗护理服务的权利。
⑦ 紧急救治权利意指公民在患有危重疾病时有受到紧急抢救与治疗的权利。
⑧ 医疗知情同意权既包括公民对疾病状况及诊断、治疗、预后等有获取相关信息的权利，也包括公民享有自主决定是否接受有关检查、检验、治疗、护理的权利。

二、体现为社会法的实质公平

公平从本质上讲是关于社会成员间利益进行合理调整的一种平衡理念和由此建立起来的平衡机制。"在这一平衡机制之上,人们选择正义的法律,并自觉接受法律的约束。"① 人们之所以选择法律,是因为法律能够具有虔诚的公平信仰与有保障的公平追求,并能通过公平的法律机制来矫正人类失范的利益分配行为,而由不公平走向公平。按照对起点与结果公平性的不同要求,法律中的公平有形式公平与实质公平之分。在民法中,公平主要指形式公平,意味着机会与起点平等,即"社会资源平等地向市场主体开放、竞争的起跑线公平、市场主体同等的不受歧视、市场主体平等地拥有实现其经济目的的手段"。② 而"经济法上的公平,是在承认经济主体的资源和个人禀赋等方面差异的前提下而追求的一种结果上的公平,即实质公平"。③ 实质公平一方面对具备特殊条件、地位和能力的社会主体在有些方面予以一定限制,增加其义务,减少其权利;另一方面对遭受或易于遭受特权侵犯及自身地位弱小的社会主体进行特别保护,赋予其更多的权利而减少其承担的义务。显然,经济法视域中的实质公平采取了更加务实的态度来追求更接近正义的公平。"正如过度的自由有损于一个社会的正常存在所不可缺少的社会秩序一样,过度的平等同样也会损伤社会秩序,并削弱社会活力,降低社会效率。"④ 实质公平乃一种承认社会成员个体差异、区域发展差异的公平。

"影响健康的因素也不仅是人体生理结构和功能异常改变,而且包括遗传因素和生存环境、工作环境和家庭情况、生活方式和卫生习惯,还包括政治、经济、文化、教育、体育和社会服务等许多生物性和非生物性因素。"⑤ 缘于社会成员间的身体条件与经济社会地位的差异,社会成员之间的追求健康公平的起点差异是绝对存在。无疑健康公平理念理应包含承认现实生活中健康差异的绝对存在。同时,健康公平在结果上表现为不同收入、种族、性别的人群应当具有同样或类似的健康水平,各项健康指标的分布在不同人群中应无显著差别,即健康状况的分布不应与个人或群体的社会经济属性有关。很明显,健康公平是在承认社会成员健康差异的基础之上追求健康水平的基本一致。这刚好契合了经济法视域中的实质公平的内涵。按照社会法视域中的实质公平解读,健康公平有如下几个层次:

(1) 获得卫生服务的机会公平。私法的机会公平是在抹杀主体之间具体差异基础之上的抽象公平,而经济法视域的实质公平则承认这种差别,并采取相应措施调整这种差别。健康公平即为每一位社会成员在需要时均有公平的机会获得应有的卫生服务,达到基本的生存标准。不过这里的机会公平有两层含义:"一是共享机会,及从总体上来说每个社会成员都有大致相同的基本发展机会;二是差别机会,即社会成员之间的发展

---

① 李昌麒,刘瑞复. 经济法 [M]. 北京:法律出版社,2004:88.
② 公丕祥. 论当代中国法治的价值基础 [J]. 法制与社会发展,1995 (2):23.
③ 李昌麒. 经济法学 [M]. 北京:法律出版社,2007:81.
④ 吴忠民. 公正新论 [J]. 中国社会科学,2000 (4):54.
⑤ 巴德年. 当今医学科技的发展趋势及我国的发展战略 [J]. 医学与哲学,2000 (2):1-4.

机会不可能是完全相同的，应有着程度不同的差别。"① 同样，健康公平中体现为社会成员在基本医疗保障方面享有同等机会，而在补充医疗保障方面据卫生需要和支付能力的差别享有差别的机会。

（2）卫生资源的分配公平。"经济法对公平的关怀更趋实质，将分配公平引入自身的价值体系，在认同分配差距所具有的经济意义上的合理性，更兼顾社会意义上的合理性，体现出法律不同于经济学的人文关怀特性。"② 经济法中的分配公平具体表征为："在初次分配领域，以比例平等的原则来调整分配中的利益关系；在再分配领域，以完全平等的原则来调整分配中的利益关系。"③ 健康公平具有调节收入分配的功能，主要体现为在再分配领域借助社会医疗保障对社会财富进行公平分配，其中又集中体现为按照卫生需要（或需求）将医疗卫生资源在社会成员之间进行公平分配，进而实现人群中卫生服务的产出即健康的公平分布。

（3）健康领域的正当差别待遇。"现代社会的发展已经导致人们相互之间在能力、财富拥有等方面的差距愈加显著，如果法律对这些先天性的不平等的景况视而不见，依然对所有人一视同仁"④，就只能使"不平等变得天经地义，甚至加深这种不平等"⑤。因而，源于人道主义现代思潮和社会福利理念的影响，经济法也就将有条件的差别待遇原则纳入了实质公平的范畴。在健康领域，差别待遇原则所体现的是医疗卫生资源应据卫生需要者的具体情况作具体分配，在法律中表征为法律权利、义务的区别对待，其主旨是通过补充社会最不利者或最少受惠者的健康利益而达到健康利益的强势群体和健康利益的弱势群体之间的健康状况的差距最小化。

第三节　健康公平的实现途径

一、健康公平实现过程的构成

从理论上，我们可以把影响健康公平实现的过程划分为起点的公平、机会的公平和结果的公平。若这三者得到了实现，则实然的健康公平就接近或达到了应然的健康公平。

"就人的活动的起点而言，有整个人生的起点和人数的某一阶段或某一活动的起点之分。"⑥ 同样，做任何事情都应有起点，"但在这个起点上平等或非平等，则是此前各种活动的结果，是先天和后天的各种因素交互作用的结果"⑦。对于一个人的健康而言，

---

① 吴忠民. 社会公正论 [M]. 济南：山东人民出版社，2004：33.
② 李昌麒、刘瑞复. 经济法 [M]. 北京：法律出版社，2004：90.
③ 李昌麒、黄茂钦. 公平分享：改革发展成果分享的现代理念 [J]. 社会科学研究，2006 (4)：5-6.
④ 李昌麒. 经济法学 [M]. 北京：法律出版社，2007：81.
⑤ （美）彼得·斯坦等. 西方社会的法律价值 [M]. 王献平，译. 北京：中国法制出版社，2004：71.
⑥ 徐梦秋. 公平的类别与公平中的比例 [J]. 中国社会科学，2001 (1)：37.
⑦ 同上.

影响的起点因素有先天性的身体条件、社会所给定的条件和所处地理环境方面区别于他人。对于健康公平也有起点性影响因素，即起点公平。起点公平涉及影响个人健康起点的所有因素，只不过有些因素是可控制的、可避免的，而有些因素是不可控制的、不可避免的。当然，对于健康公平的实现而言，只有可控制性因素才有价值。就医疗卫生资源配置语境中的健康公平来说，起点公平的所有影响因素均表现为接受卫生服务的起点是否公平。鉴于卫生服务的可交换性，此处的起点公平主要表征为居民在购买卫生服务的支付能力上是否公平，这实际上就是指卫生服务的筹资公平问题。"'机会'指的是参加某种活动的行为权而非接受权，而且必须是由社会赋予的。"① 对于健康公平中的机会就是获得卫生服务的机会。机会仅仅作为一种权利，是抽象的、难以实现的。"'机会'作为一种权利还应包括行使这一权利的基本条件。"② 机会公平即为社会赋予的参与某种社会经济活动的权利和基本条件的平等，其在健康公平中体现为：卫生服务需求者获得卫生服务的权利与基本条件的平等性，也意指卫生服务的物理可及性。显然，健康公平中的机会公平就是卫生服务的提供公平。不过由于机会的有限性，机会公平也只能是差异性的公平，即把获得卫生服务的机会给予最需要的、且同等病情下预后较好的卫生服务需求者③。"起点公平并不导致结果的公平"④，"机会公平并不是最合理的"⑤。可见，健康公平也要追求结果公平，也即是健康公平应是起点公平、机会公平与结果公平的有机结合。健康公平中的结果公平体现为卫生服务的利用公平，表征为卫生服务的可得性公平，即卫生服务的需求者切切实实得到了相应的卫生服务，且服务的质量符合需要。

综上所述，健康公平实现的过程是一个由卫生服务的筹资公平、卫生服务的提供公平与卫生服务的利用公平等过程组成的连续性过程。任何一个环节的不公平均可成为影响健康公平实现的关键性要素。因此，健康公平的实现也就是医疗卫生资源配置过程中的卫生服务的筹资、卫生服务的提供与卫生服务的利用等三个环节的公平性的实现。

二、健康公平实现的法律保障

健康公平实质上是改革发展成果在卫生领域公平分享的一种体现，集中反映了人们相互之间的利益关系。人们之间的利益关系有利益完全一致、利益完全对立与利益"和而不同"等三类之分⑥。对于第三类利益关系的形成与维持，罗尔斯有精辟的论述，他认为："由于社会合作，存在着一种利益的一致，它使所有人有可能过一种比仅靠自己的努力独立生存所过的生活更好的生活；另一方面，由于对他们协力产生的较大的利益怎样分配并不是无动于衷，这样就产生了一种利益的冲突，就需要一系列原则来指导

---

① 徐梦秋. 公平的类别与公平中的比例 [J]. 中国社会科学，2001 (1)：36.
② 同上.
③ 比如同样疾病的两个患者，一个可能成活，另一个根本没有成活的可能，就应该抢救前者而对后者只进行人道性处理.
④ 雍灵. 经济法视野中的公平 [J]. 西南政法大学博士学位论文，2006 (10)：77.
⑤ 徐梦秋. 公平的类别与公平中的比例 [J]. 中国社会科学，2001，(1)：38.
⑥ 牛先锋. 社会公平的多重内涵及其政策意义 [J]. 理论探讨，2006 (5)：20.

在各种不同的决定利益分配的社会安排之间进行选择，达到了一种有关恰当的分配份额的契约。"[1] 可见，健康公平也体现了人类社会共同体的利益一致性，同时，由于医疗卫生资源配置过程中诸多社会主体间的利益冲突，致使健康公平之中存在着利益冲突的成分。若利益冲突成分在比例上超越利益一致的成分，就必然导致健康不公平。必须借助制度性规范来将健康公平中的利益冲突限制在合适的限度内，使医疗卫生资源配置中的社会主体间形成利益的平衡，才能由健康不公平转化为健康公平。作为一种强制性的正式性制度规范，法律制度在此利益冲突的协调中，也即是健康公平的实现过程中，有着独一无二的制度性保障优势。笔者认为，法律的制度优势的发挥主要从两个方面入手。

一是权利公平。"权利公平是社会公平和正义的内在要求，是社会和谐的基础。"[2] 同样，医疗卫生资源配置过程中的相关社会主体间的权利（或权力）公平是维持或促使形成健康公平的基础性条件。借助法律制度，权利公平可转化为法律公平，即"经济、政治、社会领域的公平价值通过法律的制定和实施上升为法律上的公平价值，此种公平通过法律上权利和义务的安排得到实现，并最终保障经济、政治、社会诸领域里的利益得以实现"[3]。同时，由于权利和权力能够给人们带来实际利益、合理安排之时能够降低交易费用及其受社会经济发展水平制约所致的稀缺性，"权利和权力是最重要的法律资源"[4]。通过法律制度能够将医疗卫生资源配置转化为作为法律资源的权利或权力的配置，也必须通过法律制度将医疗卫生资源配置过程中的社会主体间的权利公平转化为法律权利（或法律权力）与法律义务（或法律职责）的合理安排，才能够满足利益分配的程序化要求，使健康公平得以实现有了前提性条件。在健康公平实现的过程中，法律借助权利公平既能够维护所有公民的合法健康权益，又能够保障所有公民在享有卫生服务的过程中不会受到歧视，法律能够给予无差别的救济与保障。

二是程序公平。有了公平的实体性法律权利规定，还必须依法实施，这就产生程序性问题。程序不公平，会出现"歪嘴的和尚念歪了经"的状况，使得公平的实体性权利无法公平地实施，从而导致结果的不公平。医疗卫生资源配置是一个连续性的系列活动组成的过程，同样医疗卫生资源配置语境下的健康公平的实现也是一个过程。整个医疗卫生资源的配置过程是由多个配置主体进行或发动的，而这些社会主体都是由有着自身利益的人组成的。由于"人的操作总是会受到个人的利益、观点、情感等一系列因素的影响"[5]，因此，必须由法律做出相应的规定，把配置的步骤合理化，固定下来，形成公平的配置程序，从而保障医疗卫生资源配置所有（或主要）环节的公平，进而保障健康公平的实现。针对医疗卫生资源配置语境下的健康公平的实现过程特点，法律理应就卫生服务筹资、卫生服务提供与卫生服务利用等医疗卫生资源配置活动或过程构建公平的程序性约束机制，让权利与权力都在法律规定的合理范围内行使，特别是要对

---

[1] （美）约翰·罗尔斯. 正义论［M］. 何怀宏，等，译. 北京：中国社会科学出版社，2003：90.
[2] 牛先锋. 社会公平的多重内涵及其政策意义［J］. 理论探讨，2006（5）：20.
[3] 李昌麒，黄茂钦. 公平分享：改革发展成果分享的现代理念［J］. 社会科学研究，2006（3）：5.
[4] 张文显. 法哲学范畴研究［M］. 北京：中国政法大学出版社，2003：217.
[5] 徐梦秋. 公平的类别与公平中的比例［J］. 中国社会科学，2001（1）：40.

参与医疗卫生资源配置的公权力机构施行到位的法律监督。不过,程序公平只是健康公平的必要条件而非充分必要条件,只有将权利公平与程序公平有机结合才能让实然的健康公平愈加接近应然的健康公平。

关键术语

健康公平(equity in health) 机会公平(fair opportunity) 结果公平(fair result) 现实性与理想性(reality and ideal) 历史性与继承性(historic and inheritance) 相对性与绝对性(relative and absolute) 公民健康权(health rights of citizens) 实质公平(substance fair) 筹资公平(fair financing) 提供公平(provide fair) 利用公平(fair use) 权利公平(right to fair) 程序公平(procedural fairness)

问题与思考

(1) 结合案例谈谈对健康公平的理解。
(2) 简述健康公平的法律本质。
(3) 分析健康公平为什么能够成为卫生法的基本理念。
(4) 简述卫生法的健康公平理念与卫生法的基本原则之间的关系。

(杜仕林)

第四章 卫生法的基本原则

> **✚ 学习目标**
>
> 通过本章的学习,使学生掌握卫生法基本原则的概念及各基本原则的具体内容,明确基本原则在整个卫生法体系中的功能和价值,了解卫生法基本原则的确立标准。能够通过对卫生法基本原则的理解来分析和解决具体的实践问题及争议。
> (1) 掌握:卫生法各基本原则的具体内容。
> (2) 熟悉:卫生法基本原则的概念及功能。
> (3) 了解:基本原则的法理解析以及卫生法基本原则的确立标准。

案例 4-1

李某出身于七台河市桃山区万宝河镇一个农民家庭,年轻时曾经当过一段时间的"赤脚医生",粗通一点医学知识,并真的治好了一批患者。近几年由于年老体弱,难以从事农村体力活了,于是便操起了"赤脚医生"的老本行。因此,对其非法行医行为,区卫生行政部门分别在 2006 年 10 月和 2008 年 7 月两次给予行政处罚。在第二次对其处罚时有关人员明确警告他,如果再一次发现非法行医,将移送公安机关追究非法行医罪的刑事责任。此后,李某下决心不干了,也曾有几个乡亲找到他要求给打针配药也都被他回绝了。

2008 年 10 月 19 日晚上 6 点多钟,同村农民田某突然跑到家来找李某,说是他 12 岁的儿子不知道吃什么东西卡住了气管,人眼看就要不行了,求李某去给想办法救一救。李某说自己也没有什么办法,没有医生资格也不能随便想什么办法。但由于想到救人要紧还是去了。来到现场后,李某见孩子呼吸、心跳已经停止,他知道县医院的救护车赶到至少也要 50 分钟,孩子肯定性命不保了。在孩子父母等亲人的哀求下,李某果断地为孩子实施了简易的气管切开手术。很快,手术见效了,孩子有了心跳和呼吸。果然 50 分钟之后,救护车也赶到了。孩子的性命保住了,但却半身瘫痪。医院的诊断结果认为是最初实施的气管切开手术不当导致的结果。县卫生行政部门知道这一情况后,将情况报告给公安机关,公安机关以李某的行为涉嫌非法行医罪立案侦查后向检察机关移送起诉。

法院认为被告人李某虽然没有取得医生执业资格,并在手术过程中造成被害人半身瘫痪,表面上符合非法行医罪的构成要件,但是其是在被害人生命危急的关头,不得已为其采取简易的气管切开手术,其行为是为了保护较大的法益,即人的生命权,符合紧急避险的要件，故对公诉机关指控被告人犯非法行医罪的理由不予支持。根据《中华人民共和国刑法》第20条之规定，判决被告人李某无罪。

第一节　卫生法基本原则概述

一、卫生法基本原则的概念

（一）基本原则的法理解析

"原则"一词的汉语词义是指"观察问题、处理问题的准绳"。[①]"原则"在英语中的对应词是"principle"，法文对应词是"un principe"，其主要含义是指根据、根源、起因，原理，定律，根本的、本原的或一般的真理，为其他真理所凭借，等等。

法律原则乃法理学上的一个基本概念，与法律规则、法律概念共同构成法律要素而为法学界所关注。基本原则自身主要在两个层面上予以使用。一为法理学层面，也即以整个法律体系作为一个系统来讨论法律的基本原则。如法律面前人人平等原则、尊重和保障人权原则等，系整个法律体系所共有的原则，多为一国最高法所宣示，或经过长期理论和实践的冲刷、筛选而形成的习惯性的原则，如不得从自己的违法行为中获得的原则，这类原则多被称为法律原则。法律原则就是法律的基础性真理或原理，为其他规则提供基础性或本源性的综合性规则或原理，是法律行为、法律程序、法律决定的决定性规则。[②]另一个层面是在部门法学意义上使用，多指贯穿部门法的立法、执法、司法活动始终，并对其整个过程提供指导作用的、高度抽象的、最一般的行为规范和价值判断的准则或原理。如行政法中的依法行政原则，刑法中的罪刑法定原则，民法中的公序良俗原则。

要理解法律原则如何成为法律模式受到足够重视，就无法回避哈特的规则中心主义与德沃金的原则中心主义之间的论战。"规则模式论"由英国新分析法学派的代表人物哈特提出。哈特将法律规则分为第一性规则和第二性规则。第一性规则（或基本规则）是关于要求人们做或禁止做一定行为的规则，主要是设定义务；第二性规则是引入新规则，废除、修改旧规则，主要是授予权力。[③]他认为，"法理学科学的关键"就在于"这两类规则的结合中"。他还对第一性规则的不确定性、静态性、社会压力的无效性等缺陷，提出引入三种第二性规则，即承认规则（确认规则的权威性的规则）、改变规则（可以修改、变更静态的旧规则的规则）和审判规则（审判的主体和程序规则）。他认为这三种第二性规则结合产生的结构，不仅是法律制度的中心，而且是分析其他法学

[①] 辞海（缩印本）[M]．上海：上海辞书出版社，1989：169．
[②] Bryan A Garner. Black's law dictionary [M]. St. Paul：West Publishing Co．，1979：1074．
[③] （英）哈特．法律的概念 [M]．张文显，等，译．北京：中国大百科全书出版社，1996：83．

理论的有力工具。① 哈特只把法律要素归结为各种规则，忽视了原则等要素的现实存在。

新自然法学派代表人物德沃金提出了"规则—原则—政策"的新法律模式，用来解释法律由何种要素构成。德沃金认为，法律除了规则成分以外，法律原则和政策都是法律要素的构成，在处理具体疑难案件时，后两者起到更为关键和无以替代的作用。因为"法律原则允许我们把法律思想和道德联系起来，它们允许我们保证我们的法律发展和道德发展携手并进"②。原则中心主义将法律原则引入到法律体系之中，无疑使法律体系逐步在逻辑上完成自恰的功能。但德沃金法律原则的引入，引起更多的争论在于造成西方司法适用时的困顿。波斯纳认为："德沃金的观点存在一个错误：他（德沃金）认为可以确定地宣布由价值支撑的某个司法决定的对错。如果没有社会、文化和政治上的同质，那么无论是在法律文化内部，还是参照道德的或法律之外的规范（这是传统自然法的领域），法律制度都不可能就某个疑难法律问题得出一个明显正确的答案，甚至得不出一个令法律职业人士信服的答案。"③ 规则具有明确具体而易于适用和判断的特点，但法律原则在转化为规则之前，无法确定其正当性基础，最终成为不确定的因素，同时不同的法律原则发生冲突时如何适用，都可能引发司法决定的矛盾和不被信服。德沃金描述的法律原则中，存在不具有相应的法律效力、未成为法律规则的原则而无法成为法律的组成部分。但毫无疑问，从规则中心主义到原则中心主义，是人类法治进程中一座光辉的里程碑。法律原则的引入，提供给我们一个更完整、更周密的思考法律体系的视角。

（二）卫生法基本原则的概念

既然法的基本原则体现法的根本价值，同样地，卫生法的基本原则作为联系卫生法理念与规则的桥梁，也必须一方面指导着卫生法规则的建立，另一方面体现着卫生法所要表达和追求的特殊价值。卫生法的基本原则是卫生法理念的载体和重现。

卫生法的基本原则，借鉴以上基本原则概念的核心价值，可以界定为效力贯穿于整个卫生法律关系，集中体现卫生法的目的和价值，对卫生法规范的制定与实施具有普遍指导和规制作用的根本性法律准则，是人们对卫生法现象的抽象和概括，是现代卫生观念、精神与立法者所奉行的卫生政策等基本价值的反映和体现。卫生法的基本原则上承卫生法立法目的，下接现代卫生法的基本制度和法律规范，对整个卫生活动具有高屋建瓴的指导意义。

二、卫生法基本原则的功能

卫生法的基本原则不单纯是一理论问题，它还对卫生法律实践活动起着不可替代的多种功能。

---

① （英）哈特. 法律的概念 [M]. 张文显，等，译. 北京：中国大百科全书出版社，1996：96-99.
② （美）罗纳德·德沃金. 认真对待权利 [M]. 信春鹰，等，译. 北京：中国大百科全书出版社，1998：中文序20.
③ （美）波斯纳. 法理学 [M]. 苏力，译. 北京：中国政法大学出版社，2002：30.

1. 指导和指针功能

卫生法基本原则的指导功能主要呈现于以下领域：一是立法指导，即指导着卫生法的制定、修改、废止的准则。卫生法律规范的制定，无论是立法机关或行政机关，在本质上都是运用立法权进行的具有法律效力的立法活动，在缺乏法律规范意义上的上位法时，应遵循以卫生法基本原则作为立法依据，确立其立法目的、组织和架构规则体系，将学理意义上抽象概括的基本原则通过法律规则形式加以反映，避免一些游离于法律规则之外的基本原则的不确定性因素的缺陷。同时，卫生法规范的修改、废止也要与基本原则保持一致。二是卫生法的基本原则可以指导卫生法规范的实施，指导卫生执法和卫生司法活动，防止卫生执法和卫生司法出现错误和偏差。卫生法规范虽然也调整平等主体间的民事法律关系，更多调整的还是卫生行政主管机关就公民、法人和其他组织就生命健康权利保障、监督和实现的行政管理关系，也包括司法机关就违反卫生法规范的行为给予的否定性裁判以及对医疗纠纷所作的中立性裁量。这些领域都需要基本原则提供相应的指导，明确卫生执法、卫生司法过程中的行事准则，才能防止执法和司法不公，顺应当今法治国家和法治政府的宗旨和要求。

2. 补充适用和解释功能

法律是人类理性的高度凝结，而人类主观认识的局限性以及社会生活的千变万化，都导致立法活动的滞后和疏漏。卫生法系调整公民生命健康法律关系的所有法律规范，非以一部法典所能囊括，而卫生法的发展又与科技进步、医学水平的不断提高休戚相关，当卫生法规范无法应对现实社会生活的挑战时，卫生法的基本原则必须担负起弥补卫生法规范的不足、直接充当卫生执法或审判依据、消解社会现实与立法有限之间矛盾的使命。庞德有言，"一个原则是一种用来进行法律论证的权威性出发点。各种原则是法律工作者将司法经验组织起来的产品，他们将各种案件加以区别，并在区分的后面定上一条原则，以及将某一领域内长期发展起来的判决经验进行比较，为了便于有论证，或者把某些案件归之于一个总的出发点，而把其他案件归之于其他出发点，或者找一个适用于整个领域的更能包括一切的出发点。"① 法律原则的适用具有弥补法律规范自身缺憾的作用，尽量消弭成文法规则与社会生活的矛盾，给出应对和解决矛盾的论证依据，为百密一疏的成文法规范拾遗补缺。

卫生法的基本原则集中体现着整个卫生法体系的立法意图和宗旨，即抽象的卫生法精神和灵魂总是需要通过一定较为具体的形式予以呈现，基本原则即为这些问题的最佳解读，为直接阐释卫生法具体制度及内容提供思路。

卫生法基本原则的适用意义主要体现于法律规范没有规定或法律规范的规定存在冲突之时，可以代替法律规范作为法官作出判决的依据。在法律规范缺失的情形下，法官可以而且应该以合目的性和合理性的精神，从卫生法的基本原则中推导出派生的法律规则，以此来否定或证成某种法律行为和法律关系。"在没有现成规则可以适用的情况下，只要有概念和原则，照样可以作出适当的决定。这是现代法的一项重要技术。"②

---

① （美）庞德. 通过法律的社会控制·法律的任务 [M]. 沈宗灵，译，北京：商务印书馆，1984：24.
② 张文显. 规则·原则·概念——论法的模式 [J]. 现代法学，1989（3）：125.

在卫生法规范的含义不明或者社会实践发生变化,需要提出解决方案时,以卫生法基本原则为标准对同一层级不同规范、不同层级类似规范之间适用冲突提供有效合理的解释,为疑难案件的处理和裁决提供理性的阐释依据和法理推理前提,避免执法人员和司法人员在适用法律上所面临的困顿,提高裁决的公信力。

3. 规制和限制功能

洛克曾经将执法及司法并列中一项行政权之内,取决于二者均系对法律的执行,只是具体领域有所差异。当下法律规范体系庞杂、数目繁多,易粗不易细的立法潜原则以及法律规范自身的不明确、不确定,导致无论是行政机关执法还是司法机关适法,预留裁量余地问题凸显。法律适用者本身个人品性的复杂性,可能破坏依法而治的基本要求。法律适用者,既可能在法律的指导下进行理性的思维活动,依法裁定案件,也可能在个性、习性、直觉、偏见等非理性的因素影响下作出错误的判决,使法律丧失可预测性。对国家权力的行使者画地为牢的限制,使其自觉而有节制地运用权力,规制裁量权于合理范围之内,就必须引入卫生法基本原则作为衡量和鉴定各类主体的行为合法与否适当与否的标尺,以实现卫生法的立法意图。虽然为了防止权力滥用而设置了诸多制约机制,"但是,这种制约并不仅仅是限制国家权力的行使,即防止滥用权力和出现错误;制约的同时也是引导和着这种权力的行使,使权力行使更为有效,是使权利得以正当化和合法化的机制和过程"[①]。权力的行使需要具有灵活的裁量权以应对社会生活的各种各样的变化,基本原则正是规制和限制权力滥用的有效方式。

4. 说明和教示功能

卫生法的基本原则有助于人们对卫生法的学习、理解和掌握。卫生法的基本原则最直接最集中地体现卫生法的精髓和观念,描述卫生法的基本价值,为守法者描绘一幅最直观的最便捷的掌握和理解卫生法内涵的刻画,而非晦涩难懂、漫无边际的以具体权利义务为内容的规范系统。通过对卫生法基本原则的说明和教示,人们提纲挈领地领会卫生法涵摄范围,清楚地领悟卫生法与其他部门法的差别。卫生法的基本原则是教育、指示人们了解卫生法律制度整体的契入点,是人们对卫生法律制度的信赖和尊重的价值支撑点,为人们尊重法律、遵守法律编写了一部简洁干练的读本。

三、卫生法基本原则的确立标准

有的卫生法教材将卫生法的基本原则内容界定为保护公民生命健康权益原则、国家卫生监督原则、预防为主原则、依靠科技进步原则、中西医协调发展原则以及全社会参与原则。[②] 也有的将卫生法基本原则内容理解为保护公民身体健康的原则、公平原则、预防为主原则、保护社会健康的原则、动员全社会参与的原则、国家卫生监督的原则、奖励与惩罚相结合的原则。[③] 还有一些认为卫生法的基本原则包括保护公民健康的权

[①] 苏力. 阅读秩序 [M]. 济南:山东教育出版社,1999:165.
[②] 吴崇其. 卫生法学 [M]. 北京:法律出版社,2000:23-26.
姜柏生,万建华,严晓萍. 医事法学 [M]. 2版. 南京:东南大学出版社,2007:9.
[③] 达庆东,曹文妹,田侃. 卫生法学纲要 [M]. 3版. 上海:复旦大学出版社,2004:12-14.

利、预防为止的原则、中西医协调发展原则、国家卫生监督原则。[①] 再有一些教材对通说观点进行总结，认为根据《中华人民共和国宪法》（以下简称《宪法》）第21、25、45、49等条文的精神，卫生法的基本原则至少包括以下几项：保护公民健康权原则、预防为主原则、中西医协调发展原则、社会参与和政府管理相结合原则[②]。当然，也有一些教材并未涉及卫生法基本原则章节。从已有教材中对卫生法基本原则规定进行考察，学者对卫生法基本原则的认识趋同一致，大同小异。

对基础理论的重视并最终形成，标志着一门学科的独立和成熟，对卫生法基本原则这一基础理论的研究和讨论，是卫生法形成独立法律部门不可逾越的必由之路。既然卫生法的基本原则是贯穿于卫生法各种规范之中的准则和核心，甚至是精髓和灵魂，那么究其实质，哪些才能作为卫生法的基本原则，首先需要具体而明确地确立标准。由于卫生法整体研究水平落后，研究人员缺乏，高质量的研究成果鲜见，对卫生法基本原则确立标准的讨论更是没有受到关注，无法形成对质和交锋。

笔者认为，卫生法基本原则的确立，需要从卫生法自身的特点出发，不仅提示卫生法外在表现，更需要注重卫生法内在价值追求和目标；不仅应明确基本原则的指导意义，还应认识到基本原则的补充、制约功能。基本原则本身所具有的规范性、概括性和稳定性特征为我们认知基本原则提供感性映射，也是卫生法基本原则的形式标准。即卫生法基本原则对卫生活动及行为具有法律效力，同时，卫生法的基本原则应该具备法规范所具有的形式要件。但真正理解卫生法基本原则的确立标准，必须从找出其实质标准。通过对卫生法基本原则的解读，作为卫生法基本原则确立的实质标准，应当包括两方面的判断依据：

1. **效力的普遍性和贯穿性**

卫生法的基本原则适用于卫生法各种规范之中，卫生立法、卫生执法、司法机关对卫生争议案件的审理都应当遵守卫生法的基本原则。这一特点是卫生法基本原则与其他具体原则的主要区别，卫生法规范中的具体原则只是在卫生法的某一领域内发挥效能，如知情同意原则，仅是作为医疗法所必须遵从的原则，而无法普及于所有的卫生法律体系中。卫生法基本原则的效力高于卫生法规范中的具体原则，此类具体原则的内容必须符合卫生法基本原则的精神而不能有所超越，否则需要予以修订。卫生法基本原则在卫生法各领域中属于绝对原则，成就此领域内的高位阶效力。

2. **内容的特殊性和根本性**

卫生法基本原则的内容决定着卫生法基本原则的根本准则、精髓地位。如何体现其内容的根本性，需要从卫生法的立法目的、价值追求之间的关系上判断。卫生法所要追求的最根本的价值是保障公民的生命健康权，所有的卫生法规范均围绕其展开和确立，并体现这一价值目标。卫生法的基本原则是人们对卫生法现象的抽象概括，为卫生法所独有的原则。卫生法是保障公民生命健康权的法，因此，卫生法的基本原则主要是关于生命健康权的存在、行使和获得保障的准则，其基本内容是公民的生命健康权如何得到

---

① 崔新宇，安丰生. 卫生法学概论[M]. 3版. 北京：人民军医出版社，2009：5-6.
② 朱新力，王国平. 卫生法学[M]. 北京：人民出版社，2000：9

最好的保障和最终的实现的法理要求。卫生法的基本原则是卫生法现象在人们大脑中反复映射而为人们所认知；卫生法基本原则的内容通过具体的卫生法律关系而实现；最为重要的是，卫生法的基本原则只适用于卫生法领域，为卫生法所特有。正是因为卫生法基本原则的根本性和特殊性，才能使其与其他具体原则区别开来。同时也将卫生法基本原则与宪法原则、行政法原则、民法原则等部门法原则区别开来，为卫生法所独有，体现卫生法特殊的价值目标。

根据以上两项实质标准，对我国现有教材中卫生法基本原则中重复率最高的保护公民健康的权利、预防为止的原则、中西医协调发展原则、国家卫生监督原则、依靠科技进步原则逐条进行考察，分析其是否具备基本原则的"基本性"。

（1）保障公民生命健康为卫生法的目标价值，无论是医疗机构管理、食品药品安全、化妆品管理、血液制品管理、医疗纠纷解决机制等，其宗旨都是为了保障公民生命健康权这一实质内核，并且在具体法律条文中也体现了保障公民生命健康权的宗旨，能够实现效力的贯穿性，也符合卫生法所独有的和根本性的原则特性，可以成为卫生法的基本原则。

（2）预防为主原则与中西医协调发展原则。预防为主原则意指卫生事业应坚持防治结合、预防为主的方针。中西医协调发展原则意指在人的健康保护方面，应坚持中国传统医学与西方医学共同发展、相互结合、取长补短的协调策略。此两项原则的根据可追索至宪法第 21 条第 1 款的规定，但此一规定仅仅是国家对卫生事业以及传统中医的一个基本态度或者说是一项政策、策略，无法成为贯穿卫生法始终的指导力。如对医疗器械、血液制品的相关立法，无法以防治结合为凝结，也无法做到中西医协调发展，其效力可以成为一项政策，而非具有适用效力的基本原则。

（3）国家卫生监督原则。指国家必须对与人体生命健康相关的活动、行为和产品进行规范和管理，以使人的生命健康不受侵犯。我国《药品管理法》、《血液制品管理条例》、《传染病防治法》等卫生法律规范中反映了国家进行卫生监督的职责。这一原则不能成为基本原则的主要理由在于在构建法治政府的当下，政府的职能发生着巨大转变，不再只依赖于强制力的高权，而是提供着各种公共服务，从秩序政府向服务政府或给付政府变迁。国家卫生监督原则依旧将政府的职能预设在秩序政府的假定下，忽略了提供公共服务职能是法治政府实现的步骤，监督只是国家对卫生事业进行管理的一种模式，从管理到治理的过度，提供各类公共服务，通过一系列软强制、非强制与硬强制、物理强制相结合的方式实现对卫生事业的规制，才是当下卫生法所应遵循的原则。

（4）依靠科技进步原则。指在防病治病活动中，高度重视当今科学技术的作用，不断提高医疗预防技能和医疗器械设备的现代化。这一原则无法成为卫生法基本原则在于这一原则既无法实现贯穿卫生活动始终，也无法实现内容的根本性。防病治病仅是卫生法所规范的社会活动和法律关系中的一部分，科技进步带给各个领域的冲击和影响，不仅仅是医学领域和公民生命健康权保护领域。科技进步对知识产权保护、国防安全等领域都产生着不容忽视的影响。

总体来看，现有通说的卫生法基本原则存在着涵盖率不高、概括性不强、抽象性不够、逻辑不严密、法律性不足的缺陷，有的无法满足贯穿性要求，有的无法满足根本性标准，有的无法对社会发展作出回应，有必要对卫生法基本原则重新进行构建。

第二节 卫生法基本原则的具体分析

基于卫生法既包括实体法规则也包括程序法规范，以此为逻辑结构，将卫生法的基本原则区别实体性基本原则与程序性基本原则，更有利于对基本原则进行构建和认知。

一、实体性基本原则

（一）尊重和保障公民生命权和健康权原则

1. 生命权和健康权的形成和演变

生命权作为一项自然权利，自有人类时起对生命权就成为一项毋庸置疑的权利而存在。生命权的核心价值在于人生命的存在与否，是其他权利行使的前提。而健康权的核心价值在于生命存在的质量，是否能达到高水准的身心健康和社会保障。无论宪法中是否明确宣示生命权，对于生命的保障是创立国家的原初理由。纵观健康权（Right to health）的历史，健康权作为一项独立权利首次被确定于区域性人权公约——1988年的《美洲人权公约》附加议定书（即圣萨尔瓦多议定书）。其第10条提出："人人享有健康权，而健康权理解为享受最高水准的生理、心理和社会福祉。"① 2000年5月，联合国经济、社会和文化权利委员会于日内瓦针对《经济、社会和文化权利公约》第12条发表的第14号一般性意见作为国际性公约提出了健康权概念，即享有能达到的最高健康标准的权利（the right to the highest attainable standard of health）。② 第32届世界卫生大会通过的《阿拉木图宣言》中明确指出："健康权是一项基本人权。"

生命健康权在我国作为一项法律权利存在已无争议。如《民法通则》第98条规定："公民享有生命健康权。"《中华人民共和国侵权责任法》（以下简称《侵权责任法》）第2条规定"侵犯民事权益，应当依照本法承担侵权责任。本法所称民事权益，包括生命权、健康权、姓名权、名誉权……"。生命权与健康权的分野呈现于我国刑法的规定，侵犯公民人身权利的犯罪区分侵犯生命权的故意杀人罪或过失致人死亡罪与侵犯身体健康权的故意伤害罪或过失重伤罪③。在民法和刑法层面，健康权往往作为整体权利出现在法律文本之中，其含义特定为物质性人格权的组成，指公民对自己的身体健康享有不受侵犯的权利。单纯就我国宪法规定而言，生命权、健康权并非文本意义上的宪法权利，而是国际人权公约以及区域性人权公约的规定。我国宪法条文中无健康权的独立的明文规定，只规定了相关的保障措施。如宪法第21条"国家发展医疗卫生事

---

① American Convention on Human Rights (1969).

② The right to the highest attainable standard of health. 11/08/2000. E/C. 12/2000/4. (General Comments). No. 14 (2000).

③ 高铭暄，马克昌. 刑法学 [M]. 4版. 北京：北京大学出版社、高等教育出版社，2010：512.

业，发展现代医药和我国传统医药，鼓励和支持农村集体经济组织、国家企业事业组织和街道组织举办各种医疗卫生设施，开展群众性的卫生活动，保护人民健康"，规定了国家保障一般公民健康的举措；第25、第42条、第45条承认了国家在维护健康方面的责任；第36条、第49条规定了特定公民的健康保障。[①]但这些条文并没有明确提出健康权概念，只是一些与健康相关权利的设定，导致公法上的健康权与私法上的生命健康权无法实现对接。

宪法意义上的健康权的基本含义突破健康权作为私法保护的传统，将健康权的实现作为国家必须履行的一项义务，即国家以一定的作为或不作为来保障公民生理、心理达至一个由国际人权公约、区域性人权公约以及国内法所确定的标准的权利。通过保障健康权的实现，体现人类对生命的尊重，对人类自身价值的体认。

2. 生命、健康权权利范围

生命权的权利范围相对明确，生命的存在与否有着实证判断的标准和依据，主要涉及生与死两个方面的权利范畴，包括生命权是否可随意剥夺、出生的确定标准、死亡的确定标准、公民是否有选择死亡的权利等。而健康权作为一项是母权利，派生出其他法律权利并由此构成统一、客观的规范秩序。在健康权概念之下，涉及的权利并未统一，多由相关公约加以规范，包括卫生保健权（right to health care）、医药治疗权（right to medical treatment）、公共卫生权（right to public health）、医药保健权（right to medical care）、健康服务权（right to health service）、卫生保护权（right to health protection）、获得安全饮用水和卫生设施权（right to access to safe drinking water and sanitation）、适当的生活标准和住房（right to an adequate standard of living and adequate housing）、安全健康环境权（right to a safe and healthy environment）、安全健康的工作场所以及对怀孕妇女得到工作场所保护不受伤害权利（right to a safe and healthy workplace, and to adequate protection for pregnant women in work proven to be harmful to them）、受教育以及获取与健康相关资讯的权利（right to education and access to information relating to health）等派生权利[②]。

3. 作为卫生法基本原则的生命、健康权

保障公民生命、健康权原则，作为卫生法基本原则，要求一切与公民生命、健康相关的活动都在遵循这一准则。这一原则包括如下内容：

（1）尊重和保障公民生命权和健康权不仅是每个公民不得侵犯他人生命、健康权利，更是国家责无旁贷的义务和责任。无论是卫生立法机关、卫生行政管理机关、审理争议的司法机关以及医疗机构、医疗机构执业人员，都必须将尊重和保障公民的生命、健康权放在其行为和活动的首位，一切与公民生命、健康相关的医药卫生活动均必须以这一原则展开。

（2）尊重和保障生命、健康权标志着对于生命、健康权的保护，国家既负有消极

---

① 杜承铭，谢敏贤. 论健康权的宪法权利属性及实现 [J]. 河北法学，2007 (1)：64 – 67.
② Vernellia R Randal. The human right to health [EB/OL]. [2012 – 03 – 26] http://academic.udayton.edu/health/07humanrights/health.htm.

义务也负有积极义务。即包括尊重生命、健康权,国家采取消极不侵犯的态势对待公民的生命、健康权,也即公民的生命、健康自由权,如公民有选择、处分、放弃自身生命、健康的权利,免受国家干涉,抑制国家权力,国家机关不得采取侵犯公民生命、健康权的方式行使统治及政治权力。同时包括保障和实现生命、健康权,即国家具有积极保障公民生命、健康权利实现的义务,如推行和健全社会保险制度,建立医疗保障体系,探索医院有效治理模式,积极改善卫生环境以实现公民的健康权利。

(3) 立法机关应以尊重和保护公民生命、健康权为出发点,根据我国经济发展水平和公民对生命健康的要求,及时制定、修改和完善相关卫生立法,以保障公民生命、健康权有法可依,有法可循。

(4) 所有侵犯公民生命、健康权的行为,无论是由公民、法人或其他组织,还是代表国家行使公权力的各国家机关及其工作人员,都应依法承担相应的刑事、民事、行政责任。这一基本原则贯穿于卫生法的各个环节和领域,包括立法环节、执法环节、司法环节、卫生法运行和实施环节,包括医疗资源管理领域、公共卫生管理领域、医疗产品管理领域(涵摄药品管理、医疗器械的生产和检测、血液以及血液制品使用安全)、食品保障品化妆品等与健康相关产品管理和安全领域、医疗保障领域、医患纠纷以及医学新科技技术领域等。

(5) 在具体案件中如何适用法律存在争议时,尊重和保护公民生命、健康权原则,应是争议解决的首要推理依据,以此为出发点来解决纠纷、解释法律,具备法律效力和逻辑推理说服力。

(二) 卫生法治原则

一切争端究其实质就是不同利益之间冲突和矛盾。而解决这些矛盾与冲突的方法只能是利益衡量。国家在分配权力对公民、法人或其他组织就卫生活动和卫生法律关系进行管理和规制时,还必须遵守卫生法治原则。卫生法治原则是指卫生法律关系中的各方主体,其行为必须有法律依据,受到法律控制,符合法律的内容和基本精神,否则行为本身可能被撤销或补正;国家机关必须依照法律授权履行其法定职责,不作为、违法或怠于履行法定职责应受到法律追究,承担法律责任;公民的生命健康权受到违法行为的侵犯而受到损害时,有权获得救济和赔偿。卫生法治原则更强调国家保障公民生命健康权义务实现的过程和步骤。

从卫生法所涵摄的内容考察,现代卫生法无论是生命健康权益及其特殊人群健康保护法律、公共卫生防治法律、疾病控制防治法律、生命健康相关产品法律、卫生资源管理法律,还是卫生事业管理法律、卫生科技发展保障法律①,均无法脱离国家所担负的服务和管制职能,国家卫生管制和服务职责的主要承担系卫生行政管理机关,因此,对行政权的有效制约是卫生领域法治化的基础。卫生法总体可归类为卫生管理法,管理法需要遵循法治主义原则,体现于卫生法领域,即为卫生法治原则。笔者从此出发考虑将行政机关遵守卫生法治原则单独列出,区分行政卫生法治和其他卫生法治,以体现行政

---

① 吴崇其. 卫生法学 [M]. 北京:法律出版社,2005:11-13.

机关在卫生法治进程中的无与伦比的重要地位。

行政卫生法治原则包括以下内容：

（1）法律保留，即卫生行政管理机关在行使卫生行政管理职权时必须有法律依据。根据《立法法》的规定，凡是涉及剥夺或限制公民人身权利和民主权利的，必须由全国人大或全国人大常委会制定法律，不能委托给行政机关制定行政法规或规章，也不能试验立法。要求凡涉及剥夺或限制公民人身自由包括侵犯公民生命权、健康权的行为，必须有法律依据，否则其行为将导致违法的法律后果。如公民在公共卫生突发事件中的协力义务，即公民有协助筛查、疑似患者就地隔离、就地观察、就地治疗，封闭场所、居家医学观察、限制进出等的协力义务，就需要有全国人大或人大常委会制定的法律依据。

（2）法律至上或法律优越，即卫生行政管理机关在作出行政行为时不得违反现有法律的规定，行政机关制定的任何法规范将不得与法律相抵触。现代行政规制的职能不再仅仅是统治（government），而是向治理或善治（governance）变迁，这要求政府的职能不仅是秩序管理，更需要给付行政，要求政府履行对公民从出生到死亡的生存照顾，政府必须积极介入社会生活，为社会和公众提供各种满足公民生存条件的设施、服务。这一方面要求政府为保障公民健康权的实现，强化对食品、药品、血液及血液制品、化妆品、生物制品、医疗器械、医用材料等的生产、销售、使用等实施严格的市场准入行政许可制度，对医疗机构及执业人员施行严格的职业许可制度。另一方面，国家应尽可能提供能够满足不区分城乡的每个公民的医疗机构和医疗水准、卫生和健康的水资源以及环境，免费建设公民活动锻炼的设施，免费获取与相健康权相关的信息和教育。在服务行政层面上，可能导致法律保留原则有所突破，这时平等原则就成为制约服务行政滥用的有效方法。例如，行政机关遭遇受伤或患病的公民，即使法律未明确授权，亦负有将该公民送至医院或救助站的义务。为防止同等情况不同对待情况的出现，需要辅助以平等原则作为服务行政权力滥用的有效制约。

（3）控制行政裁量权，超越法定职权的行为无效。正如英国学者韦德所言："法治所要求的并不是消除广泛的自由裁量权，而是法律应当能够控制它的行使。"[1] 卫生行政管理机关的行为必须在法律范围内作出，超出法律实体和程序性规定所作出的行政行为无效。要求卫生行政管理机关在作出行政行为时，只能在法律赋予的权限之内，法律没有授权的不得作出。违反法律所规定的程序作出的行为，除非得到补正，否则无效。

（4）行政救济，公民、法人或其他组织认为卫生相关行政管理机关的行为侵犯其合法权益的，有权向相关部门寻求救济，提起复议或诉讼并有权提出赔偿。如认为食品药品监督管理局针对劣药作出的处罚决定侵犯合法权益，可以提起行政复议，对行政复议不服的，可以向人民法案提起行政诉讼，认为造成人身、财产损害的，还可以请求国家赔偿。

其他卫生法治原则要求：

（1）其他机关遵守法律约束。除了卫生行政管理机关外，立法机关、司法机关作

---

[1]（英）威廉·韦德. 行政法［M］. 徐炳，等，译，北京：中国大百科全书出版社，1997：55.

为国家机关一样负有遵守法律约束的职责。立法机关应及时对违宪、违反上位法的法律以及过时的法律进行清理，需要废止的及时废止，需要修订的适时修订，根据立法规划制定相应卫生立法征求意见稿和草案并依法定程序送人民代表大会审议通过。司法机关应本着保护公民生命权、健康权的原则根据法律规定对卫生民事案件、卫生刑事案件以及卫生行政案件进行审理和裁判。

（2）公民、法人或其他组织作为平权法律关系主体，同样负有遵守法律受法律控制的义务。公民、法人或其他组织在卫生民事法律关系、卫生行政法律关系以及卫生刑事法律关系中，均应遵守各部门法平等自愿、诚实信用等基本准则，按照法律预设的权利和义务为内容，享有权利，履行义务。医务人员应按照法律规定的诊疗义务，遵循基本操作规范，尊重法律，遵守法律和职业规范。

（三）注重医学伦理原则

卫生法主要内容是关于人体的生命健康权益保护和对与人体生命健康相关活动、行为的规范和对相关产品的控制。① 从卫生法的历史发展过程我们能够抽取出这样的结论：卫生法长期以来吸收了大量伦理道德规则，注重伦理至今为止依然是国际卫生组织制定行为规范的准则，也应成为我国制定卫生法规范的基本准则。无论是药品临床试验过程中的生命伦理委员会和患者的知情同意，还是辅助生殖活动中伦理委员会的职能、非亲属间器官移植中所涉及的伦理控制、临终关怀所涉及的伦理以及无性生殖、胚胎干细胞的伦理难题导致法律禁止，医学伦理都是制定卫生法规范难以忽视的关键要素，也是指导和规范整个卫生活动的基本准则。

法律与伦理的关系、自然法与实证法的对峙一直为西方法学界的永久话题，但医学作为一门经验性与科学性相重叠并且以人体的生命、健康为研究对象的学科，对伦理的重视是卫生法的应有之义。卫生法学是对医学以及与医学相关产品和领域进行规范的学科，注重医学伦理是其学科完善成熟的衡量标准之一。珍视和保护生命是传统伦理学的一项基本原则。医学伦理学是研究医疗过程中（包括医学研究），人们相互间特别是医患间相互关系的伦理道德规范和行为准则的科学，是解决当代医学快速发展中技术应用种种两难选择的科学。② 传统医学伦理注重医生个体品德的体现，现代的医学伦理从医德伦理发展到生命伦理、健康伦理，并成为卫生政策以及卫生法制定过程中加权的考量因素。这一原则及其要求是指国家在制定卫生法规范以及确立卫生政策时，必须增加伦理参数的权重；在卫生资源配置领域，增强医学伦理以实现其合理和优化；在医疗保险制度领域，注重伦理导向；在医患关系中，得到医生的践行和医疗机构的承诺；在医疗纠纷处理中，用法制实现公正；在科技技术领域，伦理优先。③

该原则具体包括：

（1）立法过程中的医学伦理关注。在卫生立法过程中，立法机关必须充分考虑医学伦理因素和标准，以适当的形式将医学伦理的根本原则吸纳入法律。在涉及人的生物

---

① 吴崇其. 卫生法学 [M]. 北京：法律出版社，2005：22.
② 杜治政. 医学伦理学不可忽视的课题：利益伦理 [J]. 医学与哲学，2007（9）：1-6.
③ 同上.

医学和临床研究领域,应遵循《赫尔辛基宣言》中所确立的医学研究的基本原则,特别需要强化伦理委员会的组织结构、功能职责、遴选程序、退出机制和法律责任,使伦理委员会真正担负起预防医疗违法和犯罪行为的第一道防线,保证公民的知情同意权和知情选择权的授予和实现。在医疗资源配置领域,医疗机构设置和医疗人员分配上突出医学伦理原则。在器官移植领域,现在器官移植仅在亲属之间开放,应充分考虑我国医学伦理委学术年会所提出的《器官移植的伦理原则》,对非亲属间器官移植的法律问题作出回应。对医务人员职业道德建设方面,应将医务人员职业道德法制化,通过法律责任来强化医务人员的道德责任。关注医学伦理还强调在医学科技发展与法律滞后发生冲突时,应以人为本,从保障公民生命、健康权为价值取向出发,在进行充分地伦理论证后再涉及法律应对。如克隆、代孕辅助生殖方式、安乐死、脑死亡、非亲属间器官移植等,我国现阶段采取法律禁止的方式存在合理性。同时加强对违反医学伦理原则侵犯人体生命、健康权行为的法律责任尤其是刑事责任,如盗取人体基因、盗取人体器官、生产销售伪劣人体器官、违法开展人类辅助生殖技术的入罪问题,均需要刑法加以回应。

(2) 执法过程中的医学伦理关注。法律能否得到全面正确的贯彻,制定的法律都是良法只是前提,还需要法律得到很好的执行。因此,行政机关在执法过程中是否充分认识到医学伦理的重要性,关系到卫生法的实施效果。卫生行政管理机关以及其他执法机关,如计划生育管理机关,在执法活动中,不仅要注重科学界的研究成果,更应考察科学应用所引发的伦理困境和难题,防患于未然。同时,由于行政权的灵活性和直接性,及时解决社会生活中出现的矛盾时,应充分重视人的尊严,将伦理效果与法律效果相结合进行利益权衡。

(3) 司法过程中的医学伦理关注。司法是正义的最后一道防线。法院在处理卫生争议时,应充分考察其中所涉猎的医学伦理,以切勿伤害、利益病患、患者自主、公平公正的医学伦理原则①为逻辑推理依据,作出符合医学伦理考量的利益衡量裁决,在新类型的疑难案件处理过程中,应以医学伦理为判决衡量依据,将医学伦理作为审理案件时应遵循的根本准则之一。

(4) 守法过程中的医学伦理关注。主要指三方面含义:第一方面,作为身体权利主体的公民对自己的身体处分应遵循伦理义务。"由于人是社会生产力的要素之一,因而其对自己身体的处分在很大程度上涉及整个社会的利益,因此,人负有不得随意伤害或处置其身体的伦理义务。"② 第二方面,公民在作出行为选择时应履行守法伦理义务。作为平权卫生法律关系主体的公民、法人或其他组织,只有通过守法才能使抽象的卫生法律规范转化为具体的现实法律活动,使权利被享有、义务被履行、禁令被遵守。"正义是社会制度的首要美德,正如真理之于思想体系一样。"③ 个人对正义的把握和追求是正义作为社会制度的首要美德实现的基础。第三方面,公民在作出行为时应遵循医学

---

① 戴正德. 东西方医学伦理思维之共通性 [J]. 医学与哲学, 2007 (9): 12 – 15.
② 刘长庆. 器官移植法研究 [M]. 北京: 法律出版社, 2005: 31.
③ John Rawls. A theory of justice [M]. Cambridge, Massachusetts: The Belknap Press of Harvard University Press, 1999: 3.

伦理要求，对他人的生命、健康予以尊重。对医学伦理的尊重即是对生命的尊重，对人自身的尊重，无论医务人员还是生产健康相关产品的企业以及每个公民个体，应将注重医学伦理当作处理人与人、人与社会相互关系时应遵循的道理和行为准则，对医学伦理以及涵摄医学伦理的法律普遍信仰和自觉遵守。

二、程序性基本原则

1. 平等对待原则

平等对待原则是指国家机关及其工作人员、医疗机构及执业人员均应平等对待公民、法人或其他组织，不得偏私，不得歧视。"个人应能自由且平等地决定自己生存的条件；也就是说，他们应当在创造和限定他们可资利用之机会的业经详细阐明的框架内享有平等权利（和因此而负有的平等义务），只要他们不利用这一框架去取消他人的权利"。① 平等对待原则是宪法所规定的公民在法律面前一律平等原则在卫生法领域的体现。由于每个个体享有对自身肢体、器官和其他组织进行支配的权利，容易导致富者对弱者和贫穷者进行剥削和压制的态势，出现社会关系的紧张与对抗，因此，平等对待原则是消弭社会矛盾和增进社会和谐的必要准则。

该原则要求国家机关及其工作人员、医疗机构及其工作人员无论是在立法、执法、适法环节中，无论是以限制公民、法人或其他组织的权利和利益为目的的行为抑或是以赋予公民、法人或其他组织一定权益的行为，都必须依法平等地对待任何一个公民，不能因其身份、民族、性别、宗教信仰、财产状况的不同而给予不平等的待遇。具体包括以下内容：

（1）国家在进行卫生资源配置时应充分考虑平等对待原则。应打破中心城市垄断最佳卫生资源、小城市垄断次佳卫生资源、农村几乎不享有卫生资源的局面，重新配置医疗机构、医疗设备、医务人员，打破城乡二元，在卫生领域首先实现资源配置平等。虽然宪法所规定的法律面前人人平等，仅指适用法律上的平等不包括立法上的平等，但由于卫生法与人体生命健康密不可分的特殊性，从对生命最基本的尊重角度出发，在制定卫生法规范和卫生政策时，也应遵循平等对待原则，实现无差别平等对待。

（2）医疗机构及执业人员在对待病患时应贯彻平等对待原则，不考虑社会地位、文化程度、民族、是否患有传染性疾病等不相关因素，以保障公民生命、健康权的平等实现。如对所有儿童疫苗的免费接种，即是健康权平等实现的例证。但医院对艾滋病患者的拒绝治疗，属于违背平等对待原则的行为。

（3）国家机关包括立法机关、行政机关、司法机关在制定法律法规、作出具体行为、行使裁量权时，不应以公民的宗教信仰、社会地位、经济状况或性别不平等等不相关因素不同对待，而应平等对待。如卫生行政管理机关在作出行政许可行为时，应该考虑申请人是否符合法律所规定的形式和实质要件，应将许可证颁发给更符合申请条件的申请人。法院在审理卫生争议，特别是行政争议时，不应考虑被告为卫生行政管理机关

---

① （英）亚历山大 J C. 国家与市民社会 [M]. 邓正来，译，北京：中央编译出版社，2002：321.

而有所偏颇。

（4）平等对待不包括为实现实质平等而作出的合理差别以及不法平等。为保证妇女、儿童、老人、残疾人健康权的实现，法律对此类特殊人群作出特殊保护，属于健康权平等实现的实质平等，虽然在表面上看起来似乎违背形式平等对待原则，但究其实质，是为了实现真正意义的平等，属于法律认可的合理差别，不违反平等对待原则。此外，同等情况同等对待、不同情况不同对待仅指合法权利的平等对待，不包括不法平等。如一个生产血液制品的企业掺假未被处罚，另一个掺假企业因此要求平等对待，也不予以处罚，即属不法平等，不为法律所保护。

2. 公众参与原则

卫生法与其他部门法最重要的区别在于，它的主要调整对象为生命、健康权益。健康以及与健康相关的事宜势必为我们人类每日所关注。无论何年龄、社会经济地位、性别、种族，我们每个人都将健康作为最基本最宝贵的财富。生命、健康也是我们学习、工作、生活以及参与社会活动的前提和保障。生命权、健康权作为一项人的自然权利，自有人类起，自出生时始，即不可剥夺、不可转让。就生命、健康而言，每个个体是最佳的决策者和选择者。良好的生活习惯、对疾病的正确态度、对健康教育的重视，无不有赖于个人的自觉参与和遵守。因此，公众参与作为卫生法的基本原则是保证卫生活动合法有效的程序性前提，也是公民对国家权力的行使进行有效监督和制约的方式。

《宪法》第2条规定："人民依照法律规定，通过各种途径和形式，管理国家事务，管理经济和文化事业，管理社会事务。"公民作为主权国家权力的拥有者和行使者，在享有权利的同时，让渡部分权利和自由承担一定的义务以实现整个国家的有序发展和整个民族的健康演化。"公众参与是指具有共同利益、兴趣的社会群体对政府的涉及公共利益事务的决策的介入，或者提出意见或建议的活动。公众参与包括三个主要因素：即参与的主体、参与的对象、参与的方式。"[①] 毋庸置疑，无论在决策过程、行为过程抑或司法救济过程中的公众参与，都是保证行为程序正当的有效方式。公众参与原则包括以下内容：

（1）公众在制定卫生法规范的立法过程中有权要求获取相关信息，有权要求参加听证会、论证会、座谈会等公开讨论和征求意见形式行使立法决策权，立法机关应拓展更多公众参与的渠道和路径。无论是制定卫生法规范或卫生政策，都是与公民休戚相关的生命、健康权的体现，公众参与赋予公民表达自己意愿、意见和利益诉求的权利和机会，剥夺公众参与并抉择的权利，就是将公众自身对生命、健康的选择权交与他人代为行使，无论在法律层面还是道德层面，均无法彰显其正当性，也无法确保立法行为符合社会公共利益。

（2）"在行政决定过程中，相对人有权参与、听证以及民主协商，对行政活动进行监督以及违反行政法的行政主体和相对人都应承担法律责任，这使相对人的政治权利、民主权利在宪法基础上极大地丰富、具体化。"[②] 公众在卫生活动过程中，积极主动参

---

① 李艳芳. 公众参与环境影响评价制度研究［M］. 北京：中国人民大学出版社，2004：16.
② 敖双红. 回顾与前瞻：行政法律关系之研究［J］. 福建公安高等专科学校学报，2007（2）：80-86.

与疾病的预防和控制，成为主要推手；公众在追究卫生法律责任过程中，作为程序主要参与者，责无旁贷地承担着削减风险的程序协力义务。从过程维度看，作为卫生行政相对人（在行政管理法律关系中与行政机关相对应的另一方当事人）的公民、法人或其他组织在卫生行政行为过程中享有如下行政程序上的参与权利：①获得通知权。行政相对人在符合参与行政程序的法定条件下，有权要求卫生行政管理机关通知其何时、以何种方式、在何地点参与行政程序的权利。②陈述权。行政相对人有就行政案件所涉及的事实和理由向卫生行政管理机关作出陈述的权利。③抗辩权。行政相对人就卫生行政管理机关提出的不利指控，有权提出反驳。④申请权。行政相对人有申请卫生行政管理机关启动行政程序的权利，如申请听证会的举行。行政过程论仍是以行政活动为核心，突出了一直被忽视的行政相对人在行政过程中的参与权利，并将相对人的作用提前至行政行为效力阶段而非仅是行政决定结果。卫生行政管理机关应依照国务院《政府信息公开条例》加强相关信息的公开，确保公众参与权的实现。

（3）公众在司法活动过程中享有诉讼程序的参与权利，如申请诉讼程序启动、参与诉讼活动，通过自己的参与实现"权利对权力"的制约。确立集团诉讼和公益诉讼制度，保障公民参与权的实现。侵犯公众参与权的行为属于违反法定程序，依法应予撤销。

（4）公众作为社会公共权利的最初享有者和真正享有者，参与卫生公共事务的治理，对公共利益作出判断和选择的参与并非强制，公众有权利选择是否参与，放弃或怠于行使并不违反法律规定。

（5）公众参与是有限参与，国家角色依然无可替代，因此，有必要明确参与主体、参与方式、参与事项、参与程度、参与程序、参与次数、参与效力等参与机制，其中任何一个要素的设置都可能影响公众参与价值的实现①。同时需要对公众参与给予适当的限制和规范，以防止多数人暴政、管理效率低下和泛民主化的出现。

关键术语

卫生法基本原则（basic principles of health law）　功能（function）　确定标准（determine the standard）　尊重和保障公民生命权健康权原则（respect and protect the people's rights of life and health）　卫生法治原则（rule of health law）　注重医学伦理原则（focus on the principles of medical ethics）　平等对待原则（the principle of equal treatment）　公众参与原则（principle of public participation）

问题与思考

（1）结合案例4-1，阐述基本原则与规则之间的相互关系。

---

① 江必新，李春燕. 公众参与趋势对行政法和行政法学的挑战 [J]. 中国法学，2005（6）：50-56.

(2) 如何理解基本原则?
(3) 简述卫生法的基本原则。
(4) 简述基本原则的功能。
(5) 简述卫生法基本原则的确立标准。
(6) 如何理解尊重和保障公民生命权和健康权原则?
(7) 简述行政卫生法治原则的内涵。
(8) 其他卫生法治原则有哪些要求?
(9) 如何理解注重医学伦理原则?
(10) 平等对待原则包括哪些内容?
(11) 公众参与原则包括哪些内容?

(雷娟)

第五章 卫生法律责任

> **✚ 学习目标**
> 通过本章的学习,使学生能够认识到卫生法律责任的特殊性和常见类型,并能够用基本理论来分析和解决具体的实践问题及争议。
> (1) 掌握:卫生法律责任的概念、特征、种类。
> (2) 理解:卫生法律责任的构成要件。

案例 5-1

2007年11月21日,孕妇李丽云因呼吸困难被肖志军送到朝阳医院京西分院治疗。医院建议剖宫产手术,但肖志军签字拒绝手术,当天,李丽云和腹中孩子双亡。2008年1月,李丽云的父母提起民事诉讼,将朝阳医院和肖志军告上法院,后又撤回对肖志军的起诉,将索赔数额确定为121万元。2009年12月,朝阳法院一审认定医院不构成侵权,医院出于人道考虑,愿给予患者家属一定的经济帮助,法院判令医院给付李丽云的父母10万元。李丽云父母不服判决,上诉至北京市二中院。①

第一节 卫生法律责任概述

一、卫生法律责任的概念与特征

(一) 法律责任的概念

新分析实证主义法学的代表人物哈特以及纯粹法学学者汉斯·凯尔森的法律责任理论堪称在一般法理学的层面上完成了自足的、作为规范性概念的法律责任之建构。哈特从日常生活语境下"责任"一词所包含的多重涵义中提炼出法律责任概念的内涵,并详细地阐释了法律责任与日常用语中"责任"一词含义之间的关系。凯尔森的法律责任概念体现在他对不法行为与制裁之间关系的论述中。他认为,一个人在法律上对一定

---

① 裴晓兰. 法院驳回李丽云家属上诉 [N]. 京华时报, 2010-04-29 (14).

行为负责或者承担法律责任,意味着如果作出不法行为理应受制裁。这大致勾勒出法律责任概念的形式结构——由不法行为引起的制裁之规范效果①。社会主体之所以敬畏法律,其中最为重要的方面是法律的评价功能。法律制裁即为法律的否定性评价功能的体现。可见,法律责任是指法律关系主体的不法行为所应承担的法律的否定性评价。对于不法行为一般包括侵权行为和违约行为。根据违约行为所违法之约定的不同又有违反意定之约和违反法定之约的区分。

(二) 卫生法律责任的概念与特点

卫生法律责任,是指卫生法律关系主体由于违反卫生法律规范规定的义务或约定的义务,所应承担的带有强制性的否定性法律评价后果②。卫生法律责任具有以下特点:

(1) 卫生法律责任是违反卫生法律规范的后果。这是行为人承担卫生法律责任的前提条件。卫生违法是指法律关系主体所实施的一切违反卫生法律规范的行为。卫生违法必须符合以下四个条件:

1) 行为人客观上实施了违反卫生法律法规的行为。行为人所实施的行为有作为与不作为之分。其中作为是行为人以积极的身体动作实施卫生法律规范所禁止的行为,不作为是行为人以消极的身体禁止不去实施卫生法律规范要求其必须实施的行为。

2) 卫生违法行为具有一定的社会危害性,侵犯了卫生法律规范所保护的社会关系和社会秩序。此种社会危害性包括两种情况:一是卫生违法行为已经给受保护的社会关系和社会秩序造成了实际的损害结果;二是虽然没有造成实际的损害,但已经使受保护的社会关系和社会秩序处于某种危险之中,使其可能受到损害。

3) 违反行为的主体必须在主观上有过错。过错包括故意和过失两种形式。如果卫生违法行为不是因为当事人主观有过错,而是因为不可抗力造成,则不构成卫生违法。

4) 卫生违法行为的主体必须是有法定责任能力的公民、法人或其他组织。如果违法主体没有达到法定责任年龄或不具有法定责任能力,不能控制或辨认自己的行为,则不构成卫生违法。

(2) 卫生法律责任必须有卫生法律、法规和规章的明确规定。卫生违法行为很多,并不是所有的卫生违法行为均要承担法律责任。只有卫生法律、法规、规章在设定权限范围内所进行了明确规定的行为,行为主体才承担相应的法律责任。

(3) 卫生法律责任以国家强制力作为后盾。如果责任承担者拒绝承担法律责任,国家强制力将强制其承担。

(4) 卫生法律责任必须依法追究。即由国家授权的专门机关在法定职权围内依法予以追究,其他任何组织和个人都不能行使此种职权。

二、卫生法律责任的种类

在我国,法律责任的种类主要有四种,分别为违宪责任、民事责任、行政责任、刑

---

① 余军,朱新力. 法律责任概念的形式构造 [J]. 法学研究,2010 (4):159-160.
② 吴崇其. 卫生法学 [M]. 北京:法律出版社,2005:121.

事责任。一般而言，根据行为人违反卫生法律规范的性质和行为的危害程度，卫生法律责任可分为行政责任、民事责任和刑事责任三种。

民事责任是一种特别债，由国家公权力保障其实施。① 根据我国民法通则的规定，民事责任的承担形式为：停止侵害；排除妨碍；消除危险；返还财产；恢复原状；修理、重作、更换；赔偿损失；支付违约金；消除影响、恢复名誉；赔礼道歉。以上承担民事责任的方式，可以单独适用也可以合并适用。

行政责任是指行政主体因违反行政法律规范而依法必须承担的法律责任。它是行政违法以及部分行政不当所引起的法律后果。行政责任的承担形式主要为：承认错误、赔礼道歉；恢复名誉、消除影响；履行职务；撤销违法；纠正不当；返还权益；恢复原状；行政赔偿。以上承担方式，可以单独适用也可以合并适用。②

刑事责任是指行为人因其犯罪行为所应承受的，代表国家的司法机关根据刑事法律对该行为所作的否定评价和对行为人进行的谴责的责任。③ 我国刑法规定，承担刑事责任的方式有刑罚、非刑罚处罚方法和单纯宣告有罪。

案例 5-2

2010 年 12 月 3 日早晨，广州一名孕妇临产时出现胎盘早剥，因危及母子生命，必须进行剖宫产手术。然而经医生、家人轮番劝说，她仍坚决拒绝签字手术，甚至在手术台上也大喊"要自己生"。最终，医生征得其家人同意后，强行为其进行剖宫产。傍晚获悉，孩子最终死于肺出血引发的呼吸衰竭，而这正是胎盘早剥引发弥散性血管内凝血（DIC）的后果。④

第二节　卫生民事责任

卫生民事责任是指法律关系主体违反卫生法律、法规造成的他人损害所应承担的法律后果。卫生民事责任的构成必须同时具备以下要件：①具有违反卫生法律法规的行为；②有损害事实的存在；③行为人的行为与损害结果之间有因果关系；④行为人主观方面有过错。⑤

目前，卫生民事责任主要体现在《侵权责任法》之中，该法于 2009 年 12 月 26 日通过，自 2010 年 7 月 1 日起施行。案例 5-1 在 2010 年 4 月 28 日终审宣判，法院驳回

---

① 梁慧星. 民法总论 [M]. 3 版. 北京：法律出版社，2007：87.
② 胡建淼. 行政法学 [M]. 2 版. 北京：法律出版社，2003：463.
③ 张明楷. 刑法学 [M]. 3 版. 北京：法律出版社，2007：386.
④ 任珊珊. 孕妇拒签字，医院强行剖宫救命 [N]. 广州日报，2010-12-4.
⑤ 吴崇其. 卫生法学 [M]. 北京：法律出版社，2005：125.

李丽云家属上诉，维持一审判决。3月24日，此案二审开庭时，李丽云的父母坚持认为朝阳医院在诊疗、急救措施中存在明显过失，要求重新对李丽云的死亡进行司法鉴定。经过审理，市二中院驳回了他们的申请。市二中院认为，一审法院已通过合法程序委托第三方鉴定机构对朝阳医院的诊疗行为是否存在过错，以及过错程度进行鉴定。根据鉴定结论，朝阳医院作出的初步诊断和处置符合诊疗常规，不存在过错。医院对李丽云的诊疗过程中存在一定不足，但李丽云的死亡主要与其病情危重、病情发展快、综合情况复杂有关，医方的不足与李丽云的死亡无明确因果关系。市二中院终审认为，一审判决并无不当，应予维持。同时，对于本应由李丽云父母承担的二审案件受理费1.6万余元，法院认定他们经济困难，准予免交。①《侵权责任法》第56条规定："因抢救生命垂危的患者等紧急情况，不能取得患者或者其近亲属意见的，经医疗机构负责人或者授权的负责人批准，可以立即实施相应的医疗措施。"在该案发生之时和审判之时，该法尚未施行，因此法院主要依据民法通则和《医疗机构管理条例》第33条的规定进行了裁判。

案例5-2发生在《侵权责任法》施行之后，是否能以第56条进行强行救治？该条需要出台相关的司法解释，对"不能取得患者或者其近亲属意见的"情况进行解释。本案是不能取得患者同意，却得到近亲属的同意。一般而言，患者的自决权高于近亲属的决定权，但是这种优越性在生命权面前是否还具有效力？是否可以理解为民法上的紧急避险有待进一步研究。《民法通则》第129条规定："因紧急避险造成损害的，由引起险情发生的人承担民事责任。如果危险是由自然原因引起的，紧急避险人不承担民事责任或者承担适当的民事责任。因紧急避险采取措施不当或者超过必要的限度，造成不应有的损害，紧急避险人应承担适当的民事责任。"《侵权责任法》第31条规定："因紧急避险造成损害的，由引起险情发生的人承担责任。如果危险是由自然原因引起的，紧急避险人不承担责任或者给予适当补偿。紧急避险采取措施不当或者超过必要的限度，造成不应有的损害的，紧急避险人应当承担适当的责任。"

第三节　卫生行政责任

行政责任是指法律关系主体违反卫生法律、法规所确立的卫生行政管理秩序，尚未构成犯罪，所应承担的具有惩戒或制裁性的法律后果。② 在我国，主要包括行政处罚和行政处分两种形式。

1. 卫生行政处罚

《中华人民共和国行政处罚法》和卫生法律、法规、规章等规定，卫生行政处罚的种类主要有：警告、罚款、没收违法所得、没收非法财物、责令停产停业、暂扣或吊销有关许可证等。

---

① 裴晓兰. 法院驳回李丽云家属上诉 [N] 京华时报，2010-04-29（14）.
② 吴崇其. 卫生法学 [M]. 北京：法律出版社，2005：124.

案例 5-3

2007年6月8日,产妇阮某在云南省昆明市东川区人民医院做完剖宫产手术后,出现子宫大出血,需紧急输血。当时,医院没有储存AB型血,寻找义务献血者又未果,东川区人民医院院长在电话征得区卫生局领导同意的情况下,同意主治医生卢某义务献血200 mL,使阮某转危为安。然而,8月15日,该医院接到省卫生厅发出的《行政处罚决定书》,认定该医院无采供血许可证,采供血行为系违法行为,责令该医院立即整改,并处以6万元罚款。云南省卫生厅法监处有关负责人对此表示,《中华人民共和国献血法》第18条规定"非法采集血液的,由县级以上地方人民政府卫生行政部门予以取缔,没收违法所得,可以并处十万元以下的罚款",考虑到医院的救人情节,这已经是从轻处罚了。①

记者调查发现,对于该案,当事人卢某深感无奈:"为挽救患者生命,医生主动献血真的错了?"患者也大感不解:"医院和医生采血救人不是为了谋私利,是救死扶伤,难道这都要受处罚?"东川区卫生局谢局长认为,医院的做法符合《医疗机构临床用血管理办法》第19条中的四个临时采用血条件:"边远地区的医疗机构和所在地无血站(或中心血库);危及患者生命,急需输血,而其他医疗措施所不能替代;具备交叉配血及快速诊断方法检验多种病毒的条件;医疗机构在临时采集血液后十日内将情况报告当地县级以上人民政府卫生行政主管部门。"东川距离昆明175km,单边车程最快也要3小时。当时情况紧急,临时到血液中心拉血最快也得6小时,东川到底算不算"边远"?相关法律对"边远"并没有明确界定。省卫生厅的态度却非常坚决:东川区隶属昆明市,从2004年9月开始,区内所需临床用血都由云南昆明血液中心提供,它不属于"边远地区的医疗机构"或"所在地无血站(或血液中心)"范围,因此,东川区第一人民医院所需血液仍然必须来自云南昆明血液中心。云南昆明血液中心主任杨通汉介绍,临床用血的首要原则是必须保证安全,否则一旦放任自采自供,其潜在风险难以预料,势必带来巨大危害,严重威胁公共卫生。目前,卫生部拟加强对基层血库建设,其中对"边远地区"用时间做了初步的定义:车程在1个半小时之外。云南省卫生厅医政处刘副处长认为,法律法规是保障公共卫生事业的前提,在各部门都尽到职责的情况下,个人安危只能让步于公共利益是一种无奈,也是法律保障社会整体利益的特性决定的。②

2. 行政处分

根据我国《国家公务员条例》、《国务院关于国家行政机关工作人员的奖惩暂行规

---

① 昆明医生献血救产妇,医院被罚6万元[EB/OL]. [2012-03-26] http://news.qq.com/a/20070903/000292.htm.

② 医生义务献血救患者违规受罚,现行采供血制度遭质疑[EB/OL]. http://news.sina.com.cn/c/2005-09-15/09416950005s.shtml.

定》和有关法律法规的规定,行政处分主要包括警告、记过、记大过、降级、降职、撤职、留用察看、开除八种。行政处分主要是对卫生行政机关或有关机关内部的执法人员、公务人员,及医疗卫生机构内部的医疗卫生人员违反卫生行政管理秩序所给予的一种制裁。而行政处罚则是由行政执法机关决定的,处罚的是行政相对人违反行政法律规范的行为。[1]

第四节 卫生刑事责任

刑事责任是法律关系主体违反卫生法律规范,侵害了刑法所保护的社会关系,构成犯罪所应承担的法律后果。[2]

我国刑法典中与卫生刑事责任有关的罪名主要集中在生产与销售伪劣商品罪、扰乱市场秩序罪、侵犯公民人身权利罪、危害公共卫生罪、渎职罪、军人违反职责罪之中。其中,产生争议较多的是故意犯罪和过失犯罪,如医生涉嫌故意杀人罪与医疗过失犯罪。

一、故意杀人罪

(一) 不作为的故意杀人

按照我国刑法理论的通说,医生在职务行为中可以涉嫌以不作为方式实施的故意杀人罪,因为医生具有职务上要求的作为义务。[3] 例如,当值医生甲明知不对危重患者进行紧急救治,患者将死亡。甲在能够救治的情况下,由于他与患者有过节或者其他情况而没有施救导致患者死亡的。

(二) 安乐死

我国法律没有对安乐死进行明确的规定,司法实践中的判决结果也并非完全一致。例如,1986年在陕西汉中,医生蒲连升应患者儿女的要求,为患者开具冬眠灵,实施了"安乐死",后被检察院以涉嫌"故意杀人罪"批准逮捕。案件审理了6年后,蒲终获无罪释放。法院认为,蒲连升给患者开具的冬眠灵不是患者致死的主要原因,危害不大。[4] 目前认为,医生积极的以作为的方式实施安乐死的行为会涉嫌故意杀人罪。

二、医疗过失犯罪

医疗领域的过失犯罪并非普通的过失犯罪,主要是因为行为人具有特殊身份,是救

---

[1] 吴崇其. 卫生法学 [M]. 北京:法律出版社,2005:125.
[2] 同上.
[3] 高铭暄. 刑法专论 [M]. 北京:高等教育出版社,2006:172.
[4] 鲁钇山,马勇. 孝子弑母案引争论,"积极安乐死"仍存立法难题[EB/OL]. [2012-03-26] http://news.xinhuanet.com/edu/2011-07/21/c_121702284_4.htm.

死扶伤的医务人员。可见，医疗过失属于业务过失。一方面，尽管只可能构成过失犯罪，但是由于医疗行为直接作用于患者的生命和健康，并且是人们必须接受的治疗活动，所以，其社会危害性显而易见。另一方面，众所周知，医疗行为具有高度救济性、高度风险性、高度专业性的特性，在维护患者合法权益的同时，也务必考虑医疗人员和医疗机构的利益。因此，如何平衡大众患者、医务人员、医疗机构三者的利益关系，是一个在法治的、和谐的、风险的社会之中极富现实性和挑战性的课题。在世界范围内，业务过失犯罪在整个过失犯罪中占有相当大的比重。因此，在立法层面，无论就我国刑法，抑或境外刑法而言，医疗过失犯罪是医事犯罪的核心组成部分。境外刑法多以业务过失致人重伤、死亡犯罪来认定医疗过失行为。我国内地刑法规定了医疗事故罪，但是却存在法益归属不准、刑罚设置单调的缺陷。在理论研究方面，德国、日本已经形成了规模，并具有相当的深度。在风险社会下、在新兴的生命科技的浪潮中，我国内地的研究尚需要深入，以期形成科学的、和谐的罪责刑体系，并能够化解诸多冲突，尽量避免出现医患关系高度紧张的局面。因此，应该对罪刑的配置和刑事程序进行如下改良。

（一）罪的改良

1. 调整类罪的设置

在我国内地现行刑法典中，"危害公共卫生罪"是归属于"妨害社会管理秩序罪"的。但是，笔者认为，该类罪涉及的所有罪名应该从"妨害社会管理秩序罪"之中分离出来，列入"危害公共安全罪"之中，原因如下：一是从罪名上来看，上述犯罪主要侵犯的是公民的生命权和健康权，即涉及不特定多数人的生命和健康安全，而非"社会管理秩序"，因为"妨害社会管理秩序罪"这一类罪的法益多表现为国家正常的管理活动，故该法益无法有效地涵盖"不特定多数人的生命和健康安全"。二是在现代的风险社会之中，公共卫生领域的风险尤为突出，严重地危害和威胁了公民的生命和健康。笔者认为，将上述犯罪置于"妨害社会管理秩序罪"之下，并不能清晰、明确地向公民宣告，哪些行为是刑法所禁止的。试想，如果公民不知道自己已经被犯罪行为所侵害，公民就可能不会去举报，进而无法得到刑法的救济。原因就在于，在一般人的常识里面，"妨害社会管理秩序"是侵犯国家利益的行为，似乎和公民的生命权、健康权没有多大关联。

2. 扩充犯罪主体的范围

在实践中，较为常见的医患纠纷是因医疗事故引起的。而患者及其家属通常不仅对当值医务人员的行为有异议，而且对医疗机构的负责人的处理行为也有质疑，因为医疗机构的负责人在医疗事故中时常扮演指挥者的角色，或者存在监督过失的行为。换句话说，即便医疗机构的负责人存在监督过失，医疗机构也不会承担刑事责任，即不会被处以罚金刑。原因就在于，根据《中华人民共和国刑法》（以下简称《刑法》）第30条的规定，单位犯罪必须由刑法分则明文规定。所以，医疗机构不仅不承担医疗事故罪的刑事责任，也不承担过失致人死亡罪的刑事责任。但是，这种结果是否合理呢？很明显，医疗机构负责人的行为是代表医疗机构的，发生了医疗事故之后，只处罚负责人，实际上是等于将单位的责任转嫁给个人承担。如果增加医疗机构为"医疗事故罪"的犯罪主体，将有利于医疗机构的自律，减少医疗事故的发生。

3. 建立前科消灭制度

关于前科消灭制度的概念，我国的刑事法律并未规定。在理论界，较为合适的界定是，前科消灭是指曾经受过法院有罪宣告或被判定有罪的人在具备法定条件时，国家抹消其犯罪记录，使其在规范上的不利益状态消失，恢复正常法律地位的一种刑事制度。①

实际上，对于医疗过失行为，一方面，需要保留犯罪和刑罚，即当严则严，毕竟医疗行为掌控了公民的生命和健康，必须严密医疗过失犯罪的刑事法网，这是人权保障的题中应有之义；另一方面，也有必要给一部分满足消灭前科条件的医务人员寻找出口，避免给这部分医务人员造成巨大的心理恐慌，给医疗卫生事业的健康发展造成冲击。因此，建立医务人员犯罪前科消灭制度是必要的，对符合一定条件且没有现实危险的医务人员，允许其戴罪立功。确有立功表现时，可以撤销原判刑罚，不以犯罪论处。这便是当宽则宽的体现。当然，建立前科消灭制度还有如下的理由：

（1）我国刑法中实则存在前科消灭制度。《刑法》第449条规定："在战时，对被判处3年以下有期徒刑没有现实危险宣告缓刑的犯罪军人，允许其戴罪立功，确有立功表现时，可以撤销原判刑罚，不以犯罪论处。"换句话说，这是内生于我国刑法典的，并不需要通过法律移植等途径从境外引进。既然，国内有土壤，为何不适度地进行开辟？

（2）医疗行为的特殊危险性。医疗风险是现代风险社会之中不可回避的一个部分。正如德国著名社会学家乌尔里希·贝克主张："这不是外在的风险，而是在每个人的生活中和各种不同的制度中内生的风险"。②众所周知，医疗行为面对的是未知的后果，即对于患者是否能够治愈、是否能够抢救成功等，医务人员没有百分百的把握，这是医疗行为的特殊性所致。应该说，正当的、合理的医疗风险是被允许的危险，如同交通风险一般。

（3）祛除标签效应，创造激励机制。《刑法》第100条规定："依法受过刑事处罚的人，在入伍、就业的时候，应当如实向有关单位报告自己曾受过刑事处罚，不得隐瞒。"这说明犯罪前科是必须如实汇报的。毋庸置疑，一旦医师被认定为犯罪，则对其职业生涯将是毁灭性的冲击。然而，医师的医疗行为具有高度的专业性，也具有人身附属性，对于那些一贯表现良好的初犯、偶犯和因受害人过错等形成过失犯罪的行为人，可以尝试适用前科消灭制度，不仅可以使其更好地回归社会，也能激励其在工作中戴罪立功，给社会创造价值。从功利主义的视角来看，与其让医师在监狱中服刑，不如让他在病房中救死扶伤。可见，这种机制的创建可以达到双赢的效果。

（二）刑罚的改良

1. 增设资格刑

《刑法》规定，医疗事故罪的刑罚为短期自由刑，即3年以下有期徒刑或者拘役。

---

① 马长生，彭新林．关于我国刑事政策改革的一点构想———论社会主义法制理念下的前科消灭制度［J］．法学，2007（2）：60．

② （德）乌尔里希·贝克．风险社会政治学［J］．刘宁宁，沈天霄，译．马克思主义与现实，2005（3）：42．

可见，此罪的刑罚只有主刑，没有附加刑。有学者指出，此罪法定刑幅度较低，不仅严重违背了业务过失重于普通过失的原则，而且比其他业务过失也偏低。① 笔者以为，与其说立法者没有发现这个问题，倒不如说立法者是有意为之，大概是综合权衡和考量了医疗行为的风险性和救治性之后设置的刑期。

由于过失犯罪的处罚普遍较轻，并且附加刑可以独立适用，故增设资格刑以解决医疗过失的问题，不失为一个良方。值得注意的是：第一，资格刑的适用范围应该有限定。如初犯、偶犯和因受害人过错等造成过失的行为人，如果情节较轻的，以不适用资格刑为宜。对于有多次医疗过失的行为人，适用资格刑较为合适。第二，被剥夺资格是附有一定期限的，该期限视医疗过失行为的情节、危害结果以及行为人的人身危险性而定。第三，建立起医务人员资格复效制度，即当犯罪人具备法定条件时，可以减免其资格刑，这将有利于犯罪人的改造。

2．增设罚金刑

可以说增加罚金刑也是立法者较好的选择。试想，如果增设了医务人员和医疗机构的罚金刑，与医务人员和医疗机构的经济利益直接挂钩，能更好地促进医务人员和医疗机构的负责人全心全意地履行职责，从而更有效地预防医疗事故的发生。

（三）刑事程序的改良

1．鼓励刑事和解

经济分析法学认为，每个有理性的人在选择行为方式的时候都会坚持付出少而回报高的原则。医疗过失适用刑事和解制度，能获得较好的社会效应：一方面，彰显刑法谦抑性的节约理念。以最少的刑法资源投入，获取最大的效益。另一方面，一举多得，实现"多赢"的局面。首先，对于被害人而言，可以通过和解协议的达成，获得相当的赔偿和补偿，为被害人及其家属的生活提供保障。其次，对于行为人而言，可以争取出罪或者罪轻的处理结果，对其自身和家属的损害可以降到最低，也有机会继续救死扶伤。最后，对于国家而言，可以节省司法成本，无疑能实现法律效果与社会效果的统一。

2．设立暂缓起诉制度

暂缓起诉指的是检察机关综合犯罪人的情况及犯罪后的表现，认为以暂不提起公诉为宜的，可以暂缓提起公诉，并为被暂缓起诉人设定相应的义务，如果被暂缓起诉人在法定的考验期间内，没有违背法定义务，则考验期限届满，检察机关就作出不起诉决定；如果违背义务，检察机关则立即提起公诉。② 我国内地的刑事诉讼法并未规定暂缓起诉制度，只是规定了起诉与不起诉制度。换言之，起诉与不起诉均是法定的。然而，在司法实践中，武汉、山东、上海、长春、抚顺、南京等地已经纷纷尝试了暂缓起诉的制度。③ 这就意味着，司法实践已经对法定的起诉与不起诉制度有所突破，现行的刑事诉讼法已经滞后了。

---

① 李川，解永照．医疗事故罪的法定刑研究［J］．四川警官高等专科学校学报，2006（3）：13－19．
② 万毅．刑事不起诉制度改革若干问题研究［J］．政法论坛，2004（6）：99－108．
③ 全莉．暂缓起诉制度之价值及构建［EB/OL］．http://gxjc.gov.cn/article.php?articleid=142.

从价值取向上而言，暂缓起诉制度正好契合了现代刑事法治的根基——最后手段原则，即非犯罪化、非刑罚化和轻刑化，也贯彻了宽严相济的刑事政策，还是恢复性司法的重要内容之一。既然如此，在刑事诉讼法之中，设置该项制度也就顺理成章，以使其具备合法性，从而为医务人员的戴罪立功创造条件。

总之，我们生活在一个追求和谐却处处充满风险的社会，有的风险是人类理应容忍和承受的，如正当医疗行为伴随的风险；有的风险却是不被允许的风险，如由于重大的医疗过失导致的风险。虽然重大过失不被允许，但是鉴于医疗活动的矛盾性（风险性和救治性），出于对社会公共利益的考量，对一些初犯、偶犯和因受害人过错等造成过失的且没有人身危险性的行为人来说，适当地给予宽容的待遇，是利大于弊的。试想，倘若刑法对于这个特殊的行业过于苛刻的话，会促使医学生在就业时回避外科、妇产科等风险较高的科室，不仅造成人才的浪费，最终而言，也并非人民之福。倘若医疗过失的罪刑设置不完备的话，不仅被害人及其家属得不到及时的抚慰和赔偿，也会促使医务人员隐瞒医疗活动的真相，长此以往，必将制造更大的悲剧。

关键术语

法律责任（legal responsibility） 民事责任（civil responsibility） 行政责任（administrative responsibility） 刑事责任（criminal responsibility） 侵权责任（tort liability） 公共安全（public safety） 行政处罚（administrative penalty） 犯罪（crime）

问题与思考

（1）结合案例 5-1，分析法院的判决是否正确。
（2）结合案例 5-2，谈谈你的看法。
（3）结合案例 5-3，谈谈你的看法。

参考法律法规

《中华人民共和国侵权责任法》
《中华人民共和国民法通则》
《中华人民共和国刑法》
《中华人民共和国行政处罚法》
《中华人民共和国医疗机构管理条例》
《中华人民共和国国家公务员条例》
《国务院关于国家行政机关工作人员的奖惩暂行规定》

（姜雯）

下编　卫生法学分论

第六章　医疗卫生资源管理法律制度

> **+ 学习目标**
> 通过本章的学习，使学生熟悉医疗卫生资源管理的法律、法规，掌握两类重要的医疗卫生资源（即卫生医疗机构与医师）的基本法律制度，并能运用法律、法规分析和解决卫生资源管理实践中的问题。
> （1）掌握：医疗机构的界定、分类和职责；医疗机构设立的程序；违反医疗机构管理法律制度的法律责任；执业医师资格的取得制度；执业医师的权利与义务；执业医师的法律责任。
> （2）熟悉：医疗卫生资源的概念与特征；医疗机构的监督和评审制度；执业医师的执业规则。
> （3）了解：资源的概念与特征；医疗机构的分类标准；医疗机构设置的原则；执业医师的考核制度。

第一节　医疗卫生资源概述

一、资源的概念与特征

1. 资源的概念

"资源"是"医疗卫生资源"的中心语词构成，要界定医疗卫生资源的概念，须先考察"资源"的涵义。不同文化背景对"资源"理解基本一致，即自然界天然的和人类社会创造的一切有用的资财。"人们对资源的认识经历了从自然资源—经济资源—社会资源，从小资源到大资源的过程和路径。"[1] 传统资源观把资源差不多限定于"生产资料与生活资料的天然来源"[2]。联合国环境规划署认为："所谓资源，特别是自然资

---

[1] 韦正球. 大资源观初探[J]. 学术论坛, 2006 (2): 63.
[2] Kuznet, Simmon. Modern economic growth, structure and speed [M]. New Haven: Yale University Press, 1996: 10.

源，是指在一定时期、地点条件下能够产生经济价值，以提高人类当前和将来福利的自然因素和条件。"① 随着人类认识世界的发展，已突破传统的资源概念，发展成为一个具有自然资源、社会资源与知识资源三个层面的泛资源（pan-resource）理论②。由此带来了对资源概念认识的深化："资源是指一个用于生产商品和劳务的一切东西。包括劳动力、土地、能源、地下矿藏、原材料、资本等人力和物力资源。"③

2. 资源的特征

根据资源的概念，资源理应具有稀缺性和效用性。稀缺性（scarcity）并非指资源在绝对数量上稀少，而是相对于人类不断膨胀的欲望和消费现实而言，用以满足人类需要的资源是相对不足的，只不过表现为有现实的稀缺与潜在的稀缺之别而已。可见，"稀缺性是指欲望总是超过了能用以满足欲望的资源的现象"。④资源的稀缺性表明：人类的需要（或称需求⑤）是无限的，且需要的轻重缓急度各不相同；能够满足需要的可支配的、可利用的资源是有限的，且每种资源大多有两种或者两种以上的用途，存在机会成本。效用性（utility）意指"消费者消费某种物品或劳务时获得的心理满足程度"⑥。同时，资源效用性的高低与其稀缺程度呈正相关。一般来说，资源越稀缺，其效用性愈高。反之，假使某种资源分布广泛或可再生利用、人类利用的多少不会影响其配置利用的可持续性，则该资源的价值相对较低。显然，资源为"在一定的时空条件下能够被人类开发利用以提高人类的福利水平，因其稀缺程度不同而产生效用价值差异的各种环境要素或事物的总称"⑦。

同时，资源是个历史的、动态的、开放的概念，是存量与流量、静态与动态的统一。从资源概念由自然资源到经济资源、社会资源的变迁历程可窥见，资源具有随着人类认识与改造自然和自身的活动的不断深入而变动不羁的个性。资源存量意指特定时点上加以度量的资源变量，资源流量则指在一段时期上加以度量的资源变量。"一般来说，任何一期的（期末）存量等于前一期的（期末）存量加上该期的净流量之和，而任何一期的流量则都要由该期期初的存量性质决定。"⑧ 静态资源为在经济分析中不作为变量考量的资源，动态资源则为经济分析中作为变量考量的资源。作为一个特定时点上的存量，动态资源的规模和品质是历史累积的结果，动态资源的变动须借助流量的变动和累积来实现。"动态资源具有历史时间中无限累积的特点。"⑨

---

① 杨秀苔. 资源经济学：资源最优配置的经济分析 [M]. 重庆：重庆大学出版社，1993：25.
② 有些学者又称其为大资源观，并认为形成大资源观经历了自然资源传统观念、从自然资源引申释义到社会经济资源、再到知识资源的扩展分类、最后到大资源概念的形成四个阶段。参见：李维华，韩红梅. 资源观的演化及全面资源论下的资源定义 [J]. 管理科学文摘，2005（3）：20.
③ Leibenstein. Allocative efficiency vs. X-efficiency. American Economic Review, vol. 1966 (56)：392 – 425.
④ 沈满洪. 资源与环境经济学 [M]. 北京：中国社会科学出版社，2007：1.
⑤ 事实上，需要和需求是两个不同的概念。需要仅指消费的欲望，不管有无支付能力；而需求指有支付能力的消费欲望。
⑥ 黄晓光. 卫生经济学 [M]. 北京：人民卫生出版社，2006：37.
⑦ 刘成武. 资源科学概论 [M]. 北京：科学出版社，2004：41 – 43.
⑧ 陆家驹，林晓洁. 新经济资源观与我国新世纪发展的资源策略 [J]. 学海，2000（2）：55.
⑨ 同上.

另外，资源为无形资源与有形资源的统一。随着大资源观的形成，"资源就是人力、物力和财力。在经济学上人们通常把它表达为可供物质资料生产与再生产的生产要素，包括劳动者、技术、资本、信息、矿藏"①。可见，资源中既有劳动者、物质资料等有形资源，也有技术、信息、资本、制度等无形资源，且无形资源大多也可与有形资源一起成为投资与生产的构成要素，成为内生变量，而非单纯的外生变量。

二、医疗卫生资源的概念

与自然资源相比较而言，社会经济资源带有人类活动产物的特点，具有较强的社会属性。"把卫生作为一种资源进行分析，显然是现代资源观的延伸。"② 显然医疗卫生资源也是现代大资源观的实践成果，属于社会经济资源，只不过与其他社会经济资源的不同之处在于服务于不同的活动领域。对于卫生资源的概念界定，可以说是近两年卫生经济学界和研究医疗体制改革的学者比较热衷的。

但从国内学者的诸多界定分析，显得相当混乱，大多未把医疗卫生资源、卫生资源、医疗资源等概念界分清楚。比较有代表性的为："卫生资源指提供各种卫生服务所使用的投入要素的总和。"③"医疗资源是专用于医院医疗服务提供的人、财、物的有形资源，属于狭义的卫生资源范畴。"④"医疗卫生资源有广义与狭义之分，广义的医疗卫生资源是指人类开展医疗卫生保健活动所使用的社会资源，狭义的医疗卫生资源是指社会在提供医疗卫生服务过程中占用或消耗的各种生产要素的总和。"⑤ 不难看出，目前对于医疗资源、医疗卫生资源与卫生资源的外延存在认识混乱。笔者在此首先就医疗、卫生与公共卫生予以语义界分，以便厘定医疗资源、医疗卫生资源与卫生资源。

"卫生在我国古代主要指'养生'与'护卫生命'的意思。"⑥《辞海》对卫生的解释为："为增进人体健康、预防疾病，改善和创造合乎生理要求的生态环境、生活条件所采取的个人和社会措施。"⑦ 社会措施即为国家采取的有利于人体健康、防治疾病、提高人的生命质量和精神健康的社会行为，而个人行为措施指个人的良好卫生习惯与个人卫生行为。公共卫生译自英文"public health"，"public"为"公共或公众"之义，"health"为"卫生或健康"之义。公共一般有三层含义："工作对象为人群，可以是特定的，可以是社区，还可以是整个社会；行为主体为政府及相关政府机构；社会或社区所从事的各种形式的活动，可以由政府以外的组织乃至利用私人的基金进行。"⑧ 美国医学研究院认为，"公共卫生是我们作为一个社会集体采取的措施，以确保公民能够成为健康的条件。"⑨ 可见，公共卫生不是直接去治疗疾病，而是去改善影响疾病和伤害

---

① 姚子辉. 需求与资源的有限性与无限性的运动及对生产发展的影响 [J]. 学术界，1996 (2)：7.
② 李晓西. 试论我国卫生资源的合理配置 [J]. 中国卫生经济，2002 (2)：1.
③ 叶浩森. 我国卫生资源宏观调控研究概述 [J]. 医学与社会，2004 (2)：15.
④ 王龙兴. 卫生经济学的理论与实践 [M]. 上海：上海交通大学出版社，1998：53-61.
⑤ 王谦. 医疗卫生资源配置的经济学分析 [J]. 经济体制改革，2006 (2)：33.
⑥ 达庆东. 试论卫生与法律的关系 [J]. 医学与哲学，2001 (4)：14.
⑦ 吴崇其. 卫生法学 [M]. 北京：法律出版社，2005：2.
⑧ 邱仁宗. 公共卫生伦理学刍议 [J]. 中国医学伦理学，2006 (1)：4-5.
⑨ Beauchamp D E, Steinbock et al. New ethics for the public health. Oxford: Oxford University Press, 1999: 11.

的风险因素。公共卫生既指防范较近的疾病和伤害的风险要素,也指关注社会和经济资源更公正分配,以减少因地位、财富、种族、性别、阶级不同而对人群健康的重要影响。一般来说,公共卫生仅指前者。"医疗指疾病的治疗"① 集中于个别患者的诊断和治疗,以医患关系为中心,与公共卫生的区别是显而易见的。显然,"公共卫生"与"医疗"均内含于"卫生"之中。笔者认为:卫生资源是公共卫生资源与医疗卫生资源的集合;医疗资源与医疗卫生资源为同义语词,前者不过是后者的简称而已②;公共卫生资源与医疗卫生资源有时并没有严格的清晰界限,具有一定程度的交融性。

借助考察"资源"与"医疗卫生"的含义,医疗卫生资源的含义已初步明确:医疗卫生资源是指在一定的时空条件下,直接用于治疗疾病的一切条件和要素的总称。"概念是反映客观事物特有属性或本质属性的一种思维方式。一个概念的提出是否有依据,是否能为人们所接受,关键在于这个概念所反映的事物是否具有区别于其他事物的特有属性或本质属性。"③ 要科学地给医疗卫生资源下定义,就必须深刻把握其本质特征,做到其内涵与外延的高度统一,且要具有与时俱进的生命力。

除同样具有资源共有的特征外,医疗卫生资源还具有自身的特质。从其内部构成分析,包括医疗卫生人力资源④、医疗卫生物力资源⑤、医疗卫生财力资源⑥、医疗卫生技术资源、医疗卫生信息资源、医疗卫生管理资源等。"医疗保健服务的提供要求对很多资源投入要素进行整合,以提供能够满足全部目标和优先事项的综合服务。"⑦ 所有这些资源并非独立发挥其效用性,而是有机结合成医疗机构⑧,并依托医疗机构以整体性效用的形式发挥作用。此即医疗卫生资源的"整体性"。同时,医疗卫生资源这些内部构成要素间以一种结构的方式存在,要素与要素之间的结构关系表现为各要素的量是按一定的比例构成,各要素间是量与结构的统一,结构变化会引起量的变化,量的变化也会引起结构的变化。比如,"对设施和器械的投资必须与对人力资本(教育与培训)的投资相平衡"⑨。此乃医疗卫生资源的"结构性"。医疗卫生资源作为投入要素,旨在生产医疗卫生服务产品。可见,能否生产出合格的服务产品是其考量的主要标准。这正如吉登斯将资源定义为"改变事物的一种能力"⑩。此为医疗卫生资源的"能力性"。作为生产健康的投入要素,医疗卫生资源内部各要素间可以有不同组合,且能够生产出具有可替代性的不同医疗卫生服务产品。"政府可借着改变各生产要素的相对价格,引导

---

① 中国社会科学院语言研究所词典编辑室. 现代汉语词典 [M]. 增补版. 北京:商务印书馆,2002:1481.
② 为了便于体现与卫生资源的种与属的关系,体现与公共卫生资源的区别,笔者认为用"医疗卫生资源"较"医疗资源"显得更为科学、规范。
③ 郑鹏程. 行政垄断的法律控制研究 [M]. 北京:北京大学出版社,2002:27.
④ 指直接从事医疗卫生服务的人员,包括医护人员、后勤辅助人员与管理人员。
⑤ 指医疗卫生服务必备的物资条件,包括卫生床位、设备与建筑。
⑥ 指投入到医疗卫生机构或投入购买医疗卫生服务的资金。
⑦ (美) Alexander S Preker, John C Langenbrunner. 明智的支出——为穷人购买医疗服务 [M]. 郑联盛,王小芽,译. 北京:中国财经出版社,2006:291.
⑧ 医疗机构是与公共卫生机构相对应的谓称,二者共同构成卫生机构。
⑨ (美) Alexander S Preker, John C Langenbrunner. 明智的支出——为穷人购买医疗服务 [M]. 郑联盛,王小芽,译. 北京:中国财经出版社,2006:291.
⑩ Anthony Giddens. Contemporary critique of historical materialism [M]. Berkeley:California University Press,1981:170.

消费者选取最低成本的生产要素组合。"① 此是医疗卫生资源的"可替代性"。

通过以上分析，本书将医疗卫生资源定义为：在一定社会经济条件下，投入到医疗卫生机构用于生产或投入给卫生服务需要者用于购买医疗卫生服务，以满足人们健康需求的一切要素和条件的总称。与以往的医疗卫生资源定义比较，这一定义突出了三个特点：①围绕医疗卫生机构和医疗卫生服务展开；②将其置于医疗卫生服务市场的语境之下，把医疗卫生服务的供给系统和需求系统、生产与购买有机结合；③并未把其属性限定于经济资源或社会资源，而是所有直接相关的一切要素和条件的总称。

三、医疗卫生资源与相关概念的关系

"一个概念的中心含义也许是清楚的和明确的，但我们离开该中心时它就趋于变得模糊不清了。"② "几乎每个用来对人类生活和周围世界的各种特征进行分类的普通词语，"都可能存在"引起争议的边际情况"③。医疗卫生资源同样如此，为进一步廓清其含义，本书拟就其与卫生服务、卫生总费用的关系予以扼要阐述。

（一）医疗卫生资源与卫生服务

卫生服务是"为了改善健康水平或拥有良好适应状态而存在的卫生服务系统，以及发生在这个系统中的活动"④。"卫生服务包括预防服务、保健服务、康复服务和医疗服务四种。"⑤ 医疗服务作为一种可在医疗市场上交换的服务性产品，其提供者是各级医疗机构。事实上，医疗机构并非仅提供医疗服务，许多医疗机构，特别是基层机构多提供包括预防服务、保健服务和康复服务的综合性卫生服务。而各级医疗机构又是医疗卫生资源的载体。可见，卫生服务实际是医疗卫生资源配置后的生产产品。配备了医疗卫生资源并不必然导致预期的卫生服务产品，即医疗卫生资源的结构元素只为个体获得卫生服务提供了可能，并不等同个体实际获得卫生服务。但是，要得到良好的卫生服务结果，结构合理的医疗卫生资源是先决条件。

（二）医疗卫生资源与卫生总费用

"卫生总费用是一个国家或地区卫生领域在一定时期（通常指1年）开展卫生服务所筹集或支出的卫生资源的货币表示。"⑥ 对卫生总费用⑦的界定，一般有这样几个限定条件："卫生机构或卫生人员参与的；卫生服务过程中已消耗掉的，包括物化劳动和活劳动消耗；为卫生服务中已消耗的实际经济资源，而非实际占用的经济资源；反映全社

---

① 国家统计局. 中国统计年鉴 (1985—2003) [M]. 北京：中国统计出版社，200：25.
② （美）博登海默 E. 法理学——法律哲学与法律方法 [M]. 邓正来，译. 北京：中国政法大学出版社，1999：487.
③ （英）哈特. 法律的概念 [M]. 张文显，等，译. 北京：中国大百科全书出版社，1996：4.
④ 杨辉. 构建卫生服务质量的概念框架 [J]. 中国卫生质量管理，2007 (2)：1.
⑤ 和晋予，许树强. 我国卫生资源区域配置理论初探 [J]. 中国卫生经济，2004 (12)：6.
⑥ 饶克勤，刘新明. 卫生总费用与支付制度的国际趋势 [M]//饶克勤，刘新明. 国际医疗卫生体制改革与中国. 北京：中国协和医科大学出版社，2007：71.
⑦ 卫生总费用也有广义与狭义之分。广义指维护和改善健康而筹集与消耗的全部资源，狭义则指直接与卫生服务和卫生服务相关的其他服务活动有关的筹集或消耗的资源总和。此处指狭义的卫生总费用。

会的卫生总支出,而非卫生部门内部资金分布与资金运动。"① 卫生财力资源为"国家、社会和个人在一定时期内,为达到防病治病、提供人民健康水平,在卫生保健领域投入的经济资源"②。可见,正如部分卫生经济学者所言:"卫生财力资源是用货币形式表现出来的用于医疗卫生事业的经济资源,通常以卫生总费用来表示。"③ 一般将医疗卫生资源视为狭义的卫生资源,其内部构成要素之一的财力资源即构成了卫生总费用的主体④。对卫生总费用的核算可从资金来源与资金使用两个路径分析,这样实际上就把卫生服务提供体系和卫生服务筹资体系联结起来了。"每年从社会中转移出来为卫生保健提供资金的购买力,是影响医疗保健领域成效和表现的一个重要决定因素。"⑤ 由此表明,医疗卫生资源是卫生服务提供与卫生服务筹资的结合,而非单纯考量卫生服务提供体系。

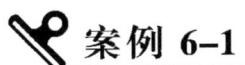

案例 6-1

司法判决:心理咨询机构不属于医疗机构

2010年8月,获得心理咨询师资格证的北京律师黄某,一度想要自己开办一个心理咨询机构。但却屡屡受挫于心理咨询机构的注册登记。频繁奔忙于政府各个部门之间,最后无奈之下,只好将拒绝给他办工商注册登记的北京市海淀区工商局告到了法院。但一审法院以黄某没有取得《医疗机构执业许可证》以及他所租赁的房屋不是商业用房为由,判决其败诉。黄诠胜不服,上诉到北京市第一中级人民法院。北京市第一中级人民法院作出终审判决,就开办心理咨询机构是否需要取得医疗机构执业许可证作出了与一审法院不同的认定,首次从司法裁判确认的角度上"扫除了心理咨询机构设置的最大障碍"。北京市第一中级人民法院对双方争议的三个焦点分别进行了认定。关于开办心理咨询机构是否需要取得医疗机构执业许可证一事,审理的法官认为,现行《医疗机构管理条例》虽然规定医疗机构执业必须登记,领取医疗机构执业许可证,但这一条例的第二条同时明确了条例的适用范围是"从事疾病诊断、治疗活动的医院、卫生院、疗养院、门诊部、诊所、卫生所(室)以及急救站等医疗机构",因此,工商登记前应取得医疗机构执业许可证的是上述医疗机构。而根据现行的《北京市精神卫生条例》的规定,心理咨询机构不得从事精神疾病的诊断、治疗,《北京市心理咨询行业管理办法》中也有类似的规定。据此,二审法院认为,心理咨询机构并非《医疗机构管理条例》中所称之"医疗机构",因此也不在《医疗机构管理条例》的调整范围之列。一审法院要求黄某工商注册登记时提交医疗机构执业许可证,"缺乏法律依据,一

---

① 黄晓光,等. 卫生经济学 [M]. 北京:人民卫生出版社,2006:155.
② 黄晓光,等. 卫生经济学 [M]. 北京:人民卫生出版社,2006:196.
③ 同上。
④ 事实上,相关的统计资料也表明医疗卫生财力资源在数值上近似于卫生总费用。
⑤ (美) Alexander S Preker, John C Langenbrunner. 明智的支出——为穷人购买医疗服务 [M]. 郑联盛,王小芽,译. 北京:中国财经出版社,2006:291.

审判决予以支持不当，现予以纠正"。这一判决，从司法裁判的角度确认了心理咨询机构的性质，不属于医疗机构，从而不需要在注册登记前领取医疗机构执业许可证。在现行法律法规没有对心理咨询机构作出明确界定之前，这一判决对实务界长期争议的心理咨询机构性质具有重要的指引意义的司法判例。

第二节 医疗机构管理法律制度

卫生服务有公共卫生服务和医疗卫生服务之分。医疗卫生服务即通常所称的医疗服务。鉴于此，卫生服务机构理应包括公共卫生服务机构和医疗卫生服务机构。医疗卫生服务机构即通常所称的医疗机构。为保持称谓的连续性，本书将医疗卫生服务机构均成为医疗机构。

一、医疗机构的概念和特征

根据我国法律法规的规定，医疗机构是指依法设立的从事疾病诊断、治疗活动的卫生机构的总称。其宗旨是救死扶伤，防病治病，为人民健康服务。由此，我们进一步概括医疗机构的基本特征：

（1）医疗机构应依法经许可设立。其含义是，一方面，依据《医疗机构管理条例》及其实施细则的规定进行设置和登记，履行法定的设立程序，包括取得设置医疗机构批准证书、履行登记手续、领取《医疗机构执业许可证》等；另一方面，要符合当地的医疗机构设置规划和卫生部制定的医疗机构基本标准等实体规定。

（2）医疗机构事业范围是疾病诊断和治疗活动。这就意味着医疗机构区别于其他企业事业单位，也区别于以开展卫生防疫、疾病预防和控制活动为主的疾病预防机构等其他卫生机构。

（3）医疗机构的组织形式具有多样性。医疗卫生机构是从事疾病诊断、治疗活动的一类卫生机构的总称，因此，允许其在组织形式上具有多样性，如医院、卫生院、专科医院、疗养院等。目前，医院、卫生院是我国医疗机构的主要组织形式。

二、医疗卫生机构的分类

医疗卫生机构可以根据不同的分类标准进行分类。

（一）按医疗机构的功能、任务、规模等标准分类

按医疗机构的功能、任务、规模等标准，医疗机构可分为以下类别：综合医院、中医医院、中西医结合医院、民族医院、专科医院、康复医院；妇幼保健院、中心卫生院、乡（镇）卫生院；疗养院；综合门诊部、专科门诊部、中医门诊部、中西医结合门诊部、民族医疗门诊部，诊所、中医诊所、民族医诊所、卫生所、医务室、卫生保健所、卫生站；村卫生室（所）；急救中心、急救站；临床检验中心；专科疾病防治院；

护理院（站）等。这也是卫生部《医疗机构管理条例实施细则》对于医疗机构采用的还划分标准。此外，根据该细则的规定，卫生防疫、国境检验检疫、医学科研和教学等机构在本机构业务范围之外开展诊疗活动以及美容服务机构开展医疗美容业务，应根据法律规定申请设置相应类别的医疗机构。

（二）按照医疗机构经营目分类

自 2000 年起，我国建立了新的医疗机构分类管理制度，将医疗机构分为非营利性和营利性两类进行管理。非营利性医疗机构是指为社会公众利益服务而设立和运营的医疗机构，不以盈利为目的，其收入用于弥补医疗服务成本，实际运营中的收支节余只能用于自身的发展（如改善医疗条件、引进技术、开展新的医疗服务项目等）。营利性医疗机构是指医疗服务所得收益可用于投资者经济回报的医疗机构。

同时，根据现行法律规定，政府不举办营利性医疗机构。非营利性医疗机构在医疗服务体系中占主导地位，享受相应的税收优惠政策。政府举办的非营利性医疗机构由同级财政给予合理补助，并按扣除财政和药品差价收入后的成本制定医疗服务价格。其他非营利性医疗机构不享受政府补助。医疗服务价格执行政府指导价。卫生、财政等部门要加强对非营利性医疗机构的财政监督管理。营利性医疗机构医疗服务价格放开，依法自主经营，照章纳税。

（三）按照医疗机构的所有者不同分类

根据医疗机构的所有者不同，可以划分为国有医疗机构、私人机构（包括国内投资者兴建的医疗机构，也包括外资或合资投资兴建的医疗机构）。随着卫生领域的对外开放和交流合作，我国允许外国医疗机构、公司、企业称其他经济组织，按照平等互利的原则，经中国政府主管部门批准，在中国境内（香港、澳门及台湾地区除外）与中国的医疗机构、公司、企业和其他经济组织以合资或者合作形式设立医疗机构。

三、医疗机构的国家管制

（一）医疗机构的规划

为了合理配置卫生资源，全面统筹医疗机构的数量、规模和分布，使有限的医疗卫生资源能得到充分利用，更好地为公民提供符合成本效益的医疗、预防、保健、康复服务。《医疗机构管理条例》规定，设置医疗机构应当符合医疗机构设置规划和医疗机构基本标准，说明我国对于卫生资源的配置实现统一规划和管理，也即实施国家管制。卫生部《医疗机构设置规划指导原则》是医疗机构规划的主要法律依据。

1. 医疗机构设置的原则

医疗机构的设置应遵循以下原则：①公平性原则。应该以当地医疗供给需求为基础，面向全体人群，充分发挥现有医疗资源的作用。现阶段发展以农村、基层为重点，严格控制城市医疗机构的发展规模，保证全体居民尤其是广大农民公平地享有基本医疗服务。②整体效益原则。医疗机构设置要符合当地卫生发展总体规划的要求，要充分发挥医疗系统的整体功能，合理配置医疗资源，提高医疗预防保健网的整体效益，局部要服从全局。③可及性原则。医疗机构服务半径适宜，交通便利，布局合理，易于为群众服务。④分级原则。为了合理有效地利用卫生资源,确保医疗机构的服务质量,按医疗机构的功能、任务、规模将其分为不同级别,实行标准有别、要求不同的管理,建立和完善分级医疗体系。⑤公有制主导原则:医疗机构应坚持国家和集体举办为主,个人和其他社会团体举办为补充的原则。⑥中西医并重原则。遵循卫生工作的基本方针,中西医并重,保证中医、中西医结合,民族医疗机构的合理布局及资源配置。

2. 设置医疗机构的权限

(1) 医疗机构设置规划是区域卫生发展规划的重要组成部分,也是城乡建设发展整体规划的组成部分。它由县级以上地方人民政府卫生行政部门根据本行政区域内的人口、医疗资源、医疗需求和现有医疗机构的分布状况,依据《医疗机构设置规划指导原则》制定,经上一级卫生行政部门审核,报同级人民政府批准后,在本行或区域内发布实施。机关、企业和事业单位可以根据需要设置医疗机构,并纳入当地医疗机构的设置规划。

(2) 医疗机构设置规划分三级。省级和县级的医疗机构设置规划都要以设区的市级所制定的医疗机构设置规划为基础。设区的市级卫生行政部门按照区域卫生规划的原则和方法制定医疗机构设置规划。县级卫生行政部门制定医疗机构设置规划的重点是100张床位以下的医疗机构的具体配置和布局,省级卫生行政部门制定医疗机构设置规划的重点是500张床位以上的医院、重点专科和重点专科医院、急救中心、临床检验中心等医疗机构的配置。

(二) 医疗机构的审批

根据我国法律法规的规定,医疗机构不分类别、所有制形式、隶属关系、服务对象,其设置必须符合当地医疗机构设置规划和国家医疗机构基本标准。此外,中外合资、合作医疗机构的设置还必须符合有关法律法规和管理办法的规定,容后详述。

1. 医疗机构设置的禁止性条件

根据《医疗机构管理条例》及其实施细则规定,有下列情形之一的,不得申请设置医疗机构:①不能独立承担民事责任的单位;②正在服刑或者不具有完全民事行为能力的个人;③医疗机构在职的、因病退职或者停薪留职的医务人员;④发生二级以上医疗事故未满5年的医务人员;⑤因违反有关法律、法规和规章,已被吊销执业证书的医务人员;⑥被吊销"医疗机构执业许可证"的医疗机构法定代表人或者主要负责人;⑦省、自治区、直辖市政府卫生行政部门规定的其他情形。

2. 医疗机构的设置审批权限

任何单位或者个人设置医疗机构,必须经县级以上地方人民政府卫生行政部审查批准,并取得设置医疗机构批准书,方可向有关部门办理其他手续。具体而言:①设置不设床位或者床位不满100张的医疗机构,向所在地的县级人民政府卫生行政部门申请;②设置床位在100张以上的综合医院、中医医院、中西医结合医院、民族医医院以及专科医院、疗养院、康复医院、妇幼保健院、急救中心、临床检验中心和专科疾病防治机构,按照省、自治区、直辖市人民政府卫生行政部门规定的设置审批权限,向卫生行政部门提出申请;③机关、企业、事业单位按照国家医疗机构基本标准设置为内部职工服务的门诊部、诊所、卫生所(室),报所在地的县级人民政府卫生行政部门备案;④国家统一规划的医疗机构的设置,由国务院卫生行政部门决定。

3. 医疗机构的审批程序

单位或者个人申请设置医疗机构时,应当提交下列文件:设置申请书、设置可行性研究报告、选址报告和建筑设计平面图。卫生行政部门对设置医疗机构的申请,应当自受理之日起30日内依据当地医疗机构设置规划进行审查,对符合医疗机构设置规划和卫生部制定的医疗机构基本标准的,发给设置医疗机构批准书;对不予批准的要以书面形式告知理由。设置中外合资、合作医疗机构的,其申请获卫生部批准后,还需要按有关规定向外经贸部提出申请,取得《外商投资企业批准书》。

此外,根据《医疗机构管理条例》及其实施细则对不予批准的情形做了规定。申请设置医疗机构有下列情形之一班,不予批准:①不符合当地《医疗机构设置规划》;②设置人不符合规定的条件;③不能提供满足投资总额的资信证明;④投资总额不能满足各项预算开支;⑤引入医疗机构选址不合理;⑥污水、污物、粪便处理方案不合理;⑦省、自治区、直辖市卫生行政部门规定的其他情形。

四、医疗机构的登记与校验

(一)登记

医疗机构执业必须进行登记,领取"医疗机构执业许可证"。医疗机构的执业登记,由批准其设置的人民政府卫生行政部门办理。

1. 申请

申请执业登记必须具备下列条件:①有设置医疗机构批准书;②符合医疗机构的基本标准;③有适合的名称、组织机构和场所;④有与其开展的业务相适应的经费、设施和卫生技术人员;⑤有相应的规章制度;⑥能够独立承担民事责任。

申请医疗机构执业登记必须填写《医疗机构申请执业登记注册书》,并向登记机关提交下列材料:①《设置医疗机构批准书》或者《设置医疗机构备案回执》;②医疗机构用房产权证明或者使用证明;③医疗机构建筑设计平面图;④验资证明、资产评估报告;⑤医疗机构规章制度;⑥医疗机构法定代表人或者主要负责人以及各科室负责人名录和有关资格证书、执业证书复印件;⑦省、自治区、直辖市卫生行政部门规定提交的其他材料。

申请门诊部、诊所、卫生所、医务室、卫生保健所和卫生站登记的,还应当提交附设药房(柜)的药品种类清单、卫生技术人员名录及其有关资格证书、执业证书复印件以及省、自治区、直辖市卫生行政部门规定提交的其他材料。

2. 审核批准

卫生行政部门在受理医疗机构执业登记申请后,应当按照规定的条件和时限对申请人提交的材料进行审查和实地考察、核实,并对有关执业人员进行消毒、隔离和无菌操作等基本知识和技能的现场抽查考核。经审核合格的颁发给"医疗机构执业许可证";审核不合格的,将审核结果和不予批准的理由以书面形式通知申请人。

3. 登记事项

医疗机构执业登记的事项包括:①类别、名称、地址、法定代表人或者主要负责人；②所有制形式；③注册资金（资本）；④服务方式；⑤诊疗项目；⑥房屋建筑面积、床位（牙椅）；⑦服务对象；⑧职工人数；⑨执业许可证登记号（医疗机构代码）；⑩省、自治区、直辖市卫生行政部门规定的其他登记事项。

4. **变更登记**

医疗机构变更名称、地址、法定代表人或者主要负责人、所有制形式、服务对象、服务方式、注册资金（资本）、诊疗科目、床位（牙椅）的，必须向原登记机关申请办理变更登记。机关、企业和事业单位设置的为内部职工服务的医疗机构向社会开放，也必须按规定申请办理变更登记。医疗机构歇业，必须向原登记机关办理注销登记，经登记机关核准后，收缴"医疗机构执业许可证"。

5. **不予登记的情形**

申请医疗机构执业登记有下列情形之一的，不予登记：①不符合《设置医疗机构批准书》核准的事项；②不符合《医疗机构基本标准》；③投资不到位；④医疗机构用房不能满足诊疗服务功能；⑤通讯、供电、上下水道等公共设施不能满足医疗机构正常运转；⑥医疗机构规章制度不符合要求；⑦消毒、隔离和无菌操作等基本知识和技能的现场抽查考核不合格；⑧省、自治区、直辖市卫生行政部门规定的其他情形。

（二）校验

校验是指卫生行政部门依法对医疗机构的基本条件和执业状况进行检查、评估、审核，并依法作出相应结论的过程。床位在100张以上的综合医院、中医院、中西医结合医院、民族医院以及专科医院、疗养院、康复医院、妇幼保健院、急救中心、临床检验中心和专科疾病防治机构的校验期为3年，其他医疗机构的校验期为1年。医疗机构应当于校验期届满前3个月内向登记机关申请办理校验手续。

五、医疗机构执业

医疗机构开展执业活动必须遵守有关法律、法规。

（1）应该做好公示工作，包括：①将"医疗机构执业许可证"、诊疗科目、诊疗时间和收费标准悬挂于明显处所；②按照核准登记的诊疗科目开展诊疗活动；③不得使用非卫生技术人员从事医疗卫生技术工作；④工作人员上岗，必须佩戴载有本人姓名、职务或者职称的标牌；⑤应当按照政府物价等有关部门核准的收费标准收取医疗费用，详列细项，并出具收据。

（2）还应该遵守如下医疗规范：①正确使用医疗机构标识；②严格执行无菌消毒、隔离制度，采取科学有效的措施处理污水和废弃物，预防和减少医院感染；③遵守病历管理的有关规定，门诊病历的保存期不得少于15年，住院病历的保存期不得少于30年。

（3）医疗机构开展诊疗活动必须遵守如下执业规则：①对危重患者应立即抢救，对限于设备或技术条件不能诊治的患者应当及时转院；②未经医师（士）亲自诊查病少，不得出具疾病诊断书、健康证明书或死亡证明书等证明文件；未经医师（士）、助产人员亲自接产，不得出具出生证明书或死产报告书；③施行手术、特殊检查或者特殊治疗时，必须征得患者同意，并应当取得家属或挂关系人的同意并签名；④发生医疗事故，按照国家有关规定处理；⑤对传染病、精神病、职业病等患者的特殊诊治和处理，应按国家有关法律、法规的规定办理；⑥必须按照有关药品管理的法律、法规，加强药品管理。

六、医疗机构的监督和评审

（一）监督

医疗机构的监督管理由县级以上人民政府卫生行政部门负责。国务院卫生行政部门负责全国医疗机构的监督管理工作。

县级以上地方人民政府卫生行政部门负责本行政区域内医疗机构的监督管理工作。其监督管理职权包括：①负责医疗机构的设置审批、执业登记和校验；②对医疗机构的执业活动进行检查指导；③负责组织对医疗机构的评审；④对违反《医疗机构管理条例》的行为给予处罚。

各级卫生行政部门对医疗机构的执业活动进行检查监督，包括：①执行国家有关法律、法规、规章和标准；②执行医疗机构内部各项规章制度和各级各类人员岗位责任制；③医德医风；④服务质量和服务水平；⑤执行医疗收费标准；⑥组织管理；⑦人员任用；⑧省、自治区、直辖市卫生行政部门规定的其他检查、指导项目。

（二）评审

国家实行医疗机构评审制度即由专家组成的评审委员会按照医疗机构评审办法和评审标准，对医疗机构的基本标准、服务质量、技术水平、管理水平等进行综合评价。医疗机构评审包括周期性评审和定期的重点检查。县级以上地方人民政府卫生行政部门负责组织本行政区域医疗机构评审委员会，并根据评审委员会的评审意见，对达到评审标准的医疗机构，颁发评审合格证书；对未达到评审标准的医疗机构，提出处理意见。

七、相关法律责任

《医疗机构管理条例》及其实施细则，对违反医疗机构管理规定的行为作出相应的处罚规定。

1. 未取得"医疗机构执业许可证"擅自执业

对未取得"医疗机构执业许可证"擅自执业的，责令其停止执业活动，没收非法所得和药品、器械，并处以3万元以下的罚款。有下列情形之一的，并处以3 000元以上1万元以下的罚款：①因擅自执业曾受过卫生行政部门处罚；②擅自执业的人员为非卫生技术专业人员；③擅自执业3个月以上；④给患者造成伤害；⑤使用假药、劣药蒙骗患者；⑥以行医为名骗取患者钱物；⑦省、自治区、直辖市卫生行政部门规定的其他情形。

2. 逾期不校验"医疗机构执业许可证"又不停止诊疗活动

医疗机构逾期不校验"医疗机构执业许可证"仍从事诊疗活动的，责令其限期补办校验手续；拒不校验的，吊销其"医疗机构执业许可证"。

3. 出卖、转让、出借"医疗机构执业许可证"

医疗机构转让、出借"医疗机构执业许可证"的，没收其非法所得，并处以3 000元以下的罚款。有下列情形之一的，没收其非法所得，处3 000元以上5 000元以下的罚款，并吊销"医疗机构执业许可证"：①出卖"医疗机构执业许可证"；②转让或者出借医疗机构执业许可证务是以营利为目的；③受让方或者承借方给患者造成伤害；④转让、出借"医疗机构执业许可证"给非卫生技术专业人员；⑤省、自治区、直辖市卫生行政部门规定的其他情形。

4. 诊疗活动超出登记范围

除急诊和急救外，医疗机构诊疗活动超出登记的诊疗科目范围，情节轻微的，处以警告。有下列情形之一的，责令其限期改正，并可处以3 000元以下罚款：①超出登记的诊疗科目范围的诊疗活动累计收入在3 000元以下；②给患者造成伤害。有下列情形之一的，处以3 000元罚款，并吊销"医疗机构执业许可证"：①超出登记的诊疗科目范围的诊疗活动累计收入在3 000元以上；②给患者造成伤害；③省、自治区、直辖市卫生行政部门规定的其他情形。

5. 任用非卫生技术人员从事医疗卫生技术工作

医疗机构任用非卫生技术人员从事医疗卫生技术工作的，责令其立即改正，并可处以3 000元以下的罚款。有下列情形之一的，处以3 000元以上5 000元以下罚款，并可以吊销其"医疗机构执业许可证"：①任用2名以上非卫生技术人员从事诊疗活动；②任用的非卫生技术人员给患者造成伤害。医疗机构使用卫生技术人员从事本专业以外的诊疗活动的，按使用非卫生技术人员处理。

6. 出具虚假证明文件

医疗机构出具虚假证明文件，情节轻微的，给予警告，并可处以500元以下的罚款。有下列情形之一的，处以500元以上1 000元以下的罚款：①出具虚假证明文件造成延误诊治的；②出具虚假证明文件给患者精神造成伤害的；③造成其他危害后果的。对直接责任人员由所在单位或者上级机关给予行政处分。

八、行政救济与执行

当事人对行政处罚决定不服的，可以依照国家法律、法规的规定申请行政复议或者提起行政诉讼。当事人对罚款及没收药品、器械的处罚决定未在法定期限内申请复议或者提起诉讼又不履行的，县级以上人民政府卫生行政部门可以申请人民法院强制执行。

案例 6-2

伪造执业医师证书行医受处罚

2008年3月3日，据举报反映，南京市某民营医院"中华眼科医师学会全国眼病复明指导中心"中有自称北京权威眼病专家"某教授"坐诊行医，疑其无行医资质要求查处。接报后本所监督员前往调查,发现在该医院眼科诊室中正在为一老年男性患者接诊的"某教授"即是被举报者,其助手为医药代表。现场还查及该"教授"在执业医师栏签名医疗处方 5 张,确认了其在该院从事医疗诊疗活动的事实。随后监督人员对该"教授"在该院的行医资质及发布医疗广告情况依法进行调查。经查实,"某教授"未取得"医师资格证书"和"医师执业证书"并持伪造的"医师执业证书"复印件从事医疗诊疗活动,这一行为违反了《医疗机构管理条例》第 28 条之规定;南京某民营医院除违反上述规定,使用一名非卫生技术人员从事诊疗活动,还违反《医疗广告管理办法》第 3 条之规定,未取得《医疗广告审查证明》发布医疗广告。南京市卫生局依据《医疗机构管理条例》第 48 条、《医疗机构管理条例实施细则》第 81 条第 1 款及《医疗广告管理办法》第 20 条第 1 款之规定给予警告;罚款人民币 3 000 元整。

第三节　执业医师法律制度

一、执业医师概述

医师的职业直接关系到公民的生命和健康,世界上大多数国家都制定了专门针对执业医师的法律规范,我国也不例外。1998 年 6 月 26 日,九届人大第三次常委会通过了《中华人民共和国执业医师法》(以下简称《执业医师法》),自 1999 年 5 月 1 日起施行。《执业医师法》对执业医师资格、执业注册、医师的权利义务,医师法律责任以及执业医师的管理机构等做了规定。

根据《执业医师法》的规定,执业医师是指依法取得执业医师资格或者执业助理医师资格,经注册取得执业医师执业证书,从事相应的医疗、预防、保健业务的专业医务人员,包括乡村医生和来华暂时行医的外国医师,计划生育服务机构的医师。这也是对本法的适用范围的规定。

《执业医师法》还明确规定,国务院卫生行政部门主管全国的医师工作,县级以上地方人民政府卫生行政部门负责本行政区域内的医师工作。根据《执业医师法》的规定,医师可以依法组织和参加协会。2002 年,受国家卫生部委托,中华医学会成立了中国医师协会,它是负责医师管理的自律性行业协会。

二、执业医师资格的取得

(一) 医师资格考试

1. 医师资格

医师资格是指从事医师职业所应具备的学识、技术和能力的必备条件和身份。医师资格考试是评价申请医师资格者是否具备执业所必需的专业知识与技能的考试,是医师执业的准入考试。《执业医师法》规定,国家实行医师资格考试制度。医师资格考试分为执业医师资格考试和执业助理医师资格考试。医师资格统一考试办法由国务院卫生行政部门制定,省级以上人民政府卫生行政部门组织实施。

2. **考试类别**

医师资格考试分为临床医师、中医(包括中医、民族医、中西医结合)师、口腔医师、公共卫生医师四类。考试方式分为实践技能考试和医学综合笔试。医师资格考试实行国家统一考试,每年举行1次。考试时间由卫生部医师资格考试委员会决定,提前3个月向社会公告。

3. **考试条件**

(1)具有高等学校医学专业本科以上学历,在执业医师指导下,在医疗、保健机构中试用期满1年的;取得执业助理医师执业证书后,具有高等学校医学专科学历,在医疗、预防、保健机构中工作满2年的;具有中等专业学校医学专业学历,在医疗、预防、保健机构中工作满5年的,可以申请参加执业医师资格考试。

(2)具有高等学校医学专科学历或者中等专业学校医学专业学历,在执业医师指导下,在医疗、预防、保健机构中试用期满1年的,可以申请参加执业助理医师资格考试。

(3)以师承方式学习传统医学满3年或者经多年实践医术确有专长的,经县级以上卫生行政部门确定的传统医学专业组织或者医疗、预防、保健机构考核合格并推荐,可以申请参加执业医师资格或者执业助理医师资格考试。

(4)在乡村医疗卫生机构中向村民提供预防、保健和一般医疗服务的乡村医生,符合《执业医师法》有关规定的,也可以参加医师资格考试。

(5)境外人员在中国境内申请医师考试(包括注册、执业等),按照国家有关规定办理。

(二) 医师资格取得

根据执业医师法的规定,对参加全国统一的执业医师考试或者执业助理医师考试成绩合格者由省级卫生行政管理部门发卫生部统一印制的"医师资格证"。

三、执业医师执业注册

《执业医师法》规定,国家实行医师执业注册制度。取得执业医师资格或者执业助理医师资格的,可以向所在地县级以上人民政府卫生行政部门申请医师执业注册。

(一) 一般规定

根据《执业医师法》的规定,卫生部负责全国医师执业注册监督管理工作。县级以上地方卫生行政部门是医师执业注册的主管部门,负责本行政区域内的医师执业注册监督管理工作。医师经注册后,方可在医疗、预防、保健机构中按照注册的执业地点、执业类别、执业范围,从事相应的医疗、预防、保健业务。未经医师注册取得执业证书,不得从事医师执业活动。

医师的执业地点是指医师执业的医疗、预防、保健机构及其登记注册的地址;执业类别是指医师从事医疗、预防、保健中哪类执业活动;执业范围是指医师执业的具体诊疗科目，包括内科、外科、妇产科、儿科、牙科、放射科等。根据《关于医师执业注册中执业范围的暂行规定》，在进行注册的，其范围含计划生育技术服务专业。取得全科医学专业技术职务任职资格者，方可申请注册全科医学专业作为执业范围。

根据有关规定，一般情况下医师不得从事执业地点、执业范围以外的执业活动，但有下列情况之一的，不属于超过执业地点、范围：①对患者实施紧急医疗救护的；②临床医师依据《住院医师规范化培训规定》和《全科医师规范化培训试行办法》等进行临床转科的；③依据国家有关规定，经医疗、预防、保健机构批准的卫生支农、会诊、进修、学术交流、承担政府交办的任务和卫生行政部门批准的义诊等；④省级以上卫生行政部门规定的其他情形。

（二）注册程序

注册程序是指医师进行执业注册必须遵循的步骤和方法。

1. **申请**

凡是取得执业医师、执业助理医师资格的，在医疗、保健机构中执业的医师、助理医师均可向所在县级以上卫生行政部门申请医师执业注册。拟在医疗、保健机构中执业的人员，应当向批准该机构执业的卫生行政部门申请注册。拟在预防机构中申请执业的人员，应当向该机构的同级卫生行政部门申请注册。拟在机关、事业单位的医疗机构中执业的人员，应当向核发该机构"医疗机构执业许可证"的卫生行政部门申请。

申请医师执业注册应当提交的材料包括：医师执业注册申请审核表；申请人6个月内照片；医师资格证书；注册主管部门指定的医疗机构出具的申请人的健康体检表；申请人身份证明；医疗、预防、保健机构的拟聘用证明；省级以上卫生行政部门规定的其他材料等。

2. **审核与注册**

《医师执业注册暂行办法》规定，有下列情形之一的，不予注册：①不具有完全民事行为能力的；②因受刑事处罚，自刑罚执行完毕之日起至申请注册之日止不满2年的；③受吊销医师执业证书的行政处罚，自处罚决定之日起至申请注册之日止不满2年的；④甲类、乙类传染病传染期、精神病发病期以及身体残疾等健康状况不适宜或者不能胜任医疗、预防、保健业务工作的；⑤国务院卫生行政申请注册，经卫生行政部门指定机构或组织考核不合格的；⑥部门规定不宜从事医疗、预防、保健业务的其他情形的。

3. **重新注册**

中止医师执业活动2年以上且法定不予注册的情形消失的，应当重新申请注册的。重新申请注册的人员，应当首先到县级3～6个月的培训，以上卫生行政部门指定的医疗、预防、保健机构或组织接受并经考核合格，方可依照法律的规定重新申请执业注册。

4. **变更注册**

变更注册的规定医师变更执业地点、执业类别、执业范围等注册事项的，应当到注册主管部门办理变更注册手续，并提交医师变更执业注册申请审核表、医师资格证书、医师执业证书以及省级以上卫生行政部门规定提交的其他材料。但是，经医疗、预防、保健机构批准的卫生支农、会诊、进修、学术交流、承担政府交办的任务和卫生行政部门批准的义诊等除外。医师在办理变更注册手续过程中，在医师执业证书原注册事项已被变更，未完成新的变更事项许可前，不得从事执业活动。

5. 注销注册

医师注册后有下列情形之一的，其所在的医疗、预防、保健机构应当报告注册主管部门，办理注销：①死亡或者被宣告失踪的；②受刑事处罚的；③受吊销医师执业证书行政处罚的；④因考核不合格，暂停执业活动期满，经培训后再次考核仍不合格的；⑤中止医师执业活动满2年的；⑥因身体健康状况中止医师执业活动，培训期满后再次考核仍不合格的；⑦不适宜继续执业的；⑧有出借、出租、抵押、转让、涂改医师执业证书行为的；⑨卫生部规定不宜从事医疗、预防、保健业务的其他情形。注册主管部门对具有上述情形的，应当予以注销注册，收回医师执业证书。

（三）个体行医的特别规定

《执业医师法》规定："申请个体行医的执业医师，须经注册后在医疗、预防、保健机构中执业满5年，并按照国家有关部门规定办理审批手续。未经批准，不得行医。"

四、执业医师的考核与培训

（一）考核

考核是指一定组织按照事先确定的原则、内容、方法和程序对所属工作人员进行的考察评价活动，依此对其工作人员实施奖惩、任用、培训。《执业医师法》所指考核是指考核主管机构、考核标准、考核形式、考核内容、考核结果五个方面的问题以及卫生行政部门的作用。

1. 考核主管机构

县级以上人民政府卫生行政部门委托的机构或者组织应当按照医师执业标准，对医师的业务水平、工作成绩和职业道德进行定期考核。[①]

2. 考核标准

考核标准就是医师执业标准。主要考核执业道德、业务水平、工作成绩和前面所说的医师执业规则"一个必须"、"五个不得"、"十个应当"等方面的规定。

3. 考核形式

以平时考核为基础，定期考核是平时考核的概括和总结。定期考核以2年一次为

[①] 《执业医师法》第32条规定："县级以上人民政府卫生行政部门负责指导、检查和监督医师考核工作。"考核不仅是医疗机构的日常管理手段，也是卫生行政部门进行行政管理的依据。必须了解掌握考核的环节、考核内容、进行方式、程序、结果等，对其进行指导，实施监督。同时，对医师有下列情形之一的，应当给予表彰或者奖励：①在执业活动中，医德高尚，事迹突出的；②对医学专业技术有重大突破、作出显著贡献的；③遇有自然灾害、传染病流行、突发重大伤亡事故及其他严重威胁人民生命健康的紧急情况时，救死扶伤、抢救诊疗表现突出的；④长期在边远贫困地区、少数民族地区条件艰苦的基层单位努力工作的；⑤国务院卫生行政部门规定应当予以表彰或者奖励的其他情形的。

宜，因为这是全国性的统一工作，每年可作平时考核，为 2 年一次定期考核积累材料、提供依据。

4．考核内容

对于已取得执业资格的医疗、预防、保健机构人员的考核，其内容包括：①业务水平、本职工作的知识和技能；②工作成绩，主要考核是否按时、按质、按量完成工作任务；③职业道德，主要考察是否遵守医德规范。

5．考核结果

考核结果主要分合格与不合格两种。通过考核对执业医师作一个总的评价，是对其业务水平、工作成绩、执业道德的综合衡量，也应当是职称晋升的依据。根据考核结果的等次评价做出相应奖惩、任用决定。对于考核不合格者，做出相应的处理，包括：①责令暂停执业 3 到 6 个月；②接受培训和继续教育；③暂定执业期满再行考核；④对再次考核仍不合格者，由卫生行政部门注销注册，收回医师执业证书。[①]

（二）培训

根据《执业医师法》的规定，培训是指以提高医师水平和素质为目的的各种教育和训练活动。参加培训、接受继续医学教育是医师的权利，也是应尽义务。

培训的类型包括岗位培训、全科医师培训、进修教育、毕业后医学教育、继续医学教育等。其中，岗位培训是根据专业需要进行的培训，有岗前、在岗和转岗培训；在职全科医师培训是按其服务需要进行全科医师模式教育和培训，提高现有专业技术人员的职业道德和专业素质；进修教育指医师根据工作需要到上级医院接受一定阶段的、某一专业的临床训练，提高专业水平；毕业后医学教育是指学生毕业后接受的规范化的专业的培训性质的教育，是临床医师成长的重要阶段[②]；继续医学教育也称为终身性医学教育，以毕业后及医学教育之后学新知识、新理论、新技术、新方法为主要内容。[③]

五、执业医师的权利和义务

（一）医师的权利

医师的权利是指执业医师依法享有的做出一定或者不做出一定行为，以及要求他人做出相应或者不做出相应行为的自由。

根据《执业医师法》的规定，医师的权利包括：

（1）行医权。即进行医学诊疗检查，疾病调查，医学处置，出具相应的医学证明

[①] 对收回、注销执业证书的行政处罚措施，当事人不服，可申请行政复议或提起行政诉讼。

[②] 1993 年，卫生部颁布了《临床住院医师规范化培训试行办法》和《临床住院医师规范化培训大纲》，要求本科毕业生在二级甲等以上医院进行 5 年的专业培训，基本上达到主治医师水平，取得住院医师培训合格证书，作为晋升中级职称和申请医学专业学位的依据。

[③] 对此，卫生部在 1991 年 7 月 1 日颁布了《继续医学教育暂行规定》，对卫生行政部门的职责、培训对象、培训内容和形式都作了规定。针对以上培训，卫生行政部门应当制定培训计划，提供培训条件，注意培训的政策倾斜，要把力量相对放在 90 多万乡村医师上，重点要把继续医学教育抓住、抓好，有针对性、实用性、先进性，以现代医学科学发展为重点，学习新知识、新理论、新技术、新方法，以短期培训、业余培训为主。

文件以及选择合理的医疗、预防、保健方案的权利。

(2) 工作条件权。即获得与本人执业活动相当的医疗设备基本条件的权利。这是医师从事职业活动的基础。医疗机构有义务为医师执业提供必要的条件。

(3) 科学研究权。即从事医学科学研究权利。包括依法开展医学研究、学术交流和参加专业学术团体活动,并在其中工作、自由发表自己的意见和观点的行为自由。

(4) 受培训权。即参加医学专业培训,接受继续医学教育,不断更新知识,调整知识结构,不断补充新知识、新信息、新方法,培养造就跨世纪的医学人才。卫生行政部门应当为医师的专业培训和继续医学教育提供必要的条件,保证医师这项权利的行使。

(5) 人身利益受保护权。即在执业活动中人格尊严、人身安全不受侵犯并获得相应的法律保护的权利。

(6) 劳动报酬权。即医师依法享有工资报酬和津贴的权利。医师享有国家规定的福利待遇,获得职业报酬,还可以获得补偿和津贴,特定的医疗业务、放射性医疗任务等应享有国家规定的放射工作补贴。

(7) 建议权。即对所在机构的医疗、预防、保健工作和卫生行政部门的工作提出意见和建议,依法参与所在机构的民主管理。

(二) 医师的义务

医师在取得执业医师资格并享有相应权利的同时,作为权利主体应尽义务伴随而来。具体包括:

(1) 依法执业义务。即规范医师执业的义务,也即遵守法律、法规、技术操作规范的义务[1]。

(2) 职业道德义务。即遵守职业道德,履行医师职责,尽职尽责为患者服务[2]。

(3) 注意义务。即关心、爱护、尊重患者,保护患者隐私的义务;尊重患者对自己的病情、诊断、治疗的知情权;实施手术、特殊检查、特殊治疗时的必要解释;保护性治疗不宜向患者说明情况的,应及时通知家属,并取得家属和有关人员的配合;个人隐私和秘密应当受到保护(病情、治疗方案也属当事人隐私)。

(4) 技术条件义务。即努力钻研业务,更新知识,提高自己专业技术水平的义务。科学技术在不断发展,专业技术在不断更新,旧的药品在淘汰,新的药品在替代,新的疾病在不断被认识,作为医师必须要不断更新知识。

(5) 健康教育义务。即宣传卫生科学知识,进行健康教育的义务。要求医师在执业活动中,不但要做出诊断,对症下药,解除患者的痛苦,同时宣传医学常识以及科学保健知识。

---

[1] 1982年4月7日,卫生部颁布的《医院工作人员职责》规定了各级医师和其他医务人员要执行的各项规章制度和技术操作规程(医疗事故技术鉴定的主要依据)。

[2] 对此,1994年8月29日卫生部在颁布的《医疗机构管理条例实施细则》中规定,医疗机构应当组织医务人员学习医德规范的有关材料、遵守职业道德的内容。

六、执业医师执业规则

《执业医师法》对医师执业规则作了如下十一个方面的规定：
（1）凡是签署有关医学证明文件，必须经诊查、调查并按规定及时填写。
（2）不得隐匿、伪造或者销毁医学文书及有关资料。
（3）不得对危急患者拒绝急救处置。
（4）不得出具与执业范围无关或执业类别不符的医学文书。
（5）不得使用除正当诊断治疗外的麻醉药品、毒性药品、精神药品和放射药品，要做到合理依法使用特殊管理的药品以及消毒药剂、医疗器械。[①]
（6）不得利用职务之便索取、收受财物。不得以任何方式收受患者"红包"，无法拒绝的，应上交医院，隐瞒不交不退的按行业不正之风处罚规定处理[②]。
（7）对急危患者医师应当采取紧急措施。这不仅是执业道德，也是执业水平问题。
（8）医师应当使用经国家有关部门批准药品、消毒药剂和医疗器械。这是防止假冒伪劣产品坑害老百姓。
（9）医师应当如实向患者家属介绍病情，实验性临床医疗应当经批准并征得患者本人或家属的同意。
（10）遇有灾害、传染病流行、突发重大伤亡事故及其他严重威胁人民生命健康的紧急情况时，医师应当服从县以上卫生行政部门的调遣。《传染病防治法》、《灾害事故医疗救援工作管理办法》等法律法规也做了规定。
（11）发生医疗事故或者发现传染病疫情时，医师应当依照有关规定及时向所在机构或者卫生行政部门报告。《医疗事故处理案例》第13条规定，"在医疗活动中发生或者发现医疗事故，应立即向所在科室负责人报告，科室负责人当及时向本医疗机构负责医疗质量监控的部门或者专（兼）人员报告。"

七、执业医师的法律责任

（一）行政责任

行政责任是主体违反行政法所应该承担的不利后果，根据医师法的规定，执业医师

---

① 药品使用依据1984年9月20日人大常委会通过发布的《药品管理法》。消毒药剂分为两种：一是列入国家药典的消毒药剂，按照药品管理。二是未列入国家药典的消毒药剂，按卫生部1992年8月31日发布的《消毒管理办法》管理。1997年6月28日卫生部发布的《生物材料和医疗器械监督管理办法》规定对其临床研究前使用须经卫生部批准。凡生产、进口生物材料和医疗器材须报卫生部审批，核发批准文号。麻醉药品使用根据1987年11月28日国务院发布的《麻醉药品管理办法》规定执行。精神药品使用分第一类、第二类。根据1988年12月27日国务院发布的《精神药品管理办法》规定，一类处方每日不超过3日常用量；二类不超过7日常用量。处方应当留存2年。放射药品根据1989年1月13日国务院发布的《放射性药品管理办法》规定，要有许可证，非核医学专业技术人员，未经培训不得从事放射性药品使用工作。对此，卫生部于1988年12月15日、1993年6月18日先后发布《医务人员医德规范及实施办法》、《关于严禁向患者收取"红包"的通知》，1995年5月5日下发《关于禁止医务人员收受"红包"的补充规定》。

② 对此，卫生部1988年12月15日、1993年6月18日先后发布《医务人员医德规范及实施办法》、《关于严禁向患者收取"红包"的通知》，1995年5月5日下发《关于禁止医务人员收受"红包"的补充规定》。

对于下列行为应当承担行政责任：

（1）以不正当手段取得医师执业证书的。

（2）违反卫生行政规章制度或者技术操作规范，造成严重后果的。

（3）由于不负责任延误急危患者的抢救和诊治，造成严重后果的。

（4）造成医疗责任事故的。

（5）未经亲自诊查、调查，签署诊断、治疗、流行病学等证明文件或者有关出生、死亡等证明文件的。

（6）隐匿、伪造或者擅自销毁医学文书及有关资料的。

（7）使用未经批准使用的药品、消毒药剂和医疗器械的。

（8）不按照规定使用麻醉药品、医疗用毒性药品、精神药品和放射性药品的。

（9）未经患者或者其家属同意，对患者进行实验性临床医疗的。

（10）泄露患者隐私，造成严重后果的。

（11）利用职务之便，索取、非法收受患者财物或者牟取其他不正当利益的。

（12）发生自然灾害、传染病流行、突发重大伤亡事故以及其他严重威胁人民生命健康的紧急情况时，不服从卫生行政部门调遣的。

（13）发生医疗事故或者发现传染病疫情，患者涉嫌伤害事件或者非正常死亡，不按照规定报告的。

（14）使用假学历骗取考试得来的医师证的。

（15）参与未经批准擅自开办医疗机构行医或者非医师行医的给患者造成损害的，依法承担赔偿责任；构成犯罪的，依法追究刑事责任。

执业医师行政责任形式主要是行政处罚，包括吊销执业证书、警告、罚款、没收违法所得、没收非法财物、责令停业。第（1）种情形，由发给证书的卫生行政部门予以吊销执业证书；对负有直接责任的主管人员和其他直接责任人员，依法给予行政处分。第（2）～（14）种情形，由县级以上人民政府卫生行政部门给予警告或者责令暂停6个月以上1年以下执业活动；情节严重的，吊销其执业证书；第（15）种情形，县级以上人民政府卫生行政部门吊销医师的执业证书。

（二）刑事责任

执业医师的刑事责任主要体现在《执业医师法》、《刑法》的有关规定：

（1）根据《执业医师法》的规定，医师在执业活动中，有违反执业医师法第37条规定的，并构成犯罪的，承担刑事责任。

（2）根据《执业医师法》的规定，未经许可擅自开办医疗机构的，构成犯罪的，依法追究刑事责任。

（3）根据《刑法》的规定，医师的执业行为构成刑法第335条医疗事故罪的，依法追究刑事责任。

（4）根据《刑法》第336条的规定，未取得医生执业资格的人擅自为他人进行节育复通手术、假节育手术、终止妊娠手术或者摘取宫内节育器，情节严重的，处3年以下有期徒刑、拘役或者管制，并处或者单处罚金；严重损害就诊人身体健康的，处3年以上10年以下有期徒刑，并处罚金；造成就诊人死亡的，处10年以上有期徒刑，并处罚金。

(三) 民事责任

《执业医师法》规定，医师在医疗、预防、保健工作中造成事故的，依照法律或者国家有关规定处理并依法承担赔偿责任。同时规定，未经批准擅自开办医疗机构行医或者非医师行医，给患者造成损害的，依法承担赔偿责任。

此外，根据国务院《医疗事故处理条例》以及《侵权责任法》的规定，医疗机构在医疗事故中存在过错行为，依法承担赔偿责任。可见，当前我国法律法规对执业医师的民事责任尚没有可操作性的明确规定。

关键术语

医疗机构（administration of medical institutions） 执业医师（medical practitioners） 医疗机构执业（medical practice） 执业医师执业规则（practitioners' practice rules） 执业医师的权利和义务（rights and obligations of medical practitioners）

问题与思考

(1) 结合案例5-1，分析医疗机构的认定标准。
(2) 结合案例5-2，分析医师执业的基本条件。
(3) 简述医疗机构的基本分类。
(4) 简述医疗机构设置的基本原则。
(5) 简述医疗机构执业的基本要求。
(6) 简述医疗机构的法律责任。
(7) 简述执业医师资格的取得和考核程序。
(8) 简述执业医师的执业规则。
(9) 简述执业医师的基本权利和义务。
(10) 简述执业医师的法律责任。

参考法律法规

《中华人民共和国执业医师法》
《医疗机构管理条例》
《医疗机构管理条例实施细则》
《医疗机构设置规划指导原则》
《卫生部办公厅关于修订〈医疗机构管理条例实施细则〉部分附表的通知（2008）》
《卫生部关于修订〈医疗机构管理条例实施细则〉第三条有关内容的通知（2006）》
《卫生部法监司关于对〈医疗机构管理条例〉中"非法所得"含义解释的答复

(2000)》

《卫生部关于对〈医疗机构管理条例实施细则〉中使用假药劣药蒙骗患者条文的复函(1999)》

《卫生部关于〈医疗机构管理条例〉执行中有关问题的批复(1998)》

(杜仕林　冯曦)

第七章 公共卫生法律制度

> **+ 学习目标**
>
> 通过本章的学习,使学生熟悉公共卫生事件应急机制、公共卫生监督、传染病防治、职业病防治以及国境卫生检疫的法律、法规,掌握突发公共卫生事件应急、公共卫生监督、传染病防治、职业病防治以及国境卫生检疫等方面的管理机构的主要职责以及基本程序;并能运用法律、法规分析和解决公共卫生事务实践中的问题。
>
> (1) 掌握:突发公共卫生事件应急机构和职责;公共卫生监督机构职责;传染病防治机构的职责;职业病防治机构的职责;国境检疫机构的职责。
>
> (2) 熟悉:违反突发公共卫生事件法律的法律责任;违反公共卫生监督制度的法律责任;违反传染病防治法、职业病防治以及国境检疫法的法律责任。
>
> (3) 了解:突发公共卫生事件的分类;传染病的分类;突发公共卫生事件应急处理的基本程序;职业病主要类型;国境检疫的主要内容。

案例 7-1

SARS(严重急性呼吸系统综合征)事件是于 2002 年在中国广东顺德首发,并扩散至东南亚乃至全球,直至 2003 年中期疫情才被逐渐消灭的一次全球性传染病疫潮。在此期间发生了一系列事件:引起社会恐慌,包括医务人员在内的多名患者死亡,中国政府对疫情从隐瞒到着手处理直至最后控制,世界各国对该病的处理,疾病的命名,病原微生物的发现及命名,联合国、世界卫生组织及媒体的关注等。

第一节 突发公共卫生事件法律制度

一、突发公共卫生事件概述

2003 年 SARS 疫情后,国家在对《传染病防治法》进行修订的基础上,专门制定了《突发公共卫生事件应急条例》(以下简称《应急条例》)以及相关司法解释的出台，标志着我国将突发公共卫生公共事件管理纳入法制化管理轨道，也标志着我国突发公共卫生事件应急机制得到了进一步完善。

（一）突发公共卫生事件的概念与特征

《应急条例》第2条规定："突发公共卫生事件是指突然发生，造成或者可能造成社会公众健康严重损害的重大传染病疫情、群体性不明原因疾病、重大食物和职业中毒以及其他严重影响公众健康的事件。"

突发公共卫生事件具备三个主要特征：①突发性，事件的发生往往突如其来、难以预测，应当属于不可抗力；②公共性，事件在公共卫生领域发生，针对的不是特定的人，而是不特定的社会群体，主要影响社会公众利益；③危害性，突出表现为可能或已经对社会公众健康造成严重损害，并且可能或已经发生的损害和危害影响要发展或达到一定的程度。

（二）突发公共卫生事件的分类

根据事件发生的性质和原因，突发公共卫生事件可分为以下四类。

1. 重大传染病疫情

重大传染病疫情是指某种传染病在短时间内发生、波及范围广泛，出现大量的患者或死亡病例，其发病率远远超过常年的发病率水平。此处所指传染病主要是指传染病防治法规定或依法增加的传染病。《传染病防治法》规定了3类37种传染病。同时，法律授权国务院根据需要决定列入甲类传染病的其他传染病，国务院卫生行政部门根据需要决定列入乙类或丙类传染病的其他传染病并予以公布重大传染病疫情具体指传染病的暴发和流行。① 传染病暴发和流行时，即视为重大传染病疫情发生，相关部门必须依法采取必要的预防控制措施或者紧急措施。

2. 群体性不明原因疾病

群体性不明原因疾病是指在短时间内，某个相对集中的区域内同时或者相继出现具有共同临床表现的患者，且病例不断增加，范围不断扩大，又暂时不能明确诊断的疾病。这种疾病可能是某种传染病或非传染性疾病，可能是群体性疾病，也可能是某种中毒等。

3. 重大食物中毒和职业中毒

中毒是指由于吞服、吸入有毒物质，或有毒物质与人体接触所产生的有害影响食物中毒，是指食用了被生物性化学性有毒有害物质污染的食品或者食用了含有毒有害物质的食品后出现的急性、亚急性食源性疾患。职业中毒是指劳动者在职业活动中接触有害化学因素而发生的职业损伤的总称。重大食物中毒和职业中毒是指由于食品污染和职业危害等原因而造成的人数众多或者伤亡较重的中毒事件。

4. 其他严重影响公众健康事件

其他严重影响公众健康事件指具有突发公共卫生事件特征，针对不特定的社会群

---

① 传染病的暴发是指一个局部地区，短期内突然发生多例同一种传染病的患者。传染病的流行是指在一个地区某种传染病发病率显著超过该病历年的一般发病率水平。

体,造成或者可能造成社会公众健康严重损害,影响正常社会秩序的重大事件。

(三) 突发公共卫生事件的分级

突发公共卫生事件实行分级管理。根据突发公共卫生事件性质、危害程度、涉及范围,突发公共卫生事件划分为一般(Ⅳ级)、较重(Ⅲ级)、严重(Ⅱ级)和特别严重(Ⅰ级)四级,依次用蓝色、黄色、橙色和红色进行预警。

1. **一般突发公共卫生事件(Ⅳ级)**

一般突发公共卫生事件主要有:①鼠疫在县(区)域内发生,一个平均潜伏期内病例数未超过20例;②霍乱在县(区)域内发生,1周内发病在10例以下;③一次食物中毒人数30～100人;④人,且无死亡病例报告;(4)一次性急性职业中毒10人以下,未出现死亡;⑤一次放射事故超剂量照射人数10～50人,或轻、中度放射损伤人数3～10人;⑥县级以上人民政府卫生主管部门认定的其他一般突发公共卫生事件。

2. **较重突发公共卫生事件(Ⅲ级)**

较重突发公共卫生事件主要有:①在边远、地广人稀、交通不便的局部地区发生肺鼠疫、肺炭疽病例,流行范围在一个乡(镇)以内,一个平均潜伏期内病例数未超过5例;②发生传染性非典型肺炎病例;③霍乱在县(区)域内发生,1周内发病10～30例;或疫情波及2个及以上县;或地级以上城市的市区首次发生;④1周内在一个县(区)域内乙、丙类传染病发病水平超过前5年同期平均发病水平1倍以上;⑤在一个县(区)域内发现群体性不明原因疾病;⑥一次食物中毒人数超过100人;或出现死亡病例;或食物中毒事件发生在学校、地区性或全国性重要活动期间的;⑦预防接种或学生预防性服药出现群体心因性反应或不良反应;⑧一次发生急性职业中毒10～50人,或死亡5人以下;⑨一次放射事故超剂量照射人数51～100人,或轻、中度放射损伤人数11～20人;⑩地市级以上人民政府卫生主管部门认定的其他较重突发公共卫生事件。

3. **严重突发公共卫生事件(Ⅱ级)**

严重突发公共卫生事件主要有:①边远、地广人稀、交通不便地区发生肺鼠疫、肺炭疽病例,疫情波及2个及以上乡(镇),一个平均潜伏期内发病5例及以上;或其他地区出现肺鼠疫、肺炭疽病例;②发生传染性非典型肺炎续发病例;或疫情波及2个及以上地(市);③腺鼠疫发生流行,流行范围波及2个及以上县(区),在一个平均潜伏期内多点连续发病20例及以上;④霍乱在一个地(市)范围内流行,1周内发病30例及以上;或疫情波及2个及以上地市,1周内发病50例及以上;⑤乙类、丙类传染病疫情波及2个及以上县(区),一周内发病水平超过前5年同期平均发病水平2倍以上;⑥发生群体性不明原因疾病,扩散到县(区)以外的地区;⑦预防接种或学生预防性服药出现人员死亡;⑧一次食物中毒人数超过100人并出现死亡病例;或已出现10例及以上死亡病例;⑨一次发生急性职业中毒50人以上,或死亡5人及以上;⑩一次放射事故超剂量照射人数101～200人,或轻、中度放射损伤人数21～50人;或重度放射损伤人数3～10人;或极重度放射损伤人数3～5人;⑪鼠疫、炭疽、传染性非典型肺炎、艾滋病、霍乱、脊髓灰质炎等菌种、毒种丢失;⑫省级以上人民政府卫生主管部门认定的其他严重突发公共卫生事件。

4. 特别严重突发公共卫生事件（Ⅰ级）

特别严重突发公共卫生事件主要有：①肺鼠疫、肺炭疽在大、中城市发生；或人口稀少和交通不便地区1个县（区）域内在一个平均潜伏期内发病10例及以上；或疫情波及2个及以上的县；②传染性非典型肺炎，疫情波及2个及以上省份，并有继续扩散的趋势；③群众性不明原因疾病，同时涉及多个省份，并有扩散趋势，造成重大影响；④发生新发传染病或已消灭传染病；⑤一次放射事故超剂量照射人数200人以上；或轻、中度放射损伤人数50人以上；或重度放射损伤人数10人以上；或极重度放射损伤人共5人以上；⑥国务院卫生主管部门认定的其他特别严重突发公共卫生事件。

（四）突发公共卫生事件的应急机构及其职责

1. 应急处理指挥机构

突发公共卫生事件的应急处理指挥机构分为国家、省级、地市级和县级。

2. 全国突发公共卫生事件应急处理指挥部

特别严重突发公共卫生事件发生后，国务院根据国务院卫生主管部门的建议和突发公共卫生事件应急处理需要，成立全国突发公共卫生事件应急处理指挥部，由国务院和军队有关主管部门组成，国务院主管领导人担任总指挥，负责对全国突发公共卫生事件应急处理进行统一领导、统一指挥，做出处理突发公共卫生事件的重大决策。

3. 省级突发公共卫生事件应急处理指挥部

特别严重或严重突发公共卫生事件发生后，事件发生地所在的省级人民政府根据省级卫生主管部门的建议和突发公共卫生事件应急处理需要，成立省级突发公共卫生事件应急处理指挥部，由省级人民政府有关主管部门组成，省级人民政府主要领导人担任总指挥。省级突发公共卫生事件应急处理指挥部负责对本行政区域内突发公共卫生事件应急处理的协调和指挥，作出处理本行政区域内突发公共卫生事件的决策，决定要采取的必要措施。

4. 地市级和县级突发公共卫生事件应急处理指挥部

地市级和县级人民政府按照国家和省级突发公共卫生事件应急预案的要求，根据本级卫生主管部门的建议和突发公共卫生事件应急处理的需要，成立地方突发公共卫生事件应急处理指挥部，负责本地区突发公共卫生事件的协调和指挥，决定采取本行政区域内处理突发公共卫生事件的必要措施。

5. 日常管理机构

国务院卫生主管部门设立公共卫生事件应急办公室，负责全国突发公共卫生事件应急处理的日常管理工作其主要职能是：①依法组织协调有关突发公共卫生事件应急处理工作；②负责突发公共卫生事件应急处理相关法律、法规立法的起草工作；③组织制定有关突发公共卫生事件应急处理的方针、政策和措施；④组建与完善公共卫生事件监测和预警系统、制定突发公共卫生事件应急预案，并组织预案演练；⑤组织对公共卫生和医疗救助专业人员进行有关突发公共卫生事件应急知识和处理技术的培训，指导各地实施突发公共卫生事件预案，帮助和指导各地应对其他突发事件的伤病救治工作；⑥承办救灾、反恐、中毒、放射事故等重大安全事件中涉及公共卫生问题的组织协调工作；⑦对突发重大人员伤亡事件组织紧急医疗救护工作。

各省、自治区、直辖市卫生主管部门要参照国务院卫生行政主管部门突发公共卫生事件日常管理机构的设置及职责，结合本省、自治区、直辖市实际情况，设立省级突发公共卫生事件的日常管理机构，负责辖区内突发公共卫生事件应急协调、管理工作。

各地方市级、县级卫生主管部门须指定机构负责本辖区内突发公共卫生事件应急的日常管理工作。

二、突发公共卫生事件的预防与应急准备

（一）突发公共卫生事件应急预案

《应急条例》规定："国务院卫生行政主管部门按照分类指导、快速反应的要求，制定全国突发事件应急预案，报请国务院批准；省、自治区、直辖市人民政府根据全国突发事件应急预案，结合本地实际情况，制定本行政区域的突发事件应急预案。"

卫生部制定的全国突发事件应急预案，要做到两点：①分类指导，要对不同性质的突发事件制定不同的应急预案；②快速反应，一旦发生突发事件，应急预案马上可以启动，应急处理机制可以立即做出反应。

省、自治区、直辖市人民政府制定的突发事件应急预案，要做到：①要依据全国突发事件应急预案，将全国突发事件应急预案融入到本地区的突发事件应急预案中去，确保其保持正常运行状态；②要结合本地实际情况，全国突发事件应急预案规定的是一般性的、共同性的制度、内容、程序、方法等，具有普遍适用性，但是，各地情况不同，遇到的问题不同，存在的困难也不同，所以，要根据自己的特点，制定适合当地实际的突发事件应急预案。

突发公共卫生事件应急预案主要包括以下内容：①突发事件应急处理指挥部的组成和相关部门的职责；②突发事件的监测与预警；③突发事件信息的收集、分析、报告、通报制度；④突发事件应急处理技术和监测机构及其任务；⑤突发事件的分级和应急处理工作方案；⑥突发事件预防、现场控制，应急设施、设备、救治药品和医疗器械以及其他物资和技术的储备与调度；⑦突发事件应急处理专业队伍的建设和培训。

（二）预防控制体系与监测预警机制

在预防控制体系方面，政府及卫生行政部门在建立和完善突发事件预防控制体系方面的职责，可分为两个层次：第一个层次是，中央应建立全国统一的预防控制体系，它需要建立统一的工作机构以及有统一的工作要求；第二层次是，县级以上地方人民政府的责任。

在监测和预警机制方面，其具体要求是：①根据重大的传染病疫情、群体性不明原因疾病、重大食物和职业中毒等突发事件的类别进行；②监测计划的制定要根据突发事件的特点，有的放矢，如对重大的传染病疫情的监测，要根据不同传染病发病规律传染源传播途径、易感人群等环节制定相应的监测方案；③运用监测数据，进行科学分析，综合评估；④及时发现潜在的隐患；⑤按规定程序和时限报告。

三、突发公共卫生事件的应急储备制度

突发公共卫生事件应急储备制度是指县级以上各级人民政府根据突发公共卫生事件应急预案的要求,组织开展防治突发事件相关科学研究,建立突发事件应急流行病学调查、传染源隔离、医疗救护、现场处置、监督检查、监测检验、卫生防护等有关物资、设备、设施、技术与人才资源储备,并给予必要的财政支持的制度。

四、突发公共卫生事件的信息法律制度

(一)应急报告法律制度

突发公共卫生事件应急报告制度是指对突然发生的、直接关系到公众健康和社会安全的公共卫生事件,按规定程序和时限向各级人民政府及其有关部门进行报告的制度。突发事件的应急报告是有关决策机关掌握突发事件发生、发展信息的重要渠道保证突发事件信息报告的准确和通畅,是及时、正确处理突发事件的关键。

1. 应急报告的主体

《应急条例》对突发事件的责任报告单位和责任报告人作了规定。责任报告单位包括:①县级以上各级人民政府卫生主管部门指定的突发公共卫生事件监测机构;②各级各类医疗卫生机构;③卫生主管部门;④县级以上地方人民政府;⑤有关单位,主要包括突发公共卫生事件发生单位、与群众健康和卫生保健工作有密切关系的机构,如检验检疫机构、环境保护监测机构和药品监督检验机构等。责任报告人是指执行职务的医疗卫生机构的医务人员、检疫人员、疾病预防控制人员、乡村医生和个体开业医生等。

2. 报告内容

有下列情形之一的,责任报告单位和责任报告人应按规定上报:①发生或者可能发生传染病暴发、流行的;②发生或者发现不明原因的群体性疾病的;③发生传染病菌种、毒种丢失的;④发生或者可能发生重大食物和职业中毒事件的首次报告未经调查确认的突发公共卫生事件或隐患的相关信息,应说明信息来源、危害范围、事件性质的初步判定和拟采取的主要措施。

3. 报告的时限和程序

突发公共卫生事件监测报告机构、医疗卫生机构和有关单位发现需要报告的突发公共卫生事件,应当在2小时内向所在地县级人民政府卫生主管部门报告。接到突发公共卫生事件信息报告的卫生主管部门应当在2小时内向本级人民政府报告,同时向上级人民政府卫生主管部门报告,并应立即组织进行现场调查,随时报告势态进展情况。

各级地方人民政府应当在接到报告后2小时内向上一级人民政府报告。对可能造成重大社会影响的突发公共卫生事件,省以下地方人民政府卫生主管部门可直接上报国务院卫生主管部门;省级人民政府在接到报告的1小时内,向国务院卫生主管部门报告;国务院卫生主管部门接到报告后应当立即向国务院报告

(二)通报法律制度

(1)国务院卫生主管部门根据实际情况和工作需要,及时向国务院有关部门和各

省、自治区、直辖市人民政府卫生主管部门以及军队有关部门通报突发公共卫生事件的情况。

1）向国务院有关部门通报。对突发公共卫生事件的处理，不仅仅是卫生系统的事，它涉及许多相关部门，需要在许多相关部门的配合和努力下共同完成。按照有关法律和行政法规的规定以及部门的职责分工，有关部门在各自的职责范围内具有相应的监督管理职责。各相关部门接到卫生部的通报后，应当依据自己的职责，采取相应的控制措施，并按照应急预案的要求，做好相应的准备工作。

2）卫生部向各省、自治区、直辖市人民政府卫生行政主管部门通报。各省、自治区、直辖市人民政府卫生行政主管部门是处理突发公共卫生事件的主体。有些突发公共卫生事件可能是跨省区的，卫生部接到报告后，应当立即通报有关的省级卫生行政主管部门，以便在省区之间协调行动。

3）向军队有关部门通报。军队有关部门主要是指中国人民解放军卫生主管部门。中国人民解放军是处理突发事件的一支重要力量，及时掌握地方上发生的突发事件的相关信息，对于军队做好军队内部突发公共卫生事件预防工作，准备和参与突发事件的处理非常重要。

4）根据发生突发事件的情况进行通报。突发事件的情况，主要是指突发事件的类别和程度。有的突发事件可能只涉及个别部门或者个别地区，卫生部可以根据突发事件应急预案的规定，向可能涉及的部门和地区通报情况。

（2）突发公共卫生事件发生地的省、自治区、直辖市人民政府卫生主管部门应当及时向其他有关部门、毗邻和可能波及的省、自治区、直辖市人民政府卫生主管部门通报突发公共卫生事件的情况。对于一些容易通过人员、物资、动物等媒介扩散的突发事件，如传染病和食物中毒。突发事件发生后，省级卫生主管部门应及时向毗邻省通报情况，使毗邻省能够针对突发事件的特点，结合应急预案的措施，有针对性地做好准备工作，对本地的有关人员、相关物资、动物宿主进行检查、控制，协助突发事件发生地对突发事件发生的本原、扩散的途径进行追查和控制。

（3）接到通报的省、自治区、直辖市人民政府卫生主管部门，应当采取相应的防范措施，并视情况及时通知相应的医疗卫生机构，组织做好应急处理所需的人员与物资准备。医疗卫生机构接到有关通报后，应当根据预案的要求做好必要准备工作。

（4）针对已经发生的突发公共卫生事件或者发现可能引起突发公共卫生事件的情形，县级以上地方人民政府有关部门应当及时向同级人民政府卫生主管部门通报由于各部门工作的性质和面对主要人群的不同，获得有关信息的渠道不同，信息的灵敏性和准确性不同，突发事件发生后，其他有关部门应及时向卫生行政主管部门通报情况，以便及时评估，采取有效控制措施，甚至启动应急预案。

（三）信息发布法律制度

《应急条例》规定国务院卫生主管部门负责向社会及时、准确、全面发布突发公共卫生事件的信息；省、自治区、直辖市人民政府卫生主管部门经国务院卫生主管部门的授权向社会发布本行政区域内突发公共卫生事件的信息。媒体对突发公共卫生事件要及时主动、准确把握，进行实事求是的报道，正确引导舆论导向，注重社会效果。

五、突发公共卫生事件的应急反应法律制度

(一) 应急处理中的法律规定

突发事件发生后,卫生行政主管部门应当组织专家对突发事件进行综合评估,初步判断突发事件的类型,提出是否启动突发事件应急预案的建议。综合评估的内容包括:突发事件的类型和性质,突发事件的影响面及严重程度,目前已采取的紧急控制措施的控制效果,突发事件的发展趋势,是否需要启动应急处理机制对突发事件进行控制。在全国范围内或者跨省、自治区、直辖市范围内启动全国突发事件应急预案,由国务院卫生行政主管部门报国务院批准后实施。省、自治区、直辖市启动突发事件应急预案,由省、自治区、直辖市人民政府决定,并向国务院报告。

根据突发公共卫生事件的类别,省级以上人民政府卫生行政主管部门或者其他有关部门有权指定突发事件应急处理专业技术机构,负责突发事件的技术调查、确证、处置、控制和评价工作。国务院卫生行政主管部门或者其他有关部门指定的专业技术机构,有权进入突发事件现场进行调查、采样、技术分析和检验,对地方突发事件的应急处理工作进行技术指导,有关单位和个人应当予以配合。

突发事件发生后,国务院有关部门和县级以上地方人民政府及其有关部门,应当保证突发事件应急处理所需的医疗救护设备、救治药品、医疗器械等物资的生产、供应;铁路、交通、民用航空行政主管部门应当保证及时运送。

根据突发事件应急处理的需要,突发事件应急处理指挥部有权紧急调集人员、储备的物资、交通工具以及相关设施、设备;必要时,对人员进行疏散或者隔离,可以对食物和水源采取控制措施,可以依法对传染病疫区实行封锁。

应急预案启动前,县级以上各级人民政府有关部门应当根据突发事件的实际情况,采取必要的应急措施,做好应急处理准备应急预案启动后,突发事件发生地人民政府有关部门,应当根据预案规定的职责要求,服从突发事件应急处理指挥部的统一指挥,立即到达规定岗位,采取有效控制措施,控制疫情。医疗卫生机构、监测机构和科学研究机构,应当服从突发事件应急处理指挥部的统一指挥,相互配合、协作,集中力量开展好相关的科学研究工作。

在应急预案启动后,根据预案规定,应立即成立突发事件应急处理指挥部。全国突发事件应急处理指挥部对突发事件应急处理工作进行督察和指导,地方各级人民政府及其有关部门应当予以配合。省、自治区、直辖市突发事件应急处理指挥部对本行政区域内突发事件应急处理工作进行督察和指导。督察是指对地方各级人民政府及有关部门的应急预案所规定的职责,以及在突发事件应急处理过程中指挥部所指挥调派任务履行情况进行监督检查。

县级以上地方人民政府卫生行政主管部门应当对突发事件现场等采取控制措施,宣传突发事件防治知识,及时对易受感染的人群和其他易受损害的人群采取应急接种、预防性投药、群体防护等措施。参加突发事件应急处理的工作人员,应当按照预案的规定,采取卫生防护措施,并在专业人员的指导下进行工作。

对新发现的突发传染病、不明原因的群体性疾病、重大食物和职业中毒事件，国务院卫生行政主管部门应当尽快组织力量制定相关的技术标准、规范和控制措施。

医疗卫生机构应当对因突发事件致病的人员提供医疗救护和现场救援，对就诊患者必须接诊治疗，并书写详细、完整的病历记录；对需要转送的患者，应当按照规定将患者及其病历记录的复印件转送至接诊的或者指定的医疗机构。医疗卫生机构内应当采取卫生防护措施，防止交叉感染和污染。医疗卫生机构应当对与传染病患者密切接触者采取医学观察措施，与传染病患者密切接触者应当予以配合。医疗机构收治传染病患者、疑似传染病患者，应当依法报告所在地的疾病预防控制机构。接到报告的疾病预防控制机构应当立即对可能受到危害的人员进行调查，根据需要采取必要的控制措施。

传染病暴发、流行时，街道、乡镇以及居民委员会、村民委员会应当组织力量，团结协作，群防群控，协助卫生行政主管部门和其他有关部门、医疗卫生机构做好疫情信息的收集和报告、人员的分散隔离、公共卫生措施落实，向居民、村民宣传传染病防治的相关知识。

突发事件发生地的县级以上地方人民政府应当对传染病暴发、流行区域内流动人口做好预防工作，落实有关卫生控制措施；对传染病患者和疑似传染病患者，应当采取就地隔离、就地观察、就地治疗的措施。在突发事件中需要接受隔离治疗、医学观察措施的患者、疑似患者和传染病患者密切接触者在卫生行政主管部门或者有关机构采取医学措施时应当予以配合；拒绝配合的，可由公安机关依法协助强制执行。

交通工具上发现根据国务院卫生行政主管部门的规定需要采取应急控制措施的传染病患者、疑似传染病患者，其负责人应当以最快的方式通知前方停靠点，并向交通工具营运单位报告交通工具的前方停靠点和营运单位应当立即向交通工具营运单位行政主管部门和县级以上地方人民政府卫生行政主管部门报告。卫生行政主管部门接到报告后，应当立即组织有关人员采取相应的医学处置措施。

交通工具上的传染病患者密切接触者，由交通工具停靠点的县级以上各级人民政府卫生行政主管部门或者铁路、交通、民用航空行政主管部门，根据各自的职责，依照传染病防治法律、行政法规的规定，采取控制措施。涉及国境、口岸和出入境的人员、交通工具、货物、集装箱、行李、邮包等需要采取传染病应急控制措施的，按照国境卫生检疫法律、行政法规的规定依法办理。

(二) 分级反应

1. 一般突发公共卫生事件的应急反应

县级地方人民政府负责组织政府有关部门开展突发公共卫生事件的应急处置工作，并根据县级卫生主管部门的建议和突发公共卫生事件应急处置需要，成立县级突发公共卫生事件应急处理指挥部；按照规定向当地人民政府和上一级人民政府卫生主管部门报告。地市级人民政府卫生主管部门应当快速组织专家对突发公共卫生事件应急处理进行技术指导。省级卫生主管部门应根据地方卫生主管部门的请求，提供相应支持和指导。

2. 较重突发公共卫生事件的应急反应

接到较重突发公共卫生事件报告后，地、市级人民政府卫生主管部门应立即组织专家调查确认，并对疫情进行综合评估，必要时向地市级人民政府提出成立地市级应急处理指挥部的建议。同时，迅速组织开展现场流行病学调查、致病致残人员的隔离救治、密切接触者的隔离、环境生物样品采集和消毒处理等紧急控制措施，并按照规定向当地政府、省级卫生主管部门和国务院卫生主管部门报告调查处理情况。

地市级人民政府负责组织有关部门协助卫生主管部门做好疫情信息收集、组织人员的疏散安置、依法进行疫区的确定与封锁、隔离和舆论宣传工作；保证突发公共卫生事件应急处理所需的医疗救治和预防用防护设备、药品、医疗器械等物资的供应，并根据地市级卫生主管部门的建议和突发公共卫生事件应急处理的需要成立地市级突发公共卫生事件应急处理指挥部。

省级卫生主管部门接到较重突发公共卫生事件报告后，要加强对地方突发公共卫生事件应急处理的督导，及时组织专家对地方卫生主管部门突发公共卫生事件应急处理工作提供技术指导和支持。

国务院卫生主管部门根据省级卫生主管部门的请求及时提供技术支持和指导。

3. 严重突发公共卫生事件的应急反应

接到严重突发公共卫生事件报告后，省级人民政府卫生主管部门应立即组织专家调查确认，并对疫情进行综合评估，必要时向省级人民政府提出成立全省应急处理指挥部的建议。同时，迅速组织应急卫生救治队伍和有关人员到达突发公共卫生事件现场，进行采样、检测、流行病学调查与分析，组织开展医疗救治、患者隔离、人员疏散，同时分析突发公共卫生事件的发展趋势，提出应急处理工作建议，按照规定报告有关情况。

省、自治区、直辖市人民政府负责辖区内突发公共卫生事件应急处理的统一领导和指挥；组织有关部门根据突发公共卫生事件应急处理的需要，设立突发公共卫生事件应急处理工作组织；紧急调集和征集有关人员、物资、交通工具以及相关设拖、设备；进行现场隔离、疫区的确定与封锁；保证应急处理所需的物资、经费；组织相关部门协助卫生主管部门进行患者及密切接触者的隔离、伤员救治和人员疏散；及时做好舆论宣传与引导工作。

突发公共卫生事件发生地的人民政府及有关部门在省级人民政府或省级突发公共卫生事件应急处理指挥部的统一指挥下，按照要求认真履行职责，落实有关控制措施。未发生突发公共卫生事件地区的地方人民政府，应服从省级突发公共卫生事件应急处理指挥部的调度，支援突发公共卫生事件发生地的应急处理工作同时采取必要的预防控制措施，防止同类突发公共卫生事件在本行政区域内发生。

4. 特别严重突发公共卫生事件的应急反应

接到特别严重突发公共卫生事件报告后，国务院卫生行政主管部门应立即组织专家调查确认，并对疫情进行综合评估；指导和协调落实医疗救治和预防控制等措施；对不明原因的突发公共卫生事件组织开展病因查找和治疗诊断的研究；依法接受和管理社会捐赠的资金、物资；发布、通报全国突发公共卫生事件信息，授权省、自治区、直辖市人民政府卫生主管部门向社会发布本行政区域突发公共卫生事件信息。

国务院负责特别严重突发公共卫生事件应急处理的统一领导和指挥，协调有关部门共同做好突发公共卫生事件的应急处理，并根据突发公共卫生事件的性质、类别和处理需要，成立全国突发公共卫生事件应急处理指挥部，设立由国务院有关部门组成的工作组,分别开展突发公共卫生事件的医疗卫生应急、信息发布、宣传教育、科研攻关、国际交流与合作、应急物资与设备的调集、后勤保障以及督导检查等工作。

各省、自治区、直辖市人民政府根据突发公共卫生事件的类别和性质成立省级突发公共卫生事件应急处理指挥部,在国家应急指挥部的统一领导和指挥下,结合本地区的实际情况,组织协调地(市)、县(区)人民政府开展突发公共卫生事件的应急处理工作。

(三) 突发公共卫生事件的终止

突发公共卫生事件的终止需符合以下条件:突发公共卫生事件隐患或相关危险因素消除后,或末例传染病病例发生后经过最长潜伏期无新的病例出现。一般突发公共卫生事件由县级人民政府卫生主管部门组织专家进行分析论证,提出终结建议,报请县级人民政府或县级突发公共卫生事件应急处理指挥部批准后实施,并向上一级人民政府卫生主管部门报告。

较重突发公共卫生事件由地市级人民政府卫生主管部门组织专家进行分析论证,提出终结建议,报地市级人民政府或地市级突发公共卫生事件应急处理指挥部批准后实施,并向上一级人民政府卫生主管部门报告。

严重突发公共卫生事件由省级人民政府卫生主管部门组织专家进行分析论证,提出终结建议,报省级人民政府或省级突发公共卫生事件应急处理指挥部批准后实施,并向国务院卫生主管部门报告。

特别严重突发公共卫生事件由国务院卫生主管部门组织国家有关专家进行分析论证,提出终结建议,报国务院或全国突发公共卫生事件应急处理指挥部批准后实施。

突发公共卫生事件结束后,各级卫生主管部门应在本级政府的领导下,组织有关人员对突发公共卫生事件的处理情况进行评估,评估内容主要包括事件概况、现场调查处理概况、患者救治情况、所采取措施的效果评价、应急处理过程中存在的问题和取得的经验,评估报告上报本级政府和上一级政府卫生主管部门。

六、法律责任

法律责任主要分为行政责任和刑事责任两类。突发公共卫生事件处理法律制度主要调整在预防、控制、消除突发事件危害过程中产生的社会关系,这种关系主要是行政法律关系,因此,法律责任主要是行政法律责任。为加大处罚力度,法律责任同时规定了一些与刑法相衔接的过渡性条款,即规定了有关人员没有履行突发公共卫生事件应急处理的法定义务时所应当承担的刑事法律责任。司法机关在追究应急处理工作中有关人员的刑事责任时,应当严格依照刑法的具体规定适用。

(一) 行政责任

县级以上地方人民政府及其卫生行政主管部门未按规定履行报告职责,对突发事件隐瞒、缓报、谎报或者授意他人隐瞒、缓报、谎报的,对政府主要领导人及其卫生行政主管部门主要负责人,依法给予降级或者撤职的行政处分;造成传染病传播、流行或者对社会公众健康造成其他严重危害后果的,依法给予开除的行政处分;构成犯罪的,依法追究刑事责任。适用的刑法条款是：第397条的滥用职权罪、玩忽职守罪，第409条的传染病防治失职罪。

国务院有关部门、县级以上地方人民政府及其有关部门未按规定，完成突发事件应急处理所需要的设施、设备、药品和医疗器械等物资的生产、供应、运输和储备的，对政府主要领导人和政府部门主要负责人依法给予降级或者撤职的行政处分；造成传染病传播、流行或者对社会公众健康造成其他严重危害后果的，依法给予开除的行政处分；构成犯罪的，依法追究刑事责任。适用的刑法条款是：第397条的滥用职权罪、玩忽职守罪，第409条的传染病防治失职罪。

突发事件发生后，县级以上地方人民政府及其有关部门对上级人民政府有关部门的调查不予配合，或者采取其他方式阻碍、干涉调查的，对政府主要领导人和政府部门主要负责人依法给予降级或者撤职的行政处分；构成犯罪的，依法追究刑事责任。适用的刑法条款是：第277条规定的妨害公务罪。

县级以上各级人民政府卫生行政主管部门和其他有关部门在突发事件调查、控制、医疗救治工作中玩忽职守、失职、渎职的，由本级人民政府或者上级人民政府有关部门责令改正、通报批评、给予警告；对主要负责人、负有责任的主管人员和其他责任人员依法给予降级、撤职的行政处分；造成传染病传播、流行或者对社会公众健康造成其他严重危害后果的，依法给予开除的行政处分；构成犯罪的，依法追究刑事责任。

县级以上各级人民政府有关部门拒不履行应急处理职责的，由同级人民政府或者上级人民政府有关部门责令改正、通报批评、给予警告；对主要负责人、负有责任的主管人员和其他责任人员依法给予降级、撤职的行政处分；造成传染病传播、流行或者对社会公众健康造成其他严重危害后果的，依法给予开除的行政处分；构成犯罪的，依法追究刑事责任

医疗卫生机构有下列行为之一的，由卫生行政主管部门责令改正、通报批评、给予警告；情节严重的，吊销医疗机构执业许可证；对主要负责人、负有责任的主管人员和其他直接责任人员依法给予降级或者撤职的纪律处分；造成传染病传播、流行或者对社会公众健康造成其他严重危害后果，构成犯罪的，依法追究刑事责任：①未依照《应急条例》的规定履行报告职责，隐瞒、缓报或者谎报的；②未依照《应急条例》的规定及时采取控制措施的；③未依照本条例《突发公共卫生事件应急条例》的规定履行突发事件监测职责的；④拒绝接诊患者的；⑤拒不服从突发事件应急处理指挥部调度的。

在突发事件应急处理工作中，有关单位和个人未按规定履行报告职责，隐瞒、缓报或者谎报，阻碍突发事件应急处理工作人员执行职务，拒绝国务院卫生行政主管部门或者其他有关部门指定的专业技术机构进入突发事件现场，或者不配合调查、采样、技术分析和检验的，对有关责任人员依法给予行政处分或者纪律处分；触犯《中华人民共和国治安管理处罚条例》（以下简称《治安管理处罚条例》），构成违反治安管理行为的，由公安机关依法予以处罚；构成犯罪的，依法追究刑事责任。

在突发事件发生期间，散布谣言、哄抬物价、欺骗消费者，扰乱社会秩序、市场秩序的，由公安机关或者工商行政管理部门依法给予行政处罚；构成犯罪的，依法追究刑

事责任。

(二) 刑事责任

《刑法》第 409 条规定：从事传染病防治的政府卫生行政部门的工作人员严重不负责任，导致传染病传播或者流行，情节严重的，处 3 年以下有期徒刑或者拘役。

《刑法》第 331 条规定：从事实验、保藏、携带、运输传染病菌种、毒种的人员，违反国务院卫生行政的有关规定，造成传染病菌种、毒种扩散，后果严重的，处 3 年以下有期徒刑或者拘役；后果特别严重的，处 3 年以上 7 年以下有期徒刑。

《刑法》第 225 条第 4 项规定：违反国家规定，有其他严重扰乱市场秩序的非法经营行为，扰乱市场秩序，情节严重的，处 5 年以下有期徒刑或者拘役，并处或者单处违法所得 1 倍以上 5 倍以下罚金；情节特别严重的，处 5 年以上有期徒刑，并处违法所得 1 倍以上 5 倍以下罚金或者没收财产。根据最高人民法院、最高人民检察院《关于办理妨害预防、控制突发传染病疫情等灾害的刑事案件具体应用法律若干问题的解释》（2003 年 5 月 14 日法释〔2003〕8 号）的规定，违反国家在预防、控制突发传染病疫情等灾害期间有关市场经营、价格管理等规定，哄抬物价、牟取暴利，严重扰乱市场秩序，违法所得数额较大或者有其他严重情节的，依照《刑法》第 225 条第 4 项的规定，以非法经营罪定罪，依法从重处罚。

《刑法》第 291 条规定：投放虚假的爆炸性、毒害性、放射性、传染病病原体等物质，或者编造爆炸威胁、生化威胁、放射威胁等恐怖信息，或者明知是编造的恐怖信息而故意传播，严重扰乱社会秩序的，处 5 年以下有期徒刑、拘役或者管制；造成严重后果的，处 5 年以上有期徒刑。根据最高人民法院、最高人民检察院《关于办理妨害预防、控制突发传染病疫情等灾害的刑事案件具体应用法律若干问题的解释》，编造与突发传染病疫情等灾害有关的恐怖信息，或者明知是编造的此类恐怖信息而故意传播，严重扰乱社会秩序的，依照《刑法》第 291 条规定，以编造、故意传播虚假恐怖信息罪定罪处罚。

案例 7-2

2011 年 10 月 16 日，教育部办公厅发布《关于近期学校食物中毒和肠道传染病流行事件的通报》，通报称，校园食物安全事件的发生，严重影响学生的身心健康和学校正常教学秩序，也充分暴露出个别地方和学校食品安全管理工作还存在不少漏洞和隐患。2011 年秋季开学以来，河北、江西、湖南、贵州、山西等地相继发生 6 起学校食物中毒和肠道传染病流行事件。9 月 1 日至 6 日，河北省唐山市玉田县育英小学 25 名学生陆续出现发热、腹泻等症状；9 月 5 日，河北省承德市隆化县章吉营中学因学校自备水源被污染，135 名学生发生腹泻；9 月 6 日，江西省高安市独城镇红星幼儿园 23 名儿童发生疑似食物中毒；9 月 8 日，湖南省长沙市雨花区枫树山小学 70 名学生发生疑似食物中毒；9 月 20 日，贵州省遵义市桐梓县茅石乡中学 26 名学生因食用在学校食堂购买的月饼出现头晕、无力、心慌等症状；10 月 10 日，山西省太原市新晓双语小学

197名学生发生疑似食源性疾病。通报称,这些事件的发生,严重影响了学生的身心健康和学校正常教学秩序,也充分暴露出个别地方和学校食品安全管理工作还存在不少漏洞和隐患。为使各地教育行政部门和学校从上述事件中吸取教训,引以为戒,教育部强调食品安全问责制、应急体系机制完善。

第二节 公共卫生监督法律制度

一、公共卫生监督法律制度概述

(一) 公共卫生监督的概念及立法

公共卫生监督,是国家管理社会公共卫生事务的重要形式和手段,是社会公共卫生行政管理活动中的基本法律制度,也是公共卫生行政执法的专用同义词。它是国家卫生行政机关,依其法定职权,对社会各部门、单位和个人执行卫生法律法规的状况进行监察督导,对违反卫生法律法规、危害人体健康的行为进行处理的具体行政行为。

改革开放以来,我国公共卫生法制建设不断完善,《食品卫生法》、《传染病防治法》、《国境卫生检疫法》以及《学校卫生工作条例》、《公共场所卫生管理条例》、《尘肺病防治条例》和《放射性同位素与射线装置放射防护条例》等法律法规相继实施。卫生监督作为社会公共卫生管理的基本法律制度,其法律地位得到确认,卫生监督执法工作在卫生防疫管理的基础上迅速发展和不断加强。

(二) 我国公共卫生监督体制

公共卫生监督体制是指公共卫生监督行政执法主体的组织机构体制,包括各级政府的卫生行政机关和法律法规授权的机构。法律明确规定,国务院卫生行政部门主管全国公共卫生监督管理工作;县级以上地方人民政府卫生行政部门在管辖范围内行使公共卫生监督职责。根据卫生部《关于卫生监督体制改革的意见》。我国卫生监督体制改革正按照"依法行政,政事分开,综合管理,总体规划,分步进行,逐步到位"的原则,调整卫生资源配置,理顺和完善卫生监督体制,建立结构合理、运转协调、行为规范、程序明晰、执法有力、办事高效的卫生监督新体制。

(三) 公共卫生监督人员职责与义务

卫生监督人员是卫生监督职能的具体执行者,是卫生监督机关行为的载体。根据《卫生监督员管理办法》的规定,对我国各级各类卫生监督人员,国家实行卫生监督员资格考试、在职培训、工作考核和任免制度。县以上各级政府卫生行政部门依法对卫生监督员进行统一管理。各级各类卫生监督员由任命机关发给全国统一的"卫生监督员证"。

1. 卫生监督人员的职责

根据《卫生监督员管理办法》规定,各类卫生监督员在法定范围内,根据政府卫生行政部门或相应的监督管理机构交付的任务，行使下列监督职权：①依法进行预防性和经常性卫生监督管理；②进行现场调查和监督记录，依法取证和索取有关资料；③进行现场采样，提出检测项目；④对违反卫生法律、法规的单位和个人依法进行处理；⑤参加对有害人体健康事故、假药案和疫情的调查处理；⑥宣传卫生法规和业务知识，指导、协助有关部门对有关人员进行卫生和药品知识培训；⑦执行卫生行政部门、卫生监督管理机构或药品监督管理机构交付的其他监督任务。

2. 卫生监督员的义务

卫生监督员的义务有：①遵纪守法，廉洁奉公，作风正派，实事求是；②忠于职守，有法必依，执法必严，违法必究；③风纪严谨，证件齐全，着装整齐，文明执法，恪守职业道德；④遵守监督执法程序、标准、规范和制度；⑤取证及时、完善，方法科学，手段合法；⑥执法文书书写规范，手续完备；⑦履行相关法律、法规规定的保密义务；⑧不与被监督者建立经济关系，不担任被监督者的顾问或在被监督单位兼职；⑨遇有与被监督者有直接利害关系或其他有碍公正执法情况时，应当回避。

（四）公共卫生监督的方式

（1）卫生法制宣传教育。指把卫生法律规范的基本原则与内容向社会做广泛的传播，使社会公众和管理相对人能够充分认识，提高法治意识，从而自觉遵守卫生法律规范的活动。

（2）卫生行政许可。指卫生行政部门根据相对人的申请，依法对其进行卫生审查，对符合卫生法律规范与卫生标准要求的，赋予行政相对人从事相关事项的权利或资格的活动。卫生许可又分为行为许可（如食品生产经营卫生许可、放射性同位素应用许可等）和资格许可（如医师、护士执业许可等）。依据《中华人民共和国行政许可法》和行政审批制度改革的有关规定，卫生部对卫生法律、行政法规、部门规章和其他规范性文件设定的卫生行政许可项目进行了全面清理，并经国务院审定、公布。

（3）卫生监督检查。指卫生行政部门对管理相对人遵守卫生法律规范状况进行检查，并依法处理的活动。一般指经常性卫生监督。

（4）卫生行政奖励。指卫生行政部门依法对自觉遵守卫生法律规范，成绩显著的管理相对人给予精神或物质鼓励的活动。

（5）卫生行政强制。指卫生行政部门为预防或制止危害公共卫生与健康的行为、事件或事故的发生与扩大，维持公共卫生正常秩序，依法采取的强制限制相对人的人身或财产流通的各种措施，如国境卫生检疫的强制留验、传染病暴发流行时的疫区处理等。

（6）卫生行政处罚。指卫生行政部门依法对管理相对人违反卫生行政法律规范尚未构成犯罪的行为给予的惩戒或制裁。卫生行政处罚的种类主要有警告，罚款，没收违法所得，没收非法财物，责令停产停业，吊销许可证等，同时要责令限期改正。卫生行政处罚要遵循处罚法定原则，公开公正原则，依法定程序实施处罚原则以及处罚与教育相结合的原则。

二、学校卫生监督法律制度

(一) 学校卫生法律规定

1990年6月4日,国家教委和卫生部经国务院批准联合发布了《学校卫生工作条例》。这个条例在总结新中国成立以来学校卫生工作经验的基础上,对学校卫生工作的一系列问题做了明确的规定,主要有以下方面内容:监测学生健康状况;对学生进行健康教育,培养学生良好的卫生习惯;改善学校卫生环境和教学卫生条件;加强对传染病、学生常见病的预防和治疗。

(二) 学校卫生的任务和工作内容

《学校卫生工作条例》规定,学校卫生工作的主要任务是:监测学生健康状况;对学生进行健康教育,培养学生良好的卫生习惯;改善学校卫生环境和教学卫生条件;加强对传染病、学生常见病的预防和治疗。

学校卫生包括普通中小学、农业中学、职业中学、中等专业学校、技工学校、普通高等学校的卫生,既是预防医学的一个重要组成部分,也是教育学的组成部分。学校卫生范围包括以下方面:

1. 教学过程卫生

(1) 教学、作息卫生。教学过程中要严格遵守卫生保健原则,根据学生年龄,合理安排教学进度和作息时间,使学生的学习能力保持在最佳状态。学生每日学习时间(包括自习),小学不超过6小时,中学不超过8小时,大学不超过10小时。学校或者教师不得以任何理由和方式,增加授课时间和作业量,加重学生学习负担。

(2) 劳动卫生。普通中小学组织学生参加劳动,不得让学生接触有毒有害物质或者从事不安全的作业,不得让学生参加中夜班劳动。普通高等学校、中等专业学校、技工学校、农业中学、职业中学组织学生参加生产劳动,接触有毒有害物质的,按照国家有关规定提供保健待遇。学校应当定期对他们进行体格检查,加强卫生防护。注意女学生的生理特点,给予必要的照顾。

(3) 体育卫生。主要包括体育课、课外体育活动和假期活动卫生。学校要根据学生的生理特点和健康状况指导体育锻炼。学校体育场地和器材应当符合卫生和安全要求;运动项目和运动强度应当适合学生的生理承受能力和体质健康状况,防止发生伤害事故。必须加强学校体育医务监督。

2. 建筑和设备卫生

根据《学校卫生工作条例》规定,新建、改建、扩建校舍,其选址、设计应当符合国家的卫生标准。学校的教学建筑、环境噪声、室内微小气候、采光、照明等环境质量以及黑板、课桌椅的设置应当符合国家的卫生标准。学校应当按照有关规定为学生设置厕所和洗手设施;寄宿制学校应当为学生提供相应的洗漱、洗澡等卫生设施;为学生提供充足的符合卫生标准的饮用水。

3. 卫生保健

学校应当根据条件定期进行健康检查。有条件的应每年对中、小学生作一次体检;

暂时尚无条件的地区可在学生进入初小、高小及初中时，各进行一次，初中及高中毕业时再进行一次。大学要认真做好新生入学体检复查工作。学校要建立学生健康管理制度，建立学生体质健康卡片，纳入学生档案。对体格检查中发现学生有器质性疾病的，学校应当配合学生家长做好转诊治疗。对残疾、体弱学生，学校要加强照顾，做好心理卫生工作。学校应当积极做好近视、弱视、龋齿、寄生虫、营养不良、贫血、脊柱弯曲、神经衰弱等学生常见疾病的群体预防和矫治工作，认真贯彻执行传染病防治法律、法规，做好急慢性传染病的预防和控制管理工作，同时做好地方病的预防和控制工作。

4. 营养与饮食卫生

学校应当认真贯彻执行食品卫生法律、法规，加强饮食卫生管理，办好学生膳食，加强营养指导，为学生提供优质卫生的食品，保障身体健康。为保证中小学校学生集体用餐的营养和卫生，特别对学生普通餐、学生营养餐、学生课间餐的配制和供应中的营养和卫生要求，作出规定为保证食品安全，对学校食堂全面实施食品卫生监督量化分级管理制度。

5. 学生用品卫生

学生用品主要指学生用文具、娱乐器具、玩具、保健用品等，其卫生质量要求包括安全性、功效性和清洁性。既要保证一定的使用功能，又要防止对使用者造成危害。近年比较突出的是眼镜和视力保健产品的卫生质量，以及玩具的安全性问题。

6. 卫生宣传和健康教育

积极开展卫生宣传教育，树立以讲卫生为光荣、不讲卫生为耻辱的新风尚。建立健全卫生管理制度，加强对学生个人卫生、环境卫生以及教室、宿舍卫生管理。学校应当把健康教育纳入教学计划。普通中小学必须开设健康教育课，普通高等学校、中等专业学校、技工学校、农业中学、职业中学应当开设健康教育选修课或者讲座；同时开展学生健康咨询活动。

（三）学校卫生监督与管理

1. 学校卫生监督

根据《学校卫生工作条例》规定，县级以上卫生行政部门对学校卫生工作行使监督职权，其职责是：对新建、改建、扩建校舍的选址、设计实施预防性卫生监督，以保证学校基建、设备等符合国家颁布的各项卫生标准和要求，为学生创造良好的学习和生活环境；对学校内影响学生健康的学习、生活、劳动、环境、食品等方面的卫生和传染病防治工作实行经常性卫生监督，提出改进措施；对学生使用的文具、娱乐器具、保健用品实行卫生监督。

2. 学校卫生管理

各级教育行政部门负责学校卫生管理。大、中、小学校要设立卫生管理机构。高等院校设立校医院或卫生科；高级中学、职业中学、技工学校、城市普通中学、小学、农村中心校、普通中学设立卫生室，按600∶1比例配备卫生技术人员，不足600人的学校可配备专职或兼职保健教师。

经当地卫生行政机构批准，教育行政部门可设立区域性中小学生卫生保健机构，其主要任务是：调查与研究本地区中小学生体质健康状况，开展中小学生常见疾病的预防与矫治；对学校校医及卫生人员进行技术指导和业务培训。

三、公共场所卫生监督法律制度

(一) 公共场所及其立法

公共场所是指一切供公众共同使用的场所，它是人群聚集的生活环境，直接影响人体健康，对其从业人员来说，又是工作环境。公共场所按其服务功能，目前限定为七类：①住宿和交易场所：宾馆、饭馆、旅店、招待所、车马店、咖啡店、酒吧、茶座；②净身和美容场所：公共浴室、理发店、美容店；③文化娱乐场所：影剧院、录像厅（室）、游艺厅（室）、舞厅、音乐厅；④体育休息场所：体育场（馆）、游泳场（馆）、公园；⑤文化交流场所：展览馆、博物馆、美术馆、图书馆；⑥商业活动场所：商店（场）、书店；⑦就诊和交通场所：医院候诊室、候车（机、船）室、公共交通工具。

(二) 公共场所的卫生质量要求

公共场所的种类比较多，具有公共性、流动性、固定性和封闭性等特点，《公共场所卫生管理条例》对公共场所的卫生质量作了明确的规定。

公共场所的基本卫生质量基本要求是：选址设计合理、卫生设施完备、空气质量优良、微小气候适宜、采光照明良好、环境整洁安静、饮用水质卫生、公用物品清洁、卫生制度健全、从业人员健康、个人卫生讲究。这是所有公共场所都应做到的基本卫生要求，但不同行业有不同的重点，不同类型的场所有不同的具体要求和卫生标准。

(三) 公共场所的卫生管理

公共场所的卫生管理主要是指公共场所的主管部门和经营单位要加强自身的卫生管理，并按照规定做好下列工作：

(1) 建立卫生管理制度。主管部门应当建立卫生管理制度，配备专职或者兼职卫生管理人员，对所属经营单位包括个体经营者的卫生状况进行经常性检查，并提供必要的条件。

(2) 卫生知识培训。经营单位应当负责经营的公共场所的卫生管理，建立卫生责任制度，对从业人员进行卫生知识的培训和考核工作。

(3) 从业人员持证上岗公共场所直接为顾客服务的人员，持有健康合格证明方能从事本职工作。患有痢疾、伤寒、病毒性肝炎、活动期肺结核、化脓性或者渗出性皮肤病以及其他有碍公共卫生疾病的，治愈前不得从事直接为顾客服务的工作。

(4) 办理卫生许可证经营单位须取得卫生许可证后，方可向工商行政管理部门申请登记，办理营业执照卫生许可证，2年复核一次。

(5) 事故报告。公共场所因不符合卫生标准和要求造成危害健康事故的，经营单位应妥善处理，并及时报告卫生防疫机构

(四) 公共场所的卫生监督

《公共场所卫生管理条例》规定："国家对公共场所以及新建、改建、扩建公共场所的选址和设计，实行卫生许可证制度，各级政府卫生行政部门所属卫生防疫机构，负

责管辖范围内的公共场所卫生监督工作。"

公共场所卫生监督的职责是：①对公共场所进行卫生监测，管理核发公共场所卫生许可证；②监督公共场所从业人员进行健康检查，指导公共场所经营单位对从业人员进行卫生知识的教育和培训；③对新建、改建、扩建公共场所的选址和设计进行卫生审查，并参加竣工验收；④对违反《公共场所卫生管理条例》的单位和个人进行行政处罚。

（五）违反公共场所卫生法规的法律责任

公共场所经营单位或者个体经营者，有下列行为之一的，卫生监督机构有权根据情节轻重给予警告、罚款、停业整顿、吊销卫生许可证等行政处罚：①卫生质量不符合国家卫生标准和要求而继续营业的；②未获得健康合格证而从事直接为顾客服务的工作的；③拒绝卫生监督的；④未取得卫生许可证擅自营业的。

违反公共场所卫生法规，造成严重危害公民健康的事故或中毒事故的单位和个人，应负损害赔偿责任；致人残疾或死亡，构成犯罪的，由司法机关依法追究直接责任人员的刑事责任。

四、放射卫生防护监督法律制度

（一）放射卫生和放射卫生立法

放射卫生法是调整因保护从事放射性工作人员、广大居民和生态系统，防止和减少电离辐射造成的危害而产生的各种社会关系的法律规范的总称。[①]

（二）放射卫生防护的目的和原则

1. 放射卫生防护的目的

放射卫生防护的目的是，以放射性生产厂矿企业、放射性同位素和射线装置使用单位、放射工作人员以及社会公众和环境为对象，对放射工作场所、放射工作人员及社会公众的受射线照射剂量进行监测与卫生学评价，提出改善放射作业环境、减少受照剂量、预防放射性危害的卫生防护措施，保护放射工作人员和社会公众的健康与安全，促进核技术和射线应用事业的发展。

---

① 我国的放射卫生防护工作已经初步形成了放射卫生法规和标准体系，建立了比较完整的监督管理体系。1989年10月24日，国务院发布了《放射性同位素与射线装置放射防护条例》，卫生部制定和发布了相应的规定、规章及管理规范，如《放射工作人员健康管理规定》等。2001年8月，卫生部和公安部联合修订颁布了《放射事故管理规定》（第16号部长令），卫生部颁布了《放射工作卫生防护管理办法》（第17号部长令）和《放射防护器材与含放射性产品卫生管理办法》（第18号部长令）。《职业病防治法》把放射性物质与粉尘及其他有毒、有害物质等因素同等列为当前重要的职业病危害因素。《职业病防治法》将放射工作纳入重要的职业病危害因素加以管理。我国于2002年10月发布了第四代放射卫生防护基本标准：《电离辐射防护与辐射源安全基本标准》（GB 18871—2002），自2003年4月1日起实施。它等同采用国际原子能机构（IAEA）的基本安全标准（IAEA SS 第115号，1996），取代我国原有的《放射卫生防护基本标准》（GB 792—1984）和《辐射防护规定》（GB 703—1988）等两个基本标准，成为我国新的统一的基本标准。依据放射卫生防护基本标准，我国制定了近百项放射卫生标准和放射性疾病诊断标准以及测量分析方法标准等。

2. 放射卫生防护原则

（1）利用正当化产生电离辐射的任何活动要经过论证，确认该项活动是否值得。其所致的电离辐射危害同社会和个人从中获得的利益相比是可以接受的，如果拟议中的实践不能带来超过代价（包括健康损害代价和防护费用的代价）的净利益，就不应当实施该项活动。

（2）放射防护最优化。应当避免一切不必要的照射，以放射防护最优化为原则，用最小的代价，获得最大的净利益，从而使一切必要的照射保持在可以合理达到的最低水平。

（3）个人剂量的限制。个人所受照射的剂量当量不应该超过规定的限值。

（三）放射卫生防护工作的主要内容

（1）放射工作场所的卫生防护。包括放射工作场所外照射剂量、工作场所表面污染剂量、工作场所空气污染所致工作人员内照射剂量等，控制在国家标准以下。

（2）放射工作人员的卫生防护。包括放射工作人员个人外照射剂量、工作服和皮肤表面污染和人体内照射的所受剂量，控制在国家标准以下。

（3）广大公众的卫生防护。包括环境放射性水平所致群体剂量、公众个人受照剂量，特别是由于医疗照射使用含放射性产品和日用消费品所致受照剂量，控制在国家标准以下。

（4）放射事故的卫生防护。包括由放射性同位素与射线装置所致各类放射事故，造成放射工作人员与广大公众的受照剂量，控制事故造成的损害最小，并做好医学应急和善后处理工作。

（四）放射卫生防护的法律制度

1.《职业病防治法》的相关规定

《职业病防治法》是适用于放射卫生防护监督管理的基本法律制度，主要包括：①放射卫生监督制度；②建设项目预防性监督评价（三同时）制度；③经常性检测评价制度；④放射工作用人单位危害治理责任（义务）制度；⑤劳动者享有职业卫生保护权利制度；⑥职业危害合同告知制度；⑦职业危害及其预防措施公告制度；⑧特殊职业人群（未成年工、女职工）劳动保护制度；⑨职业危害检测、体检机构资质认证制度；⑩放射事故管理制度；⑪放射卫生统计报告制度；⑫放射性疾病按法定职业病诊断处理管理制度；⑬违反放射卫生法律追究法律责任。

2.《放射性同位素与射线装置放射防护条例》的相关规定

国务院颁布实施的《放射性同位素与射线装置放射防护条例》确立的在放射卫生防护管理中的特殊法律制度，主要包括：①放射卫生许可制度。发放放射性同位素许可和射线装置许可。②放射性标志制度。在放射性同位素的生产、使用、贮存场所和射线装置的生产、使用场所，在室外、野外从事放射工作时，都必须设置专用放射性标志。③放射性物质管理制度。包括放射性物质订购制度、放射性物质运输制度、放射性物品口岸检查制度、放射性物质贮存保管制度。④放射性产品管理制度。对放射性产品进行严格卫生监督，包括放射性产品和射线装置产品卫生防护质量认证制度；含放射性消费品、民用品、物料和伴有产生X射线的电器产品的卫生防护管理制度；辐照加工产品，如辐照食品、药品、化妆品、医疗器材和其他用于人体的制品的卫生管理制度；放射防护用品和器材卫生防护质量管理制度。⑤放射工作场所卫生防护管理制度，包括放射性同位素与射线装置的生产场所卫生防护管理制度、放射性同位素与射线装置的使用场所卫生防护管理制度、放射性同位素的储存场所卫生防护管理制度、放射性废弃物处理场所卫生防护管理制度。⑥医疗照射中对放射工作人员和患者的卫生防护管理制度。⑦放射工作人员卫生防护管理制度，包括放射工作人员个人剂量管理制度、放射工作人员健康管理制度、放射工作人员培训考核发放"放射工作人员证"制度。⑧核设施放射卫生防护管理制度。⑨核事故和辐射事故医学应急管理制度。实行分级管理和报告，立案与处理，采取紧急医学应急措施。

（五）**放射卫生防护监督**

县级以上卫生行政部门负责本辖区内的放射性同位素与射线装置放射防护监督；各省、自治区、直辖市的环境保护部门对放射性同位素和含有放射源的射线装置在应用中排放放射性废水、废气、固体废物，实施监督监测；县级以上公安部门对放射性同位素应用中的安全保卫实施监督管理。县级以上卫生行政部门是放射卫生监督机构的职责是：①对新建、改建、扩建放射工作场所和放射防护设施工程实施预防性监督。这些工程项目的放射防护设施必须与主体工程同时设计审批，同时施工，同时验收投产；②对生产、销售、使用放射性同位素与射线装置工作实施许可登记，发放放射工作许可证；③负责放射源诊疗技术和医用辐射机构的准入管理；④对放射工作单位的放射卫生防护状况实施经常性监督检查；⑤对放射工作人员健康检查、个人剂量监测、防护知识培训，实施监督管理；⑥会同有关部门调查处理放射事故，参与放射源的放射性污染事故应急工作；⑦对与放射性物质有关的消费品等实施监督管理；⑧对违反放射卫生法规的单位和个人进行行政处罚

（六）**放射防护监督员及其职责**

县级以上卫生行政部门设放射防护监督员，放射防护监督员有权按照规定对本辖区内放射工作进行监督和检查，并可以按照规定采样和索取有关资料，有关单位不得拒绝或隐瞒，对涉及保密的资料应按国家保密规定执行，并负有保密责任。

（七）**法律责任**

对违反放射卫生法规的单位或个人，县级以上卫生行政部门可以视其情节轻重，给予警告并限期改进，停工或者停业整顿，或者处以罚款和没收违法所得，直至会同公安部门吊销其许可登记证的行政处罚在放射性废水、废气、固体废物排放中造成环境污染事故的单位和个人，由省级环境保护部门按国家环境保护法规的有关规定执行处罚，对于违反放射卫生法规而发生放射事故尚未造成严重后果的，可以由公安机关，按照《治安管理处罚条例》予以处罚；对造成严重后果，构成犯罪的，由司法机关依法追究刑事责任。利用放射性同位素或者射线装置进行破坏活动或者有意伤害他人，构成犯罪的，由司法机关依法追究刑事责任。

五、生活饮用水卫生监督法律制度

(一) 生活饮用水卫生及其立法

饮用水是人类生活中至关重要的必需品，饮水卫生质量直接关系到广大群众的身体健康，因此，确保广大群众的供水、用水安全、卫生，至关重要。按照生活饮用水的给水方式划分，城镇集中式供水的经营单位、自建自用集中式供水（自备给水）的单位、二次供水的单位，是生活饮用水卫生监督的主要对象，现已纳入国家生活饮用水卫生法律管理范围。此外，农村集中式供水的经营单位、分散式供水单位或个人、与生活饮用水有关的产品的生产经营单位也在生活饮用水卫生监督范围之内。其中，与生活饮用水有关的产品包括：与饮用水接触的联接止水材料、塑料及有机合成管材、管件；与饮用水接触的各种防护涂料；各种水处理剂（包括混淀剂、助淀剂、软化剂、灭藻剂及其他饮用水处理剂）；各种饮用水除垢剂；各种水质处理器（包括个人、家庭和团体用的各类水处理器）以及与饮用水接触的新材料和化学物质等。

饮用水涉及民众的身体健康，加强对生活饮用水卫生的规范是各国立法的普遍做法。我国《食品卫生法》规定，食品生产经营过程中的饮用水必须符合国家规定的城乡生活饮用水卫生标准。《传染病防治法》规定，供水单位供应的饮用水必须符合国家规定的卫生标准。此外，1996年7月9日，国家建设部和卫生部联合发布的《生活饮用水卫生监督管理办法》是目前较为完整的生活饮用水卫生管理行政规章。有关部门还先后制定了《生活饮用水卫生标准》、《涉及饮用水卫生安全的产品评审技术规程》，《高层建筑供水设施卫生要求与管理规范》、《农村实施生活饮用水卫生标准准则》等一系列卫生标准和规范性文件。不少省、市还制定了各自的地方规章，如《辽宁省城镇生活饮用水卫生管理办法》和《辽宁省城镇生活饮用水卫生管理办法实施细则》等。

(二) 生活饮用水的卫生质量要求

（1）对生活饮用水的卫生质量要求有：①水中不得含有病原微生物，保证流行病学的安全性；②水中所含化学物质和放射性物质，不得对人体健康产生危害，不影响后代的健康；③水的感官性状良好。

我国生活饮用水水质卫生标准即根据上述原则要求，制定水质中各种物质的限值。

（2）生活饮用水的水源选择的首要原则是保证水质良好，水量充沛，便于防护，技术经济合理。

（3）生活饮用水的水源防护。必须设置水源防护区，做好水源防护，防止水源污染。

（4）生活饮用水供水过程卫生。确实保证取水、输水、净水、贮水和配水过程中，不能造成水质污染。

（5）涉及饮用水卫生安全的产品。这些产品在与水直接接触时，均不得造成水质污染。

(三) 生活饮用水的卫生管理

生活饮用水的卫生管理主要指集中式供水单位（即由水源集中取水，经统一净化处理和消毒后，由输水管网送至用户，含公共供水的城市自来水供水企业和自建设施对外供水企业）、二次供水单位（指将集中式供水的管道水另行加压贮存、再送至水站或用户，含客运船舶、火车、客车等交通工具上的供水）和涉及饮用水卫生安全的产品的生产单位及其上级主管部门的自身卫生管理，主要包括：

1. 办理卫生许可证

城市集中式供水单位必须取得县级以上政府卫生行政部门签发的卫生许可证。城市供水企业和自建设施对外供水企业还必须取得建设行政主管部门颁发的"城市供水企业资质证书"方可供水。二次供水设施和从事二次供水设施清洗消毒的单位，必须取得当地人民政府卫生行政部门的卫生许可证，方可供水和洗消。

生产涉及饮用水卫生安全的产品的生产单位和个人，必须向当地人民政府卫生行政部门申请办理产品卫生许可批准文件，方可生产和销售。

2. 设立卫生管理机构，建立规章制度

供水单位要建立饮用水卫生管理规章制度，设立专门的卫生管理机构，配备专、兼职卫生管理人员，做好本单位的日常卫生管理工作。其职责是：①贯彻国家有关生活饮用水卫生管理法规和标准；②落实本单位各项卫生管理制度，建立卫生管理档案；③负责本单位供水设施及其周围环境的卫生管理；④负责对本单位供水水质进行定期、定点、定项目的自检，提出水质检验分析报告；⑤对危及供水卫生安全的污染事故，采取紧急措施，并及时向主管部门和当地卫生、建设行政部门报告。

3. 人员培训、体检和持证上岗

直接从事供水、管水工作人员，包括从事净水、取样、化验，二次供水卫生管理和水池水箱清洗人员，都必须经过健康体检，取得体检合格证后方可上岗工作，并每年进行一次检查。患有痢疾、伤寒、病毒性肝炎、活动性肺结核、化脓性或渗出性皮肤病及其他有碍饮用水卫生的疾病和病原携带者，不得从事直接供、管水工作。直接从事供、管水工作的人员，未经卫生知识培训不得上岗工作。

（四）生活饮用水的卫生监督

1. 卫生监督机构及其职责

《生活饮用水卫生监督管理办法》规定，国家对供水单位和涉及饮用水卫生安全的产品实行卫生许可制度。县级以上人民政府卫生行政部门负责本行政区域内饮用水卫生监督监测工作。其职责是：①对新建、改建和扩建的集中式供水项目，参加其项目选址、工程设计审查和竣工验收，进行预防性卫生监督，办理供水单位的《卫生许可证》；②对本行政区域内饮用水水源水质进行定期监测和评价，开展经常性卫生监督监测和卫生技术指导；③负责本行政区域内饮用水污染事故对人体健康影响的调查，参与事故处理，控制介水传播疾病；④对供水人员进行健康检查，指导卫生知识培训，核发《健康合格证》和开展培训考核工作；⑤对涉及饮用水卫生安全产品，进行安全卫生评价，核发批准文件；⑥对有关单位执行生活饮用水卫生法规、规章和标准情况进行监督检查。对违反《生活饮用水卫生监督管理办法》的单位和个人进行行政处罚。

2. 生活饮用水卫生监督员

县级以上人民政府卫生行政部门设饮用水卫生监督员，负责饮用水卫生监督工作。

县级人民政府卫生行政部门可聘任饮用水卫生检查员，负责乡镇饮用水卫生检查工作。铁道、交通、民航的饮用水卫生监督员，由其上级行政部门聘任并发给证书。

（五）法律责任

集中式供水单位安排未取得体检合格证的人员从事直接供、管水工作，或安排患有有碍饮用水卫生疾病或病原携带者从事直接供、管水工作的，县级以上人民政府卫生行政部门应当责令期限改进，并可对供水单位处以罚款。

违反《生活饮用水卫生监督管理办法》规定，有下列情形之一者，县级以上人民政府卫生行政部门应当责令限期改进，并可处以规定额度的罚款：①在饮用水水质保护区内修建危害水源水质卫生的设施或进行有碍水源水质卫生的作业的；②新建、改建、扩建的饮用水供水项目未经卫生部门参加选址、设计审查和竣工验收而擅自供水的；③供水单位未取得卫生许可证而擅自供水的；④供水单位供应的饮用水不符合国家规定的生活饮用水卫生标准的；⑤未取得卫生行政部门的卫生许可擅自从事二次供水设施清洗消毒工作的。

违反《生活饮用水卫生监督管理办法》规定，生产或者销售无卫生许可批准文件的涉及饮用水卫生安全的产品的，县级以上人民政府卫生行政部门应当责令限期改进，并可处以规定额度的罚款。

城市自来水供水企业和自建设施对外供水的企业，有下列行为之一的，由建设行政主管部门责令其限期改进，并处以规定额度的罚款：①新建、改建、扩建的饮用水供水工程项目未经建设行政主管部门设计审查和竣工验收而擅自建设并投入使用的；②未按规定进行日常性水质检验工作的；③未取得"城市供水企业资质证书"擅自供水的。

六、公共场所禁烟法律制度

1979年，国务院批准卫生部、财政部、农业部、轻工业部联合发布了《关于宣传吸烟有害与控制吸烟的通知》。20世纪80年代控制吸烟的内容先后出现在多项法规中，如《公共场所卫生管理条例实施细则》规定，在影剧院、音乐厅、体育馆、商场、等候室、候诊室等公共场所内禁止吸烟。90年代，我国相继颁布了《烟草专卖法》、《未成年人保护法》、《广告法》等，都列入了控烟的内容。1997年1月，全国爱国卫生运动委员会、卫生部、铁道部、交通部、建设部、民航总局联合颁布了《关于在公共交通工具及其等候室禁止吸烟的规定》。

（一）公共场所禁烟的法律规定

1. 禁烟场所

禁烟场所包括影剧院和音乐厅的观众厅、录像厅（室）、游艺厅（室）、歌（舞）厅、音乐茶座室；室内体育馆（场）的观众厅和比赛厅、游泳场（馆）、公共浴室；图书馆的阅览室、博物馆和展览馆的展示厅；理发店、美容店；商店（场）的经营场所；宾馆、旅店、招待所、车马店；公共交通工具内及其等候室；医疗机构的候诊室、诊疗室和病房；学校的教室、实验室等室内教育活动场所；托幼机构的幼儿活动场所；其他根据需要，由卫生行政部门确定的禁止吸烟场所。

2. 禁烟场所的管理职责

制定本单位禁止吸烟的制度和对违反规定的吸烟者进行处罚的措施；做好禁止吸烟的宣传教育工作；在禁烟场所内设置醒目的禁止吸烟标志；在禁止吸烟场所内不设置吸烟器具，不设置附有烟草广告的标志和物品；对在禁烟场所内吸烟者，劝其停止吸烟或离开该场所，对不听劝阻者按规定处罚。

被动吸烟者的权利：在禁止吸烟场所内，被动吸烟者有权要求该场所内的吸烟者停止吸烟；有权要求禁烟场所单位履行相应职责；有权向当地卫生行政部门举报违反公共场所禁烟规定的行为。

（二）法律责任

对违反禁烟规定的禁止吸烟场所单位，由当地卫生行政部门给予警告、罚款以至停业整顿的行政处罚；禁烟场所单位可以根据法律法规或禁烟场所制度，对违反规定者给予劝诫和处罚；对拒绝、阻碍卫生执法人员依法执行职务者，未使用暴力、威胁方法的，由公安部门按《治安管理处罚条例》处理；构成犯罪的，依法追究刑事责任。

案例 7-3

结核病是我国法定重大传染病之一。2011 年 3 月 21 日，卫生部就全国第五次结核病流行病学抽样调查情况召开新闻发布会，卫生部疾病预防控制局副局长郝阳说，调查显示，我国肺结核患者中有症状者就诊比例仅为 47%，公众结核病防治知识知晓率仅为 57%，当前，我国结核病疫情形势依然严峻。卫生部 2010 年的调查结果显示，与 2000 年相比，全国肺结核患病率继续呈现下降趋势，防治工作取得显著效果。15 岁及以上人群肺结核的患病率由 2000 年的 466/10 万降至 2010 年的 459/10 万，其中传染性肺结核患病率下降尤为明显，由 2000 年的 169/10 万下降至 66/10 万，10 年降幅约为 61%，年递降率约为 9%。据悉，目前我国结核病年发患者数约为 130 万，占全球发病的 14.3%，位居全球第二位。"十二五"期间，卫生部门将进一步加强与有关部门的合作，积极落实《全国结核病防治规划（2011—2015 年）》，不断健全我国结核病防治服务体系。

第三节 传染病防治法律制度

一、传染病防治法律制度概述

传染病具有传染性、流行性和反复性等特点，因而发病率高、传染快，对人体健康和生命威胁巨大，是人类共同的敌人。自 13 世纪中叶在欧洲首次发生黑死病（即鼠疫）流行以后，在 3 次大的鼠疫流行中，鼠疫夺取了 1 亿多人的生命，欧洲四分之一的人口死于鼠疫。在中国历史上，各种传染病的死亡率在所有疾病中占首位，是影响人民健康、致命、短命、贫困的主要因素之一。新中国成立以后，党和政府采取了一系列综合性措施，大力开展爱国卫生运动，制定了"预防为主"的卫生工作方针，紧抓卫生防疫，使传染病防治工作取得了显著的成绩。

（一）传染病的界定和分类

一般认为，传染病是指由病源性细菌、病毒、立克次体和原虫等引起的，能在人与人、动物与动物或人与动物之间相互传播的疾病。我国《传染病防治法》所规范的传染病是指全国发病率较高、流行面较大、危害严重的急性和慢性传染病（因此也称为法定传染病）。根据法定传染病对人类的危害程度、传播方式、速度的不同，划分为甲类传染病、乙类传染病、丙类传染病等三类。其中，甲类传染病是指鼠疫、霍乱，为强制管理传染病，国际上为检疫传染病，对这类传染病患者、疑似患者应隔离、留验，对疫区可采取必要的强行措施。

乙类传染病是指传染性非典型肺炎、艾滋病、病毒性肝炎、脊髓灰质炎、人感染高致病性禽流感、麻疹、流行性出血热、狂犬病、流行性乙型脑炎、登革热、炭疽、细菌性和阿米巴性痢疾、肺结核、伤寒和副伤寒、流行性脑脊髓膜炎、百日咳、白喉、新生儿破伤风、猩红热、布鲁菌病、淋病、梅毒、钩端螺旋体病、血吸虫病、疟疾。①

丙类传染病是指流行性感冒、流行性腮腺炎、风疹、急性出血性结膜炎、麻风病、流行性和地方性斑疹伤寒、黑热病、包虫病、丝虫病；除霍乱、细菌性和阿米巴性痢疾、伤寒和副伤寒以外的感染性腹泻病。

根据我国《传染病法治法》的规定，上述规定以外的其他传染病，根据其暴发、流行情况和危害程度，需要列入乙类、丙类传染病的，由国务院卫生行政部门决定并予以公布；省、自治区、直辖市人民政府对本行政区域内常见、多发的其他地方性传染病，可以根据情况决定按照乙类或者丙类传染病管理并予以公布，报国务院卫生行政部门备案。

（二）传染病的立法体系

我国一直以来都很重视传染病的防治工作，包括传染病的立法工作。自第一届全国人民代表大会第88次常务委员会上制定了《中华人民共和国卫生检疫条例》以来，我国形成了以《传染病防治法》为核心的法律、行政法规、司法解释、部门规章、规范性文件、国际条约多层次的立法体系，对于我国的传染病防治进行规范治理。现行有效的部分主要法律文件见表7-1。

---

① 根据我国现行法律的规定，对乙类传染病中传染性非典型肺炎、炭疽中的肺炭疽和人感染高致病性禽流感，采取本法所称甲类传染病的预防、控制措施。其他乙类传染病和突发原因不明为传染病需要采取本法所称甲类传染病的预防、控制措施的，由国务院卫生行政部门及时报经国务院批准后予以公布、实施。

表7-1 我国现行传染病相关法律文件

法律效力位阶	名称	生效时间
法律	中华人民共和国传染病防治法	2004年12月1日
行政法规	突发公共卫生事件应急条例	2003年5月9日
	疫苗流通和预防接种管理条例	2005年6月1日
	艾滋病防治条例	2006年3月1日
	血吸虫病防治条例	2006年5月1日
部门规章（卫生部）	性病防治管理办法	1991年8月12日
	结核病防治管理办法	1991年9月12日
	中华人民共和国传染病防治法实施办法	1991年12月6日
	传染病防治监督管理行政处罚程序	1993年3月20日
	传染病非典型性肺炎防治管理办法	2003年5月12日
	医疗机构传染病预检分诊管理办法	2004年12月16日
	传染病患者或者疑似患者尸体解剖查验规定	2005年9月1日
	医院感染管理办法	2006年9月1日
	医院感染诊断标准（试行）	2001年1月2日
规范性文件（卫生部）	学校和托幼机构传染病疫情报告工作规范（试行）	2006年4月6日
	传染病信息报告管理规范	2006年5月19日
司法解释（最高人民法院、最高人民检察院）	关于办理妨害、控制突发传染病疫情等灾害的刑事案件具体应用法律若干问题的解释	2003年5月15日
国际条约	国际卫生条例	1979年

（三）传染病防治法

1989年2月21日，第七届全国人大常委会第6次会议通过了《中华人民共和传染病防治法》，并于同年9月1日起施行。1991年12月6日，经国务院准，卫生部发布了《中华人民共和国传染病防治法实施办法》。为了着力加强传染病防治工作的管理，在总结以往防治传染病的经验，2003年防治"非典"经验教训基础上，我国重新修订了《传染病防治法》（第十届全国人大常委会第十一次会议于2004年8月28日修订通过,2004 年 12 月 1 日起施行)。①

关于传染病防治法的适用范围,《传染病防治法》规定,在中华人民共和国领域内的一切单位和个人,必须接受医疗保健机构、卫生防治机构有关传染病的调查、检验、采集样本、隔离治疗等预防控制措施,如实提供有关情况。一切单位包括我国的所有机关、企事业单位、社会团体,也包括我国领域内的外资、中外合资、合作企业等;一切个人即我国领域的所有自然人,包括中国人、外国国籍的人和无国籍人。根据我国有关法律规定气国际惯例,外交人员不享有传染病防治方面的豁免权,所以,一切驻华机构、外国领事馆人员也必须受《传染病防治法》规定的约束。

二、传染病的预防和监控法律制度

(一) 法定机构及其职责

根据我国《传染病防治法》的规定,国务院以及其部门、各级人民政府以及医疗机构是传染病预防和监控的法定机构。预防措施包括卫生运动、计划免疫、传染病菌种(毒种)建库、监测、传染病预警、疫情报告以及疫情控制等措施。对于不同的措施,不同的法定机构其工作内容和职责不同。

(1) 卫生运动措施。要求各级政府应当抓好以下工作:①抓好群众性卫生活动,动员全社会力量同疾病作斗争的工作,使爱国卫生活动成为任何单位和个人均有义务参加班群众性卫生活动;②通过预防传染病的健康教育,提高公众防治意识和应对能力,做到自觉抵御传染病,科学应对传染病;③积极倡导积极健康的生活方式;努力搞好环境卫生建设,消除带有病原微生物的废弃物污染空气、水资源、土壤、农作物的存在,消除环境中可能存在的疾病传播因素或使它无害化,创造清洁、优美的工作、生活环境;④消除鼠害和蚊蝇等病媒生物的危害,这是一项持之以恒的工作,各级政府予以高度重视,要制定具体措施进行全面部署并督促检查。同时,要求农业、水利、林业等部门做好农田、湖区、河流、牧场、林区等特殊区域的鼠害、血吸虫危害的治理工作。②

---

① 新《传染病防治法》与原《传染病防治法》相比较,增设了许多新的条款:增加了对突发的新类型传染病的应急处理,提出预防和预警,设定监测制度;加强对早期散发传染病患者的隔离医疗,预防传染病的扩散;强化了医疗机构在传染病疫情监测、防止医院内感染方面的责任;规范了传染病疫情报告、通报和公布的系统化管理规定;明确了医疗机构,疾病预防控制机构,各级卫生行政主管部门,各级政府对疫情报告、内容、程序、时限、通报职责范围以及各自的法律责任;进一步完善了传染病暴发、流行时的控制措施,规范了各自的职责分工及严格控制疫情扩散的措施;专章规定了传染病的救治工作,规范了医疗机构在预防、救治传染病过程中必须严格管理,防止交叉感染的责任;明确国家和社会应当关心、帮助传染病患者、病源携带者和疑似传染病患者,使其得到及时救治的权利保障;增设了对加强传染病防治的保障措施,强调了国家责任,明确县以上各级地方人民政府防治传染病流行的职责,以法律规定的形式,明确了"中央财政对困难地区实施重大传染病防治项给予补助"的规定;根据传染病的发生、流行状况调整了传染病病种"三上二下",原丙类传染病的肺结核、新生儿破伤风、血吸虫病升为乙类传染病,原乙类传染病包括流行性和地方性斑疹伤寒、黑热病降为丙类传染病;增设了交通卫生防疫控制机构国境卫生检疫机构对传染病的可操作条款;设定了违反传染病防治法律规定的成责任、民事责任和刑事责任,尤其是以较多条款规范了疾病预防控制机构及医疗机构的法律责任。

② 针对铁路、交通工具及相关场所的鼠害和蚊蝇等病媒生物的危害,并针对各自管辖的交通工具及相关场所特点,制定实施方案,采取必要措施,如对相关场所进行经常性消毒,在交通工具上配备必要的防护用品和有毒物品,加强对系统内员工的传染病防治知识宣传和健康教育,增强他们的防护知识和能力。

(2) 计划免疫措施。国家实行有计划的预防接种制度。国务院卫生行政部门和省级卫生行政部门做好传染病预防接种规划并组织实施，对预防接种规划项目，各级卫生行政部门要因地制宜保证落实。使用的疫苗，依据国家规定质量标准，保证质量符合要求。同时，国家实行儿童预防接种证制度，学龄前儿童在办理入托、入学时，必须要有符合规定、记录完整的预防接种证，无证或未按规定接种者，必须补种、补证，否则学校不予接收。[①]

(3) 传染病监测措施。要求国务院卫生行政部门制定国家传染病监测规划和方案，省级卫生行政部门据国家的监测规划和方案，制定本行政区域的传染病监测计划和工作方案。各疾病预防控制机构对传染病的发生、流行以及影响其发生、流行的因素进行监测，对国外发生、国内尚未发生的传染病或者国内新发生的传染病进行监测，各级疾病预防控制机构在传染病预防控制中应当履行八项职责；设区的市和县级疾病预防控制机构负责传染病预防控制规划、方案的落实，组织实施免疫、消毒、控制病媒物的危害、普及防治知识，负责本地区疫情和突发公共卫生事件监测、报告，开展行病学调查和常见病源微生物检测。[②]

(4) 传染病预警措施。要求国务院卫生行政部门和省、自治区、直辖市人民政府根据传染病发生、流行趋势预测及时发出预警，根据情况予以公布。传染病预防、控制预案包括：①指挥部的组成和相关部门的职责；②监测、信息收集，分析、报告、通报制度；③疾病预防控制机构、医疗机构在发生传染病疫情时的任务与职责；④传染病暴发、流行情况的分级以及相应的应急工作方案；⑤预防、疫点、疫区现场控制，应急设施、救治不易和医疗器械以及其他物资和技术的储备与调用。

当地方政府及疾病预防控制机构接到上级发出的传染病预警后，应当按照传染病预防控制预案，采取相应的预防控制措施，还应当指定专门人员负责对医疗机构传染病预防工作进行指导、考核，开展流行病调查。医疗机构必须严格执行管理制度、操作规范、防止传染病的医源性感染和医院感染，确立专门部门或人员承担疫情报告，及单位内的传染病预防、控制，承担区域内的传染病预防工作和医疗活动中与医院感染有关的危险因素监测、安全防护、消毒、隔离和医疗废物处理。

以上两机构的实验室和从事病源微生物实验的人员，应当按规定和技术标准，建立严格的监督管理制度，严格监督管理传染病病原体和病源微生物的扩散。

(5) 传染病菌种、毒种建库措施。要求对传染病菌种、毒种和传染病检测样本的

---

① 儿童接种包括婴儿出生后应接种卡介苗、乙肝疫苗；满2个月龄口服脊髓灰质炎糖丸疫苗；满3个月接种百白破疫苗；满8个月龄接种麻疹疫等。按时接种完上述5种疫苗，则可使儿童防止结核病、乙型肝炎、脊髓灰质炎百日咳、白喉、破伤风、麻疹等七种传染病国家免疫规划项目是预防一些主要传染病所必需的，为了保证在预期的人中普遍、及时接种，同时考虑到一些地区的人群的经济情况，国家对预防接种实免费，上述所列疫苗经费由各级财政承担，北京、天津、上海、辽宁、吉林、江苏、浙江、福建、山东和重庆等省、市将流行性脑脊髓膜炎疫苗纳入当地儿童计划免疫，疫苗经费当地财政承担，保证了儿童及时接受预防接种。为确保接种实施，要求疾病预防控制机构与儿童的监护人应当相互配合，保证儿童及时接受预防接种，这是儿童福利，是儿童健康和家庭幸福的保障，也是家长或儿童监护人及疾病预防控制机构义务。

② 根据卫生部统计报告，2003年末，全国共有三级各类疾病预防控制中心（防疫站）3500多个，从事疾病预防控制工作的人员达15.9万人。

采集、保藏、携带、运输和使用，实行分类管理，建立健全严格的管理制度。须经省级以上人民政府卫生行政部门负责对有可能导致甲类传染病传播的菌种、毒种和传染病检测样本，确需采集、保藏、携带、运输和使用的审批工作。对传染病病原体污染的污水、污物、场所和物品，必须在疾病预防控制机构的指导下按卫生要求，严格消毒处理。拒绝消毒处理的，卫生行政部门或疾病预防控机构强制消毒处理。

（6）疫情报告、通报和公布措施。要求疾病预防控制机构、医疗机构和采供血机构及其执行公务的人员发现规定的传染病疫情或者发现其他传染病暴发、流行以及突发原因不明的传染病时，应当遵循疫情报告属地管理原则，按照国务院规定的或者国务院卫生行政部门规定的内容、程序、方式和时限报告。① 任何单位和个人发现传染病患者或者疑似传染病患者时，应当及时向附近的疾病预防控制机构或者医疗机构报告。负有传染病疫情报告职责的人民政府有关部门、疾病预防控制机构、医疗机构、采供血机构及其工作人员，不得隐瞒、谎报、缓报传染病疫情。

国务院卫生行政部门，应当及时向国务院其他有关部门和各省、自治区、直辖市人民政府卫生行政部门通报全国传染病疫情以及监测、预警的相关信息。县级以上地方人民政府卫生行政部门，应当及时向本行政区域内的疾病预防控制机构和医疗机构通报传染病疫情以及监测、预警的相关信息。接到通报的疾病预防控制机构和医疗机构，应当及时告知本单位的有关人员。毗邻的以及相关的地方人民政府卫生行政部门，应当及时互相通报本行政区域的传染病疫情以及监测、预警的相关信息。国务院卫生行政部门定期公布全国传染病疫情信息。省、自治区、直辖市人民政府卫生行政部门定期公布本行政区域的传染病疫情信息。传染病暴发、流行时，国务院卫生行政部门负责向社会公布传染病疫情信息，并可以授权省、自治区、直辖市人民政府卫生行政部门向社会公布本或区域的传染病疫情信息。

（7）疫情控制措施。

1）要求医疗机构发现甲类传染病时，对患者、病原携带者，予以隔离治疗，根据医学检查结果确定隔离期；对疑似患者，确诊前在指定场所单独隔离治疗；对医疗机构内的患者、病原携带者、疑似患者的密切接触者，在指定场所进行医学观察和采取其他必要的预防措施。隔离期限根据医学检查结果确定，对于应隔离而拒绝隔离治疗或者隔离期未满擅自脱离隔离治疗的，可以由公安机关协助医疗机构采取强制隔离治疗措施。发现乙类或者丙类传染病患者，应当根据病情采取必要的治疗和控制传播措施。对单位内被传染病病原体污染的场所、物品以及医疗废物，必须依照法律、法规的规定实施消毒和无害化处置。

---

① 疾病预防控制机构应当主动收集、分析、调查、核实传染病疫情信息。接到甲类、乙类传染病疫情报告或者发现传染病暴发、流行时，应当立即报告当地卫生行政部门，由当地卫生行政部门立即报告当地人民政府，同时报告上级卫生行政部门和国务院卫生行政部门。港口、机场、铁路疾病预防控制机构以及国境卫生检疫机关发现甲类传染病患者、病原携带者、疑似传染病患者时，应当按照国家有关规定立即向国境口岸所在地的疾病预防控制机构或者所在地县级以上地方人民政府卫生行政部门报告并互相通报。动物防疫机构和疾病预防控制机构，应当及时互相通报动物间和人间发生的人畜共患传染病疫情以及相关信息。中国人民解放军卫生主管部门发现传染病疫情时，应当向国务院卫生行政部门通报。

2）要求疾病预防控制机构发现传染病疫情或者接到传染病疫情报告时，同时做到：一是对传染病疫情进行流行病学调查，根据调查情况提出划定疫点、疫区的建议，对被污染的场所进行卫生处理，对密切接触者，在指定场所进行医学观察和采取其他必要的预防措施，并向卫生行政部门提出疫情控制方案；二是传染病暴发流行时，对疫点、疫区进行卫生处理，向卫生行政部门提出疫情控制方案，并按照卫生行政部门的要求采取措施；三是指导下级疾病预防控制机构实施传染病预防控制措施，组织、指导有关单位对传染病疫情的处理。

3）县级以上人民政府对发生甲类传染病病例的场所或者该场所内的特定区域的人员可以实施隔离措施，并报告向上一级人民政府；接到报告的上级人民政府应当即时作出是否批准的决定。如不予批准，实施隔离措施的人民政府应当立即组织隔离措施；如获准隔离，被隔离的人员期间的工作报酬，其所在单位不得停止支付。隔离措施的解除，由原决定机关决定并宣布。

4）传染病暴发、流行时，县级以上地方人民政府应当立即组织力量，按照预防、控制预案进行防治，切断传染病的传播途径，必要时，报经上一级人民政府决定，可以采取下列紧急措施并予以公告：①限制或者停止集市、影剧院演出或者其他人群聚集的活动；②停工、停业、停课；③封闭或者封存被传染病病原体污染的公共饮用水源、食品以及相关物品；④控制或者扑杀染疫野生动物、家畜家禽；⑤封闭可能造成传染病扩散的场所。上级人民政府接到下级人民政府关于采取前款所列紧急措施的报告时，应当即时作出决定。紧急措施的解除由原决定机关决定并宣布。

5）甲类、乙类传染病暴发、流行时，国务院可以决定并宣布跨省、自治区、直辖市的疫区。省、自治区、直辖市人民政府可以决定对本行政区域内甲类传染病疫区实施封锁；大、中城市的疫区或者跨省、自治区、直辖市的疫区，以及封锁疫区导致中断干线交通或者封锁国境的，由国务院决定。县级以上地方人民政府报经一级人民政府决定，可以宣布本行政区部分或者全部为疫区。发生甲类传染病时；可以对通过传染病区的交通工具及其乘运人员、物资，实施交通卫生检疫。根据传染病疫情控制的需要，国务院有权在全国范围或者跨省、自治区、直辖市范围内，县级以上地方人民政府有权在本行政区域内紧急调集人员或者调用储备物资，临时征用房屋、交通工具以及相关设施、设备。患甲类传染病、炭疽死亡的，应当将尸体立即进行卫生处理，就近火化。患其他传染病死亡的，必要时，应当将尸体进行卫生处理后火化，或者按照规定深埋对传染病患者尸体或者疑似传染病患者尸体进行解剖查验，并应当告知死者家属对被传染病病原体污染或者可能被传染病病原体污染的物品，经消毒可以使用的应当在当地疾病预防控制机构的指导下，进行消毒处理后，方可使用、出售和运输。

6）组织协调，保障供应。传染病暴发、流行时，药品和医疗器械生产、供应单位应当及时生产、供应防治传染病的药品和医疗器械。铁路、交通、民用航空经营单位，必须优先运送处理传染病疫情的人员以及防治传染病的药品和医疗器械县级以上人民政府有关部门应当做好组织协调工作。

三、传染病医疗救治的法律制度

(一) 专门医疗机构的设置

传染病防治法要求县级以上人民政府应当加强和完善传染病医疗救治服务网络建设,指定具备传染病救治条件和能力的医疗机构承担传染病的救治任务,或者根据传染病救治需要设置传染病医院。

(二) 救治措施

医疗机构应当按照国务院卫生行政部门规定的传染病诊断标准和治疗要求,采取相应措施,提高传染病医疗救治能力,要求医疗机构参照国务院卫生行政部门已经颁布的各类传染病诊断标准和治疗原则,结合实际情况,制定具体的医疗方案。同时,要求医疗机构在硬件建设和人员配备、培训等各方面,不断做到适应对传染病的医疗救治。

医疗机构应当对传染病患者或者疑似传染病患者提供医疗救护、现场救援和接诊治疗。医疗机构还应当实行传染病预检分诊制度;对传染病患者、疑似患者引导隔离分诊;医疗机构不具备相应救治能力的,应当将患者以及其病历记录复印件一并转至具有相应能力的医院救治。

四、传染病防治监管机构的管理职权

根据《传染病防治法》的规定,省级以上人民政府卫生行政部门负责组织对传染病防治重大事项的处理。县级以上人民政府卫生行政部门对传染病防治工作履行下列监督职责:①对下级人民政府卫生行政部门履行法律规定的传染病防治职责进行监督检查;②对疾病预防控制机构、医疗机构的传染病防治工作进行监督检查;③对采供血机构的采供血活动进行监督检查;④对用于传染病防治的消毒产品及其生产单位进行监督检查,并对饮用水供水单位从事生产或者供应活动以及涉及饮用水卫生安全的产品进行监督检查;⑤对传染病菌种、毒种和传染病检测样本的采集、保藏、携带、运输、使用进行监督检查;⑥对于公共场所和有关单位的卫生条件和传染病预防、控制措施进行监督检查。

县级以上人民政府卫生行政部门在履行监督检查职责时,享有如下权力:①进入被检查单位和传染病疫情发生现场调查取证,查阅或者复制有关的资料和采集样本。被检查单位有义务配合。②发现被传染病病原体污染的公共饮用水源、食品以及相关物品,如不及时采取控制措施可能导致传染病传播、流行的,可以采取封闭公共引用水源、封存食品以及相关物品或者暂时停销等临时措施,并予以消毒。经检验,属于被污染的食品,实施销毁;对被污染的食品或者经过消毒可以继续使用的物品,卫生行政管理部门应当解除控制措施。

五、法律责任

传染病防治法以及相关法律法规对于违反我国传染病防治法律制度的行为课以法律责任，其中又以对单位或者个人的行政责任和刑事责任为主。

（一）地方各级人民政府及其有关部门的法律责任

根据《传染病防治法》的规定，地方各级政府及其相关责任人，未履行法律规定的疫情报告、组织救治、采取控制措施等等，就要承担法律责任。具体而言：对于行政部门的下列行为由上级机关责令改正、通报批评：①未履行规定的报告职责行为。报告职责是指在传染病疫情或者可能发生传染病疫情时，人民政府及其有关人员负有报告和通报义务，明知疫情的真实情况，故意隐瞒不按照规定报告疫情；明知疫情的真实情况，故意不按照规定报告疫情，上报时故意夸大或缩小的谎报行为；不按照规定时限及时报告疫情的真实情况，故意缓报的。②在传染病暴发、流行时未及时组织救治，采取控制措施的。对于相关的责任人，依法给予行政处分；构成犯罪的，依法追究刑事责任。

（二）传染病预防控制机构以及相关责任人的法律责任

传染病预防控制机构违反《传染病防治法》的规定，有下列情形之一的，由县级以上人民政府卫生行政部门责令限期改正、通报批评、警告；对于责任人依法给予降级、撤职、开除的处分，依法吊销相关责任人的执业证书；构成犯罪的，依法追究刑事责任：①未依法履行传染病监测职责；②未依法履行传染病疫情报告、通报职责或者隐瞒、谎报、缓报传染病疫情；③未主动收集传染病疫情信息或者对传染病疫情信息和疫情报告未及时进行分析、调查、核实的；④发现传染病疫情时，未根据职责及时采取法律规定的五大措施的；⑤故意泄露传染病患者、病原携带者、疑似传染病患者、密切接触者涉及个人隐私的有关信息、资料的。

（三）医疗机构以及相关责任人的法律责任

根据《传染病防治法》的规定，有下列情形之一的，由县级以上人民政府卫生行政责令改正，通报批评，给予警告；造成传染传播、流行或者其他严重后果的，对负有责任的主管人员和其他直接责任人，依法给予降级、撤职、开除的处分，并可以依法吊销有关责任人员的执业证书；构成犯罪的，依法追究刑事责任：①未按照规定承担本单位的传染病预防控制工作、医院感染控制任务和责任区域内的传染病预防工作的；②未按规定报告传染病疫情或者隐瞒、谎报、缓报传染病疫情的；③发现传染病疫情时，未按规定对传染病患者、疑似传染病患者提供医疗救护、现场救援、接诊、转诊的，或者拒绝接受转诊的；④未按规定对医疗机构内被传染病病原体传染的场所、物品以及医疗废物实施消毒无害化处理；⑤未按规定对医疗器械进行消毒，或者对按照规定一次使用的医疗器械未予销毁、再次使用的；⑥未按规定在医疗救治过程中保管医学记录资料；⑦故意泄露传染病患者、病原携带者、疑似传染病患者、密切接触者及涉及个人隐私的信息、资料的。

(四) 采供血机构以及其责任人的法律责任

采供血机构有下列行为的，由上级卫生行政管理部门给予责令改正、通报批评，对于采供血机构负有责任的主管人员和其他直接责任人员对于行政处分（警告、降级、撤职、开除）、行政处罚（吊销执业许可证），构成犯罪的追究刑事责任：①未依法报告传染病疫情或者隐瞒、谎报、缓报传染病疫情或者执行国家有关规定，导致因输入血液引起经血液传播疾病发生；②未按献血法对采供血过程中操作规范等严格规定，因而导致因输血引起的经血液传播疾病发生。

(五) 国境卫生检疫机关、动物防疫机构以及其责任人的法律责任

国境卫生检疫机关、动物防疫机构、国境卫生检疫机关或者动物防疫机构有下列行为的，由有关部门给予责令改正、通报批评的处理，对于部门主管人员及其他直接责任人员依法给予警告、降级、撤职、开除等行政处分，构成犯罪的，追究刑事责任：①国境卫生检疫机关发现甲类传染病患者、病原携带者、疑似传染病患者时，未依照国家有关规定立即向国境、口岸所在地的疾病预防控制机构或者所在地县级以上地方人民政府卫生行政部门报告并相互通报的；②动物防疫机构和疾病预防控制机构未及时互相通报动物间和人间发生的人畜共患传染病疫情以及相关信息的。

此外，《传染病防治法》以及相关的法律法规对铁路、交通、民用航空经营单位以及饮用水供应单位以及工程项目施工过程的传染病预防、控制、救治的法律责任作了明确规定。

案例 7-4

2008年初，苏州联建（中国）科技有限公司开始为苹果公司提供触摸屏，其中一道工序是擦拭触摸屏。2009年春节过后，在该公司工作的贾景川感觉整天都无力，双腿也无力，走不了多远就很累。2009年5月，听说车间里有个小姑娘瘫痪了，员工之间交流多起来，发现很多人的身体状况是一样的。去医院检查，结果是"正乙烷中毒"。在媒体的广泛关注下，2011年2月15日，苹果公司发布《2011年供应商责任进展报告》，承认"因暴露于正乙烷环境，健康遭受不利影响"，"毒苹果"事件有了结论性的进展。专家介绍：正乙烷是一种化学溶剂，被大量使用，急性毒性不高，但长期慢性接触容易导致毒性在体内蓄积而发病。正乙烷可通过呼吸道、皮肤等途径进入人体。精密电子加工所需的密闭清洁环境通风较差，正乙烷挥发物难以及时排出，长期直接接触正乙烷，可出现头痛、头晕、乏力、四肢麻木、操作能力下降等周围神经中毒症状，严重者可出现晕倒、神志丧失、瘫痪，甚至死亡。"毒苹果"事件显示，我国职业病防治立法的完善和保障法律的实施刻不容缓。

第四节 职业病防治法律制度

一、职业病防治法律制度概述

(一) 职业病与职业病防治法的概念

职业病是指企业、事业单位和个体经济组织(以下统称用人单位)的劳动者在职业活动中,因接触粉尘、放射性物质和其他有毒、有害物质等因素而引起的疾病。职业病防治法是调整预防、控制和消除职业病的发生,保护劳动者健康及其相关权益活动中产生的各种社会关系的法律规范的总称。

(二) 职业病防治法的适用范围

2001年10月27日,第九届全国人大常委会第二十四次会议通过了《中华人民共和国职业病防治法》(以下简称《职业病防治法》),于2002年5月1日施行。

《职业病防治法》适用于中华人民共和国领域内的职业病防治活动。由于职业病是企业、事业单位和个体经济组织中的劳动者在职业活动,因接触有毒、有害物质等因素而引起的疾病,因此,用人单位既包括我国的用人单位,也包括我国领域内的外国用人单位;劳动者既包括中国人,也包括在中国工作的具有外国国籍的人和无国籍人。

职业病的分类和目录由国务院卫生行政部门会同社会劳动保障行政部门制定、调整并公布。

二、劳动者职业卫生保护基本权利

劳动者享有下列职业卫生保护权利:①获得职业卫生教育、培训;②获得职业健康检查、职业病诊疗、康复等职业病防治服务;③了解工作场所产生和可能产生的职业病危害因素、危害后果和应当采取的职业病防护措施;④要求用人单位提供符合职业病要求的职业病防护设施和个人使用的职业病防护用品,改善工作条件;⑤对违反职业病防治法律、法规以及危及生命健康的行为提出批评、检举和控告;⑥参与用人单位职业卫生工作的民主管理,对职业病防治工作提出意见和建议。用人单位应当保障劳动者行使上述权利。因劳动者依法行使正当权利而降低其工资、福利等待遇或者解除、终止与其订立的合同的,其行为无效。

三、用人单位的职业病防护基本义务

用人单位担负如下职业病防护基本义务:①用人单位与劳动者订立劳动合同(含聘用合同,下同),应当将工作过程中可能产生的职业病危害及其后果、职业病防护措施和待遇等如实告知劳动者,并在合同中写明,不得隐瞒或者欺骗。劳动者因工作岗位或者工作内容变更,从事与用人单位所订立合同中未告知的存在职业病危害的作业时,

用人单位应当向劳动者履行如实告知的义务，并协商变更原合同相关条款。用人单位违反上述规定的，劳动者有权拒绝从事存在职业病危害的作业，用人单位不得因此解除或者终止与劳动者所订立的劳动合同；②负责人应当接受职业卫生培训，遵守职业病防治法律、法规，依法组织本单位职业病防治工作；③从事接触职业危害的作业的劳动者，用人单位应当按照规定组织上岗前、在岗期间和离岗时的职业健康检查，并将检查结果如实告知劳动者；④用人单位应当为劳动者建立职业健康监护档案，并按照规定的期限妥善保存；⑤发生或者可能发生急性职业病危害事故时，用人单位应当立即采取应急救援和控制措施，并及时报告所在地卫生行政部门和有关部门；⑥用人单位不得安排未成年工人从事接触职业病危害的作业；不得安排孕期、哺乳期的女职工从事对本人和胎儿有危害的作业。

四、职业病前期预防和防护管理的法律制度

（一）职业病前期预防的法律规定

1. 用人单位设立的职业卫生要求

产生职业病危害的用人单位的设立除应当符合法律、行政法规规定的设立条件外，其工作场所还应当符合下列职业卫生要求：①职业病危害因素的强度或者浓度符合国家职业卫生标准；②有与职业病危害防护相适应的设施；③生产布局合理，符合有害与无害作业分开的原则；④有配套的更衣间、洗浴间、孕妇休息间等卫生设施；⑤设备、工具、用具等设施符合劳动者生理、心理健康的要求；⑥法律、行政法规和国务院卫生行政部门关于保护劳动者健康的其他要求。

2. 建立职业病危害项目的申报制度

用人单位设有依法公布的职业病危害目录所列职业病危害项目的，应当及时、如实向卫生行政部门申报，接受监督。职业病危害是指对从事职业活动的劳动者可能导致职业病的各种危害。职业病危害因素包括职业活动中存在的各种有害的化学、物理、生物因素，以及在作业过程中产生的其他职业有害因素。

3. 建设项目职业病危害预评价报告

新建、扩建、改建建设项目和技术改造、技术引进项目（以下统称建设项目）可能产生职业病危害的，建设单位在可行性论证阶段应当向卫生行政部门提交职业病预评价报告。卫生行政部门应当自收到预评价报告之日起 30 日内，作出审核决定并书面通知建设单位。未提交预评价报告或者预评价报告未经卫生行政部门审核同意的，有关部门不得批准该建设项目。

4. 建设项目的职业病防护设施的设计、施工和验收

建设项目的职业病防护设施所需经费应当纳入建设项目工程预算，并与主体工程同时设计、同时施工、同时投入生产和使用。职业病危害严重的建设项目的防护设施设计，应当经卫生行政部门卫生审查，符合国家职业卫生标准和卫生要求的，方可施工。建设项目在竣工验收前，建设单位应当进行职业病危害控制效果评价。建设项目验收时，其职业病防护设施经卫生行政部门验收合格后，方可投入正式生产和使用。

（二）劳动过程中的防护管理的法律制度

1. 职业病防治管理措施

用人单位应当采取下列职业病防治管理措施：①设置和指定职业卫生管理机构或者组织，配备专业或者兼职的职业卫生专业人员，负责本单位的职业病防治工作；②制定职业病防治计划和实施方案；③建立健全职业卫生管理制度和操作规程；④建立健全职业卫生档案和劳动者健康监护档案；⑤建立健全职业病危害事故应急救援措施。

2. 职业病防护管理制度

职业病防护管理制度包括：①用人单位必须采用有效的职业病防护设施，并为劳动者提供个人使用的职业病防护用品。防护用品必须符合防治职业病的要求；不符合要求的，不得使用。②用人单位应当优先采用有利于防治职业病和保护劳动者健康的新技术、新工艺、新材料，逐步替代职业病危害严重的技术、工艺、材料。③产生职业病危害的用人单位，应当在醒目位置设置公告栏，公布有关职业病防治的规章制度等内容。对产生严重职业病危害的作业岗位，应当在醒目位置，设置警示标识和中文警示说明。④对可能发生急性职业损伤的有毒、有害工作场所，应当设置报警装置，配备现场急救用品、冲洗设备，应急撤离通道和必要的泄险区。对放射工作场所和放射性同位素的运输、贮存，必须装置防护设备和报警装置，保证接触放射线的工作人员佩戴个人剂量计。对职业病防护设备、应急救援设施和个人防护用品，应当进行经常性的维修、检修，确保其处于正常状态，不得擅自拆除或者停止使用。

3. 实施职业病危害因素日常监测

用人单位应当实施由专人负责的职业病危害因素的日常监测，并确保监测系统处于正常状态。用人单位应当按照国务院卫生行政部门的规定，定期对工作场所进行职业病危害因素检测、评价，其结果存入职业卫生档案，定期向所在地卫生行政部门报告并向劳动者公布。

发现工作场所职业病危害因素超过国家职业卫生标准和卫生要求时，用人单位应立即采取相应治理措施，仍然达不到的，必须停止存在职业危害因素的作业；职业病危害因素经治理后，符合国家职业卫生标准和卫生要求的，方可重新作业。

4. 向用人单位提供可能产生职业病危害设备的管理制度

包括：①向用人单位提供可能产生职业病危害的设备的，应当提供中文说明书，并在设备的醒目位置设置警示标识和中文警示说明。②向用人单位提供可能产生职业危害的化学品、放射性同位素和含有放射性材料的，应当提供中文说明书。产品包装应当有醒目的警示标识和中文警示说明。贮存上述材料的场所应当在规定的部位设置危险品标识或者放射性警示标识。③任何单位和个人不得生产、经营、进口和使用国家明令禁止使用的可能产生职业病危害的设备或者材料。④任何单位和个人不得将产生职业危害的作业转移给不具备职业病防护条件的单位和个人。不具备职业病防护条件的单位和个人不得接受产生职业病危害的作业。⑤用人单位对采取的技术、工艺、材料，应当知悉其产生的职业病危害，隐瞒其危害而采用的，对造成的职业病危害后果承担责任。

五、职业病患者保障法律制度

职业病患者依法享受国家规定的待遇。用人单位应当按照国家有关规定，安排职业病患者进行治疗、康复和定期检查。用人单位对不适宜继续从事原工作的职业病患者，应当调离原单位，并妥善安置。对从事接触职业危害作业的劳动者，应当给予适当岗位津贴。

职业病患者的诊疗、康复费用，伤残以及丧失劳动能力的社会保障，按照国家有关工伤社会保险的规定执行。

劳动者被诊断患有职业病，但用人单位没有依法参加工伤社会保险的，其医疗和生活保障由最后的用人单位承担；最后的用人单位有证据证明该职业病是先前用人单位的职业危害造成的，由先前的用人单位承担。

职业病患者变动工作单位，其依法享有的待遇不变。用人单位发生分立、合并、解散、破产等情形的，应当对从事接触职业病危害作业的劳动者进行健康检查，并按照国家有关规定妥善安置职业病患者。

六、职业病防治监督检查的法律制度

（一）监督检查机构及其职责

县级以上政府卫生行政部门依照职业病防治法律，依据职责划分，对职业病防治工作及职业病危害检测、评价活动进行监督检查。

卫生行政部门履行监督检查职责时，有权采取下列措施：①进入被检查单位和职业病危害现场，了解情况，调查取证；②查阅或者复制与违反职业病防治法律、法规的行为有关的资料和采集样品；③责令违反职业病防治法律、法规的单位和个人停止违法行为。

发生职业病危害事故或者有证据证明危害状态可能导致职业病危害事故发生时，卫生行政部门可以采取下列临时控制措施：①责令暂停导致职业病危害事故的作业；②封存造成职业病危害事故或者可能导致职业病危害事故发生的材料和设备；③组织控制职业病危害事故现场。在职业病危害事故或者危害状态得到有效控制后，卫生行政部门应当及时解除控制措施。

（二）职业病卫生监督执法人员职责

职业病卫生监督执法人员依法执行职务时，应当出示监督执法证件；职业病卫生监督执法人员应当忠于职守，秉公执法，严格遵守执法规范；涉及用人单位的秘密的，应当为其保密。

职业病卫生监督执法人员应当依法经过资格认定；卫生行政部门应当加强队伍建设，提高职业病卫生监督执法人员的政治、业务素质，依照职业病防治法和其他法律、法规的规定，建立健全内部监督制度，对其工作人员执行法律、法规和遵守纪律的情况，进行监督检查。

职业病监督执法人员执行职务时，被检查单位应当接受检查并予以支持配合，不得拒绝和阻碍。

卫生行政部门及其职业病卫生监督执法人员履行职责时，不得有下列行为：①对不符合法定条件的，发给建设项目有关证明文件、资质证明文件或者予以批准；②对已经取得证明文件的，不履行监督职责；③发现用人单位存在职业病危害，可能造成职业病危害事故的，不及时依法采取控制措施；④其他违反职业病防治法的行为。

七、法律责任

（一）行政责任

建设单位违反《职业病防治法》有关规定的，由卫生行政部门给予警告，责令限期改正，罚款；情节严重的，责令停止作业，或者提请有关人民政府按照国务院的有关规定权限责令停建、关闭。

卫生行政部门不按照规定报告职业病和职业病危害事故的，由上一级卫生行政管理部门责令改正，通报批评，给予警告；虚报、瞒报的，对单位负责人、直接责任人依法给予降级、撤职或者开除的行政处分。

（二）刑事责任

从事职业卫生技术服务的机构和承担职业健康检查、职业病诊断的医疗卫生机构，有下列行为之一的直接负责的主管人员和其他直接责任人员，构成犯罪的，依法追究刑事责任：①超出资质认证或者批准范围从事职业卫生技术服务或者职业健康检查、职业病诊断的；②不按照职业病防治法规定履行职责的；③出具虚假证明文件的。

卫生行政部门及其卫生监督执法人员在履行职责时，有下列行为之一构成犯罪的，依法追究刑事责任：①对不符合法定条件的，发给建设项目有关证明文件、资质证明文件或者予以批准；②对已经取得有关证明文件的，不履行监督检查职责；③发现用人单位存在职业病危害，可能造成职业病危害事故的，不及时依法采取控制措施；④其他违反职业病防治法的行为，导致职业病危害事故发生。

（三）民事责任

根据《职业病防治法》的规定，职业病患者除依法享有工伤社会保险外，依照有关民事法律，尚有获得赔偿的权利，有权向用人单位提出赔偿要求。

案例 7-5

1991年6月15日，上海远洋运输公司所属"抚顺城"轮由日本抵达宁波镇海装卸区。同日，被告宁波卫生检疫所在镇海港区对该轮实施入境检疫。检疫时，发现该轮大厨顾某、二厨冯某、服务员刘某均未持有由卫生检疫机关签发的健康证书，遂即要求船方办理换证签发手续，但船长以3名从业人员所持由交通部颁发的海员健康证书是有效的为由，拒绝办理换证签发手续。同月18日，被告在北仑港区对"抚顺城"轮进行出境检疫时，又发现该轮大厨顾某、二厨冯某、服务员刘某仍未持有由卫生检疫机关签发的健康证书，为此，被告再次要求船方办理换证签发手续，但船长以"根据上级通知执行办理"为由，再次予以拒绝。之后，该轮这 3 名从业人员随船出境。同月 24 日，宁波卫生检疫所根据国境卫生检疫法实施细则第 109 条第 3 项、第 110 条第 1 款的规定，决定对原告上海远洋运输公司所属"抚顺城"轮罚款人民币 4 900 元。原告不服被告的处罚决定，于同年 7 月 15 日向中华人民共和国卫生检疫总所提出复议申请。卫生检疫总所根据国境卫生检疫法实施细则第 107 条第 3 项、第 109 条第 3 项、第 110 条的规定，于 9 月 11 日作出维持宁波卫生检疫所对原告罚款 4900 元的复议决定。原告不服卫生检疫总所的复议决定，于同年 10 月 10 日提起行政诉讼。在二审中，"浙江省高级人民法院认为，上诉人上海远洋运输公司所属'抚顺城'轮大厨顾某、二厨冯某、服务员刘某等 3 名食品、饮用水从业人员未持有卫生检疫机关签发的健康证书，在出、入境检疫时，经卫生检疫机关指出并要求办理换证签发手续时，船长两次予以拒绝，抵制卫生监督，其行为违反了国境卫生检疫法及其实施细则的有关规定，依法应予处罚。被上诉人宁波卫生检疫所作出的行政处罚决定于法有据"。

第五节 国境卫生检疫法律制度

组织和个人的国际交流和贸易日益频繁，在带来经济和社会发展的同时，也给疾病的传播带来了"便利"。为了维护一国卫生环境，国境卫生检疫是普遍采用的制度，我国也不例外。

当前，我国关于国境卫生检疫立法包括：1986 年 12 月 2 日，第六届全国人大常委会第十八次会议通过了《中华人民共和国国境卫生检疫法》，并于 1987 年 5 月 1 日起施行。1989 年 2 月，经国务院批准，卫生部发布了《中华人民共和国国境卫生检疫法实施细则》（以下简称《国境卫生检疫法实施细则》）。此外，卫生部还发布了《国际航行船舶试行电讯卫生检疫规定》、《入境、出境集装箱卫生管理规定》、《关于来华外国人提供健康证明问题的若干规定》、《国境卫生检疫行政处罚程序规定》、《进口废旧物品卫生检疫管理规定》等。

一、国境卫生检疫法律制度概述

（一）国境卫生检疫以及国境卫生检疫法的概念

国境卫生检疫是指为防止传染病由国外传入或者由国内传出，保证进口食品卫生，保护人体健康，由国境检验检疫机关以及进口食品卫生监督检验机构依法在我国国境口岸，对入境、出境的人员、交通工具、运输设备以及可能传播传染病的行李、货物、邮包等物品实施传染病检疫、监测和卫生监督以及对进口食品进行卫生监督检验的行政执法活动。

国境卫生检疫法是由国家制定颁布的，由国家强制力保障实施的，通过对国境检验检疫机关及其管理相对人规定权利义务来调整国境检验检疫，防止传染病从国外传入或者由国内传出,实施检疫查验、传染病监测和卫生监督等活动中产生的各种社会关系的法律规范的总称。

(二) 国境检验检疫的对象

国境检验检疫对象也称检疫范围。根据《国境卫生检疫法》的规定,入出国境的人员①、交通工具、运输设备②以及可能传播检疫传染病的行李③、邮包④、货物⑤、尸体、骸骨等物品都是检疫对象。

(三) 国境检验检疫传染病的种类

我国国境检验检疫涉及的传染病包括以下三类:第一类为检疫传染病。检疫传染病为鼠疫、霍乱和黄热病。第二类为监测传染病。根据世界卫生组织的要求,确定流行性感冒、疟疾、脊髓灰质炎、流行性斑疹、伤寒、流行性回归热作为国际间监测传染病⑥;第三类为禁止外国人入境的传染病,包括患有艾滋病、性病、麻风病、精神病、开放性肺结核。

二、卫生检疫法律制度

(一) 入出境检疫的管理

入境、出境的人员,交通工具,运输设备,以及可能传播检疫传染病的行李、货物、邮包等物品,都应接受检疫,经国境检验检疫机关许可,方准出境或入境。

(二) 检疫传染患者的管理

1. 隔离

正在患检疫传染病的人,或者经检验检疫机关初步诊断,认为已经感染检疫传染病或者已经处于检疫传染病潜伏期的人,称为检疫传染病染疫人。对于检疫传染病染疫人必须立即将其隔离,收留在指定的处所,限制其活动并进行治疗,直到消除传染病传播的危险。

2. 就地诊验或留验

接触过检疫传染病的感染环境,并且可能传播检疫传染病的人,称为染疫嫌疑人。

---

① 入出境人员是指入出我国国境的人员。一切入境和出境的人员,包括交通员工、旅客、外交人员、劳务人员、留学生、遣送人员、边民、团体等都应接受卫生检疫根据《国际卫生条例》规定,具有外交身份的人员不享有卫生检疫豁免权。

② 交通工具是指船舶、航空器、列车和其他车辆。运输设备是指货物集装箱等。随着国际交往的发展,交通工具和运输设备有可能成为疾病在国际间传播的媒介。因此,对交通工具及货物集装箱均要实施检疫和卫生处理。

③ 行李是指入境、出境人员携带的物品。

④ 邮包是指入、出境的邮件。根据《国际卫生条例》的规定,邮包包括:适用于检疫传染病各项规定的纺织品、旧衣服以及使用过或不干净的被褥;传染性物品;来自霍乱疫区的食品;其传入或栖居能成为人类弊病媒介的活昆虫和其他动物。

⑤ 货物是指由国内运出或国外运进的一切生产资料和生活资料以及废旧物品(包括旧衣物、旧包装物料、旧棉絮类、废纸类、旧轮胎等)、血液及其制品、生物制品、人体组织、微生物等。

⑥ 我国在《国境口岸传染病监测试行办法》中,把登革热也列为监测传染病。近年来,世界上相继发现不少新的传染病,如埃玻拉—马尔保病毒病、拉莎热、军团热等也列入严密监测之中。

对于染疫嫌疑人应当将其就地诊验和留验。染疫嫌疑人在检验检疫机关指定的期间，到就近的检验检疫机关或其他医疗单位接受诊察和检验，或者由检验检疫机关、其他医疗卫生单位去该人员的居留地，对其进行诊察和检验。对嫌疑鼠疫染疫人实施灭鼠，并且从到达时算起，实施不超过6日的就地诊验或留验

对嫌疑霍乱的染疫人及离船、离航空器的员工、旅客，从卫生处理完毕时算起，实施不超过5日的就地诊验或留验。来自黄热病疫区的人员，在入境时，必须向检验检疫机关出示有效的黄热病预防接种证书。对无有效的黄热病预防接种证书的人员，从该人员离开感染环境时算起，实施6日的留验，或实施预防接种并留验到黄热病预防接种证书生效时为止在就地诊验或留验期间内，交通工具上的工作人员除因工作需要并经检验检疫机关许可外，不准上岸为防止工作人员遭受感染，必要时，对卸货工作人员从卸货完毕时算起，实施不超过6日（鼠疫、黄热病）或5日（霍乱）的就地诊验或留验。

三、传染病监测的法律制度

传染病监测是指对特定的环境和人群进行流行病学、血清学、病源学、临床症状以及其他有关影响因素的调查研究，预测有关传染病的发生、发展和流行，以便及时采取控制措施。

根据《国境卫生检疫法实施细则》的规定，传染病监测的内容有以下9个方面：①对首发病例的个案调查；②暴发流行的流行病学调查；③传染源调查和追踪；④国境口岸内监测传染病的回顾性调查；⑤病原体的分离、鉴定，人群、有关动物血清学调查以及流行病学调查；⑥有关动物、病媒昆虫、食品、饮用水和环境因素的调查；⑦消毒、除鼠、除虫的效果观察与评价；⑧国境口岸以及国内外监测传染病疫情的收集、整理、分析和传递；⑨对监测对象开展健康检查和对监测传染患者、疑似患者、密切接触人员的管理。

四、卫生监督和卫生处理的法律制度

卫生监督是指国境检验检疫机关根据卫生法律、法规和卫生标准，对国境口岸和停泊在国境口岸的交通工具进行的卫生检查、卫生鉴定、卫生评价和采样检验等活动。国境检验检疫机关进行卫生监督的任务是：监督和指导有关人员对啮齿动物、病媒昆虫的防除；检查和检验食品、饮用水及其储存、供应、运输设施；监督从事食品、饮用水供应的从业人员的健康状况，检查其健康证明书；监督和检查垃圾、废物、污水、粪便、压舱水的处理，以保证国境口岸及交通工具、行李、货物、邮包等整洁卫生，防止疾病传播。包括：国境口岸、交通工具以及相关饮用水、食品及从业人员的卫生监督。

国境口岸是指国际通航的港口、机场、车站、陆地边境和国境江河的关口。对国境口岸的卫生要求是：①国境口岸和国境口岸内涉外的宾馆、生活服务单位以及候船、候车、候机厅（室）应当有健全的卫生制度和必要的卫生设施，并保持室内外环境整洁、通风良好。②国境口岸有关部门应当采取切实可行的措施，控制啮齿动物、病媒昆虫，使其数量降低到不足为害的程度。仓库、货场必须具有防鼠设施。③国境口岸的垃圾、

废物、污水、粪便必须进行无害化处理，保持国境口岸环境整洁卫生。

对交通工具的卫生要求是：①交通工具上的宿舱、车厢必须保持清洁卫生，通风良好；②交通工具上必须备有足够的消毒、除鼠、除虫药物及器械，并备有防鼠装置；③交通工具上的货舱、行李舱、货车车厢在装货前或卸货后应当进行彻底清扫，有毒物品和食品不得混装，防止污染；④对不符合卫生要求的入境、出境交通工具，必须接受检验检疫机关的督导，立即进行改进。

对食品、饮用水及从业人员的卫生要求是：①国境口岸和交通工具上的食品、饮用水必须符合有关的卫生标准；②国境口岸内的涉外宾馆，以及向入境、出境的交通工具提供饮食服务的部门，营业前必须向检验检疫机关申请卫生许可证；③国境口岸内涉外的宾馆和入境、出境交通工具上的食品、饮用水从业人员应当持有检验检疫机关签发的健康证明书。

（一）卫生处理

卫生处理是指检验检疫机关实施的隔离、留验和就地诊验等医学措施，以及消毒、除鼠、除虫等卫生措施。

1. 对交通工具的卫生处理

入境、出境的交通工具，有下列情形之一的，应当由检验检疫机关实施消毒、除鼠、除虫或其他卫生处理：①来自检疫传染病疫区的；②被检疫传染病污染的；③发现有与人类健康有关的啮齿动物或者病媒昆虫，超过国家卫生标准的。国境检验检疫机关对已在到达本口岸前的其他口岸实施卫生处理的交通工具不再重复实施卫生处理。但是，如果在原实施卫生处理的口岸或者该交通工具上，发生流行病学上有重要意义的事件，需要进一步实施卫生处理的，或者在到达本口岸前的其他口岸实施的卫生处理没有实际效果的，仍需实施卫生处理。在国境口岸或交通工具上发现啮齿动物有反常死亡或死因不明的，国境口岸有关单位或者交通工具的负责人，必须立即向检验检疫机关报告，迅速查明原因，实施卫生处理。

2. 对废旧物品的卫生处理

检验检疫机关对入境、出境的废旧物品和曾行驶于境外港口的废旧交通工具，根据污染程度，分别实施消毒、除鼠、除虫；对污染严重的，实施销毁。

3. 对尸体、骸骨的卫生处理

出境、入境的尸体、骸骨托运人或者代理人应当申请卫生检疫，并出示死亡证明或者其他有关证件，对不符合卫生要求的，必须接受检验检疫机关实施的卫生处理，对因患检疫传染病而死亡的患者的尸体，必须就近火化，不准移运。

（二）对其他物品的卫生处理。

对染疫人、染疫嫌疑人的行李、使用过的物品、占用过的部位等要实施除鼠、除虫、消毒；对污染或者有污染嫌疑的饮用水、食品以及人的排泄物、垃圾、废水、废物等实施消毒；对来自霍乱疫区的水产品、水果、蔬菜、饮料以及装有这些制品的邮包，必要时可以实施卫生处理。

五、国境检验检疫机关法律制度

国境检验检疫机关是指国家在国境口岸设立的,依法实施对入境、出境人员,交通工具、运输设备以及可能传播检疫传染病的行李、货物、邮包等物品的传染病检疫、监测和卫生监督活动并承担因实施国境检验检疫而产生责任的机关。它代表国家在国境口岸行使检疫主权。根据《国境卫生检疫法》规定,在中华人民共和国国际通航的港口、机场以及陆地过境和国界江河口岸设立的国境检验检疫机关,依法实施传染病检疫监测和卫生监督。

(一) 国境检验检疫机关的职责

国境检验检疫机关的职责是:①严格执行《国境卫生检疫法》及其实施细则和国家制定的有关卫生法规;②收集、整理、报告国际和国境口岸传染病的发生、流行和终息情况;③对国境口岸的卫生状况实施卫生监督,对入、出境的交通工具、人员、集装箱、尸体、骸骨以及可能传播检疫传染病的行李、货物、邮包等实施检疫查验、传染病监测、卫生监督和卫生处理;④对入、出境的微生物、生物制品、人体组织、血液及其制品等特殊物品以及可能传播人类传染病的动物实施卫生检疫;⑤对入境、出境人员进行预防接种、健康检查、医疗服务、国际旅行健康咨询和卫生宣传;⑥签发卫生检疫证件;⑦进行流行病学调查研究,开展科学实验;⑧执行国务院出入境检验部门指定的其他工作。

(二) 国境检验检疫管理权限

《国境卫生检疫法》规定:在中华人民共和国国际通航的港口、机场以及陆地边界和国界江河的中华人民共和国口岸,设立国境检验检疫机关,依法实施传染病检疫、监测和卫生监督。①

六、相关法律责任

(一) 行政责任

根据《国境卫生检疫法》以及《国境卫生检疫法实施细则》规定,对违反法律规定,有下列行为之一的单位和个人,国境检验检疫机关可以根据情节轻重,给予警告或者100元以上3万元以下的罚款:①应当受入境检疫的船舶,拒不悬挂检疫信号的;②入境、出境的交通工具,在入境检疫之前或者在出境之后,擅自上下交通工具,或者装卸行李、货物、邮包等物品,不听劝阻的;③拒绝接受检疫或者抵制卫生监督,拒不接受卫生处理的;④伪造或者涂改检疫单、证,不如实申报疫情的;⑤瞒报携带禁止进口的微生物、人体组织、生物制品、血液以及其制品或者其他可能引起传染病菌传播的动物和物品的;⑥未经检疫的入境、出境交通工具,擅自离开检疫地点,逃避查验的;

---

① 中华人民共和国国家出入境检验检疫局于1998年3月组建检疫机关,对全国各口岸的卫生检疫实施统一领导。中华人民共和国国家出入境检验检疫局对全国各口岸的检验检疫机构享有机构设置审批权、人事任免权、财务审计权和业务指挥权。

⑦隐瞒疫情或者伪装情节的；⑧未经卫生检疫机关实施卫生处理，擅自排放压舱水，移下垃圾、污物等控制的物品的；⑨未经卫生检疫机关实施卫生处理，擅自移动尸体、骸骨的；⑩废旧物品、废旧交通工具，未向卫生检疫机关申报，未经卫生检疫机关实施卫生处理和签发卫生检疫证书而擅自入境、出境或者使用、拆卸的；⑪未经卫生检疫机关检查，从交通工具上移下传染病患造成传染病传播危险的。

国境检验检疫机关工作人员，未对入、出境的交通工具和人员及时进行检疫，违法失职的，给予行政处分。

（二）刑事责任

《刑法》第 332 条规定，违反国境卫生检疫规定，引起检疫传染病传播或者有引起检疫传染病传播严重的，处 3 年以下有期徒刑或拘役，并处或单处罚金。单位犯罪，对单位判处罚金，并对其直接负责的主管人员和其他直接责任人员，依照上述规定处罚。国境检验检疫机关工作人员违法失职，情节严重构成犯罪的，依法追究刑事责任。

关键术语

突发公共卫生事件（public health emergencies） 公共卫生监督（supervision of public health） 传染病防治（prevention and control of infectious diseases） 职业病防治（prevention and control of occupational diseases） 国境卫生检疫（frontier health quarantine inspection）

问题与思考

(1) 结合案例 7-4，谈谈我国职业病防治应该如何完善。
(2) 结合案例 7-5，分析国境检疫过程责任主体以及其法律责任的承担。
(3) 简述《传染病防治法》的立法宗旨、适用范围。
(4) 简述突发公共卫生事件应急处理的基本程序。
(5) 简述突发公共卫生事件处理机构的主要职责
(6) 简述违反突发公共卫生事件法的法律责任。
(7) 简述学校公共卫生监督的主要内容。
(8) 简述违反传染病防治法的主要法律责任。
(9) 简述违反职业病防治法的法律责任。
(10) 简述国境检验检疫机关的职责。

参考法律法规

《中华人民共和国职业病防治法》
《中华人民共和国食品卫生安全法》

《中华人民共和国传染病防治法》
《中华人民共和国国境卫生检疫法》
《突发公共卫生事件应急条例》
《传染病防治法实施办法》
《传染性非典型肺炎防治管理办法》
《职业病危害事故调查处理办法》
《核事故与放射事故应急预案》
《国家鼠疫控制应急预案》
《突发公共卫生事件与传染病疫情监测信息报告管理办法》
《公共场所卫生管理条例》
《公共场所卫生管理条例实施细则》
《旅店业卫生标准》

（冯曦）

第八章 医疗产品法律制度

> **+ 学习目标**
> 通过本章的学习,使学生熟悉医疗产品管理的法律、法规,知道医疗产品管理的合法、违法规定,在此基础上自觉遵守医疗产品管理的法规,并能运用法律、法规分析和解决医疗产品管理实践中的问题。
> (1) 掌握:医疗产品管理规定。
> (2) 熟悉:《药品管理法》、《医疗器械管理办法》、《献血法》承担的法律责任。
> (3) 了解:《药品管理法》、《医疗器械管理办法》、《献血法》的适用范围,药品、医疗器械、血液制品监督方能方面的规定。

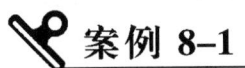

销售员王某流动售药案

2009年6月22日,某生产企业的销售员王某用货车装10箱药品,以流动的形式销售药品,在A市将药品销售给某药品经营公司时,被A市药监局查获。经调查,该药品经营公司与某生产企业未建立药品购销合同,药品经营公司购进药品时也未查验该生产企业销售人员王某的委托授权书等证件。

第一节 药品管理法

一、药品管理法概述

(一) 药品管理法的概念

药品管理法(drug administration law)是调整药品监督管理,确保药品质量,保障人体用药安全,维护人体健康活动中产生的各种社会关系的法律规范的总和。

药品是用于预防、治疗、诊断人的疾病,有目的地调解人的生理功能并规定有适应证、用法和用量的物质,关系到千家万户的幸福与安宁。我国《药品管理法》为国家发展现代药和传统药,充分发挥药品在预防、医疗和保健中的作用,保护野生药材资源,鼓励培育中药材,鼓励研制和创制新药,并保护研制开发者的合法权益提供了法律保障,同时使药品生产、科研、经营、使用、进出口以及监督单位实施药品监督管理有了法律依据。

(二) 药品管理的法制建设

新中国成立以来,国家颁布了一系列的药品管理法律制度。制定了《关于严禁鸦片烟毒的通令》和《关于管理麻醉药品暂行条例的公布令》,而后,国务院又批转了卫生部关于《药政管理条例(试行)》的报告。1984年9月20日,第六届人大常委会第七次会议通过了《中华人民共和国药品管理法》,1985年7月1日起施行。这是新中国成立以来第一部药品管理法律,它把党和国家有关药品管理的方针政策,用法律的形式固定下来。《药品管理法》的颁布具有划时代的意义,标志我国药品管理进入法制化新阶段。以《药品管理法》为依据,国家先后出台配套行政法规7部,部门规章及其他规范性文件400多部(件),药事管理立法取得重大进展。1998年以后,国家对药品监督管理体制进行了改革,组建了新的国家药品监督管理机构。2000年8月,第九届人大常委会第十七次会议审议通过了《药品管理法修订草案》,自2001年12月1日开始实施。为了贯彻实施新修订的《药品管理法》,2002年8月4日,国务院第360号令公布了《中华人民共和国药品管理法实施条例》(以下简称《药品管理法实施条例》),于2002年9月15日起施行。

2003年4月,国家食品药品监督管理局成立后,进一步修订、制定了有关药品管理的行政规章,至2007年12月公布并施行了29个行政规章。卫生部于2004年8月10日,以卫医发〔2004〕269号文件发布了《处方管理办法》(试行),自2004年9月1日起施行。修改后的《处方管理办法》于2007年2月14日以卫生部第53号令发布,自2007年5月1日起施行。为加快建立国家基本药物制度的建设,2009年8月18日,卫生部、国家发展改革委、工业和信息化部、监察部、财政部、人力资源和社会保障部、商务部、食品药品监管局和中医药局制定了《关于建立国家基本药物制度的实施意见》和《国家基本药物目录管理办法(暂行)》。2010年3月18日,卫生部发布了《药品类易制毒化学品管理办法》(卫生部令第72号),于2010年5月1日起施行。

二、药品生产和经营

(一) 药品生产企业的法律规定

药品生产企业是指生产药品的专营企业和兼营企业。加强药品生产企业的管理是保证药品质量的中心环节。我国《药品管理法》规定了药品生产企业必须具备的条件和审核制度。

1. 开办药品生产企业的条件

开办药品生产企业的条件包括:①人员要求。具有依法经过资格认定的药学技术人员、工程人员及相应的技术工人。具有能对所生产药品进行质量管理和质量检验的机构和人员。②设施要求。具有与其药品生产相适应的厂房、设施和卫生环境;具有对药品进行质量检验的仪器设备。③规章制度要求。具有保证药品质量的规章制度。

2. 开办药品生产企业的审批程序

在我国,任何单位和个人要开办药品生产企业,首先要取得"药品生产企业许可证"和"营业执照"。"药品生产企业许可证"由所在省、自治区、直辖市人民政府药品监督管理部门,对其进行全面审核,批准后发给"药品生产许可证"。工商行政部门凭"药品生产许可证"发给"营业执照"。"药品生产许可证"有效期为5年,到期重新审查发证。企业破产或关闭由原发证部门缴销。未取得"药品生产企业许可证"和"营业执照"的不准生产药品。

3. 药品生产的质量管理

药品生产企业必须按照《药品生产质量管理规范》组织生产;药品必须按照国家标准和国务院药品监督管理部门批准的工艺进行生产,药品生产企业改变影响药品质量的生产工艺的,必须报原批准部门审核批准;中药饮片必须按照国家药品标准炮制;国家没有规定的按省、自治区、直辖市人民政府监督管理部门制定的炮制规范炮制。炮制规范应当报国务院药品监管部门备案;生产药品所需原料、辅料必须符合药用要求;药品不符合国家药品标准或不符合中药饮片炮制规范,不得出厂。生产纪录必须完整准确。

(二) 药品经营企业的法律规定

药品经营企业是指经营药品的专营企业和兼营企业。我国《药品管理法》明确规定了药品经营企业必须具备的条件和审核制度。

1. 开办药品经营企业的条件

开办药品经营企业的条件包括:①具有依法经过资格认定的药学技术人员;②具有与所经营药品相适应的质量管理机构或者人员;③具有与所经营药品相适应的营业场所、设备、仓储设施、卫生环境;④具有保证所经营药品质量的规章制度。

2. 开办药品经营企业的审批程序

药品经营企业,必须取得"药品经营企业许可证"和"营业执照"。未取得证照的单位和个人不得经营药品。"药品经营企业许可证"和"营业执照"的审批程序与开办药品生产企业程序相同。

3. 药品经营企业质量管理

药品经营企业必须按照国务院药品监督管理部门制定的《药品经营质量管理规范》经营药品。药品经营企业购进药品必须执行进货检查验收制度,验明药品的合格证书和其他标识。购销药品必须有真实完整的购销记录,必须准确无误,正确说明用法、用量和注意事项。销售中药材必须标明产地,必须制定和执行药品保管制度,采取必要的冷藏、防冻防潮、防虫、防鼠等措施保证药品质量。

4. 药品流通管理

为加强药品监督管理,规范药品流通秩序,保证药品质量,2006年12月,国家食品药品监督管理局发布了《药品流通监督管理办法》。2006年12月,国家颁布了《药品流通监督管理办法》,该办法对药品生产和经营企业购销药品等问题进一步进行监督管理。内容有企业对药品购销行为的责任;企业对其购销人员进行培训;对销售人员的销售行为的规定;储存和销售场所的规定;企业销售产品范围的规定;药品生产企业、药品批发企业销售药品时,应当提供具体资料;规定了药品生产和经营企业在购销药品中的禁止行为等内容。

三、医疗机构药事管理

(一) 医疗机构药事管理的概念

医疗机构药事管理是指医疗机构内以服务患者为中心,临床药学为基础,促进临床科学、合理用药的药学技术服务和相关的药品管理工作。

1. 药事管理组织

根据《医疗机构药事管理暂行规定》的要求,医疗机构应成立药事管理委员会,二级以上医院应成立药事管理委员会,其他医疗机构可成立药事管理组。药事管理委员会(组)监督、指导本机构科学管理药品和合理用药。三级医院药事管理委员会委员由具有高级技术职务任职资格的药学、临床医学、医院感染管理和医疗行政管理等方面的专家组成。二级医院的药事管理委员会,可以根据情况由具有中级以上技术职务任职资格的上述人员组成。其他医疗机构的药事管理组,可以根据情况由具有初级以上技术职务任职资格的上述人员组成。

2. 药学部门

医疗机构应根据本机构的功能、任务、规模,按照精简高效的原则设置相应的药学部门。药学部门在医疗机构负责人领导下,按照《药品管理法》及相关法律、法规和本单位管理的规章制度,具体负责本机构的药事管理工作,负责组织管理本机构临床用药和各项药学技术服务。

(二) 医疗机构制剂管理

医疗机构制剂是指医疗单位根据本单位的临床、科研需要自配、自治、自用的制剂。《药品管理法》对此作了明确规定。

1. 医疗机构制剂的条件和范围

(1) 医疗单位配制制剂的条件。主要为:①必须配备依法经过资格认定的药学技术人员;②必须具有能够保证制剂质量的设施、管理制度、检验仪器和卫生条件;③必须制定和执行药品管理制度,采取必要的冷藏、防冻防潮、防虫、防鼠等措施保证药品质量。

(2) 医疗机构制剂范围。包括:①常用而疗效确定的协定处方制剂;②为临床科研需要临时配制的处方制剂;③医药部门无供应或供应不足的制剂或特殊规格的制剂;④本单位临床需要而市场上没有供应的品种。

2. "医疗机构制剂许可证"审批程序

配制制剂的医疗单位具备法定条件后,由省、自治区、直辖市人民政府药品监督管理部门批准,发给"医疗机构制剂许可证"。"医疗机构制剂许可证"应当标明有效期,到期重新审查发证。无"医疗机构制剂许可证"不得随意配制制剂。

3. 医疗机构制剂管理规定

医疗机构配制的制剂应当是本单位临床需要而市场上没有供应的品种，并须经所在地省、自治区、直辖市人民政府药品监督管理部门批准后方可配制。配制的制剂必须按照规定进行质量检验；合格的，凭医师处方在本医疗机构使用。特殊情况下，经国务院或者省、自治区、直辖市人民政府的药品监督管理部门批准，医疗机构配制的制剂可以在指定的医疗机构之间调剂使用。医疗机构配制的制剂不得在市场销售。

医疗机构配制制剂，必须按照国务院药品监督管理部门的规定报送有关资料和样品，经所在地省、自治区、直辖市人民政府药品监督管理部门批准，并发给制剂批准文号后，方可配制。医疗机构配制的制剂不得在市场上销售或者变相销售，不得发布医疗机构制剂广告。

发生灾情、疫情、突发事件或者临床急需而市场没有供应时，经国务院或者省、自治区、直辖市人民政府的药品监督管理部门批准，在规定期限内，医疗机构配制的制剂可以在指定的医疗机构之间调剂使用。

国务院药品监督管理部门规定的特殊制剂的调剂使用以及省、自治区、直辖市之间医疗机构制剂的调剂使用，必须经国务院药品监督管理部门批准。

4. 医疗机构购进和保管药品及调配处方的规定

（1）购进药品的规定。医疗机构购进药品，必须建立并执行进货检查验收制度，验明药品合格证明和其他标识；不符合规定要求的，不得购进和使用。医疗机构购进药品，必须有真实、完整的药品购进记录。药品购进记录必须注明药品的通用名称、剂型、规格、批号、有效期、生产厂商、供货单位、购货数量、购进价格、购货日期以及国务院药品监督管理部门规定的其他内容。

（2）调配处方的规定。医疗机构的药剂人员调配处方，必须经过核对，对处方所列药品不得擅自更改或者代用。对有配伍禁忌或者超剂量的处方，应当拒绝调配；必要时，经处方医师更正或者重新签字，才可调配。医疗机构向患者提供的药品应当与诊疗范围相适应，并凭执业医师或者执业助理医师的处方调配。

计划生育技术服务机构采购和向患者提供药品，其范围应当与经批准的服务范围相一致，并凭执业医师或者执业助理医师的处方调配。

个人设置的门诊部、诊所等医疗机构不得配备常用药品和急救药品以外的其他药品。常用药品和急救药品的范围和品种，由所在地的省、自治区、直辖市人民政府卫生行政部门会同同级人民政府药品监督管理部门规定。

（3）药品保管的规定。医疗机构必须制定和执行药品保管制度，采取必要的冷藏、防冻、防潮、防虫、防鼠等措施，保证药品质量。

四、药品管理

（一）药品标准的规定

药品标准是国家对药品质量规格及检验方法所作的技术规定，是药品生产、供应、使用、检验和管理部门必须遵守的法定依据。

（1）药品必须符合国家药品标准。国务院药品监督管理部门颁布的《中华人民共和国药典》和药品标准为国家药品标准。中药饮片依照《药品管理法》第10条第2款的规定执行："中药饮片必须按照国家药品标准炮制；国家药品标准没有规定的，必须按照省、自治区、直辖市人民政府药品监督管理部门制定的炮制规范炮制。"

（2）国务院药品监督管理部门组织药典委员会负责国家药品标准的制定和修订。

（3）国务院药品监督管理部门的药品检验机构负责标定国家药品标准品、对照品。

（二）药品注册管理

药品注册是指国家食品药品监督管理局根据药品注册申请人的申请，依照法定程序，对拟上市销售药品的安全性、有效性、质量可控性等进行审查，并决定是否同意其申请的审批过程。

为保证药品的安全、有效和质量可控，规范药品注册行为，原国家药品监督管理局借鉴国际上先进的药品注册经验，根据《药品管理法》、《药品管理法实施条例》，于2002年10月制定了《药品注册管理办法》（试行），并于2002年10月1日起施行。2004年我国又对《药品注册管理办法》（试行）进行了修订，于2005年2月28日由国家食品药品监督管理局正式颁布。2007年6月18日，经国家食品药品监督管理局局务会审议通过新的《药品注册管理办法》，该办法自2007年10月1日起施行。

1. 药品注册工作应遵循的原则和制度

（1）药品注册工作应当遵循公开、公平、公正的原则。国家食品药品监督管理局对药品注册实行主审集体负责制、相关人员公示制和回避制、责任追究制，受理、检验、审评、审批、送达等环节接受社会监督。

在药品注册过程中，药品监督管理部门认为涉及公共利益的重大许可事项，应当向社会公告，并举行听证。

行政许可直接涉及申请人与他人之间重大利益关系的，药品监督管理部门在作出行政许可决定前，应当告知申请人、利害关系人享有要求听证、陈述和申辩的权利。

（2）信息公开原则。药品监督管理部门应当向申请人提供可查询的药品注册受理、检查、检验、审评、审批的进度和结论等信息。

（3）保密原则。药品监督管理部门、相关单位以及参与药品注册工作的人员，对申请人提交的技术秘密和实验数据负有保密的义务。

2. 药品注册申请的内容

药品注册申请包括新药申请、仿制药申请、进口药品申请及其补充申请和再注册申请。

（1）新药申请。新药申请是指未曾在中国境内上市销售的药品的注册申请。对已上市药品改变剂型、改变给药途径、增加新适应证的药品注册按照新药申请的程序申报。

（2）仿制药申请。仿制药申请是指生产国家食品药品监督管理局已批准上市的已有国家标准的药品的注册申请；但是，生物制品按照新药申请的程序申报。

（3）进口药品申请。进口药品申请是指境外生产的药品在中国境内上市销售的注册申请。

(4) 补充申请。补充申请是指新药申请、仿制药申请或者进口药品申请经批准后，改变、增加或者取消原批准事项或者内容的注册申请。

(5) 再注册申请。再注册申请是指药品批准证明文件有效期满后申请人拟继续生产或者进口该药品的注册申请。

(三) 新药与仿制药品的管理

1. 新药的管理

新药是指未曾在中国境内上市销售的药品。

(1) 新药注册申报与审批。

申请人完成临床前研究后，应当填写"药品注册申请表"，向所在地省、自治区、直辖市药品监督管理部门如实报送有关资料。省、自治区、直辖市药品监督管理部门应当对申报资料进行形式审查，提出审查意见，并将审查意见、核查报告、申报资料送交国家食品药品监督管理局药品审评中心。国家食品药品监督管理局药品审评中心提出技术审评意见，连同有关资料报送国家食品药品监督管理局。国家食品药品监督管理局依据技术审评意见作出审批决定。符合规定的，发给"药物临床试验批件"；不符合规定的，发给"审批意见通知件"，并说明理由。

(2) 新药生产申请与审批。

1) 申请人报送申报资料的要求。申请人完成药物临床试验后，应当填写"药品注册申请表"，向所在地省、自治区、直辖市药品监督管理部门报送申请生产的申报资料，并同时向中国药品生物制品检定所报送制备标准品的原材料及有关标准物质的研究资料。

2) 省级药品监督管理部门的职责。省、自治区、直辖市药品监督管理部门应当对申报资料进行形式审查，提出审查意见并在规定的时限内将审查意见、核查报告及申报资料送交国家食品药品监督管理局药品审评中心，并通知申请人。

3) 药品检验所的职责。药品检验所应对申报的药品标准进行复核，并在规定的时间内将复核意见送交国家食品药品监督管理局药品审评中心。

4) 国家食品药品监督管理局的职责。国家食品药品监督管理局药品审评中心收到申报资料后，对申报资料进行审评，经审评符合规定的，通知申请人申请生产现场检查，并告知国家食品药品监督管理局药品认证管理中心。国家食品药品监督管理局药品认证管理中心对样品批量生产过程等进行现场检查，确认核定的生产工艺的可行性，同时抽取样品送药品检验所检验。国家食品药品监督管理局药品审评中心依据技术审评意见、样品生产现场检查报告和样品检验结果，形成综合意见，连同有关资料报送国家食品药品监督管理局。国家食品药品监督管理局依据综合意见，作出审批决定。符合规定的，发给新药证书，申请人已持有"药品生产许可证"并具备生产条件的，同时发给药品批准文号。

2. 仿制药品的管理

仿制药品是指仿制国家已经批准正式生产、并载于国家药品标准的品种。

申请仿制药注册与新药申报程序相似。申报人应当填写"药品注册申请表"，向所在地省、自治区、直辖市药品监督管理部门报送有关资料和生产现场检查申请。省、自治区、直辖市药品监督管理部门对申报资料进行形式审查,对研制情况和原始资料进行现场核查,并应当根据申请人提供的生产工艺和质量标准组织进行生产现场检查,现场抽取连续生产的 3 批样品,送药品检验所检验。符合规定的,将审查意见、核查报告、生产现场检查报告及申报资料送交国家食品药品监督管理局药品审评中心。国家食品药品监督管理局药品审评中心对审查意见和申报资料进行审核,符合规定的,批准进行临床研究或者生产,批准进行临床研究的按新药审批程序进行,批准生产的发给药品批准文号。

(四) 进出口药品的管理

1. 进口药品的管理

(1) 进口药品注册申请的规定。

禁止进口疗效不确、不良反应大或者其他原因危害人体健康的药品。药品进口须经国务院药品监督管理部门组织审查,经审查确认符合质量标准、安全有效的,方可批准进口,并发给进口药品注册证书。医疗单位临床急需或者个人自用进口的少量药品,按照国家有关规定办理进口手续。

申请进口的药品应当是在生产国家或者地区获得上市许可的药品;未在生产国家或者地区获得上市许可的,经国务院药品监督管理部门确认该药品品种安全、有效而且临床需要的,可以依照《药品管理法》及其实施条例的规定批准进口。

进口药品应当按照国务院药品监督管理部门的规定申请注册。国外企业生产的药品取得"进口药品注册证",中国香港、澳门和台湾地区企业生产的药品取得"医药产品注册证"后,方可进口。

医疗机构因临床急需进口少量药品的,应当持"医疗机构执业许可证"向国务院药品监督管理部门提出申请;经批准后,方可进口。进口的药品应当在指定医疗机构内用于特定医疗目的。

(2) 药品进口的口岸、报关、检验的规定。

药品必须从允许药品进口的口岸进口,并由进口药品的企业向口岸所在地药品监督管理部门登记备案。海关凭药品监督管理部门出具的"进口药品通关单"放行。无"进口药品通关单"的,海关不得放行。

口岸所在地药品监督管理部门应当通知药品检验机构按照国务院药品监督管理部门的规定对进口药品进行抽查检验,并按照《药品管理法》的规定收取检验费。允许药品进口的口岸由国务院药品监督管理部门会同海关总署提出,报国务院批准。

进口药品到岸后,进口单位应当持"进口药品注册证"或者"医药产品注册证"以及产地证明原件、购货合同副本、装箱单、运单、货运发票、出厂检验报告书、说明书等材料,向口岸所在地药品监督管理部门备案。口岸所在地药品监督管理部门经审查,提交的材料符合要求的,发给"进口药品通关单"。进口单位凭"进口药品通关单"向海关办理报关验放手续。

口岸所在地药品监督管理部门应当通知药品检验机构对进口药品逐批进行抽查检验;但是,有《药品管理法》规定情形的除外。

疫苗类制品、血液制品、用于血源筛查的体外诊断试剂以及国务院药品监督管理部门规定的其他生物制品在销售前或者进口时,应当按照国务院药品监督管理部门的规定进行检验或者审核批准;检验不合格或者未获批准的,不得销售和进口。

2. **出口药品的管理**

为保证出口药品质量,规范药品出口。对出口药品,质量标准符合规定要求的,经检验符合药品标准规定的,经过省级药品监督管理部门审批,方准出口。出口麻醉药和国务院卫生行政部门规定范围内的精神药品,必须持有国务院药品监督管理部门发给的"出口准许证"。

(五) 药品审评、淘汰与药品再评价的规定

1. **药品审评**

《药品管理法》规定,国务院药品监督管理部门组织药学、医学和其他技术人员对新药进行审评,对已经批准生产的药品进行再评估。主要包括:①药品的不良反应、毒副作用、药物的变态反应,药品的依赖性、致突变、致畸、致癌等;②发现药品所含成分与国家药品标准规定的成分不符的;③以非药品冒充药品或者以他种药品冒充此种药品;④国务院药品监督管理部门规定禁止使用的;⑤未经批准生产、进口,或必须检验的未经检验即销售的;⑥变质的或被污染的;⑦必须取得批准文号而未取得批准文号的原料药生产的;⑧所标明的适应证或者功能主治超出规定范围的;⑨未标明有效期或者更改有效期的;⑩不注明或者更改生产批号的;⑪超过有效期的;⑫直接接触药品的包装材料和容器未经批准的;⑬擅自添加着色剂、防腐剂、香料、矫味剂及敷料的和其他不符合药品标准规定的,禁止生产销售。

2. **药品淘汰**

药品淘汰是指对上市药品因毒副作用大、使用不方便、疗效差等原因将此品种淘汰。国务院药品监督管理部门对已批准生产的药品组织调查,对毒副作用大、不良反应大、无效或疗效差的,生产销售所含成分名称与国家药品标准或省、自治区、直辖市药品规定标准不符的,非药品冒充药品的或他药品冒充此药品的,变质的、被污染的不能药用的,超过有效期的假劣药及其他原因危害人体健康的药品,应当撤销其批准文号,并停止生产销售和使用。已经生产的,由当地药品监督管理部门监督销毁或处理,以保障人民用药安全。

3. **药品的再评价**

《药品管理法》第33条、第42条对新药审评,已经批准生产的药品再评价以及药品再评价结果的处理作了规定。国家药品监督管理部门组织药学、医学和其他技术人员对新药进行审评,对已经批准生产的药品进行再评价。

国家药品监督管理部门对已经批准生产或者进口的药品,应当组织调查;对疗效不确、不良反应大或者其他原因危害人体健康的,应当撤销批准文号或者进口药品注册证书。已被撤销批准文号或者进口药品注册证书的药品,不得生产或者进口、销售和使用;已经生产或者进口的,由当地药品监督管理部门监督销毁或者处理。

(六) 特殊药品管理规定

《药品管理法》规定,国家对麻醉药品、精神药品、毒性药品、放射性药品,实行

特殊管理办法，以正确发挥防病治病的积极作用，严防因管理不善或使用不当而造成对人民健康、公众卫生和社会治安的危害。

麻醉药品（narcotics）是指具有依赖性潜力的药品，滥用或不合理使用易产生身体依赖性。精神药品（psychotropic substances）指直接作用中枢神经系统，使之兴奋或抑制，连续使用能产生精神依赖性的药品。精神药品在临床上主要用于治疗或改善异常的精神活动，使紊乱的思维、情绪和行为转为常态。医疗用毒性药品（poisonous substances）（以下简称"毒性药品"）是指毒性剧烈，治疗剂量与中毒剂量相近，使用不当会致人中毒或死亡的药品。放射性药品（radioactive pharmaceuticals）是指用于临床诊断或治疗的放射性核素制剂或其标记药物，包括裂变制品、加速器制品、放射性同位素发生器及其配套药盒、放射免疫药盒等。

麻醉药品、精神药品、毒性药品、放射性药品一方面发挥防病治病的积极作用，另一方面因管理不善或使用不当能造成对人民健康、公众卫生和社会治安的危害。因此，国务院分别制定颁布了《麻醉药品管理办法》、《精神药品管理办法》、《医疗用毒性药品管理办法》和《放射性药品管理办法》。对这些药品在认定生产单位的范围、生产的产量品种、销售的范围、提供和使用的范围和程序作了严格的限制。特殊药品的包装必须印有规定的标志，进出口麻醉药和精神药品，必须持国务院药品监督管理部门的进、出口准许证。特殊药品的运输要按照航运、铁路、公路运输部门和邮电部门的特殊规定，采取严格措施来保证运输安全。特殊药的供应也应根据科研和教学的需要，有计划地按规定组织供应，严格使用手续，防治流弊或乱用。

（七）禁止生产和销售假药与劣药管理规定

《药品管理法》第48条规定了假药及按假药论处的情形，第49条规定了劣药及按劣药论处的情形。

1. 假药

有下列情况之一的为假药：①药品所含成分与国家药品标准规定的成分不符的；②以非药品冒充药品或者以其他种药品冒充此种药品的。

有下列情形之一的药品，按假药论处：①国务院药品监督管理部门规定禁止使用的；②依照本法必须批准而未批准生产、进口或依照本法必须检验而未经检验即销售的；③变质的；④被污染的；⑤使用依照本法必须取得批准文号而未取得批准文号的原料生产的；⑥所标明的适应证或者功能主治超出规定范围的。

2. 劣药

药品成分的含量不符合国家药品标准的为劣药。

有下列情形之一的药品，按劣药论处：①未标明有效期或更改有效期的；②不注明或更改生产批号的；③超过有效期的；④直接接触药品的包装材料和容器未经批准的；⑤擅自添加着色剂、防腐剂、香料、矫味剂及辅料；⑥其他不符合药品标准规定的。

五、药品包装的法律规定

药品包装必须为药品外在和内在质量服务，药品包装必须适合药品质量的要求，方便储存、运输和医疗使用。每一种药品都要根据其不同的理化特性和特殊要求，严格选用合适、无毒、无害、不影响药品质量的包装材料和容器。保证药品不变质、不失效，便于销售。必须在包装上注明有效期，贴有标签并附有说明书。《药品管理法》、《药品生产质量管理规范》、《药品包装管理办法》、《直接接触药品的包装材料和容器管理办法》等对药品包装作了具体规定。

（一）药品包装材料和容器的规定

直接接触药品的包装材料和容器必须符合药用要求，符合保障人体健康、安全的标准，并由药品监督管理部门审批、批准注册。药品生产企业不得使用未经批准的直接接触药品的包装材料和容器。对不合格的直接接触药品的包装材料和容器，由药品监督管理部门责令停止使用。直接接触药品的包装材料和容器的管理办法、产品目录和药用要求与标准，由国务院药品监督管理部门组织制定并公布。

（二）中药材包装、中药饮片包装材料和容器的规定

发运中药材必须有包装。在每件包装上，必须注明品名、产地、日期、调出单位，并附有质量合格的标志。生产中药饮片，应当选用与药品性质相适应的包装材料和容器；包装不符合规定的中药饮片，不得销售。中药饮片包装必须印有或者贴有标签。

（三）医疗机构制剂包装材料和容器的规定

医疗机构配制制剂所使用的直接接触药品的包装材料和容器、制剂的标签和说明书应当符合《药品管理法》第6章和《药品管理法实施条例》的有关规定，并经省、自治区、直辖市人民政府药品监督管理部门批准。

（四）药品包装标签、说明书的管理规定

药品包装必须按照规定印有或者贴有标签并附有说明书。标签或者说明书上必须注明药品的通用名称、成分、规格、生产企业、批准文号、产品批号、生产日期、有效期、适应证或者功能主治、用法、用量、禁忌、不良反应和注意事项。麻醉药品、精神药品、医疗用毒性药品、放射性药品、外用药品和非处方药的标签，必须印有规定的标志。中药饮片的标签必须注明品名、规格、产地、生产企业、产品批号、生产日期，实施批准文号管理的中药饮片还必须注明药品批准文号。药品商品名称应当符合国务院药品监督管理部门的规定。

六、药品价格和广告管理的法律规定

（一）药品价格的管理规定

《药品管理法》规定，药品价格实行政府定价、政府指导价和市场调节价。

1. 药品的定价形式与原则

（1）药品的定价形式与范围。国家对药品价格实行政府定价、政府指导价或者市场调节价。列入国家基本药物目录的药品以及国家基本药物目录以外具有垄断性生产、经营的药品，实行政府定价或者政府指导价；对其他药品，实行市场调节价。

（2）政府定价、政府指导价药品的定价原则与价格管理。

依法实行政府定价、政府指导价的药品，政府价格主管部门应当依照《中华人民共和国价格法》（以下简称《价格法》）规定的定价原则，依据社会平均成本、市场供求状况和社会承受能力合理制定和调整价格，做到质价相符，消除虚高价格，保护用药者的正当利益。

药品的生产企业、经营企业和医疗机构必须执行政府定价、政府指导价，不得以任何形式擅自提高价格。药品生产企业应当依法向政府价格主管部门如实提供药品的生产经营成本，不得拒报、虚报、瞒报。

依法实行政府定价、政府指导价的药品，由政府价格主管部门依照《药品管理法》第 55 条规定的原则制定和调整价格；其中，制定和调整药品销售价格时，应当体现对药品社会平均销售费用率、销售利润率和流通差率的控制。具体定价办法由国务院价格主管部门依照《价格法》的有关规定制定。

实行政府定价和政府指导价的药品价格，政府价格主管部门制定和调整药品价格时，应当组织药学、医学、经济学等方面专家进行评审和论证；必要时，应当听取药品生产企业、药品经营企业、医疗机构、公民以及其他有关单位及人员的意见。

政府价格主管部门依照《价格法》第 28 条的规定实行药品价格监测时，为掌握、分析药品价格变动和趋势，可以指定部分药品生产企业、药品经营企业和医疗机构作为价格监测定点单位；定点单位应当给予配合、支持，如实提供有关信息资料。

（3）市场调节价药品的定价原则与价格管理。

依法实行市场调节价的药品，药品的生产企业、经营企业和医疗机构应当按照公平、合理和诚实信用、质价相符的原则制定价格，为用药者提供价格合理的药品。

药品的生产企业、经营企业和医疗机构应当遵守国务院价格主管部门关于药价管理的规定，制定和标明药品零售价格，禁止暴利和损害用药者利益的价格欺诈行为。

（二）药品价格信息的管理和购销禁止性规定

1. 提供药品价格信息的规定

药品的生产企业、经营企业、医疗机构应当依法向政府价格主管部门提供其药品的实际购销价格和购销数量等资料。医疗机构应当向患者提供所用药品的价格清单；医疗保险定点医疗机构还应当按照规定的办法如实公布其常用药品的价格，加强合理用药的管理。具体办法由国务院卫生行政部门规定。

2. 药品购销中涉及药品价格的禁止性规定

禁止药品的生产企业、经营企业和医疗机构在药品购销中账外暗中给予、收受回扣或者其他利益。

禁止药品的生产企业、经营企业或者其代理人以任何名义给予使用其药品的医疗机构的负责人、药品采购人员、医师等有关人员以财物或者其他利益。禁止医疗机构的负责人、药品采购人员、医师等有关人员以任何名义收受药品的生产企业、经营企业或者其代理人给予的财物或者其他利益。

（三）药品广告的法律规定

药品广告是宣传和推销药品的有效手段，又是向广大群众介绍药品成分、功效、用法、用量及反映药品确切疗效的重要方法。药品关系到广大群众的身体健康，因此，药品广告要准确、科学、真实。

1. **药品广告的审批规定与程序**

《药品管理法》规定，药品广告必须经省、自治区、直辖市药品监督管理部门审查批准，并发给药品广告批准文号。未取得药品广告批准文号的，不得发布。

发布药品广告，应当向药品生产企业所在地省、自治区、直辖市人民政府药品监督管理部门报送有关材料。省、自治区、直辖市人民政府药品监督管理部门应当自收到有关材料之日起10个工作日内作出是否核发药品广告批准文号的决定；核发药品广告批准文号的，应当同时报国务院药品监督管理部门备案。具体办法由国务院药品监督管理部门制定。

发布进口药品广告，应当依照前款规定向进口药品代理机构所在地省、自治区、直辖市人民政府药品监督管理部门申请药品广告批准文号。

在药品生产企业所在地和进口药品代理机构所在地以外的省、自治区、直辖市发布药品广告的，发布广告的企业应当在发布前向发布地省、自治区、直辖市人民政府药品监督管理部门备案。接受备案的省、自治区、直辖市人民政府药品监督管理部门发现药品广告批准内容不符合药品广告管理规定的，应当交由原核发部门处理。

2. **药品广告的范围、内容与限制**

（1）处方药广告管理规定。处方药可以在国务院卫生行政部门和国务院药品监督管理部门共同指定的医学、药学专业刊物上介绍，但不得在大众传播媒介发布广告或者以其他方式进行以公众为对象的广告宣传。

（2）药品广告内容管理规定。药品广告的内容必须真实、合法，以国务院药品监督管理部门批准的说明书为准，不得含有虚假的内容。药品广告不得含有不科学的表示功效的断言或者保证；不得利用国家机关、医药科研单位、学术机构或者专家、学者、医师、患者的名义和形象作证明。非药品广告不得有涉及药品的宣传。

3. **药品广告的检查与处理**

（1）药品广告的检查机构与程序。省、自治区、直辖市人民政府药品监督管理部门应当对其批准的药品广告进行检查，对于违反《药品管理法》和《中华人民共和国广告法》（以下简称《广告法》）的广告，应当向广告监督管理机关通报并提出处理建议，广告监督管理机关应当依法作出处理。

（2）暂停生产、销售、使用的药品不得发布广告。经国务院或者省、自治区、直辖市人民政府的药品监督管理部门决定，责令暂停生产、销售和使用的药品，在暂停期间不得发布该品种药品广告；已经发布广告的，必须立即停止。

（3）违法广告的处理与公告。未经省、自治区、直辖市人民政府药品监督管理部门批准的药品广告，使用伪造、冒用、失效的药品广告批准文号的广告，或者因其他广告违法活动被撤销药品广告批准文号的广告，发布广告的企业、广告经营者、广告发布者必须立即停止该药品广告的发布。对违法发布药品广告，情节严重的，省、自治区、直辖市人民政府药品监督管理部门可以予以公告。

七、药品监督的法律规定

（一）药品监督管理机构

《药品管理法》规定，国务院药品监督管理部门主管全国药品监督管理工作。国务院有关部门在各自的职责范围内负责与药品有关的监督管理工作。省级药品监督管理部门负责本行政区域内的药品监督管理工作。省级人民政府有关部门在各自的职责范围内负责与药品有关的监督管理工作。

（二）药品监督管理机构的职责

药品监督管理部门有权按照法律、行政法规的规定对报经其审批的药品研制和药品的生产、经营以及医疗机构使用药品的事项进行监督检查，有关单位和个人不得拒绝和隐瞒。药品监督管理部门进行监督检查时，必须出示证明文件，对监督检查中知悉的被检查人的技术秘密和业务秘密应当保密。

药品监督管理部门根据监督检查的需要，可以对药品质量进行抽查检验。抽查检验应当按照规定抽样，并不得收取任何费用。药品监督管理部门对有证据证明可能危害人体健康的药品及其有关材料可以采取查封、扣押的行政强制措施。

国务院和省、自治区、直辖市人民政府的药品监督管理部门应当定期公告药品质量抽查检验的结果。

药品监督管理部门应当按照规定，依据《药品生产质量管理规范》、《药品经营质量管理规范》，对经其认证合格的药品生产企业、药品经营企业进行认证后的跟踪检查。

地方人民政府和药品监督管理部门不得以要求实施药品检验、审批等手段限制或者排斥非本地区药品生产企业依照规定生产的药品进入本地区。

药品监督管理部门及其设置的药品检验机构和确定的专业从事药品检验的机构不得参与药品生产经营活动，不得以其名义推荐或者监制、监销药品。药品监督管理部门及其设置的药品检验机构和确定的专业从事药品检验的机构的工作人员不得参与药品生产经营活动。

八、法律责任

（一）行政责任

对违反法律规定，生产、销售假劣药的行为，根据情节给予警告、罚款，没收假劣药品和违法所得。其直接负责的主管人员和其他直接责任人员 10 年内不得从事药品生产、经营活动。对生产原材料设备予以没收。对知道或者应当知道属于假劣药品而为其提供运输、保管、仓储等便利条件的，没收全部运输、保管、仓储的收入，并处违法收入 50% 以上 3 倍以下罚款。

未取得《药品生产许可证》、《药品经营许可证》或者《医疗机构制剂许可证》生产药品、经营药品的，依法予以取缔，没收违法生产、销售的药品和违法所得，并处违法生产、销售的药品货值金额 2 倍以上 5 倍以下罚款。

药品生产企业、经营企业，药物非临床安全性评价研究机构、药物临床试验机构未按规定实施《药品生产质量管理规范》、《药品经营质量管理规范》、《药物非临床研究质量管理规范》、《药物临床试验质量管理规范》的给予警告，责令限期改正；逾期不改正的责令停产、停业整顿并处 5 000 元以上 2 万元以下罚款；情节严重的，吊销"药品生产许可证"、"药品经营许可证"和药物临床试验机构的资格。

药品生产、经营企业或医疗机构从无药品生产、经营许可证的企业购进药品的，责令改正，没收违法购进药品并处货值金额 2 倍以上 5 倍以下罚款；有违法所得的，没收违法所得；情节严重的，吊销药品生产、经营许可证或者医疗机构执业许可证书。

进口已获得药品进口注册证书的药品，未按规定向允许药品进口的口岸所在地的药品监督管理部门登记备案的，给予警告，责令限期改正；逾期不改正的，撤销进口药品注册证书。

伪造、变造、买卖、出租、出借许可证或者药品批准证明文件的，没收违法所得并处违法所得 1 倍以上 3 倍以下罚款。情节严重的，吊销卖方、出租方、出借方药品生产、经营许可证，医疗机构制剂许可证或撤销药品批准证明文件。

提供虚假的证明、文件资料、样品或采取其他欺骗手段取得药品生产、经营许可证，医疗机构制剂许可证或药品批准证明文件的，予以吊销，五年内不受其申请，并处 1 万元以上 3 万元以下罚款。

药品标识不符合法律规定，按假、劣药论处，并责令改正，给予警告，情节严重的，撤销该药品的批准证明文件。

药品检验机构出具假检验报告，责令改正，给予警告，对单位处 3 万元以上 5 万元以下罚款，对直接负责人和其他责任人依法处以降职、撤职、开除的处分，并处 3 万元以下罚款。有违法所得的，没收违法所得；情节严重的，撤销其检验资格。行政处罚由县级以上药品监督管理部门按照国务院药品监督管理部门规定的职责分工决定；吊销药品生产、经营、制剂许可证、医疗机构执业许可证或撤销药品批准证明文件的，由原发证、批准的部门决定。

药品购销中暗中给予、收受回扣或者其他利益的医疗机构负责人、采购人员、医师等有关人员由工商行政管理部门处以罚款，没收违法所得。由卫生行政部门或本单位给予处分。

违反药品广告管理规定的，按广告法处罚，药品监督管理部门撤销广告批准文号，1 年内不受理该品种的广告审批申请。虚假和违反法律、行政法规的广告，对其负责的主管人员和其直接责任人依法给予行政处分。

药品监督管理部门违反本法规定，由上级主管部门或者监察机关责令收回违法发出的证书、撤销药品批准证明文件，对直接责任人和主管人员依法给予行政处分。当事人不服行政处罚，在接到处罚通知之日起十五天内，向人民法院起诉。但对行政部门作出的药品控制规定必须执行。对行政处罚决定到期不履行的由人民法院强制执行。

（二）民事责任

违反《药品管理法》造成药品中毒事故的，致害单位和个人应承担赔偿的民事责任。受害人及其代理人可以请求卫生行政部门处理,当事人不服,可以向人民法院起诉。受害人也可以直接向人民法院起诉。

药品检验机构出具的检验结果不实,造成损失的,应当承担相应的赔偿责任。要求损害赔偿,应当从知道或应当知道受损害之日起一年内提出,超过期限的,不予受理。

(三)刑事责任

《刑法》第141条规定:生产、销售假药,足以严重危害人体健康的,处3年以下有期徒刑或者拘役,并处或者单处销售金额50%以上2倍以下罚金;对人体健康造成严重危害的,处3年以上10年以下有期徒刑,并处销售金额50%以上2倍以下罚金;致人死亡或者对人体健康造成特别严重危害的,处10年以上有期徒刑、无期徒刑或者死刑,并处销售金额50%以上2倍以下罚金或者没收财产。

《刑法》第142条规定:生产、销售劣药,对人体健康造成严重危害的,处3年以上10年以下有期徒刑,并处销售金额50%以上2倍以下罚金;后果特别严重的,处10年以上有期徒刑或者无期徒刑,并处销售金额50%以上2倍以下罚金或者没收财产。

《刑法》第335条规定:依法从事生产、运输、管理、使用国家管制的麻醉药品、精神药品的人员,违反国家规定,向吸食、注射毒品的人提供国家规定管制的能够使人形成瘾癖的麻醉药品、精神药品的,处3年以下有期徒刑或者拘役,并处罚金;情节严重的,处3年以上7年以下有期徒刑,并处罚金。向走私、贩卖毒品的犯罪分子或者以牟利为目的,向吸食、注射毒品的人提供国家规定管制的能够使人形成瘾癖的麻醉药品、精神药品的,依照本法第347条的规定定罪处罚。

第二节 血液与血液制品法律制度

一、血液及血液制品监管的立法概况

血液是指全血、血液成分和特殊血液成分。血液制品是特指各种人血浆蛋白制品。血液是涉及人的健康和生命的重要物质。血液和血液制品除了本身的重要性外,还对预防和控制传染病有重要作用。

国务院于1996年12月30日发布了《血液制品管理条例》;1997年12月29日,第八届全国人大常委会第二十九次会议通过了《中华人民共和国献血法》,自1998年10月1日起施行;卫生部于2005年11月17日发布《血站管理办法》,自2006年3月1日起施行;卫生部于2008年1月4日发布《单采血浆站管理办法》,自2008年3月1日起施行。

二、献血法律制度

(一)无偿献血制度

《献血法》规定国家实行无偿献血制度。无偿献血制度是指达到一定年龄的健康公

民自愿提供自身的血液、血浆或其他血液成分用于临床，而不索取任何报酬的制度。

1. 无偿献血的主体

《献血法》规定，国家提倡 18 周岁～55 周岁的健康公民自愿献血。《献血法》规定特定人群应带头献血。特定人群系指国家工作人员、现役军人、高等院校在校学生，这里所指的国家工作人员是指包括国家行政机关、权力机关、司法机关的国家干部和按国家工作人员管理的人员。

2. 政府职责

《献血法》第 3 条规定，地方各级人民政府领导本行政区域内的献血工作，统一规划并负责组织协调各部门共同做好献血工作。《献血法》规定，各级人民政府采取措施广泛宣传献血的意义，普及献血的科学知识，开始预防和控制经血液途径传播的疾病的教育。新闻媒介应当开展献血的社会公益性宣传。

3. 各级卫生行政部门及红十字会的职责

《献血法》第 4 条规定，县级以上各级卫生行政部门监督管理献血工作。各级红十字会依法参与、推动献血工作。

4. 无偿献血的组织动员

《献血法》对社会各单位规定了一项法律义务，即"国家机关、军队、社会团体、企事业组织、居民委员会、村民委员会，应当动员和组织本单位或本居住区的适龄公民参加献血"。各单位要在政府统一领导、组织、协调下，动员组织本单位、本居住区适龄公民参加献血，完成政府下达的计划指标，以保证献血法顺利实施。此外，各单位还应采取一些实际措施鼓励献血，如献血者献血时间应视为工作时间对待，给予献血者适当补贴和精神鼓励等。

（二）临床用血的法律规定

1. 医疗机构有保证血液质量的义务

临床用血的储存和发放必须符合国家规定的卫生标准和要求，防止血液发生污染；医疗机构对临床用血必须进行核查，不得将不符合国家规定标准的血液用于临床。

2. 医疗机构有保证患者免费和减费用血的义务

根据地方法规的规定，无偿献血者临床需要用血时，免缴一切费用。一般公民临床用血只交付用于血液的采集、储存、分离、检验等的费用而无须买血。

3. 医疗单位有计划、合理、科学和节约用血的义务

在我国临床用血相对紧张的情况下，医疗机构用血时必须遵循合理科学的原则，严禁浪费和滥用，不能把血液作为"补品"，给不需要输血的人输"安慰血"。为了最大限度地发挥血液的功效，医疗机构要积极开展临床用血新技术的研究和推广，使临床用血更加节约高效，同时，要积极推广成分输血，患者缺什么血液成分就补充什么成分。成分输血不仅可以节约用血量，而且对患者能起到积极的治疗作用。

三、血站管理法律规定

（一）血站设置审批制度

《献血法》规定，血站是不以盈利为目的采集、制备、储存血液并向临床提供血液的公益性卫生机构。血站管理以省、自治区、直辖市为区域，实行统一规划设置血站、统一管理采供血和统一管理临床用血的原则。设置血站必须经省级以上卫生行政部门审核批准。血站分为血液中心、中心血站、基层血站或中心血库，负责指定的服务区域的采供血工作。直辖市、省会市、自治区首府市设血液中心，设区的市或地设中心血站；县及县级市可以设基层血站或中心血库。血液中心的设置必须经国务院卫生行政部门批准，中心血站、基层血站和中心血库的设置必须经省、自治区、直辖市卫生行政部门批准。

（二）血站执业许可制度

血站开展采供血业务必须经卫生行政部门执业验收及注册登记，并分别领取"血站执业许可证"和"中心血库采供血许可证"后方可执业。血液中心的执业验收由国务院卫生行政部门委托中国输血协会进行。中心血站、基层血站或中心血库的执业验收由省级卫生行政部门委托本省输血协会进行。血站执业验收的标准为卫生部颁发的《血站基本标准》。血站的注册登记机关为批准其设置的人民政府卫生行政部门，一般登记有效期为3年。

（三）血站执业中的法律规定

1. 依法执业的义务

血站执业必须依法取得血站执业许可证，并且血站必须按照注册登记的项目、内容、范围，开展采供血业务；血站执业技术人员必须经过输血业务知识技术考试，取得考核合格证书后方可上岗。

2. 保证献血者健康的义务

血站采供血必须严格按照各项技术操作规程和制度进行，并且要为献血者提供各种安全、卫生、便利的条件，采血过程容易发生交叉污染，危害献血者的健康，采血必须由具有采血资格的技术人员进行，一次性采血器材用后必须销毁，确保献血者的身体健康；血站在采血前，应按照卫生部制定的《献血者健康检查标准》，对献血者免费进行必要的健康查体，发现身体达不到健康标准的，应向献血者说明情况不得采集血液；血站还有严格采血量和采血间隔的义务，献血者每次献血量一般为 200 mL，最多不超过 400 mL，两次采血间隔时间不得少于 6 个月，血站严禁违反献血量和献血间隔的规定超量频繁采集血液。

3. 保证血液质量的义务

采供血是血液管理的重要环节，也是最容易出问题的环节，而且一旦出现问题，影响面广，危害性大。所以献血法规定："血站应当根据国务院卫生行政部门制定的标准，保证血液的质量"、"血站对采集的血液必须进行检测；未经检测和检测不合格的血液，不得向医疗机构提供。"另外，血站提供血液的包装、储存、运输条件要符合卫生要求，如包装袋上要标明血站的名称及执业许可证号、献血者的姓名、血型、血液品种、采血日期、有效期、血袋编号及储存条件等。

4. 无偿献血的血液必须用于临床的义务

根据目前我国血液管理工作的法律法规规定，将血液分为医疗临床用血和血液制品生产用血两部分分别进行管理。我国建立无偿献血制度的主要目的是为了缓解临床用血紧张，因此，献血法规定无偿献血的血液必须用于临床，不得买卖，在无偿献血的整个过程中，不允许任何单位和个人利用公民无偿捐献的血液谋取私利。

四、血液制品法律制度

(一) 原料血浆的管理

原料血浆是指由单采血浆站采集的专用于血液制品生产原料的血浆。单采血浆站是指根据地区血源资源，按照有关标准和要求并经严格审批设立，采集供应血液制品生产用原料血浆的单位。单采血浆站由血液制品生产单位设置，具有独立的法人资格。其他任何单位和个人不得从事单采血浆活动。

1. 单采血浆站的设置

《单采血浆站管理办法》规定，血液制品生产单位设置单采血浆站应当符合当地单采血浆站设置规划，并经省、自治区、直辖市人民政府卫生行政部门批准。单采血浆站应当设置在县（旗）及县级市，不得与一般血站设置在同一县级行政区域内；有地方病或者经血传播的传染病流行、高发的地区不得规划设置单采血浆站。省、自治区、直辖市人民政府卫生行政部门根据实际情况，划定单采血浆站的采浆区域；采浆区域的选择应当保证供血浆者的数量，能满足原料血浆年采集量不少于30吨；新建单采血浆站在3年内达到年采集量不少于30吨。

申请设置单采血浆站的血液制品生产单位，应当向单采血浆站设置地的县级人民政府卫生行政部门提交《设置单采血浆站申请书》，由县级人民政府卫生行政部门进行初审，经设区的市、自治州人民政府卫生行政部门审查同意后，报省级人民政府卫生行政部门审批。省级人民政府卫生行政部门根据《单采血浆站质量管理规范》进行技术审查。经审查符合条件的，由省级人民政府卫生行政部门核发"单采血浆许可证"，并在设置审批后10日内报卫生部备案；经审查不符合条件的，应当将不予批准的理由书面通知申请人。

2. 单采血浆站执业

单采血浆站执业，应当对血浆采集工作实行全面质量管理，严格遵守《中华人民共和国药典》血液制品原料血浆规程、《单采血浆站质量管理规范》等技术规范和标准；应当在规定的采浆区域内组织、动员供血浆者，并对供血浆者进行相应的健康教育，为供血浆者提供安全、卫生、便利的条件和良好的服务。单采血浆站应当按照《中华人民共和国药典》血液制品原料血浆规程对申请供血浆者进行健康状况征询、健康检查和血样化验，并按照卫生部发布的供血浆者须知对供血浆者履行告知义务。

单采血浆站应当保证所采集的血浆均进行严格的检测。血浆采集后必须单人份冰冻保存，严禁混浆。原料血浆的采集、包装、储存、运输应当符合《单采血浆站质量管理规范》的要求。单采血浆站应当保证发出的原料血浆质量符合国家有关标准，其品种、规格、数量无差错，血浆的生物活性保存完好。

3. 监督管理

卫生部负责全国单采血浆站的监督管理工作。县级以上地方人民政府卫生行政部门负责本行政区域内单采血浆站的监督管理工作,制定年度监督检查计划。检查内容包括:执行法律、法规、规章、技术标准和规范情况;单采血浆站各项规章制度和工作人员岗位责任制落实情况;供血浆者管理,检验,原料血浆的采集、保存、供应等;单采血浆站定期自检和重大事故报告情况。

负责单采血浆站审批和监督的卫生行政部门要建立信息沟通制度。省级以上人民政府卫生行政部门应当指定有关血液检定机构,对单采血浆站采集的血浆质量进行监测。卫生行政部门在进行监督检查时,有权索取有关资料,单采血浆站不得隐瞒、阻碍或者拒绝。

(二) 血液制品生产经营单位管理

1. 血液制品生产的审批

新建、改建或者扩建血液制品生产单位,经国务院卫生行政部门根据总体规划进行立项审查同意后,由省、自治区、直辖市人民政府卫生行政部门依照药品管理法的规定审核批准。血液制品生产单位必须达到国务院卫生行政部门制定的《药品生产质量管理规范》规定的标准,经国务院卫生行政部门审查合格,并依法向工商行政管理部门申领营业执照后,方可从事血液制品的生产活动。

血液制品生产单位生产国内已经生产的品种,必须依法向国务院卫生行政部门申请产品批准文号;国内尚未生产的品种,必须按照国家有关新药审批的程序和要求申报。

2. 血液制品生产的管理

血液制品生产单位在原料血浆投料生产前,必须使用有产品批准文号并经国家药品生物制品检定机构逐批检定合格的体外诊断试剂,对每一人份血浆进行全面复检,并作检测记录。原料血浆经复检不合格的,不得投料生产,并必须在省级药品监督下按照规定程序和方法予以销毁,并作记录。原料血浆经复检发现有血液途径传播的疾病的,必须通知供应血浆的单采血浆站,并及时上报所在地省、自治区、直辖市人民政府卫生行政部门。血液制品出厂前,必须经过质量检验;经检验不符合国家标准的,严禁出厂。

血液制品生产单位不得向无"单采血浆许可证"的单采血浆站或者未与其签订质量责任书的单采血浆站及其他任何单位收集原料血浆。血液制品生产单位不得向其他任何单位供应原料血浆。严禁血液制品生产单位出让、出租、出借以及与他人共用"药品生产企业许可证"和产品批准文号。血液制品生产单位应当积极开发新品种,提高血浆综合利用率。

3. 血液制品经营的管理

开办血液制品经营单位,由省、自治区、直辖市人民政府卫生行政部门审核批准。血液制品经营单位应当具备与所经营的产品相适应的冷藏条件和熟悉所经营品种的业务人员。国家禁止出口原料血浆。

血液制品生产经营单位生产、包装、储存、运输、经营血液制品,应当符合国家规定的卫生标准和要求。

4. 监督管理

国务院卫生行政部门负责全国进出口血液制品的审批及监督管理。县级以上各级人民政府卫生行政部门负责本行政区域内的血液制品生产与经营单位的监督管理。省、自治区、直辖市人民政府卫生行政部门负责本行政区域内的血液制品生产单位的监督管理，每年组织一次对本行政区域内单采血浆站的监督检查并进行年度注册。

国家药品生物制品检定机构及国务院卫生行政部门指定的省级药品检验机构，应当依照本条例和国家规定的标准和要求，对血液制品生产单位生产的产品定期进行检定。

五、相关法律责任

（一）行政责任

1. 违反献血法的行政责任

（1）有下列行为之一的，由县级以上地方人民政府卫生行政部门予以取缔，没收违法所得，可以并处10万元以下的罚款：①非法采集血液；②血站、医疗机构出售无偿献血的血液的；③非法组织他人出卖血液的。

（2）血站违反有关操作规程和制度采集血液，由县级以上地方人民政府卫生行政部门责令改正；给献血者健康造成损害的，对直接负责的主管人员和其他直接责任人员，依法给予行政处分。

（3）临床用血的包装、储运、运输，不符合国家规定的卫生标准和要求的，由县级以上地方人民政府卫生行政部门责令改正，给予警告，可以并处1万元以下的罚款。

（4）血站向医疗机构提供不符合国家规定标准的血液的，由县级以上人民政府卫生行政部门责令改正；情节严重，造成经血液途径传播的疾病传播或者有传播严重危险的，限期整顿，对直接负责的主管人员和其他直接责任人员，依法给予行政处分。

（5）医疗机构的医务人员将不符合国家规定标准的血液用于患者的，由县级以上地方人民政府卫生行政部门责令改正；给患者健康造成损害的，对直接负责的主管人员和其他直接责任人员，依法给予行政处分。

（6）卫生行政部门及其工作人员在献血、用血的监督管理工作中，玩忽职守，造成严重后果，尚不构成犯罪的，依法给予行政处分。

2. 违反血液制品管理条例和单采血浆站管理办法的行政责任

（1）单采血浆站有下列行为之一的，由县级以上地方人民政府卫生行政部门予以取缔，没收违法所得和从事活动的器材、设备，并处违法所得5倍以上10倍以下的罚款；没有违法所得的，并处5万元以上10万元以下的罚款：①未取得省、自治区、直辖市人民政府卫生行政部门核发的"单采血浆许可证"，非法从事组织、采集、供应、倒卖原料血浆活动的；②"单采血浆许可证"已被注销或者吊销仍开展采供血浆活动的；③租用、借用、出租、出借、变造、伪造"单采血浆许可证"开展采供血浆活动的。

（2）单采血浆站有下列行为之一的，由县级以上地方人民政府卫生行政部门责令限期改正，处5万元以上10万元以下的罚款：①采血浆前，未按照国务院卫生行政部门颁布的健康检查标准对供血浆者进行健康检查和血液化验的。②采集非划定区域内的供血浆者或者其他人员的血浆的，或者不对供血浆者进行身份识别，采集冒名顶替者，健康检查不合格者或者无"供血浆证"者的血浆的。③违反国务院卫生行政部门制定的血浆采集技术操作标准和程序，过频过量采集血浆的；④向医疗机构直接供应原料血浆或者擅自采集血液的；⑤未使用单采血浆机械进行血浆采集的；⑥未使用有产品批准文号并经国家药品生物制品检定机构逐批检定合格的体外诊断试剂以及合格的一次性采血浆器材的；⑦未按照国家规定的卫生标准和要求包装、储存、运输原料血浆的；⑧对国家规定检测项目检测结果呈阳性的血浆不清除、不及时上报的；⑨对污染的注射器、采血浆器材及不合格血浆等不经消毒处理，擅自倾倒，污染环境，造成社会危害的；⑩重复使用一次性采血浆器材的，以及向设置单采血浆站的血液制品生产单位以外的其他单位供应原料血浆的。

（3）按照《单采血浆站管理办法》规定，有下列情形之一的，按照情节严重予以处罚，并吊销"单采血浆许可证"：①对国家规定检测项目检测结果呈阳性的血浆不清除并不及时上报的；②12个月内2次发生上述所列违法行为的；③同时有上述所列3项以上违法行为的；④卫生行政部门责令限期改正而拒不改正的；⑤造成经血液途径传播的疾病传播或者造成其他严重伤害后果的。

（4）单采血浆站已知其采集的血浆检测结果呈阳性，仍向血液制品生产单位供应的，由省、自治区、直辖市人民政府卫生行政部门吊销"单采血浆许可证"，由县级以上地方人民政府卫生行政部门没收违法所得，并处10万元以上30万元以下的罚款。

（5）涂改、伪造、转让"供血许可证"的，由县级人民政府卫生行政部门收缴"供血浆证"，没收违法所得，并处违法所得3倍以上5倍以下的罚款，没有违法所得的，并处1万元以下的罚款。

（6）血制品生产单位有下列行为之一的，由省级人民政府卫生行政部门依照药品管理法及其实施办法等有关规定，按照生产假药、劣药予以处罚：①使用无"单采血浆许可证"的单采血浆站或者未与其签订质量责任书的单采血浆站及其他任何单位供应的原料血浆的，或者非法采集原料血浆的；②投料生产前未对原料血浆进行复检的，或者使用没有产品批准文号或者未经国家药品生物制品检定机构逐批检定合格的体外诊断试剂进行复检的，或者将检测不合格的原料血浆投入生产的；③擅自更改生产工艺和质量标准的，或者将检验不合格的产品出厂的；④与他人共用产品批准文号的。

（7）血液制品生产单位擅自向其他单位出让、出租、出借以及与他人共用"药品生产企业许可证"、产品批准文号或者供应原料血浆的，由省级以上人民政府卫生行政部门没收违法所得，并处违法所得5倍以上10以下的罚款，没有违法所得的，并处5万元以上10万元以下的罚款。

（8）血液制品生产经营单位生产、包装、储存、运输、经营血液制品不符合国家规定的卫生标准和要求的，由省、自治区、直辖市人民政府卫生行政部门责令改正，可以处1万元以下的罚款。

（9）在血液制品生产单位成品库待出厂的产品中，经抽检有一批次达不到国家规定的指标，经复检仍不合格的，由国务院卫生行政部门撤销血液制品批准文号。

（10）擅自进出口血液制品或者出口原料血浆的，由省级以上人民政府卫生行政部门没收所进出口的血液制品或者所出口的原料血浆和违法所得，并处所进出口的血液制品或者所出口的原料血浆总值3倍以上5倍以下的罚款。

（11）血液制品检验人员虚报、瞒报、涂改、伪造检验报告及有关资料的，依法给予行政处分。

（12）卫生行政部门工作人员滥用职权、玩忽职守、徇私舞弊、索贿受贿，尚不构成犯罪的，依法给予行政处分。

（13）《单采血浆站管理办法》规定，承担单采血浆站技术评价、检测的技术机构出具虚假证明文件的，由卫生行政部门责令改正，给予警告，并可处2万元以下的罚款；对直接负责的主管人员和其他直接责任人员，依法给予处分。

（14）《单采血浆站管理办法》规定，单采血浆站违有下列行为之一的，由县级以上地方人民政府卫生行政部门予以警告，并处3万元以下的罚款：①隐瞒、阻碍、拒绝卫生行政部门监督检查或者不如实提供有关资料的；②对供血浆者未履行事先告知义务，未经供血浆者同意开展特殊免疫的；③未按照规定建立供血浆者档案管理及屏蔽、淘汰制度的；④未按照规定制订各项工作制度或者不落实的；⑤工作人员未取得相关岗位执业资格或者未经执业注册从事采供血浆工作的；⑥不按照规定记录或者保存工作记录的；⑦未按照规定保存血浆标本的。

3. 违反血站管理办法的行政责任

（1）有下列行为之一的，属于非法采集血液，由县级以上地方人民政府卫生行政部门予以取缔，没收违法所得，可以并处10万元以下的罚款：①未经批准，擅自设置血站，开展采供血活动的；②已被注销的血站，仍开展采供血活动的；③已取得设置批准但尚未取得"血站执业许可证"即开展采供血活动，或者"血站执业许可证"有效期满未再次登记仍开展采供血活动的；④租用、借用、出租、出借、变造、伪造"血站执业许可证"开展采供血活动的；⑤血站出售无偿献血血液的。

（2）血站有下列行为之一的，由县级以上地方人民政府卫生行政部门予以警告、责令改正；逾期不改正，或者造成经血液传播疾病发生，或者其他严重后果的，对负有责任的主管人员和其他直接负责人员，依法给予行政处分：①超出执业登记的项目、内容、范围开展业务活动的；②工作人员未取得相关岗位执业资格或者未经执业注册而从事采供血工作的；③血液检测实验室未取得相应资格即进行检测的；④擅自采集原料血浆、买卖血液的；⑤采集血液前，未按照国家颁布的献血者健康检查要求对献血者进行健康检查、检测的；⑥采集冒名顶替者、健康检查不合格者血液以及超量、频繁采集血液的；⑦违反输血技术操作规程、有关质量规范和标准的；⑧采血前未向献血者、特殊血液成分捐赠者履行规定的告知义务的；⑨擅自涂改、毁损或者不按规定保存工作记录的；⑩使用的药品、体外诊断试剂、一次性卫生器材不符合国家有关规定的；⑪重复使用一次性卫生器材的；⑫对检测不合格或者报废的血液，未按有关规定处理的；⑬未经批准擅自与外省、自治区、直辖市调配血液的；⑭未经批准向境外医疗机构提供血液或者特殊血液成分的；⑮未按规定保存血液标本的；⑯脐带血造血干细胞库等特殊血站违反有关技术规范的。

血站造成经血液传播疾病发生或者其他严重后果的，卫生行政部门在行政处罚的同时，可以注销其"血站执业许可证"。

（3）血站向医疗机构提供不符合国家规定标准的血液的，由县级以上人民政府卫生行政部门责令改正；情节严重，造成经血液途径传播的疾病传播或者有传播严重危险的，限期整顿，对直接负责的主管人员和其他责任人员，依法给予行政处分。

（4）卫生行政部门及其工作人员有下述情形之一的，由上级行政机关或者监察机关责令改正；情节严重的，对直接负责的主管人员和其他直接责任人员依法给予行政处分：①未按规定的程序审查而使不符合条件的申请者得到许可；②对不符合条件的申请者准予许可或者超越法定职权作出准予许可决定；③在许可审批过程中弄虚作假；④对符合条件的设置及执业登记申请不予受理；⑤对符合条件的申请不在法定期限内作出许可决定；⑥不依法履行监督职责，或者监督不力造成严重后果；⑦其他在执行本办法过程中，存在滥用职权，玩忽职守，徇私舞弊，索贿受贿等行为。

（二）民事责任

《献血法》规定，血站违反有关操作规程和制度采集血液，给献血者健康造成损害的，应当依法赔偿。

（三）刑事责任

《献血法》规定，有下列行为之一的，构成犯罪的，依法追究刑事责任：①非法采集血液；②血站、医疗机构出售无偿献血的血液的；③非法组织他人出卖血液的；④血站违反有关操作规程和制度采集血液；⑤向医疗机构提供不符合国家规定标准的血液，造成经血液途径传播的疾病传播或者有传播严重危险的；医疗机构的医务人员将不符合国家规定标准的血液用于患者的；⑥卫生行政部门及其工作人员在献血、用血的监督管理工作中，玩忽职守，造成严重后果。

《血液制品管理条例》中规定的刑事责任：未取得省、自治区、直辖市人民政府卫生行政部门核发的"单采血浆许可证"，非法从事组织、采集、供应、倒卖原料血浆活动，造成经血液途径传播的疾病传播、人身伤害等危害；有《血液制品管理条例》中规定的行政责任第2项的行为，构成犯罪的，对负有直接责任的主管人员和其他直接责任人员依法追究刑事责任；单采血浆站已知其采集的血浆检测结果呈阳性，仍向血液制品生产单位供应，造成经血液途径传播的疾病传播、人身伤害等危害，构成犯罪的，对负责有直接责任的主管人员和其他直接责任人员依法追究刑事责任；涂改、伪造、转让"供血许可证"，构成犯罪的，依法追究刑事责任；血液制品生产单位有《血液制品管理条例》中规定的行政责任第5项的行为，构成犯罪的，对负有直接责任的主管人员和其他直接责任人员依法追究刑事责任；血液制品检验人员虚报、瞒报、涂改、伪造检验报告及有关资料，构成犯罪的，依法追究刑事责任。承担单采血浆站技术评价、检测的技术机构出具虚假证明文件，情节严重，构成犯罪的，依法追究刑事责任；卫生行政部门工作人员滥用职权、玩忽职守、徇私舞弊、索贿受贿，情节严重，构成犯罪的，依法追究刑事责任。

《刑法》第334条规定，非法采集、供应血液或者制作、供应血液制品，不符合国家规定的标准，足以危害人体健康的，处5年以下有期徒刑或者拘役，并处罚金；对人体健康造成严重危害的，处5年以上10年以下有期徒刑，并处罚金；造成特别严重后果的，处10年以上有期徒刑或者无期徒刑，并处罚金或者没收财产。经国家主管部门批准采集、供应血液或者制作、供应血液制品的部门，不依照规定进行检测或者违背其他操作规定，造成危害他人身体健康后果的，对单位判处罚金，并对其直接负责的主管人员和其他直接责任人员，处五年以下有期徒刑或者拘役。

案例 8-2

某公司生产无产品注册证医疗器械案

2009年6月7日，江都食品药品监管局对某电子公司检查时，发现该公司仓库内存放有3台某型号光电综合治疗仪，随机装箱的说明书标示产品适用范围为：本产品是妇产科、外科和理疗科的理想设备，也可用于美容保健；能治疗急慢性盆腔炎、乳腺炎、乳腺增生等妇科疾病；能治疗术后创面感染、感染性皮肤病、皮肤溃疡、浅层及闭塞性脉管炎等疾病……经查，该医疗器械产品注册证上所标示的产品适用范围超出了应有范围。2007年以来，该公司共生产上述型号光电综合治疗仪4台。江都局依法责令停止生产，没收违法生产的上述产品，并处以罚款。

第三节　医疗器械管理法律制度

一、医疗器械管理的法律规定

（一）医疗器械管理概述

医疗器械（medical apparatus and instruments）是指单独或者组合使用于人体的仪器、设备、器具、材料或者其他物品，包括所需要的软件。使用医疗器械旨在达到下列预期目的：①对疾病的预防、诊断、治疗、监护、缓解；②对损伤或者残疾的诊断、治疗、监护、缓解、补偿；③对解剖或者生理过程的研究、替代、调节；④妊娠控制。

为了加强对医疗器械的监督管理，保证医疗器械的安全、有效，保障人体健康和生命安全，1996年9月，国家医药管理局颁发了《医疗器械产品注册管理办法》；1995年3月，国家工商行政管理局发布了《医疗器械广告审查标准》、《医疗器械广告审查办法》；1997年12月，国家经贸委、国家医药管理局、财政部、中国人民银行、卫生部联合制定了《国家药品医疗器械储备管理暂行办法》；国家药品监督管理局先后颁发了《医疗器械分类规则》、《医疗器械生产企业管理办法》、《医疗器械经营企业管理办法》、《医疗器械生产企业质量体系考核办法》等；1999年12月28日，国务院通过了《医疗器械监督管理条例》。这些行政法规和规章构成了我国医疗器械管理的法律体系。

（二）医疗器械的分类管理

国家对医疗器械实行分类管理。第一类是指通过常规管理足以保证其安全性、有效性的医疗器械。第二类是指对其安全性、有效性应当加以控制的医疗器械。第三类是指植入人体；用于支持、维持生命；对人体具有潜在危险，对其安全性、有效性必须严格控制的医疗器械。

医疗器械分类目录由国务院药品监督管理部门依据医疗器械分类规则，由国务院卫生行政部门制定、调整、公布。生产和使用以提供具体量值为目的的医疗器械，应当符合计量法的规定。具体产品目录由国务院药品监督管理部门会同国务院计量行政管理部门制定并公布。

（三）医疗器械的注册管理

国家对医疗器械实行产品生产注册制度。生产第一类医疗器械，由设区的市级人民政府药品监督管理部门审查批准，并发给产品生产注册证书。生产第二类医疗器械，由省、自治区、直辖市人民政府药品监督管理部门审查批准，并发给产品生产注册证书。生产第三类医疗器械，由国务院药品监督管理部门审查批准，并发给产品生产注册证书。医疗器械产品注册证书有效期为4年，持证单位应当在产品注册证书有效期届满前6个月内申请重新注册。连续停产2年以上的，产品生产注册证书自行失效。医疗器械产品注册证书所列内容发生变化的，持证单位应当自发生变化之日起30日内申请办理变更手续或者重新注册。

申报注册医疗器械，应当按照国务院药品监督管理部门的规定提交技术指标、检测报告和其他有关资料。设区的市级人民政府药品监督管理部门应当自受理申请之日起30个工作日内，做出是否给予注册的决定；省、自治区、直辖市人民政府药品监督管理部门应当自受理申请之日起60个工作日内，做出是否给予注册的决定；国务院药品监督管理部门应当自受理申请之日起90个工作日内，做出是否给予注册的决定。不予注册的，均应当书面说明理由。

（四）医疗器械的研制管理

国家鼓励研制医疗器械新产品。医疗器械新产品是指国内市场尚未出现过的或者安全性、有效性及产品机理未得到国内认可的全新的品种。医疗机构根据本单位的临床需要，可以研制医疗器械，在执业医师指导下在本单位使用。医疗机构研制的第二类医疗器械，应当报省级以上人民政府药品监督管理部门审查批准；医疗机构研制的第三类医疗器械，应当报国务院药品监督管理部门审查批准。

第二、三类医疗器械新产品应当进行临床试用或者临床验证。省、自治区、直辖市人民政府药品监督管理部门负责审批本行政区域内的第二类医疗器械的临床试用或者临床验证，国务院药品监督管理部门负责审批第三类医疗器械的临床试用或者临床验证。临床试用或者临床验证应当在省级以上人民政府药品监督管理部门指定的医疗机构进行。医疗机构进行临床试用或者临床验证，应当符合国务院药品监督管理部门的规定。完成临床试用或者临床验证并通过国务院药品监督管理部门组织专家评审的医疗器械新产品，由国务院药品监督管理部门批准，并发给新产品证书。

（五）医疗器械的生产管理

医疗器械生产企业应当具备以下条件：①具有与其生产的医疗器械相适应的专业技

术人员、生产场地及环境、生产设备；②具有对其生产的医疗器械产品进行质量检验的机构或者人员及检验设备；③应当取得医疗器械产品生产注册证书。

开办第一类医疗器械生产企业，应当向省、自治区、直辖市人民政府药品监督管理部门备案。开办第二、三类医疗器械生产企业，应当经省、自治区、直辖市人民政府药品监督管理部门批准，并发给"医疗器械生产企业许可证"。许可证有效期5年，有效期满应当重新审查发证。无"医疗器械生产企业许可证"的，工商行政管理部门不得发给营业执照。

生产医疗器械，应当符合医疗器械国家标准；没有国家标准的，应当符合医疗器械行业标准。医疗器械的使用说明书、标签、包装应当符合国家有关标准或者规定。医疗器械及其外包装上应当按照国务院药品监督管理部门的规定，标明产品注册证书编号。

国家对部分第三类医疗器械实行强制性安全认证制度。

（六）医疗器械的经营管理

医疗器械经营企业应当符合以下条件：①具有与其经营的医疗器械相适应的经营场地和环境；②具有与其经营的医疗器械相适应的质量检验人员；③具有与其经营的医疗器械产品相适应的技术培训、维修等售后服务能力。

医疗器械经营企业应当取得"医疗器械经营企业许可证"，方能开展经营活动。开办第一类医疗器械经营企业，应当向省、自治区、直辖市人民政府药品监督管理部门备案；开办第二、三类医疗器械经营企业，应当经省、自治区、直辖市人民政府药品监督管理部门审查批准，并发给"医疗器械经营企业许可证"。许可证有效期5年，有效期满应当重新审查发证。无"医疗器械经营企业许可证"的，工商行政管理部门不得发给营业执照。

医疗器械经营企业和医疗机构应当从取得"医疗器械生产企业许可证"的生产企业或者取得"医疗器械经营企业许可证"的经营企业购进合格的医疗器械，并验明产品合格证书。医疗器械经营企业不得经营未经注册、无合格证明、过期、失效或者淘汰的医疗器械。医疗机构不得使用未经注册、无合格证明、过期、失效或者淘汰的医疗器械。医疗机构对一次性使用的医疗器械不得重复使用；使用过的，应当按照国家有关规定销毁，并作记录。

（七）医疗器械的监督管理

国务院药品监督管理部门负责全国的医疗器械监督管理工作。县级以上人民政府药品监督管理部门负责本行政区域内的医疗器械监督管理工作。国务院药品监督管理部门应当配合国务院经济综合管理部门，贯彻执行国际医疗器械产业政策。

县级以上人民政府药品监督管理部门设医疗器械监督员，对本行政区域内的医疗器械生产企业、经营企业、医疗机构进行监督、检查；必要时，可以按照国务院药品监督管理部门的规定抽取样品和索取有关资料，有关单位、人员不得拒绝和隐瞒。监督员对所取得的样品、资料负有保密的义务。

国家建立医疗器械质量事故报告制度和医疗器械质量事故公告制度。对已经造成医疗器械质量事故或者可能造成医疗器械质量事故的产品及有关资料，县级以上地方人民政府药品监督管理部门可以予以查封、扣押。对不能保证安全、有效的医疗器械，由省级以上人民政府药品监督管理部门撤销其产品注册证书。被撤销产品注册证书的医疗器械不得生产、销售和使用，已经生产或者进口的，由县级以上地方人民政府药品监督管理部门负责监督处理。

设区的市级以上地方人民政府药品监督管理部门违反《医疗器械监督管理条例》规定实施的产品注册，由国务院药品监督管理部门责令限期改正；逾期不改正的，可以撤销其违法注册的医疗器械产品注册证书，并予以公告。

医疗器械广告应当经省级以上人民政府药品监督管理部门审查批准；未经批准的，不得刊登、播放、散发和张贴。医疗器械广告的内容应当以国务院药品监督管理部门或者省级人民政府药品监督管理部门批准的使用说明书为准。

（八）法律责任

医疗器械生产企业违反《医疗器械监督管理条例》的，根据不同的情况，由县级以上人民政府药品监督管理部门分别给予警告、责令停止生产、没收违法生产的产品和违法所得，并处罚款；情节严重的，由省级人民政府药品监督管理部门吊销其"医疗器械生产企业许可证"或者由原发证部门吊销产品生产注册证书；构成犯罪的，依法追究刑事责任。

医疗器械经营企业违反《医疗器械监督管理条例》的，由县级以上人民政府药品监督管理部门分别予以责令停止经营、没收违法经营的产品和违法所得，并处罚款；情节严重的，由原发证部门吊销"医疗器械经营企业许可证"；构成犯罪的，依法追究刑事责任。

办理医疗器械注册申报时，提供虚假证明、文件资料、样品，或者采取其他欺骗手段，骗取医疗器械产品注册证书的，由原发证部门撤销产品注册证书，两年内不受理其产品注册申请，并处罚款；对已经进行生产的，没收违法生产的产品和违法所得，并处罚款；构成犯罪的，依法追究刑事责任。

违反有关医疗器械广告规定的，由工商行政管理部门依照国家有关法律法规处理。

医疗机构使用无产品注册证书、无合格证明、过期、失效、淘汰的医疗器械的，或者从无"医疗器械生产企业许可证"、"医疗器械经营企业许可证"的企业购进医疗器械的，由县级以上人民政府药品监督管理部门责令改正，给予警告，没收违法使用的产品和违法所得，并处罚款；对主管人员和其他直接责任人员依法给予纪律处分；构成犯罪的，依法追究刑事责任。医疗机构重复使用一次性使用的医疗器械的，或者对应当销毁未进行销毁的，由县级以上人民政府药品监督管理部门责令改正，给予警告，可以处5 000元以上3万元以下的罚款，对主管人员和其他直接责任人员依法给予纪律处分；构成犯罪的，依法追究刑事责任。

承担医疗器械临床试用或者临床验证的医疗机构提供虚假报告的，由省级以上人民政府药品监督管理部门责令改正，给予警告，可以处1万元以上3万元以下罚款；情节严重的，撤销其临床试用或者临床验证资格，对主管人员和其他直接责任人员依法给予纪律处分；构成犯罪的，依法追究刑事责任。

医疗器械检测机构及其人员从事或者参与同检测有关的医疗器械的研制、生产、经营、技术咨询的，或者出具虚假检测报告的，由省级以上人民政府药品监督管理部门责令改正，给予警告，并处 1 万元以上 3 万元以下的罚款；情节严重的，由国务院药品监督管理部门撤销该检测机构的检测资格，对主管人员和其他直接责任人员依法给予纪律处分；构成犯罪的，依法追究刑事责任。

医疗器械监督管理人员滥用职权、徇私舞弊、玩忽职守，构成犯罪的。

依法追究刑事责任；尚不构成犯罪的，依法给予行政处分。

关键术语

药品（drug）　　新药（new drugs）　　处方药（prescription drugs）　　药品认证（drug certification）　　药品批发企业（pharmaceutical wholesale enterprises）　　药品零售企业（drug retailers）

问题与思考

（1）结合案例 8-1，分析该案例中，该药品经营公司与生产企业销售人员王某的行为违反了药品管理法的哪些规定？

（2）结合案例 8-2，分析该案例中，该医疗经营企业行为违反了药品管理法哪些规定？

（3）简述《药品管理法》的立法宗旨、适用范围。

（4）开办药品生产企业、药品经营企业必须具备什么条件？

（5）我国对医疗机构配制制剂有何规定？

（6）什么是假药、劣药？哪些情形的药品按假药、劣药论处？

（7）《药品管理法》对直接接触药品的包装材料的容器是如何要求的？

（8）未取得"许可证"生产、经营药品应当承担什么法律责任？

（9）生产、销售假药、劣药应当承担什么法律责任？

（10）违反《药品管理法》其他有关规定应承担什么法律责任？

参考法律法规

《中华人民共和国药品管理法》

《中华人民共和国药品管理法实施条例》

《中华人民共和国献血法》

《药品进口管理办法》

《医疗器械临床试验规定》

《药品经营许可证管理办法》

《药品不良反应报告和监测管理办法》

《互联网药品信息服务管理办法》
《医疗器械说明书、标签和包装标识管理办法》
《医疗器械生产监督管理办法》
《直接接触药品的包装材料和容器管理办法》
《医疗器械经营企业许可证管理办法》
《医疗器械注册管理办法》
《药品注册管理办法》
《医疗机构制剂配制监督管理办法》
《药品说明书和标签管理规定》
《药品流通监督管理办法》
《药品广告审查办法》
《药品注册管理办法》
《药品召回管理办法》

(翁开源)

第九章　健康相关产品法律制度

✚ 学习目标

通过本章的学习，使学生掌握健康相关产品的基本概念和特点，对健康相关产品的立法现状有所了解，并对食品安全法律制度能够深入把握。

(1) 掌握：健康相关产品的概念与特点；健康相关产品尤其是食品安全领域的立法背景、调整对象与基本原则；食品（包括保健食品）与化妆品的法律规制。

(2) 了解：我国健康相关产品立法的概况及缺陷，并运用卫生法的法律规制理论对现实案例进行分析。

案例 9-1

与我们生命和健康相关的卫生领域，自2003年的非典之后便没有平静过。阜阳三鹿奶粉添加三聚氰胺导致儿童泌尿系统结石事件，或许已成为食品行业问题的"代表作"。

2008年9月，甘肃等地陆续报告多起婴幼儿泌尿系统结石病例。一场席卷全国的三聚氰胺奶粉致婴儿泌尿结石的恐慌和处理行动也开始了。在专家的迅速检验和查明后，发现导致这些婴幼儿患病的主要原因是患儿服用的三鹿牌婴幼儿奶粉中含有三聚氰胺。三鹿牌这个国产免检大品牌部分批次婴幼儿奶粉中含有三聚氰胺，是为增加原料奶或奶粉的蛋白含量而人为加入的，在其后对其他国产奶粉的检查过程中，均发现奶粉中添加三聚氰胺，而三鹿牌奶粉中的添加值是最高的。食品制作需要检查蛋白质含量，但是直接测量蛋白质含量技术上比较复杂，成本也比较高，不适合大范围推广，所以行业内常常使用一种叫做"凯氏定氮法"（Kjeldahl method）的方法，通过食品中氮原子的含量来间接推算蛋白质的含量。也就是说，食品中氮原子含量越高，蛋白质含量就越高。而三聚氰胺之所以能被引入食物链，皆因其含氮量很高，生产工艺简单、成本低。在奶粉事件后有人估算在植物蛋白粉和饲料中使蛋白质增加一个百分点，用的花费只有真实蛋白原料的1/5。所以"增加"产品的表观蛋白质含量是添加三聚氰胺的主要原因，三聚氰胺作为一种白色结晶粉末，没有什么气味和味道，掺杂后也不易被发现。该事件后，国家对严肃处理三鹿牌婴幼儿奶粉事件专题做出部署。[1] 至2009年1月，三鹿问题奶粉系列刑事案件在石家庄市中级人民法院一审宣判。被告人张玉军犯以危险方

---

[1] 新华网. 国务院对三鹿奶粉事件做出重大决定 [EB/OL]. (2008 - 09 - 14) http://business.sohu.com/20080914/n259550005.shtml.

法危害公共安全罪，判处死刑，剥夺政治权利终身；被告人耿金平犯生产、销售有毒食品罪，被判处死刑，剥夺政治权利终身，并处没收个人全部财产；被告单位石家庄三鹿集团股份有限公司犯生产、销售伪劣产品罪，判处罚金人民币4937.4822万元；被告人田文华犯生产、销售伪劣产品罪，判处无期徒刑，剥夺政治权利终身，并处罚金人民币2468.7411万元。

从陈馅月饼事件、2009年发生到现今仍一直扰攘的"瘦肉精"事件、"牛肉膏腌猪肉"事件，令各大西式糕点店一度紧张的面包制作使用反式脂肪及再生面包的问题，都引发公众严重关注，食品安全再次阴云笼罩。上述事件，不但唤醒人们对政府在卫生领域，尤其是食品行业的管理行为的透明度和专业要求的重视，也反映了在全球放松规制的浪潮下，现实中，政府法律规制既存在着越位的情形，也存在着缺位的情形。特别是在近几十年才受到关注的社会性行业的法律规制。[①] 本章所探讨的就是这些各种各样的食品，在进入我们的身体进行长途旅行之前，能有多少人知道，生产者对违禁药物或工业色素或添加剂的使用，是无知还是放任，是竞争的失败还是丑陋行规的败露？我们能在法律法规所确定的框架内，有多大的程度能真心地举起我们的刀叉，去支持我们现在的食品安全监管体系？

第一节 健康相关产品概述

一、健康相关产品的概念与特征

（一）健康相关产品的概念

健康相关产品是一个涉及范围非常广泛的概念。根据WHO对健康的定义，健康不仅仅是没有疾病，而且是身体上、心理上和社会上的完好状态或完全安宁。凡与人的衣食住行用，即生命健康有密切关系的一切产品，都可以理解为健康相关产品，为了与药品、生活饮用水、医疗器械等区分，本章所讨论的健康相关产品主要是食品（包括保健食品）和化妆品。

（二）健康相关产品的特征

1. 与健康和生命直接相关

人类为了生活每天都要吃饭喝水，为了提高生活质量还是用化妆品和保健食品、饮酒、吸烟等。为了满足人们的需求，社会每天都要生产出大量的各式各样的产品，而这些产品质量水平又直接与人们的健康和生命相关，这就需要国家制定相应的法律法规和规范标准来调整该领域的生产和销售行为，以保护人们的健康权。

---

① 胡汝为．面包里的政治——读《食品政治》与《食品安全》兼析食品安全法律规制 [J]．开放时代，2008（5）：166 - 174．

2. 引起人体生理机能变化

与健康相关产品对改变人体生理机能所发挥的作用是不同的。并非所有健康相关产品都仅仅是为了解除困扰人们的疾病而存在，其功能更多是侧重于解决提高生活质量（如化妆品），维持人类生存和生长发育（如食品），或是更注重于人体生理机能的调养和改善，通常不能再短期内使人体的重要生理指标发生明显改变（如保健食品）。

3. 动态监管的必要性

健康相关产品所表现出来的功能差异决定了不同的法律制度之间存在不同，但是又是一个动态的、链条式的监管过程。不同健康相关产品的监管共性包括许可制度、从业人员健康检查制度、包装管理制度、广告审批制度及相应的处罚制度。不同类别的健康相关产品分属不同的部门监管，但是又不是一个静态的孤立的过程，涉及健康相关产品的生产、销售、经营、使用等全过程。

二、健康相关产品的立法背景与过程

新中国成立以来，尤其是改革开放以后，与健康相关产品有关的立法工作一直受到重视，健康相关产品的法律制度建设经历了一个逐步完善的过程。国家制定一系列的法律法规及相应的行业标准来调整各类与人体健康相关产品的生产、经营、包装、广告以及行政许可等活动中产生的各种社会关系。建立健全健康相关产品法律制度，对于保证产品质量，提高人们的生活水平，避免造成损害结果，都具有重要意义。

1982年11月19日，第五届全国人大常委会第二十五次会议通过了《中华人民共和国食品卫生法（试行）》，这是我国第一部有关健康相关产品的法律。1984年9月20日，第六届全国人大常委会第七次会议通过了《中华人民共和国药品管理法》，并区分了药品与保健食品的不同管理制度。在这两部法律出台之后，与医疗器械、生活饮用水、化妆品有关的法律法规及行业技术标准相继出台，如《化妆品卫生监督条例》、《国家化妆品卫生标准》等。标志着"从农田到餐桌"都需要有法律制度进行监管的《中华人民共和国农产品质量安全法》（以下简称《农产品质量安全法》），由第十届全国人大常委会第二十次会议于2006年4月29日通过。全国人大常委会于1995年对1982年制定的《中华人民共和国食品卫生法（试行）》做出了修订。而真正的称之为"食品安全法"的立法工作则颇经波折。2006年，修订食品卫生法被列入年度立法计划。此后，国务院在研究、吸纳了全国人大代表等提出的建议基础上，将修订食品卫生法改为制定食品安全法。2007年，全国人民代表大会上，江苏、安徽、河南等10多个代表团的445位代表分别联名提出14件议案，要求加快制定食品安全法或修改食品卫生法。12月，食品安全法草案经全国人大常委会首次审议后，常委会法工委将草案印发各地人大常委会以及中央各有关部门、社会团体等征求意见，并在吸收各方意见基础上，形成了草案的二次审议稿。2008年4月20日，全国人大常委会办公厅向社会全文公布食品安全法草案，广泛征求各方面意见和建议。食品安全法草案由此成为新一届全国人大常委会向全民公开征求意见的第一部法律草案。2009年2月28日，《中华人民共和国食品安全法》（以下简称《食品安全法》）经全国人大常委会表决，获得高票通过，于2009年6月1日开始施行，食品卫生法将同时废止，证明了本次是对我国的食品安全的立法工作,而非仅仅是"食品卫生"的修订工作。针对"三鹿事件"、保健食品等群众反映强烈的内容,《食品安全法》做出了系列规定。国务院第 73 次常务会议于 2009 年 7 月 8 日通过《中华人民共和国食品安全法实施条例》,该部行政法规对食品安全法做出了细化。

第二节　食品安全管理法律制度

一、食品安全的定义

食品是指各种供人食用或者饮用的成品和原料,以及按照传统除具有上述效用之外又能作药物用的物品。但是,不包括以治疗疾病为目的的物品。我国于 2009 年 2 月 28 日第十一届全国人大常委会第七次会议通过《中华人民共和国食品安全法》,规定:"食品生产经营者应当依照法律、法规和食品安全标准从事生产经营活动,对社会和公众负责,保证食品安全,接受社会监督,承担社会责任。"

(一) 食品安全

根据 WHO 的定义,食品安全(food safety)是指食物中有毒、有害物质对人体健康影响的公共卫生问题,是对食品按其原定用途进行制作和食用时不会使消费者受害的一种担保。而食品保障(food security)则不同,是指为了健康生活每个人在任何时间都可获得食物。食品卫生(food hygiene)则指食物链的整个环节上保证食品安全和食品适宜性所采取的所有必需的条件和措施。这三个概念存在有机联系:食品安全强调保证食品不会对消费者产生危害;食品保障关注食品的数量和可及性;而食品卫生则保证食品安全的条件和措施,侧重过程安全。

食品安全管理的范围包括:①食品生产和加工,食品流通和餐饮服务;②食品添加剂的生产经营;③用于食品的包装材料、容器、洗涤剂、消毒剂和用于食品生产经营的工具、设备的生产经营;④食品生产经营者使用食品添加剂、食品相关产品;⑤对食品、食品添加剂和食品相关产品的安全管理。

供食用的源于农业的初级产品的质量安全管理,遵守《农产品质量安全法》的规定。但是,制定有关食用农产品的质量安全标准、公布食用农产品安全有关信息,仍属于食品安全管理的范畴。该规定避免了法律之间由于适用范围的交叉重叠可能出现的混淆现象,更好地保障食用农产品的质量安全,有利于实现"从农田到餐桌"的全程监管。

二、食品安全监管

随着人们生活水平和富裕程度的提高,社会公众对食品安全的关注大大增强。对于食品行业的发展,检验技术所揭露的一系列添加剂和抗生素问题,从"红心鸭蛋"和硝基呋喃超标的多宝鱼,再到多起严重的"问题奶粉事件",充分说明食品安全已经成为严重影响公众身体健康和生命安全的重要问题①。

(一) 食品安全监管体制

1. 我国食品安全监管机构与职责

国务院设立食品安全委员会，其工作职责由国务院规定。《食品安全法》明确了国务院设立食品安全委员会作为高层次的议事协调机构，协调、指导食品安全监管工作。国务院卫生行政部门承担食品安全综合协调职责，负责食品安全风险评估、食品安全标准制定、食品安全信息公布、食品检验机构的资质认定条件和检验规范的制定，组织查处食品安全重大事故。国务院质量监督、工商行政管理和国家食品药品监督管理部门依照本法和国务院规定的职责，分别对食品生产、食品流通、餐饮服务活动实施监督管理，明确了食品安全分段监管的体制。有此规定，主要是因为食品安全监管的链条较长，从"农田到餐桌"的全程监管工作单独由一个部门承担可能会造成监管失灵，分工监管可以发挥不同部门各自专业领域的优势并形成合力，达到有效监管的目标。在2008年国务院机构改革的过程中，卫生行政部门与食品药品监管部门在食品安全工作中的职责对调，分段监管的食品安全监管体制仍然延续。

2008年的问题奶粉事件深刻反映出了分段监管体制下的多头监管及监管标准缺失的问题。所以，《食品安全法》规定了县级以上地方人民政府统一负责、领导、组织、协调本行政区域的食品安全监督管理工作，建立健全食品安全全程监督管理的工作机制；统一领导、指挥食品安全突发事件应对工作；完善、落实食品安全监督管理责任制，对食品安全监督管理部门进行评议、考核。

县级以上地方人民政府依照本法和国务院的规定确定本级卫生行政、农业行政、质量监督、工商行政管理、食品药品监督管理部门的食品安全监督管理职责。有关部门在各自职责范围内负责本行政区域的食品安全监督管理工作。

上级人民政府所属部门在下级行政区域设置的机构应当在所在地人民政府的统一组织、协调下，依法做好食品安全监督管理工作。

2. 部门间配合监管

县级以上卫生行政、农业行政、质量监督、工商行政管理、食品药品监督管理部门应当加强沟通、密切配合，按照各自职责分工，依法行使职权，承担责任。《食品安全法》在规定实行分段监管的食品安全监管体制的同时，特别强调加强部门之间的配合协作，监管部门权责一致，以免各个监管部门在工作衔接上出现交叉重复和监管漏洞。

3. 其他监管方式

《食品安全法》规定，食品行业协会应当加强行业自律，引导食品生产经营者依法生产经营，推动行业诚信建设，宣传、普及食品安全知识。在我国，行业协会是由同一行业的经营者所组成的、以保护和增进全体会员的共同利益为目的、根据章程开展活动的非营利性的社会团体。目前，我国食品行业协会数量很多，影响比较大的国家级食品行业协会有中国食品行业协会、中国食品科学技术学会、中国绿色食品协会、中国焙烤

---

① 胡汝为. 略论卫生行业政府管制——以奶粉及刺五加事件为楔子 [C]. 公法研究, 杭州: 浙江大学出版社, 2009: 311-345.

食品糖制品工业协会、中国食品添加剂和配料协会等。食品行业协会在食品安全管理体制中的作用主要通过以下途径实现：①与政府沟通，将食品行业信息传递给政府，为政府完善食品安全管理制度提供服务；②通过行业自律加强食品行业内部管理；③与消费者沟通，根据消费者的需求不断完善食品行业内部管理制度。

在食品安全知识的宣传普及和食品安全舆论监督上，国家鼓励社会团体、基层群众性自治组织开展食品安全法律、法规以及食品安全标准和知识的普及工作，倡导健康的饮食方式，增强消费者食品安全意识和自我保护能力。新闻媒体应当开展食品安全法律、法规以及食品安全标准和知识的公益宣传，并对违反《食品安全法》的行为进行舆论监督。

在社会监督方面，任何组织或者个人有权举报食品生产经营中违反本法的行为，有权向有关部门了解食品安全信息，对食品安全监督管理工作提出意见和建议。食品安全是关系人民群众身体健康和生命安全的大事，一方面，国家要通过立法、行政和司法机关加强监督管理；另一方面，也需要鼓励、支持和依靠社会各界的力量对食品安全实施社会监督，这是保证食品安全最有效的办法。

（二）监督管理

1. 制定食品安全监督管理年度计划

《食品安全法》在强调食品安全监督管理、明确各监管部门职责的基础上，针对食品安全涉及部门较多、容易"各自为战"的问题，规定县级以上地方人民政府组织本级卫生行政、农业行政、质量监督、工商行政管理、食品药品监督管理部门制定本行政区域的食品安全年度监督管理计划，并按照年度计划组织开展工作。年度监督管理计划是监管部门年度监管的重要指导文件。各食品安全监督管理部门虽然职责分工、监管领域不同，但食品安全是一个有机整体，在制定计划时，除考虑本部门的情况外，还应与其他部门加强沟通，解决执法监督中的不作为问题，实现各监管环节的无缝衔接。

2. 监管措施

县级以上质量监督、工商行政管理、食品药品监督管理部门履行各自食品安全监督管理职责，有权采取下列措施：①进入生产经营场所实施现场检查；②对生产经营的食品进行抽样检验；③查阅、复制有关合同、票据、账簿以及其他有关资料；④查封、扣押有证据证明不符合食品安全标准的食品，违法使用的食品原料、食品添加剂、食品相关产品，以及用于违法生产经营或者被污染的工具、设备；⑤查封违法从事食品生产经营活动的场所。

县级以上农业行政部门应当依照《农产品质量安全法》规定的职责，对食用农产品进行监督管理。

县级以上质量监督、工商行政管理、食品药品监督管理部门对食品生产经营者进行监督检查，应当记录监督检查的情况和处理结果。监督检查记录经监督检查人员和食品生产经营者签字后归档。

3. 食品生产经营者的信用档案

食品安全信用档案是食品安全信用制度的基础。《食品安全法》规定，县级以上质量监督、工商行政管理、食品药品监督管理部门应当建立食品生产经营者食品安全信用档案，记录许可颁发、日常监督检查结果、违法行为查处等情况；根据食品安全信用档案的记录，对有不良信用记录的食品生产经营者增加监督检查频次。

4. 食品安全信息管理制度

国家建立食品安全信息统一公布制度。下列信息由国务院卫生行政部门统一公布：①国家食品安全总体情况；②食品安全风险评估信息和食品安全风险警示信息；③重大食品安全事故及其处理信息；④其他重要的食品安全信息和国务院确定的需要统一公布的信息。

对于食品安全风险评估信息和食品安全风险警示信息、重大食品安全事故及其处理信息，其影响限于特定区域的，也可以由有关省、自治区、直辖市人民政府卫生行政部门公布。县级以上农业行政、质量监督、工商行政管理、食品药品监督管理部门依据各自职责公布食品安全日常监督管理信息。食品安全监督管理部门公布信息，应当做到准确、及时、客观。

县级以上地方卫生行政、农业行政、质量监督、工商行政管理、食品药品监督管理部门获知本法第82条第1款规定的需要统一公布的信息，应当向上级主管部门报告，由上级主管部门立即报告国务院卫生行政部门；必要时，可以直接向国务院卫生行政部门报告。

县级以上卫生行政、农业行政、质量监督、工商行政管理、食品药品监督管理部门应当相互通报获知的食品安全信息。

5. 监管部门依法履行职责

县级以上卫生行政、质量监督、工商行政管理、食品药品监督管理部门接到咨询、投诉、举报，对属于本部门职责的，应当受理，并及时进行答复、核实、处理；对不属于本部门职责的，应当书面通知并移交有权处理的部门处理。有权处理的部门应当及时处理，不得推诿；属于食品安全事故的，依照食品安全事故处置的有关规定进行处置。

县级以上卫生行政、质量监督、工商行政管理、食品药品监督管理部门应当按照法定权限和程序履行食品安全监督管理职责；对生产经营者的同一违法行为，不得给予二次以上罚款的行政处罚；涉嫌犯罪的，应当依法向公安机关移送。这是对"一事不再罚"的行政处罚基本原则在食品安全监管中的细化。

三、食品安全风险监测和评估

（一）食品安全风险监测

1. 食品安全风险监测制度

《食品安全法》规定了国家建立食品安全风险监测制度，对食源性疾病、食品污染以及食品中的有害因素进行监测。食品安全风险监测是指为了掌握和了解食品安全状况，对食品安全水平进行检验、分析、评价和公告的活动。食品安全风险监测制度在美国、欧盟、日本等国家和地区已经实施多年，并被纳入到国家的财政预算。国家建立食品安全风险监测制度，主要对食源性疾病、食品污染、食品中的有害因素。

2. 食品安全风险监测机构及职责

国家食品安全风险监测计划，由国务院卫生行政部门会同国务院质量监督、工商行政管理和国家食品药品监督管理以及国务院商务、工业和信息化等部门，根据食品安全风险评估、食品安全标准制定与修订、食品安全监督管理等工作的需要制定。国务院农业行政、质量监督、工商行政管理和国家食品药品监督管理等有关部门获知有关食品安全风险信息后，应当立即向国务院卫生行政部门通报。国务院卫生行政部门会同有关部门对信息核实后，应当及时调整食品安全风险监测计划。省、自治区、直辖市人民政府卫生行政部门应当组织同级质量监督、工商行政管理、食品药品监督管理、商务、工业和信息化等部门，制定本行政区域的食品安全风险监测方案，报国务院卫生行政部门备案。国务院卫生行政部门应当将备案情况向国务院质量监督、工商行政管理和国家食品药品监督管理以及国务院商务、工业和信息化等部门通报。

食品安全风险监测工作由省级以上人民政府卫生行政部门会同同级质量监督、工商行政管理、食品药品监督管理等部门确定的技术机构承担。承担食品安全风险监测工作的技术机构应当根据食品安全风险监测计划和监测方案开展监测工作，保证监测数据真实、准确，并按照食品安全风险监测计划和监测方案的要求，将监测数据和分析结果报送省级以上人民政府卫生行政部门和下达监测任务的部门。食品安全风险监测工作人员采集样品、收集相关数据，可以进入相关食用农产品种植养殖、食品生产、食品流通或者餐饮服务场所。采集样品，应当按照市场价格支付费用。

食品安全风险监测分析结果表明可能存在食品安全隐患的，省、自治区、直辖市人民政府卫生行政部门应当及时将相关信息通报本行政区域设区的市级和县级人民政府及其卫生行政部门。国务院卫生行政部门应当收集、汇总食品安全风险监测数据和分析结果，并向国务院质量监督、工商行政管理和国家食品药品监督管理以及国务院商务、工业和信息化等部门通报。

（二）食品安全风险评估

食品安全风险评估，指对食品、食品添加剂中生物性、化学性和物理性危害对人体健康可能造成的不良影响所进行的科学评估，包括危害识别、危害特征描述、暴露评估、风险特征描述等。

1. **食品安全风险评估制度**

国家建立食品安全风险评估制度，对食品、食品添加剂中生物性、化学性和物理性危害进行风险评估。

2. **食品安全风险评估机构及职责**

国务院卫生行政部门负责组织食品安全风险评估工作，成立由医学、农业、食品、营养等方面的专家组成的食品安全风险评估专家委员会进行食品安全风险评估。对农药、肥料、生长调节剂、兽药、饲料和饲料添加剂等的安全性评估，应当有食品安全风险评估专家委员会的专家参加。食品安全风险评估应当运用科学方法，根据食品安全风险监测信息、科学数据以及其他有关信息进行。

国务院卫生行政部门通过食品安全风险监测或者接到举报发现食品可能存在安全隐患的，应当立即组织进行检验和食品安全风险评估。国务院卫生行政部门应当组织食品安全风险评估工作的情形包括：①为制定或者修订食品安全国家标准提供科学依据需要进行风险评估的；②为确定监督管理的重点领域、重点品种需要进行风险评估的；③发现新的可能危害食品安全的因素的；④需要判断某一因素是否构成食品安全隐患的；⑤国务院卫生行政部门认为需要进行风险评估的其他情形。

国务院农业行政、质量监督、工商行政管理和国家食品药品监督管理等有关部门应当向国务院卫生行政部门提出食品安全风险评估的建议，并提供有关信息和资料。国务院卫生行政部门应当及时向国务院有关部门通报食品安全风险评估的结果。

3. 评估结果的处理

食品安全风险评估结果是制定、修订食品安全标准和对食品安全实施监督管理的科学依据。在制定公共健康政策、对食品安全实施监督管理时，那些现实的、合理的、有用的因素都应当被考虑进去。更为重要的是，食品安全监督管理措施必须建立在科学基础之上，充分发挥食品安全风险评估科学客观的技术优势。

食品安全风险评估结果得出食品不安全结论的，国务院质量监督、工商行政管理和国家食品药品监督管理部门应当依据各自职责立即采取相应措施，确保该食品停止生产经营，并告知消费者停止食用；需要制定、修订相关食品安全国家标准的，国务院卫生行政部门应当立即制定、修订。

国务院卫生行政部门应当会同国务院有关部门，根据食品安全风险评估结果、食品安全监督管理信息，对食品安全状况进行综合分析。对经综合分析表明可能具有较高程度安全风险的食品，国务院卫生行政部门应当及时提出食品安全风险警示，并予以公布。省级以上人民政府卫生行政、农业行政部门应当及时相互通报食品安全风险监测和食用农产品质量安全风险监测的相关信息。国务院卫生行政、农业行政部门应当及时相互通报食品安全风险评估结果和食用农产品质量安全风险评估结果等相关信息。

四、食品安全标准

食品安全标准是保证食品安全、保障公众身体健康的重要技术支撑，是为了保证食品安全，对食品生产经营过程中影响食品安全的各种要素以及各关键环节所规定的统一技术要求。制定食品安全标准，应当以保障公众身体健康为宗旨，做到科学合理、安全可靠。食品安全标准是强制执行的标准。除食品安全标准外，不得制定其他的食品强制性标准。

（一）食品安全标准的制定机构

食品安全国家标准由国务院卫生行政部门负责制定、公布，国务院标准化行政部门提供国家标准编号。食品中农药残留、兽药残留的限量规定及其检验方法与规程由国务院卫生行政部门、国务院农业行政部门制定。屠宰畜、禽的检验规程由国务院有关主管部门会同国务院卫生行政部门制定。有关产品国家标准涉及食品安全国家标准规定内容的，应当与食品安全国家标准相一致。

国务院卫生行政部门会同国务院农业行政、质量监督、工商行政管理和国家食品药品监督管理以及国务院商务、工业和信息化等部门制定食品安全国家标准规划及其实施计划。制定食品安全国家标准规划及其实施计划，应当公开征求意见。国务院卫生行政部门应当选择具备相应技术能力的单位起草食品安全国家标准草案。提倡由研究机构、教育机构、学术团体、行业协会等单位,共同起草食品安全国家标准草案。国务院卫生行政部门应当将食品安全国家标准草案向社会公布,公开征求意见。

(二) 食品安全标准的内容

食品安全标准应当包括下列内容:①食品、食品相关产品中的致病性微生物、农药残留、兽药残留、重金属、污染物质以及其他危害人体健康物质的限量规定;②食品添加剂的品种、使用范围、用量;③专供婴幼儿和其他特定人群的主辅食品的营养成分要求;④对与食品安全、营养有关的标签、标识、说明书的要求;⑤食品生产经营过程的卫生要求;⑥与食品安全有关的质量要求;⑦食品检验方法与规程;⑧其他需要制定为食品安全标准的内容。

为了尽快消除标准间的重复和冲突,提高我国食品安全标准的整体水平,国务院卫生行政部门应当对现行的食用农产品质量安全标准、食品卫生标准、食品质量标准和有关食品的行业标准中强制执行的标准予以整合,统一公布为食品安全国家标准。

(三) 食品安全标准的审查、制定

1. 食品安全国家标准

食品安全国家标准应当经食品安全国家标准审评委员会审查通过。食品安全国家标准审评委员会由医学、农业、食品、营养等方面的专家以及国务院有关部门的代表组成。

制定食品安全国家标准,应当依据食品安全风险评估结果并充分考虑食用农产品质量安全风险评估结果,参照相关的国际标准和国际食品安全风险评估结果,并广泛听取食品生产经营者和消费者的意见。

(1) 食品安全地方标准。没有食品安全国家标准的,可以制定食品安全地方标准。省、自治区、直辖市人民政府卫生行政部门组织制定食品安全地方标准,应当参照执行本法有关食品安全国家标准制定的规定,并报国务院卫生行政部门备案。

(2) 食品安全企业标准。企业生产的食品没有食品安全国家标准或者地方标准的,应当制定企业标准,作为组织生产的依据。国家鼓励食品生产企业制定严于食品安全国家标准或者地方标准的企业标准。企业标准应当报省级卫生行政部门备案,在本企业内部适用。省、自治区、直辖市人民政府卫生行政部门应当将企业报送备案的企业标准,向同级农业行政、质量监督、工商行政管理、食品药品监督管理、商务、工业和信息化等部门通报。

(3) 食品安全标准的执行。国务院卫生行政部门和省、自治区、直辖市人民政府卫生行政部门应当会同同级农业行政、质量监督、工商行政管理、食品药品监督管理、商务、工业和信息化等部门,对食品安全国家标准和食品安全地方标准的执行情况分别进行跟踪评价,并应当根据评价结果适时组织修订食品安全标准。

国务院和省、自治区、直辖市人民政府的农业行政、质量监督、工商行政管理、食品药品监督管理、商务、工业和信息化等部门应当收集、汇总食品安全标准在执行过程中存在的问题,并及时向同级卫生行政部门通报。

食品生产经营者、食品行业协会发现食品安全标准在执行过程中存在问题的,应当立即向食品安全监督管理部门报告。

食品安全标准应当供公众免费查阅。

五、食品生产经营的监管

食品生产经营是指一切食品的生产、采集、收购、加工、贮存、运输、销售等活动。按照食品安全标准进行生产经营是《食品安全法》对食品生产经营最基本、最核心的要求。

(一) 食品生产经营中的卫生要求

食品生产经营应当符合食品安全标准，并符合下列要求：①具有与生产经营的食品品种、数量相适应的食品原料处理和食品加工、包装、贮存等场所，保持该场所环境整洁，并与有毒、有害场所以及其他污染源保持规定的距离；②具有与生产经营的食品品种、数量相适应的生产经营设备或者设施，有相应的消毒、更衣、盥洗、采光、照明、通风、防腐、防尘、防蝇、防鼠、防虫、洗涤以及处理废水、存放垃圾和废弃物的设备或者设施；③有食品安全专业技术人员、管理人员和保证食品安全的规章制度；④具有合理的设备布局和工艺流程，防止待加工食品与直接入口食品、原料与成品交叉污染，避免食品接触有毒物、不洁物；⑤餐具、饮具和盛放直接入口食品的容器，使用前应当洗净、消毒，炊具、用具用后应当洗净，保持清洁；⑥贮存、运输和装卸食品的容器、工具和设备应当安全、无害，保持清洁，防止食品污染，并符合保证食品安全所需的温度等特殊要求，不得将食品与有毒、有害物品一同运输；⑦直接入口的食品应当有小包装或者使用无毒、清洁的包装材料、餐具；⑧食品生产经营人员应当保持个人卫生，生产经营食品时，应当将手洗净，穿戴清洁的工作衣、帽；⑨销售无包装的直接入口食品时，应当使用无毒、清洁的售货工具；⑩用水应当符合国家规定的生活饮用水卫生标准；⑪使用的洗涤剂、消毒剂应当对人体安全、无害；⑫法律、法规规定的其他要求。

(二) 禁止生产经营的食品

《食品安全法》规定，禁止生产经营下列食品：①用非食品原料生产的食品或者添加食品添加剂以外的化学物质和其他可能危害人体健康物质的食品，或者用回收食品作为原料生产的食品；②致病性微生物、农药残留、兽药残留、重金属、污染物质以及其他危害人体健康的物质含量超过食品安全标准限量的食品；③营养成分不符合食品安全标准的专供婴幼儿和其他特定人群的主辅食品；腐败变质、油脂酸败、霉变生虫、污秽不洁、混有异物、掺假掺杂或者感官性状异常的食品；④病死、毒死或者死因不明的禽、畜、兽、水产动物肉类及其制品；⑤未经动物卫生监督机构检疫或者检疫不合格的肉类，或者未经检验或者检验不合格的肉类制品；⑥被包装材料、容器、运输工具等污染的食品；⑦超过保质期的食品；无标签的预包装食品；⑧国家为防病等特殊需要明令禁止生产经营的食品；⑨其他不符合食品安全标准或者要求的食品。

(三) 食品生产经营企业的许可制度和卫生管理

1. 食品生产经营许可制度

国家对食品生产经营实行许可制度。从事食品生产、食品流通、餐饮服务，应当依法取得食品生产许可、食品流通许可、餐饮服务许可。设立食品生产企业，应当预先核准企业名称，依照食品安全法的规定取得食品生产许可后，办理工商登记。县级以上质量监督管理部门依照有关法律、行政法规规定审核相关资料、核查生产场所、检验相关产品；对相关资料、场所符合规定要求以及相关产品符合食品安全标准或者要求的，应当作出准予许可的决定。其他食品生产经营者应当在依法取得相应的食品生产许可、食品流通许可、餐饮服务许可后，办理工商登记。法律、法规对食品生产加工小作坊和食品摊贩另有规定的，依照其规定。食品生产许可、食品流通许可和餐饮服务许可的有效期为3年。

2. **几种特殊情况**

取得食品生产许可的食品生产者在其生产场所销售其生产的食品，不需要取得食品流通的许可；取得餐饮服务许可的餐饮服务提供者在其餐饮服务场所出售其制作加工的食品，不需要取得食品生产和流通的许可；农民个人销售其自产的食用农产品，不需要取得食品流通的许可。

3. **食品生产加工小作坊和食品摊贩的管理**

食品生产加工小作坊和食品摊贩从事食品生产经营活动，应当符合《食品安全法》规定的与其生产经营规模、条件相适应的食品安全要求，保证所生产经营的食品卫生、无毒、无害，有关部门应当对其加强监督管理，具体管理办法由省、自治区、直辖市人民代表大会常务委员会依照《食品安全法》制定。县级以上地方人民政府鼓励食品生产加工小作坊改进生产条件；鼓励食品摊贩进入集中交易市场、店铺等固定场所经营。

4. **食品生产经营企业的卫生管理**

食品生产经营企业的卫生管理是指食品、食品添加剂、食品用产品的生产经营主管部门对本系统，各食品生产经营企业对本单位内部所进行的卫生管理活动。食品生产经营企业的卫生状况是保证食品卫生、防止食品污染和食物中毒最重要的部分，必须明确责任，严格管理。食品生产经营企业应当建立健全本单位的食品安全管理制度，加强对职工食品安全知识的培训，配备专职或者兼职食品安全管理人员，做好对所生产经营食品的检验工作，依法从事食品生产经营活动。食品生产经营企业应当组织职工参加食品安全知识培训，学习食品安全法律、法规、规章、标准和其他食品安全知识，并建立培训档案。

国家鼓励食品生产经营企业符合良好生产规范要求，实施危害分析与关键控制点体系，提高食品安全管理水平。对通过良好生产规范、危害分析与关键控制点体系认证的食品生产经营企业，认证机构应当依法实施跟踪调查；对不再符合认证要求的企业，应当依法撤销认证，及时向有关质量监督、工商行政管理、食品药品监督管理部门通报，并向社会公布。认证机构实施跟踪调查不收取任何费用。食品生产企业应当建立并执行原料验收、生产过程安全管理、贮存管理、设备管理、不合格产品管理等食品安全管理制度，不断完善食品安全保障体系，保证食品安全。

5. **食品生产经营人员健康管理制度**

食品生产经营者应当建立并执行从业人员健康检查制度和健康档案制度。患有痢疾、伤寒、病毒性肝炎等消化道传染病的人员，以及患有活动性肺结核、化脓性或者渗出性皮肤病等有碍食品安全的疾病的人员，不得从事接触直接入口食品的工作。食品生产经营人员每年应当进行健康检查，取得健康证明后方可参加工作。从事接触直接入口食品工作的人员患有痢疾、伤寒、甲型病毒性肝炎、戊型病毒性肝炎等消化道传染病，以及患有活动性肺结核、化脓性或者渗出性皮肤病等有碍食品安全的疾病的，食品生产经营者应当将其调整到其他不影响食品安全的工作岗位。

（四）食品生产供应链的管理

食品安全法对食品生产经营管理的整个供应链的监管都规定了详细的要求和规范。

1. 农业投入品管理

食用农产品生产者应当依照食品安全标准和国家有关规定使用农药、肥料、生长调节剂、兽药、饲料和饲料添加剂等农业投入品。食用农产品的生产企业和农民专业合作经济组织应当建立食用农产品生产记录制度。县级以上农业行政部门应当加强对农业投入品使用的管理和指导，建立健全农业投入品的安全使用制度。

2. 食品生产企业进货查验记录

食品生产者采购食品原料、食品添加剂、食品相关产品，应当查验供货者的许可证和产品合格证明文件；对无法提供合格证明文件的食品原料，应当依照食品安全标准进行检验；不得采购或者使用不符合食品安全标准的食品原料、食品添加剂、食品相关产品。食品生产企业应当建立食品原料、食品添加剂、食品相关产品进货查验记录制度，如实记录食品原料、食品添加剂、食品相关产品的名称、规格、数量、供货者名称及联系方式、进货日期等内容。食品原料、食品添加剂、食品相关产品进货查验记录应当真实，保存期限不得少于2年。

3. 食品出厂检验记录的规定

食品生产企业应当建立食品出厂检验记录制度，查验出厂食品的检验合格证和安全状况，并如实记录食品的名称、规格、数量、生产日期、生产批号、检验合格证号、购货者名称及联系方式、销售日期等内容。食品出厂检验记录应当真实，保存期限不得少于2年。

4. 食品、食品添加剂和食品相关产品的生产者的检验义务

食品、食品添加剂和食品相关产品的生产者，应当依照食品安全标准对所生产的食品、食品添加剂和食品相关产品进行检验，检验合格后方可出厂或者销售。

5. 食品进货查验记录制度

食品经营者采购食品，应当查验供货者的许可证和食品合格的证明文件。食品经营企业应当建立食品进货查验记录制度，如实记录食品的名称、规格、数量、生产批号、保质期、供货者名称及联系方式、进货日期等内容。食品进货查验记录应当真实，保存期限不得少于2年。实行统一配送经营方式的食品经营企业，可以由企业总部统一查验供货者的许可证和食品合格的证明文件，进行食品进货查验记录。

6. 食品贮存及食品标签

食品经营者应当按照保证食品安全的要求贮存食品，定期检查库存食品，及时清理变质或者超过保质期的食品。食品经营者贮存散装食品，应当在贮存位置标明食品的名称、生产日期、保质期、生产者名称及联系方式等内容。食品经营者销售散装食品，应当在散装食品的容器、外包装上标明食品的名称、生产日期、保质期、生产经营者名称及联系方式等内容。

7. 食品添加剂的监管

国家对食品添加剂的生产实行许可制度。申请食品添加剂生产许可的条件、程序，按照国家有关工业产品生产许可证管理的规定执行。

申请利用新的食品原料从事食品生产或者从事食品添加剂新品种、食品相关产品新品种生产活动的单位或者个人，应当向国务院卫生行政部门提交相关产品的安全性评估材料。国务院卫生行政部门应当自收到申请之日起60日内组织对相关产品的安全性评估材料进行审查；对符合食品安全要求的，依法决定准予许可并予以公布；对不符合食品安全要求的，决定不予许可并书面说明理由。

食品添加剂应当在技术上确有必要且经过风险评估证明安全可靠，方可列入允许使用的范围。国务院卫生行政部门应当根据技术必要性和食品安全风险评估结果，及时对食品添加剂的品种、使用范围、用量的标准进行修订。

食品生产者应当依照食品安全标准关于食品添加剂的品种、使用范围、用量的规定使用食品添加剂；不得在食品生产中使用食品添加剂以外的化学物质和其他可能危害人体健康的物质。

食品添加剂应当有标签、说明书和包装，应在标签上载明"食品添加剂"字样。食品和食品添加剂的标签、说明书，不得含有虚假、夸大的内容，不得涉及疾病预防、治疗功能。生产者对标签、说明书上所载明的内容负责。食品和食品添加剂的标签、说明书应当清楚、明显，容易辨识。食品和食品添加剂与其标签、说明书所载明的内容不符的，不得上市销售。食品经营者应当按照食品标签标示的警示标志、警示说明或者注意事项的要求，销售预包装食品。

8. 禁止添加药品

药品是指用于预防、治疗、诊断人的疾病，有目的地调节人的生理机能并规定有适应证或者功能主治、用法和用量的物质。我国自古以来就有食疗的传统，讲究通过饮食调节达到预防、治疗疾病的效果。为了迎合人们急于求成的心理，追求立竿见影的疗效，获取经济利益，一些食品厂家在保健食品等食品中添加禁用药品，危害公众身体健康。因此，必须严格禁止在食品中添加药品。生产经营的食品中不得添加药品，但是可以添加按照传统既是食品又是中药材的物质。按照传统既是食品又是中药材的物质的目录由国务院卫生行政部门制定、公布。

国家对声称具有特定保健功能的食品实行严格监管。有关监督管理部门应当依法履职，承担责任。具体管理办法由国务院规定。声称具有特定保健功能的食品不得对人体产生急性、亚急性或者慢性危害，其标签、说明书不得涉及疾病预防、治疗功能，内容必须真实，应当载明适宜人群、不适宜人群、功效成分或者标志性成分及其含量等；产品的功能和成分必须与标签、说明书相一致。保健食品在本质上仍是食品，保健食品的生产经营应当遵守《食品安全法》对食品规定的所有要求。

9. 集中交易市场的食品安全监管

集中交易市场是食品经营者开展食品流通、餐饮服务等食品经营活动的一个重要场所，也是极易出现食品安全事故的重点监管区域。集中交易市场的开办者、柜台出租者和展销会举办者，应当审查入场食品经营者的许可证，明确入场食品经营者的食品安全管理责任，定期对入场食品经营者的经营环境和条件进行检查，发现食品经营者有违反《食品安全法》规定的行为的，应当及时制止并立即报告所在地县级工商行政管理部门或者食品药品监督管理部门。集中交易市场的开办者、柜台出租者和展销会举办者未履行前款规定义务，本市场发生食品安全事故的，应当承担连带责任。

10. 餐饮业的食品安全管理

餐饮服务，指通过即时制作加工、商业销售和服务性劳动等，向消费者提供食品和消费场所及设施的服务活动。餐饮服务提供者应当制定并实施原料采购控制要求，确保所购原料符合食品安全标准。餐饮服务提供者在制作加工过程中应当检查待加工的食品及原料，发现有腐败变质或者其他感官性状异常的，不得加工或者使用。餐饮服务提供企业应当定期维护食品加工、贮存、陈列等设施、设备；定期清洗、校验保温设施及冷藏、冷冻设施。餐饮服务提供者应当按照要求对餐具、饮具进行清洗、消毒，不得使用未经清洗和消毒的餐具、饮具。

11. 食品召回制度

国家建立食品召回制度。食品召回是指食品生产者按照规定程序，对由其生产原因造成的有一批次或类别的不安全食品，通过换货、退货、补充或修正消费说明等方式，及时消除或减少食品安全危害的活动。食品生产者发现其生产的食品不符合食品安全标准，应当立即停止生产，召回已经上市销售的食品，通知相关生产经营者和消费者，并记录召回和通知情况。食品经营者发现其经营的食品不符合食品安全标准，应当立即停止经营，通知相关生产经营者和消费者，并记录停止经营和通知情况。食品生产者认为应当召回的，应当立即召回。食品生产者应当对召回的食品采取补救、无害化处理、销毁等措施，并将食品召回和处理情况向县级以上质量监督部门报告。食品生产经营者未依照本条规定召回或者停止经营不符合食品安全标准的食品的，县级以上质量监督、工商行政管理、食品药品监督管理部门可以责令其召回或者停止经营。

12. 食品广告

近年来，食品广告违法问题较为严重。违法食品广告欺骗、误导消费者，甚至引发食品安全事故，引起社会的广泛关注。食品广告的内容应当真实合法，不得含有虚假、夸大的内容，不得涉及疾病预防、治疗功能。广告主、广告经营者、广告发布者从事食品广告活动，除应当遵守《食品安全法》外，还应当遵守《广告法》及其配套法规的规定。食品安全监督管理部门或者承担食品检验职责的机构、食品行业协会、消费者协会不得以广告或者其他形式向消费者推荐食品。

《食品安全法》在原《食品卫生法》的基础上扩大了承担连带责任的主体范围，社会团体或者其他组织、个人在虚假广告中向消费者推荐食品，使消费者的合法权益受到损害的，与食品生产经营者承担连带责任。因此，今后名人代言食品广告必须谨慎，否则一旦违法推荐，便可能承担连带责任。

六、食品检验

食品检验是指食品检验机构根据有关国家标准,对食品原料、辅助材料、成本的质量和安全性进行的检验,包括对食品理化指标、卫生指标、外观特性以及外包装、内包装、标志等进行的检验。

(一) 食品检验机构及职责

建立食品检验机构开展食品原料、生产和市场流通等环节检验工作,是进行食品质量安全监管的重要辅助手段,也是世界通行做法。食品检验机构按照国家有关认证认可的规定取得资质认定后,方可从事食品检验活动。但是,法律另有规定的除外。食品检验机构的资质认定条件和检验规范,由国务院卫生行政部门规定。

食品检验由食品检验机构指定的检验人独立进行。检验人应当依照有关法律、法规的规定,并依照食品安全标准和检验规范对食品进行检验,尊重科学,恪守职业道德,保证出具的检验数据和结论客观、公正,不得出具虚假的检验报告。食品检验实行食品检验机构与检验人负责制。食品检验报告应当加盖食品检验机构公章,并有检验人的签名或者盖章。食品检验机构和检验人对出具的食品检验报告负责。对食品实施抽样检验,是食品安全监督管理部门代表国家对食品安全进行监督检查的执法行为,其过程中所需要的有关费用应当由国家财政拨付。

(二) 免检制度的废除

免检制度是指依据《产品免于质量监督检查管理办法》,对符合规定的产品,在三年内免于各级政府部门的质量监督抽查的制度。2008年9月,在多个属于"国家免检产品"的奶制品被检出含有三聚氰胺,导致许多婴幼儿患肾结石后,国务院办公厅发布《关于废止食品质量免检制度的通知》,同一天,国家质量监督检验检疫总局发布第109号令,废止《产品免于质量监督检查管理办法》,至此,实行多年的食品免检制度宣告结束。

食品安全监督管理部门对食品不得实施免检。县级以上质量监督、工商行政管理、食品药品监督管理部门应当对食品进行定期或者不定期的抽样检验。进行抽样检验,应当购买抽取的样品,不收取检验费和其他任何费用。县级以上质量监督、工商行政管理、食品药品监督管理部门在执法工作中需要对食品进行检验的,应当委托符合本法规定的食品检验机构进行,并支付相关费用。对检验结论有异议的,可以依法进行复检。

食品生产经营企业可以自行对所生产的食品进行检验,也可以委托符合本法规定的食品检验机构进行检验。食品行业协会等组织、消费者需要委托食品检验机构对食品进行检验的,应当委托符合本法规定的食品检验机构进行。

七、食品进出口管理制度

国家出入境检验检疫部门应当收集、汇总进出口食品安全信息,并及时通报相关部门、机构和企业。国家出入境检验检疫部门应当建立进出口食品的进口商、出口商和出口食品生产企业的信誉记录,并予以公布。对有不良记录的进口商、出口商和出口食品生产企业，应当加强对其进出口食品的检验检疫。

（一）进口食品的管理

进口的食品、食品添加剂以及食品相关产品应当符合我国食品安全国家标准。进口的食品应当经出入境检验检疫机构检验合格后，海关凭出入境检验检疫机构签发的通关证明放行。进口尚无食品安全国家标准的食品，或者首次进口食品添加剂新品种、食品相关产品新品种，进口商应当向国务院卫生行政部门提出申请并提交相关的安全性评估材料。国务院卫生行政部门依照《食品安全法》的规定作出是否准予许可的决定，并及时制定相应的食品安全国家标准。

境外发生的食品安全事件可能对我国境内造成影响，或者在进口食品中发现严重食品安全问题的，国家出入境检验检疫部门应当及时采取风险预警或者控制措施，并向国务院卫生行政、农业行政、工商行政管理和国家食品药品监督管理部门通报。接到通报的部门应当及时采取相应措施。

向我国境内出口食品的出口商或者代理商应当向国家出入境检验检疫部门备案。向我国境内出口食品的境外食品生产企业应当经国家出入境检验检疫部门注册。国家出入境检验检疫部门应当定期公布已经备案的出口商、代理商和已经注册的境外食品生产企业名单。

进口的预包装食品应当有中文标签、中文说明书。标签、说明书应当符合《食品安全法》以及我国其他有关法律、行政法规的规定和食品安全国家标准的要求，载明食品的原产地以及境内代理商的名称、地址、联系方式。预包装食品没有中文标签、中文说明书或者标签、说明书不符合本条规定的，不得进口。

进口商应当建立食品进口和销售记录制度，如实记录食品的名称、规格、数量、生产日期、生产或者进口批号、保质期、出口商和购货者名称及联系方式、交货日期等内容。食品进口和销售记录应当真实，保存期限不得少于2年。

（二）出口商品的管理

出口的食品由出入境检验检疫机构进行监督、抽检，海关凭出入境检验检疫机构签发的通关证明放行。出口食品生产企业和出口食品原料种植、养殖场应当向国家出入境检验检疫部门备案。

八、食品安全事故处置

（一）食品安全事故应急预案

食品安全事故应急预案是经过一定程序制定的开展食品安全事故应急处理工作的事先指导方案。制定食品安全事故应急预案是一项已经被证明的行之有效的食品安全领域中的工作制度，在我国以往的法律法规中已有所规定。《中华人民共和国突发事件应对法》和《突发公共卫生事件应急条例》都明确规定了重大食物中毒等公共卫生事件，国务院和省、自治区、直辖市人民政府应当制定全国突发事件应急预案和各地本行政区域的突发事件应急预案。国务院组织制定国家食品安全事故应急预案。县级以上地方人民政府应当根据有关法律、法规的规定和上级人民政府的食品安全事故应急预案以及本地区的实际情况,制定本行政区域的食品安全事故应急预案,并报上一级人民政府备案。食品生产经营企业应当制定食品安全事故处置方案,定期检查本企业各项食品安全防范措施的落实情况,及时消除食品安全事故隐患。

(二) 食品安全事故处置

1. 通报

发生食品安全事故的单位应当立即予以处置,防止事故扩大。事故发生单位和接收患者进行治疗的单位应当及时向事故发生地县级卫生行政部门报告。发生食品安全事故的单位对导致或者可能导致食品安全事故的食品及原料、工具、设备等,应当立即采取封存等控制措施,并自事故发生之时起 2 小时内向所在地县级人民政府卫生行政部门报告。农业行政、质量监督、工商行政管理、食品药品监督管理部门在日常监督管理中发现食品安全事故,或者接到有关食品安全事故的举报,应当立即向卫生行政部门通报。发生重大食品安全事故的,接到报告的县级卫生行政部门应当按照规定向本级人民政府和上级人民政府卫生行政部门报告。县级人民政府和上级人民政府卫生行政部门应当按照规定上报。任何单位或者个人不得对食品安全事故隐瞒、谎报、缓报,不得毁灭有关证据。

2. 处理

县级以上卫生行政部门接到食品安全事故的报告后,应当立即会同有关农业行政、质量监督、工商行政管理、食品药品监督管理部门进行调查处理,并采取下列措施,防止或者减轻社会危害:①开展应急救援工作,对因食品安全事故导致人身伤害的人员,卫生行政部门应当立即组织救治;②封存可能导致食品安全事故的食品及其原料,并立即进行检验;③对确认属于被污染的食品及其原料,责令食品生产经营者依照《食品安全法》的规定予以召回、停止经营并销毁;④封存被污染的食品用工具及用具,并责令进行清洗消毒;⑤做好信息发布工作,依法对食品安全事故及其处理情况进行发布,并对可能产生的危害加以解释、说明。

发生重大食品安全事故的,县级以上人民政府应当立即成立食品安全事故处置指挥机构,启动应急预案并及时处置。

3. 调查

参与食品安全事故调查的部门应当在卫生行政部门的统一组织协调下分工协作、相互配合,提高事故调查处理的工作效率。食品安全事故的调查处理办法由国务院卫生行政部门会同国务院有关部门制定。设区的市级以上人民政府卫生行政部门应当立即会同有关部门进行事故责任调查,督促有关部门履行职责,向本级人民政府提出事故责任调查处理报告。重大食品安全事故涉及两个以上省、自治区、直辖市的,由国务院卫生行政部门组织事故责任调查。

发生食品安全事故,县级以上疾病预防控制机构应当协助卫生行政部门和有关部门对事故现场进行卫生处理,并对与食品安全事故有关的因素开展流行病学调查。

调查食品安全事故,除了查明事故单位的责任,还应当查明负有监督管理和认证职责的监督管理部门、认证机构的工作人员失职、渎职情况。

参与食品安全事故调查的部门有权向有关单位和个人了解与事故有关的情况,并要求提供相关资料和样品。有关单位和个人应当配合食品安全事故调查处理工作，按照要求提供相关资料和样品，不得拒绝。任何单位或者个人不得阻挠、干涉食品安全事故的调查处理。

九、法律责任

（一）行政法律责任

1. 非法开展与食品有关的生产经营活动的法律责任

未经许可从事食品生产经营活动，或者未经许可生产食品添加剂的，由有关主管部门按照各自职责分工，没收违法所得、违法生产经营的食品、食品添加剂和用于违法生产经营的工具、设备、原料等物品；违法生产经营的食品、食品添加剂货值金额不足1万元的，并处2 000元以上5万元以下罚款；货值金额1万元以上的，并处货值金额5倍以上10倍以下罚款。

2. 生产经营法律禁止生产经营的食品的法律责任

有下列情形之一的，由有关主管部门按照各自职责分工，没收违法所得、违法生产经营的食品和用于违法生产经营的工具、设备、原料等物品；违法生产经营的食品货值金额不足1万元的，并处2 000元以上5万元以下罚款；货值金额1万元以上的，并处货值金额5倍以上10倍以下罚款；情节严重的，吊销许可证：①用非食品原料生产食品或者在食品中添加食品添加剂以外的化学物质，或者用回收食品作为原料生产食品；②生产经营致病性微生物、农药残留、兽药残留、重金属、污染物质以及其他危害人体健康的物质含量超过食品安全标准限量的食品；③生产经营营养成分不符合食品安全标准的专供婴幼儿和其他特定人群的主辅食品；④经营腐败变质、油脂酸败、霉变生虫、污秽不洁、混有异物、掺假掺杂或者感官性状异常的食品；⑤经营病死、毒死或者死因不明的禽、畜、兽、水产动物肉类，或者生产经营病死、毒死或者死因不明的禽、畜、兽、水产动物肉类的制品；⑥经营未经动物卫生监督机构检疫或者检疫不合格的肉类，或者生产经营未经检验或者检验不合格的肉类制品；⑦经营超过保质期的食品；⑧生产经营国家为防病等特殊需要明令禁止生产经营的食品；⑨利用新的食品原料从事食品生产或者从事食品添加剂新品种、食品相关产品新品种生产，未经过安全性评估；⑩食品生产经营者在有关主管部门责令其召回或者停止经营不符合食品安全标准的食品后，仍拒不召回或者停止经营的。

3. 生产经营被包装材料污染的食品等的法律责任

有下列情形之一的，由有关主管部门按照各自职责分工，没收违法所得、违法生产经营的食品和用于违法生产经营的工具、设备、原料等物品；违法生产经营的食品货值金额不足1万元的，并处2 000元以上5万元以下罚款；货值金额1万元以上的，并处货值金额2倍以上5倍以下罚款；情节严重的，责令停产停业，直至吊销许可证：①经营被包装材料、容器、运输工具等污染的食品；②生产经营无标签的预包装食品、食品添加剂或者标签、说明书不符合本法规定的食品、食品添加剂；③食品生产者采购、使用不符合食品安全标准的食品原料、食品添加剂、食品相关产品；④食品生产经营者在食品中添加药品。

4. 食品生产经营者未建立查验记录制度等的法律责任

有下列情形之一的，由有关主管部门按照各自职责分工，责令改正，给予警告；拒不改正的，处2 000元以上2万元以下罚款；情节严重的，责令停产停业，直至吊销许可证：①未对采购的食品原料和生产的食品、食品添加剂、食品相关产品进行检验；②未建立并遵守查验记录制度、出厂检验记录制度；③制定食品安全企业标准未依照本法规定备案；④未按规定要求贮存、销售食品或者清理库存食品；⑤进货时未查验许可证和相关证明文件；⑥生产的食品、食品添加剂的标签、说明书涉及疾病预防、治疗功能；⑦安排有碍食品安全的疾病的人员从事接触直接入口食品的工作。

5. 食品安全事故单位的法律责任

事故单位在发生食品安全事故后未进行处置、报告的，由有关主管部门按照各自职责分工，责令改正，给予警告；毁灭有关证据的，责令停产停业，并处2 000元以上10万元以下罚款；造成严重后果的，由原发证部门吊销许可证。

6. 违反食品进出口管理的法律责任

有下列情形之一的，依照《食品安全法》第85条规定的生产经营法律禁止生产经营的食品的法律责任给予处罚：①进口不符合我国食品安全国家标准的食品；②进口尚无食品安全国家标准的食品，或者首次进口食品添加剂新品种、食品相关产品新品种，未经过安全性评估；③出口商未遵守本法的规定出口食品。

进口商未建立并遵守食品进口和销售记录制度的，依照《食品安全法》第87条规定的未建立查验记录制度等的法律责任给予处罚。

7. 集中交易市场开办者等的法律责任

集中交易市场的开办者、柜台出租者、展销会的举办者允许未取得许可的食品经营者进入市场销售食品，或者未履行检查、报告等义务的，由有关主管部门按照各自职责分工，处2 000元以上5万元以下罚款；造成严重后果的，责令停业，由原发证部门吊销许可证。

8. 违法从事食品运输的法律责任

未按照要求进行食品运输的，由有关主管部门按照各自职责分工，责令改正，给予警告；拒不改正的，责令停产停业，并处2 000元以上5万元以下罚款；情节严重的，由原发证部门吊销许可证。

9. 被吊销许可证企业的主管人员的法律责任

被吊销食品生产、流通或者餐饮服务许可证的单位，其直接负责的主管人员自处罚决定作出之日起5年内不得从事食品生产经营管理工作。食品生产经营者聘用不得从事食品生产经营管理工作的人员从事管理工作的，由原发证部门吊销许可证。

10. 食品检验机构等的法律责任

食品检验机构、食品检验人员出具虚假检验报告的，由授予其资质的主管部门或者机构撤销该检验机构的检验资格；依法对检验机构直接负责的主管人员和食品检验人员给予撤职或者开除的处分。受到刑事处罚或者开除处分的食品检验机构人员，自刑罚执行完毕或者处分决定作出之日起10年内不得从事食品检验工作。食品检验机构聘用不得从事食品检验工作的人员的,由授予其资质的主管部门或者机构撤销该检验机构的检验资格。

11. 虚假食品广告等的法律责任

在广告中对食品质量作虚假宣传,欺骗消费者的,依照广告法的规定给予处罚。

食品安全监督管理部门或者承担食品检验职责的机构、食品行业协会、消费者协会以广告或者其他形式向消费者推荐食品的,由有关主管部门没收违法所得,依法对直接负责的主管人员和其他直接责任人员给予记大过、降级或者撤职的处分。

12. 政府及监管部门的法律责任

县级以上地方人民政府在食品安全监督管理中未履行职责,本行政区域出现重大食品安全事故、造成严重社会影响的,依法对直接负责的主管人员和其他直接责任人员给予记大过、降级、撤职或者开除的处分。

县级以上卫生行政、农业行政、质量监督、工商行政管理、食品药品监督管理部门或者其他有关行政部门不履行本法规定的职责或者滥用职权、玩忽职守、徇私舞弊的,依法对直接负责的主管人员和其他直接责任人员给予记大过或者降级的处分;造成严重后果的,给予撤职或者开除的处分;其主要负责人应当引咎辞职。

(二) 民事法律责任

违反《食品安全法》规定,造成人身、财产或者其他损害的,依法承担赔偿责任。生产不符合食品安全标准的食品或者销售明知是不符合食品安全标准的食品,消费者除要求赔偿损失外,还可以向生产者或者销售者要求支付价款 10 倍的赔偿金。

违反《食品安全法》规定,应当承担民事赔偿责任和缴纳罚款、罚金,其财产不足以同时支付时,先承担民事赔偿责任。

(三) 刑事法律责任

《食品安全法》具体明确规定了食品安全的民事责任和行政责任,同时在第 98 条规定:"违反本规定,构成犯罪的,依法追究刑事责任。"《刑法》对食品安全刑事法律责任规定主要包括:

(1)《刑法》第 143 条规定的"生产、销售不符合卫生标准食品罪"是指生产、销售不符合卫生标准的食品,足以造成严重食物中毒事故或者其他严重食源性疾患的行为,根据情节可以判处 3 年以下有期徒刑或者拘役,并处或者单处销售金额 50% 以上 2 倍以下罚金;对人体健康造成严重危害的,处 3 年以上 7 年以下有期徒刑,并处销售金额 50% 以上 2 倍以下罚金;后果特别严重的,处 7 年以上有期徒刑或者无期徒刑,并处销售金额 50% 以上 2 倍以下罚金或者没收财产。

(2)《刑法》第 144 条规定的"生产、销售有毒、有害食品罪"是指违反我国食品卫生管理法规,在生产、销售的食品中掺入有毒、有害的非食品原料或者销售明知掺有有毒、有害的非食品原料的食品的行为,根据情节可以判处五年以下有期徒刑或者拘役,并处或者单处销售金额 50% 以上 2 倍以下罚金;造成严重食物中毒事故或者其他严重食源性疾患,对人体健康造成严重危害的,处 5 年以上 10 年以下有期徒刑,并处销售金额 50% 以上 2 倍以下罚金;致人死亡或者对人体健康造成特别严重危害的,依照《刑法》第141条规定的"生产、销售假药罪"处罚,可以判处10年以上有期徒刑、无期徒刑或者死刑,并处销售金额50%以上2倍以下罚金或者没收财产。

(3) 根据《刑法》第149条规定,如果行为人生产、销售有毒有害的食品的行为不构成"生产、销售不符合卫生标准的食品罪"或"生产、销售有毒、有害食品罪"两者的,而销售金额在5万元以上的,则构成"生产、销售伪劣产品罪",按此罪名定罪处罚,量刑幅度:销售金额5万元以上不满20万元的,处2年以下有期徒刑或者拘役,并处或者单处销售金额50%以上2倍以下罚金;销售金额20万元以上不满50万元的,处2年以上7年以下有期徒刑,并处销售金额50%以上2倍以下罚金;销售金额50万元以上不满200万元的,处7年以上有期徒刑,并处销售金额50%以上2倍以下罚金;销售金额200万元以上的,处15年有期徒刑或者无期徒刑,并处销售金额50%以上2倍以下罚金或者没收财产。根据《刑法》第150条之规定,单位犯本罪,对单位判处罚金,并对其直接负责的主管人员和其他直接责任人员,依本条规定处罚。

第三节 保健食品管理法律制度

一、保健食品的概念

保健食品是指具有特定保健功能的食品。即适宜于特定人群食用,具有调节机体功能,不以治疗疾病为目的的食品,与药品有着本质区别。

随着人们生活水平的不断提高,人们对于保健食品的需求也不断增大,因此对生产经营保健食品的许可与监督等问题也日显突出,尤其是在药品与保健食品的区分问题上。在1996年之前,保健食品场混杂在药品的报批文号内,并先后经历过"药(健)字"、"药(食)字"等批号。自1996年6月1日卫生部《保健食品管理办法》正式实施后,全国统一的"卫食健字()第号"的批准文号才得以正式确立。对保健食品的规范化管理也逐步走向成熟。目前这一领域中相关的规范性文件主要是:《保健食品评审技术规程》、《保健食品功能学评价程序和检验方法》、《保健食品标识规定》、《保健食品通用卫生要求》等。但鉴于《保健食品管理办法》是根据1995年修订的《中华人民共和国食品卫生法》制定的,而该法已经废止。在新的《食品安全法》颁布实施后,相应的保健食品法律法规未作修订,故本节仅就保健食品在1996年至今为止所实施的相关法律制度进行介绍。

二、保健食品的管理

(一) 保健食品的审批

保健食品必须符合下列要求:经必要的动物和/或人群功能试验,证明其具有明确、稳定的保健作用;各种原料及其产品必须符合食品卫生要求,对人体不产生任何急性、亚急性或慢性危害;配方的组成及用量必须具有科学依据,具有明确的功效成分。如在现有技术条件下不能明确功能成分，应确定与保健功能有关的主要原料名称；标签、说明书及广告不得宣传疗效作用。

凡声称具有保健功能的食品必须经卫生部审查确认。研制者应向所在地的省级卫生行政部门提出申请。经初审同意后，报卫生部审批。卫生部对审查合格的保健食品发给"保健食品批准证书"，批准文号为"卫食健字（）第号"。获得"保健食品批准证书"的食品准许使用卫生部规定的保健食品标志。

卫生部和省级卫生行政部门应分别成立评审委员会承担技术评审工作，委员会应由食品卫生、营养、毒理、医学及其他相关专业的专家组成。卫生部评审委员会对申报的保健食品认为有必要复验的，由卫生部指定的检验机构进行复验。复验费用由保健食品申请者承担。由两个或两个以上合作者共同申请同一保健食品时，"保健食品批准证书"共同署名，但证书只发给所有合作者共同确定的负责者。申请者除提交本办法所列各项资料外，还应提交由所有合作者签章的负责者推荐书。

已由国家有关部门批准生产经营的药品，不得申请"保健食品批准证书"。

进口保健食品时，进口商或代理人必须向卫生部提出申请。卫生部对审查合格的进口保健食品发放"进口保健食品批准证书"，取得"进口保健食品批准证书"的产品必须在包装上标注批准文号和卫生部规定的保健食品标志。口岸进口食品卫生监督检验机构凭"进口保健食品批准证书"进行检验，合格后放行。

（二）保健食品的生产经营

在生产保健食品前，食品生产企业必须向所在地的省级卫生行政部门提出申请，经省级卫生行政部门审查同意并在申请者的卫生许可证上加注"××保健食品"的许可项目后方可进行生产。未经卫生部审查批准的食品，不得以保健食品名义生产经营；未经省级卫生行政部门审查批准的企业，不得生产保健食品。

保健食品生产者必须按照批准的内容组织生产，不得改变产品的配方、生产工艺、企业产品质量标准以及产品名称、标签、说明书等。保健食品的生产过程、生产条件必须符合相应的食品生产企业卫生规范或其他有关卫生要求。选用的工艺应能保持产品的功效成分的稳定性。加工过程中功效成分不损失，不破坏，不转化和不产生有害的中间体。应采用定型包装。直接与保健食品接触的包装材料或容器必须符合有关卫生标准或卫生要求。包装材料或容器及其包装方式应有利于保持保健食品功效成分的稳定。

（三）保健食品标签、说明书及广告宣传

保健食品标签和说明书必须符合国家有关标准和要求，并标明下列内容：保健作用和适宜人群；食用方法和适宜的食用量；贮藏方法；功效成分的名称及含量。因在现有技术条件下，不能明确功效成分的，则须标明与保健功能有关的原料名称；保健食品批准文号；保健食品标志；有关标准或要求所规定的其他标签内容。

保健食品的名称应当准确、科学，不得使用人名、地名、代号及夸大容易误解的名称，不得使用产品中非主要功效成分的名称。保健食品的标签、说明书和广告内容必须真实，符合其产品质量要求，不得有暗示可使疾病痊愈的宣传。严禁利用封建迷信进行保健食品的宣传。未经卫生部按本办法审查批准的食品不得以保健食品名义进行宣传。

（四）保健食品的监督管理

各级卫生行政部门应加强对保健食品的监督、监测及管理。卫生部对已经批准生产的保健食品可以组织监督抽查，并向社会公布抽查结果。

卫生部可根据以下情况确定对已经批准的保健食品进行重新审查：科学发展后，对原来审批的保健食品的功能有认识上的改变；产品的配方、生产工艺以及保健功能受到可能有改变的质疑；保健食品监督监测工作需要。

第四节 化妆品管理法律制度

一、化妆品的概念

化妆品是指以涂擦、喷洒或者其他类似的方法，散布于人体表面任何部位（皮肤、毛发、指甲、口唇等），以达到清洁、消除不良气味、护肤、美容和修饰目的的日用化学工业产品及天然植物产品。

与药品不同，人们对于化妆品的使用，并非是指以人体生理机能的改变或改善为目的的。虽然美丽可以给人们带来精神的和社会生活的满足状态，同样属于健康的一部分，但对于化妆品的使用，尤其是各种添加剂的使用，法律法规更需要防止化妆品给人体可能带来的损害，以保障人们的健康。

二、化妆品的监管制度

我国实行化妆品卫生监督制度。目前，与化妆品卫生的规章和规范性文件有：1989年11月13日卫生部发布的《化妆品卫生监督条例》，1991年2月卫生部发布的《化妆品卫生监督条例实施细则》，国家工商行政管理局于1993年7月发布的《化妆品广告管理办法》，以及2000年6月1日重新颁布的《化妆品生产企业卫生规范》等。此外，还有相关的规定散见于其他法律、法规、规章和规范性文件中。

截至2011年3月，全国获得化妆品生产许可证且在有效期内的企业为3 197家。化妆品的品种已达25 000余种。化妆品已成为现代人们生活的重要组成部分，受到人们普遍的关心和重视。在广大女性尽情享受美好生活、悉心妆扮和养护容颜的同时，一些不法商贩和失去诚信的批发市场以及违法经营的网店，将消费者的安全健康置之度外，以低价实施诱惑，销售假冒伪劣产品等，不仅让上当受骗的消费者损失了金钱，还蒙受了不同程度的身心损害。据全国消费者协会组织汇总统计，2010年因购买劣质化妆品的投诉就达到9 844件，如果将在美容院发生的因化妆品引发的投诉相加，将远远超过1 0000件。

（一）化妆品卫生标准

化妆品卫生标准是评价化妆品质量的行业技术标准。1987年5月，国家正式发布了《化妆品卫生标准》。该标准从三个不同角度对化妆品的质量提出了明确要求。

（1）一般要求。规定化妆品必须外观良好，不得有异臭；不得对皮肤和粘膜产生刺激和损伤作用；必须无感染性，使用安全。

（2）限制性要求。包括对化妆品中的禁用物质、限用物质、限用防腐剂、限用紫外线吸收剂、暂用着色剂等方面的具体要求。

（3）卫生质量要求。包括微生物质量、有毒物质限量等方面的要求。

（二）化妆品的许可制度

国家对化妆品生产企业的卫生监督实行卫生许可证制度。"化妆品生产企业卫生许可证"由省、自治区、直辖市卫生行政部门批准并颁发。"化妆品生产企业卫生许可证"有效期4年，每2年复核1次。

（三）化妆品的生产监管制度

化妆品生产企业必须符合下列卫生要求：①生产企业应当建在清洁区域内，与有毒、有害场所保持符合卫生要求的间距；②生产企业厂房的建筑应当坚固、清洁；③车间内天花板、墙壁、地面应当采用光洁建筑材料，应当具有良好的采光（或照明），并应当具有防止和消除鼠害和其他有害昆虫及其孳生条件的设施和措施；④生产企业应当设有与产品品种、数量相适应的化妆品原料、加工、包装、贮存等厂房或场所；⑤生产车间应当有适合产品特点的相应的生产设施，工艺规程应当符合卫生要求；⑥生产企业必须具有能对所生产的化妆品进行微生物检验的仪器设备和检验人员。

生产化妆品所需的原料、辅料以及直接接触化妆品的容器和包装材料必须符合国家卫生标准。使用化妆品新原料生产化妆品，必须经国务院卫生行政部门批准。生产特殊用途的化妆品，必须经国务院卫生行政部门批准，取得批准文号后方可生产。

生产企业在化妆品投放市场前，必须按照国家《化妆品卫生标准》对产品进行卫生质量检验，对质量合格的产品应当附有合格标记。未经检验或者不符合卫生标准的产品不得出厂。

（四）化妆品经营的卫生监督制度

化妆品经营单位和个人不得销售下列化妆品：①未取得"化妆品生产企业卫生许可证"的企业所生产的化妆品；②无质量合格标记的化妆品；③标签、小包装或者说明书不符合规定的化妆品；④未取得批准文号的特殊用途化妆品；⑤超过使用期限的化妆品。

化妆品的广告宣传不得有下列内容：①化妆品名称、制法、效用或者性能有虚假夸大的；②使用他人名义保证或以暗示方法使人误解其效用的；③宣传医疗作用的。

（五）化妆品卫生监督机构与职责

各级卫生行政部门行使化妆品卫生监督职责，并指定化妆品卫生监督检验机构，负责本辖区内化妆品的监督检验工作。国务院卫生行政部门聘请科研、医疗、生产、卫生管理等有关专家组成化妆品安全性评审组，对进口化妆品、特殊用途的化妆品和化妆品新原料进行安全性评审，对化妆品引起的重大事故进行技术鉴定。各级卫生行政部门设化妆品卫生监督员，对化妆品实施卫生监督。

对因使用化妆品引起不良反应的病例,各医疗单位应当向当地卫生行政部门报告。

关键术语

健康相关产品(health related products) 食品安全(food safety) 食品标准(food standards) 食品卫生(food hygiene) 保健品(health care product) 化妆品(cosmetics) 不良反应(adverse reactions) 保健食品(health food)

问题与思考

(1) 结合案例9-1,简述食品安全法律规制的重要性。
(2) 列表简述我国对食品安全法律规制路径,从"食品卫生"到"食品安全"的重要转折中食品安全监管核心理念的变化。
(3) 从国家—地方—企业三层次论述我国的食品安全标准制度。
(4) 简述保健食品与药品的区别。
(5) 了解化妆品的不良反应报告制度,并与药品不良反应报告制度进行比较。

参考法律法规

《中华人民共和国食品安全法》
《中华人民共和国食品安全法实施条例》
《化妆品卫生监督条例》
《国家化妆品卫生标准》
《化妆品广告管理办法》
《化妆品生产企业卫生规范》
《中华人民共和国农产品质量安全法》
《保健食品管理办法》
《保健食品评审技术规程》
《保健食品功能学评价程序和检验方法》
《保健食品标识规定》
《保健食品通用卫生要求》

(胡汝为)

第十章 医患关系法律制度

> **✦ 学习目标**
>
> 通过本章的学习，使学生能够准确把握医患关系的本质，熟悉医患双方的权利与义务，并掌握医患纠纷的处理与预防。
>
> （1）掌握：医患法律关系的概念；医患双方的权利与义务；医疗纠纷的处理；医疗损害责任的法律制度；医疗事故的行政责任。
>
> （2）了解：医患纠纷分类及预防。

案例 10-1

近年来，医患纠纷不仅在数量上逐年增多，而且在纠纷的表现形式上也日趋激化。医患之间的冲突不断升级，经常有见诸报端的一些极端事例，如 2002 年湖南衡阳的 "5·11" 凌辱医生案；2004 年 2 月 11 日，四川大学附属华西医院普外科主任李教授因患者肝癌手术效果不理想而被患者家属砍至开放性颅骨粉碎性骨折、脑震荡、失血性休克。

据中国医师协会 2009 年对 114 家医院进行的调查显示，每家医院平均每年发生医疗纠纷 22 起，发生打砸事件 2 件，打伤医师 2 人，平均每起医疗纠纷赔付金额 10.81 万元，患者和家属打砸医院、殴打医务人员等恶性事件在各地时有发生。中国医师协会 "医患关系调研报告" 显示：74.29% 的医师认为自己的合法权益得不到保护，认为当前执业环境 "较差" 和 "极为恶劣" 的分别达到 47%～35% 和 13%～28%，很多医生对自己的执业环境感到不安，有的甚至恐惧。暨南大学的一项研究则表明，在接受调查的 8 000 余名医务人员中，有 65% 的曾遭受过不同程度的心理和躯体的伤害。医患双方各自享有何种权利、义务？如果自身的权利受到侵害，如何主张自己的权利，请求对方承担何种法律责任？

第一节 医患关系概述

一、医患关系的概念

（一）医患关系的概念

医患关系又可称为 "医患法律关系"，也有学者称之为 "医疗法律关系"、"医事关系"。医患关系有广义与狭义之分。狭义的医患关系是指医师与患者在医疗活动过程中形成的法律关系①。根据《执业医师法》第 2 条规定,医师是指依法取得执业医师资格或者执业助理医师资格,经注册在医疗、预防、保健机构中执业的专业医务人员。即医师并不是限于人们通常所理解的医生,而是包括了医师(士)、护师(士)、药剂师(士)以及技师(士)。广义的医患关系中的"医"还包括医疗机构以及医疗机构中的行政管理人员、后勤保障人员等,"患"还包括患者的家属、监护人、朋友及患者所在单位。即广义的医患关系是指以医师为中心的群体与以患者为中心的群体,在医疗活动过程中形成的相互关系。

二、医患关系的分类

医疗机构与患者在不同类型的医患关系中,所享有的权利和承担的义务是不一样的。医学上有关医患关系的分类主要是根据医师与患者在技术性医疗活动过程中的地位而划分,包括主动—被动型、指导—合作型以及共同参与型②。法律上有关医患关系的分类是根据引起医患法律关系发生的法律事实而划分,包括医患合同关系、医患无因管理关系以及强制医疗关系。

(一) 医患合同关系

合同是平等主体的自然人、法人、其他组织之间设立、变更、终止民事权利义务关系的协议。医患合同关系是指医患双方就医疗服务的提供和医疗费用支付所订立的合同。在医患合同关系中,医方的主要义务就是提供医疗服务,而患方的主要义务就是支付医疗费用,双方法律地位平等,医患合同基于双方当事人的意思而订立。医患合同关系是最基本的医患关系,本书所指的医患关系,如无特别说明,则指的是医患合同关系。

(二) 无因管理关系

无因管理是债法上的一个概念,指没有法定的或约定的义务,为避免他人利益受损失,自愿管理他人事务或为他人提供服务的行为。管理他人事务的人,为管理人;事务被管理的人,为本人。无因管理之债发生后,管理人享有请求本人偿还因管理事务而支出的必要费用的债权,本人负有偿还该项费用的债务。无因管理之债的产生是基于法律规定,而非当事人的意思。

医方在没有法定或约定义务的情况下为避免患者的生命、健康利益受损,而为患者提供医疗服务的行为。例如,患者被家属遗弃在医院外,医务人员发现后对患者加以治疗。

(三) 强制医疗关系

强制医疗关系是指医疗机构或医务人员基于国家法律的授权或行政机关的委托,对

---

① 其实患者这一措辞并不准确。患者并不能涵盖到医院体检的人员,或进行保健的人员。相比之下,就医者是个更加科学的概念与称谓。但由于长期以来,各界已习惯使用患者这一称谓,本教材也使用这一称谓。

② 邱祥兴. 医学伦理学 [M]. 北京:人民卫生出版社,1999.

特定人群患者实施强制性治疗而产生的法律关系。在强制医疗关系中，患者负有接受医疗的义务，即此时接受诊疗是患者的法定义务，因为强制性治疗的根本目的在于维护社会公众利益，这已超出了患者自由处分的权利范围。例如，患有甲类法定传染病的传染病患者，因其所患疾病可能会对公共卫生安全构成严重威胁，因此法律基于防止传染病疫情的扩散以及社会公共安全的考虑，规定患有甲类法定传染病患者必须接受强制治疗。

三、医疗行为

从广义的医患关系及狭义的医患关系的定义可见，医疗行为的核心是医疗活动，而医疗活动的本质就是医方实施医疗行为。因此，对医疗行为的理解与把握尤为重要。

我国现行法律对医疗行为没有下定义。我国学界对医疗行为的看法不一。柳经纬、李茂年在《医患关系法论》一书中，认为"医疗行为，指医务人员对患者疾病的诊断、治疗、预后判断及疗养指导等具有综合性内容的行为""医疗行为的范围十分广泛，疾病的检查、诊断、治疗、手术、麻醉、注射、给药以及处方、病历记录、术后疗养指导，中医的望、闻、问、切、针灸、推拿等均属于医疗行为"，并根据目的将医疗行为分为诊疗目的性和非诊疗目的性医疗行为，并认为只有以诊疗疾病为目的的行为才是医疗行为。宋文质在其《卫生法学》一书中使用列举的方式而非下定义的方式表达其对广义的医疗行为的看法，认为广义的医疗行为包括治疗目的性医疗行为、不具治疗性医疗行为（如整形手术、变性手术、非治疗性的堕胎手术）以及实验性医疗行为。第一种观点将非治疗性医疗行为排除在外，显然不符合现实和发展要求。第二种观点尽管将非治疗性医疗行为囊括在内，但其本身是一种循环定义，因为其并未界定何为医疗行为，就直接使用医疗行为一词对医疗行为本身进行分类，并未揭示何为医疗行为。目前，我国台湾地区和日本广泛将医疗行为定义为"若欠缺医师的医学判断及其技术，则对人体会有危害的行为"。

本书认为，医疗行为应当定义为：需依赖医师的医学判断及技术所实施的行为。因为按"若欠缺医师的医学判断及其技术，则对人体会有危害的行为"的表述，是以是否对人体有害为判断基准，仅仅从自然科学的角度理解医疗行为，而忽略了医学伦理法定化给作为专家的医师所带来的影响。

（一）医学判断及其技术的理解

要准确理解医疗行为的概念，关键是要准确把握"医学判断及其技术"的含义。手术、麻醉、诊断、开处方、检验、注射、针灸、理疗等行为无疑是医疗行为，这些行为表现了强烈的医学专业性和科学性。但有些医疗行为的医学专业性相比之下表现不太明显，因而容易使人们混淆。例如，在注射、发药、检验、麻醉、手术之前核实患者的行为，实践中常常是看单据或医院使用的卡片、病历上的名字，然后进行询问以确认。这种"问名字以确认患者"的行为似乎与"医学判断及其技术"，与医学的专业性知识没有什么关系，没表现出什么科学性，因为没有经过医学专业训练的人也可以很容易地做到这些行为。但认为这些行为不是医疗行为是很荒谬的。进行注射、发药、检验、麻醉、手术等行为之前不核实患者,从而张冠李戴,对不该接受该行为的患者实施,后果可轻可重。弄错了患者,为其注射了葡萄糖,没有引起任何不良结果,这是"虚惊一场";但若为其注射了大量的镁,而该患者本来就严重缺钙,大量的镁使得其钙质流失得更快,并引起了其他并发症或后遗症,这就是"雪上加霜"了;弄错了患者从而动错了手术就更是"险象环生"了。在患者就医过程中医师应当实施的一些行为,尽管不如手术、麻醉、诊断、开处方、检验、注射、消毒等行为那么直接而强烈地体现医疗行为的专业性,但却是医学作为一门科学的严谨性的必然要求,是最基本的技术和操作要求,是保证患者就医目的实现的必不可少的医疗行为。也正因为这样,这些行为,例如核实姓名,核实药品名称和药量,坚守值班制度等行为实际上已经成为医师工作的常规,并以工作制度的方式确定下来。卫生部发布的《医院工作制度》中规定:"开医嘱、处方或进行治疗时,应查对病员姓名、性别、床号、住院号(门诊号)"。"执行医嘱时要进行'三查七对':摆药后查;服药、注射、处置前查;服药、注射处置后查。对床号、姓名和服用药的药名、剂量、浓度、时间、用法。"

(二) 医疗行为的概念外延

"医学判断及其技术"是否仅仅指医学中作为自然科学的知识呢?是否指以自然物质意义上的人的身体为对象的医学知识呢?

例如,一女性做人工流产手术,医师未经其同意,带领实习生现场观看人工流产手术过程,或者较长时间的示范教学,造成该女性精神上的痛苦。在这个过程中,医师实施的人工流产手术是医疗行为;但带领实习生现场观看手术过程的行为以及当中的讲解行为不是医疗行为,而是教学行为,因为这两个行为的对象不是该女性的身体,而是实习生,从而侵害该女性的隐私权的不是该医师为其实施人工流产的医疗行为,而是该医生未经同意带领实习生现场观看手术过程的行为。而医师履行或不履行法律规定的告知义务的行为,也不是医疗行为,因为这不是医学作为自然科学的要求。但医学不是作为一门纯粹的对自然物质的人体的技术操作而存在的。医学不是在真空状态下发展的,它从产生的那一天起就受到了诸如哲学、法律等上层建筑的影响,例如,现在备受关注的患者的知情同意权就经历了从无到有的过程。

职业道德的法定化是法律发展中不可忽视的一道风景,而这些被法定化了的职业道德也就成为对某个职业的全体从业人员的最低的要求——法律设定的是最低的行为准则,而道德设定的是最高的行为准则。从法律意义上讲,这些义务也就成为整个行业知识的有机组成部分,并以法律的强制力作为其实现的措施。目前已广泛法定化了的医师的职业道德包括信息公开、说明义务、尊重患者的隐私权、知情同意权的义务。

所以,医师所必须具备的医学判断以及技术,包括了具有强烈科技性的医学知识,也包括已被设定为法律义务的职业道德。前者是医学作为自然科学的必然要求,后者是医学在与社会互动过程中的必然要求。医师的专业性就是建立在这两个部分的有机结合之上的。

案例 10-2

2010年7月，安徽农民工唐某的妻子裴某即将临产，两人从打工的上海回到老家，妻子住进了安徽含山县平安医院。在剖宫产手术中，裴某大出血，医院没有足够血浆，尽管唐某的血型与妻子不符，但医院还是要求其抽血救妻，家属几次要求转院遭到拒绝。

医生没有征得家属同意，将裴某子宫切除后，宣布其因抢救无效死亡。1个小时后，裴某突然发出"救救我，我疼"的呼救声。唐某四处磕头下跪哀求医生救人，但大夫们纷纷躲避，最终致使产妇死亡。2010年8月6日，在不申请医疗事故技术鉴定委员会对死因及责任进行鉴定的前提下，在含山县环峰镇政府调解和含山县环峰镇法律服务所的见证下，唐某与医院就裴某死亡赔偿一事达成协议：2010年7月28日，申请方的亲属裴某（女29岁）在被申请方处生产，产妇在剖宫术过程中出现失血性休克症状，经抢救无效死亡，双方为此产生医患纠纷。唐某获得31万元赔偿。

第二节 医患间的权利与义务

医患双方的权利、义务来源于法律规定及医疗合同的约定，其中又以法律的规定为主。正由于医患双方的权利义务包含法定与约定两部分，因此在医疗诉讼中常出现违约责任与侵权责任竞合的情形。

一、患者的权利

1. 获得适宜的医疗服务的权利

WHO明确提出："健康是人的基本权利。"任何人都有权享有必要的、合理的、最基本的诊治护理，以保障其自身健康。应当说获得适宜的医疗服务的权利是患者最基本、也是最重要的权利，因为不能获得适宜的医疗服务很可能会直接使得患者的生命权、健康权受到损害。而生命权和健康权是患者作为自然人最为重要和最为基本的权利，尤其是生命权，一旦被侵犯则无法进行事后救济。因此，实际上为了保障、满足患者获得适宜的医疗服务这一权利，负有义务的不仅是医疗机构以及医护人员，国家也同样负有义务。

获得适宜的医疗服务的权利具体包括：①享有得到导医服务及获知有关医疗信息的权利。医疗信息即医院病房科室设置、医疗设备的种类及具体状况、有关专家及其特长等。这些信息有助于患者做出是否到该医疗机构就医及选择医生的决定。目前，很多医疗机构采取了在门诊大厅公示相关信息以及在其官方网站上公示相关信息的方法。②享有获得为治疗疾病所必需的基本医疗服务的权利。③享有获得费用节省的医疗服务的权利。在目前过度医疗泛滥的今天,该权利显得尤为重要。④享有得到及时的医疗服务的权利,尤其是急诊患者。医疗服务的及时性对于保障患者的生命权和健康权十分重要。

2. 合理限度的医疗自由权

合理限度的医疗自由权是患者自主权的必然结果。合理限度的医疗自由权包括:①选择医疗机构及医生的权利。②除非法律、法规另有规定,否则患者享有决定接受不接受任何一项医疗服务的权利。③除非法律、法规另有规定,否则患者有权提出出院及转院。④决定其遗体及器官的使用方式。⑤拒绝任何指定的检查、药物、治疗等的权利,并有权知道相应后果。但患者的医疗自由权并不是无限度的,而要受到法律的约束,只能在合理限度内行使,例如,患者的安乐死要求就得不到法律的支持。

3. 知情同意权

知情同意权是近年来医患关系中备受关注的一个权利。与知情同意权相对应的是医方的说明义务。知情同意权实质包括知情权和同意权两个密切相关的权利,且知情权是同意权充分行使的必要前提,在不清楚情况的前提下的同意不是真正的同意,即如果医方不履行告知义务,患者的同意均为无效。同意权则是知情权的价值体现。

知情权即患者有权利知道并了解自己的病情状况、可供选择的治疗方案、可能发生的并发症或副作用、医疗费用等。这是患者理解后进行选择的基础。患者此项权利的实现有赖于医务人员告知义务的充分履行。

同意权即患者在知悉详情后自主、自愿地做出决定,该决定可以是同意也可以是拒绝医师的治疗方案。这与相当长的一个历史时期中医学伦理观强调医生的决定权,视患者为医疗行为的客体,把患者置于医疗活动的从属地位在理念上有天壤之别,对患者自主权的尊重和保护已成为构建新型医患关系的关键一环。

知情同意权在大陆法系最早起源于德国宰相俾斯麦对皇太子病情的干预。1887年,俾斯麦得知医师将在皇太子不知情的情况下切除其患有癌症的咽喉,便立刻向医生抗议,并向皇帝报告此事,威廉姆一世颁布命令:若得不到皇太子的同意,禁止医生进行手术。在"二战"以后,德国基本法第2条第2项明确承认了:人人都享有使自己的身体和生命不被侵害的权利。1954年、1979年德国联邦法院关于医疗事故的判决进一步明确了患者的知情同情权。知情同意权在英美法系起源于20世纪初,并在五六十年代随判例法而发展起来,其最早起源于 Salgo 案件,该案件中,医师对一男性患者实施胸部大动脉造影,从其背部向大动脉注射了造影剂,结果造成患者双下肢瘫痪,引起诉讼。法院判决认为:虽然这一检查方法在当时非常先进,但由于医师没有提供任何有关情况的说明,患者及他的妻子对这一检查带来的风险一无所知,判定被告败诉,并首次使用了知情同意(Informed consent)的概念[①]。

患者的知情同意权在我国多项法律、法规中都有规定。《执业医师法》第26条规定:"医师应当如实向患者或者其家属介绍病情,但应注意避免对患者产生不利后果。医师进行实验性临床医疗,应当经医院批准并征得患者本人或者其家属同意。"《医疗事故处理条例》第11条规定"在医疗活动中,医疗机构及其医务人员应当将患者的病

---

① 候巍. 医疗损害赔偿责任性质及其认定研究 [D]. 武汉:中南财经政法大学,2003:44-45.

情、医疗措施、医疗风险等如实告知患者,及时解答其咨询;但是,应当避免对患者产生不利后果"。《医疗机构管理条例》第33条规定"医疗机构施行手术、特殊检查或者特殊治疗时,必须征得患者同意,并应当取得其家属或者关系人同意并签字;无法取得患者意见时,应当取得家属或者关系人同意并签字;无法取得患者意见又无家属或者关系人在场,或者遇到其他特殊情况时,经治医师应当提出医疗处置方案,在取得医疗机构负责人或者被授权负责人员的批准后实施"。《医疗机构管理条例实施细则》第62条规定"医疗机构应当尊重患者对自己的病情、诊断、治疗的知情权利。在实施手术、特殊检查、特殊治疗时,应当向患者作必要的解释。因实施保护性医疗措施不宜向患者说明情况的,应当将有关情况通知患者家属"。2010年7月1日起施行的《中华人民共和国侵权责任法》借鉴了以上的规定,在医疗损害赔偿一章中对患者的知情同意权做出了规定。《侵权责任法》第55条规定"医务人员在诊疗活动中应当向患者说明病情和医疗措施。需要实施手术、特殊检查、特殊治疗的,医务人员应当及时向患者说明医疗风险、替代医疗方案等情况,并取得其书面同意;不宜向患者说明的,应当向患者的近亲属说明,并取得其书面同意。医务人员未尽到前款义务,造成患者损害的,医疗机构应当承担赔偿责任"。

关于知情同意权的主体,通常情况下,知情同意权应当由患者本人行使,但特殊情况下,由患者的近亲属代理行使,例如患者为无民事行为能力人、限制民事行为能力人,或患者已处于昏迷状态等无法亲自行使知情同意权的。再有,对于某些特殊重症,例如晚期癌症患者,如果直接告诉患者本人则极有可能影响患者情绪从而不利于后续诊疗的开展,此事医方如果不告知患者其真实病情,而是告知患者家属,这也符合医疗惯例,属于《侵权责任法》第55条"不宜向患者说明的,应当向患者的近亲属说明,并取得其书面同意"的规定。

关于紧急情况下知情同意权的特殊规定,《侵权责任法》第56条就紧急情况下知情同意权做出了特殊规定,"因抢救生命垂危的患者等紧急情况,不能取得患者或者其近亲属意见的,经医疗机构负责人或者授权的负责人批准,可以立即实施相应的医疗措施。"该条中的"不能取得患者或者其近亲属意见的"主要是指患者不能表达意志,也无近亲属陪伴,又联系不到近亲属的情况,不包括患者或其近亲属明确表示拒绝采取医疗措施的情况[①]。

4. 隐私权

隐私是指自然人不愿向外人披露的私人生活信息,属于精神性人身要素。我国

---

① 2008年12月,《侵权责任法(草案)》提请全国人大常委会二审时,该条的表述为"因抢救生命垂危的患者等紧急情况,难以取得患者或者其近亲属同意的,经医疗机构负责人批准可以立即实施相应的医疗措施"。"难以取得患者或者其近亲属同意的"这一表述容易被理解为包括患者或者其近亲属明确表示不同意的情况,而各方对这一情况的认识并不一致,存在较大分歧。国外也存在不同的做法,例如有的国家规定,疾病已危及生命时,为了保护患者的生命健康,即使代理人或监护人不同意,医疗机构也应当进行治疗。有的国家则规定,医生不能无视患者家属不同意治疗的意思表示,但可以请求法院裁定治疗。这个问题还涉及法定代理权、监护权等基本民事法律制度,情况较为复杂,认为要总结实践经验作进一步研究,等条件成熟时再加以明确规定。参见:全国人大常委会法制工作委员会民法室. 中华人民共和国侵权责任法条文说明、立法理由及相关规定[M]. 北京:北京大学出版社,2010:231.

《宪法》、《最高人民法院关于贯彻执行〈中华人民共和国民法通则〉若干问题的意见（试行）》、《最高人民法院关于审理名誉权案件若干问题的解答》、《医疗机构病历管理规定》等对隐私权保护作出了规定。《侵权责任法》第62条规定"医疗机构及其医务人员应当对患者的隐私保密。泄露患者隐私或者未经患者同意公开其病历资料，造成患者损害的，应当承担侵权责任"。

实践中，医方侵犯患者隐私权的情况大体包括两种情况：①泄漏患者隐私，既包括医方将其在医疗活动中掌握的患者隐私信息向外公布、披露的行为，例如对外散布患者患有性病的事实，也包括未经患者同意而将患者的身体暴露给与医疗活动无关的人员的行为，实践中常见的形式是医学院学生教学观摩。但教学医院与见习学生之间，以及教学医院与患者之间是两个不同的法律关系。教学医院在实施教学前应当告知患者，如果患者不同意，则应当尊重患者的意思表示。②未经患者同意就公开其病历资料，实践中常见的有两种：一是基于医学会诊、医学教学、医学研究等目的，公开患者的医学文书及有关资料。此种情形如果隐去带有能标识患者个人信息的内容，对容易引起歧义的内容加以适当掩饰，一般情况下不会对患者造成损害；二是医疗机构对医学文书及资料管理不善，向未取得患者授权的人公开。

5. 病历资料查阅及复制权

病历资料记录了医疗活动的过程，是认定是否存在医疗过错的重要依据。实践中，很多医疗诉讼结果的成败通常取决于相关病历资料的证明力，而病历资料通常处于医疗机构的控制中，即证据学上所说的"证据偏在"，因此有必要保障患者对病历资料的查阅及复制的权利。《医疗事故处理条例》第10条以及《侵权责任法》第61条都对此做出了明确规定。

根据《医疗机构病历管理规定》第12条规定，患者本人或其代理人，死亡患者近亲属或其代理人以及保险机构都可以查阅及复制病历资料。患者未死亡，即使是患者的近亲属，如果其未取得患者本人的授权，也无权查阅及复制患者的病历资料，这涉及对患者隐私权保护的问题。

医疗机构负有向患者提供病历资料的义务，违反该义务，医疗机构则须负行政责任及民事责任。《医疗事故处理条例》及《医疗机构病历管理规定》对此种情况的医疗机构应承担的行政责任做出了规定。如《医疗事故处理条例》第56条规定的行政责任包括"由卫生行政部门责令改正；情节严重的，对负有责任的主管人员和其他直接责任人员依法给予行政处分或者纪律处分"。《侵权责任法》第58条规定，隐匿或者拒绝提供与纠纷有关的病历资料，造成患者损害的，推定医疗机构存在过错。如果医疗机构不能推翻此推定，则要承担不利的法律后果。

二、患者的义务

1. 配合诊疗的义务

患者及其家属的积极配合是充分发挥治疗措施取得良好疗效的重要保证。但在医疗实践中，患方不配合的情形并不少见。例如实行全面手术前擅自进食以致发生手术时或手术后呕吐引起返流、误食而致患者死亡。如果由于患方不配合诊疗而导致损害的，医疗机构不承担赔偿责任。《侵权责任法》第60条将"患者或者其近亲属不配合医疗机构进行符合诊疗规范的诊疗"规定为医疗机构的免责事由之一。

2. 给付医疗费用的义务

给付医疗费用是医疗合同的主要内容之一，患者负有支付医疗费用的义务。当然，在某些情况下，患者并没有此义务，例如，到指定的医疗机构接种属于国家计划免疫接种的疫苗，患者无须向医疗机构支付费用。又如，2009年时，包括北京在内的一些省市，对确诊甲流患者的治疗费用，及其密接者、入境时检出可疑症状的发热旅客的隔离观察费用，暂由当地政府垫支，而不收取患者的费用。

3. 遵守医方的规章制度的义务

医方的规章制度是医疗活动顺利进行、医疗秩序正常的保证之一，通常情况下，还涉及其他患者的利益，例如有关病房探访时间的规定，就涉及所有住院患者的作息进而影响他们的恢复情况。患者应当遵守医方的规章制度。

三、医方的权利

1. 诊疗权

在注册的执业范围内，医方有权根据患者的情况进行必要的检查、做出诊断、选择医疗方案、预防措施、保健方法等帮助患者恢复、维持健康。

2. 医疗费用支付请求权

医方提供医疗服务后，有权要求患者支付相应的医疗费用。如果患者未支付医疗费用，除非有特别规定或约定，否则医方有先行给付的义务，即医方不能因为患者未支付医疗费用而主张同时履行抗辩权。此外，医方在履行强制诊疗义务时，也无权主张患者未支付医疗费用而拒绝提供医疗服务。患者的生命权、健康权显然要优先于医方的经济性权利，这是因为人格权高于财产权。但必须面对的一个现实是，先行给付义务和强制诊疗义务使得不少医院对欠费患者望而生畏，必须尽快建立与完善社会医疗救助基金及医疗保险制度。

四、医方的义务

1. 提供符合法律规定水平的医疗服务的义务

提供医疗服务是医方的主要义务，并且此种服务必须是符合法律规定的水平。《侵权责任法》第57条规定："医务人员在诊疗活动中未尽到与当时的医疗水平相应的诊疗义务，造成患者损害的，医疗机构应当承担赔偿责任。"该义务的内涵要求是医方必须遵守法律法规及技术操作规范。

2. 如实告知和说明的义务

该义务与患者的知情同意权相对应。在医疗活动中，医方应当履行的告知义务主要包括：①医疗机构及医务人员基本情况和医学专长；②医院规章制度中与患者利益相关的部分；③医方拟采取的诊断方法及措施；④拟采用的设备和药品的疗效、副作用；⑤患者的病情；⑥手术的目的、方法、预期效果、成功率、风险、副作用等；⑦患者大概需要支付的费用。

3. 如实记载和妥善保管病历的义务

作为记载患者病史资料的病历，不仅是进行医学观察、研究及提供医学证明的重要依据，也是解决医疗纠纷认定时极为重要的证据之一。因此，许多国家都将如实记载病历规定为医生的义务。《医疗事故处理条例》规定："医疗机构应当按照国务院卫生行政部门规定的要求，书写并妥善保管病历资料。因抢救急危患者，未能及时书写病历的，有关医务人员应当在抢救结束后 6 小时内据实补记，并加以注明。""严禁涂改、伪造、隐匿、销毁或者抢夺病历资料。"《医疗机构管理条例实施细则》规定："医疗机构的门诊病历的保存期不得少于 15 年，住院病历的保存期不得少于 30 年"。

案例 10-3

2007 年 11 月 12 日下午，孕妇李某因呼吸困难 10 天加重伴端坐呼吸 3 天为主诉，到北京某医院就诊。孕妇身无分文，医院决定免费入院治疗。根据病情，医生认为应尽行剖宫手术终止妊娠，但与李某同居的关系人肖某不同意，并拒绝签字。医务人员、医院领导、110 民警等人对肖某进行了 3 个多小时的劝说，但肖某最终在手术单上写"坚持用药治疗，坚持不做剖宫产手术，后果自负"。医生在轮番药物抢救 3 小时后，终因未能及时手术，孕妇李某与其腹中胎儿死亡。李某父母将医院告上法庭，索赔 121 万元。2009 年 12 月，一审法院判决认为，李某神志清醒时，未对陪同其就医的肖某的关系人身份表示异议，医院无法且没有能力对肖某作为李某家属的身份进行核实。李某入院时病情危重，医院履行了相关法律法规的要求，而患方却不予配合，这些都是造成患者死亡的原因。据此，法院驳回了原告的全部诉讼请求，但考虑到医院愿意给予李某家属一定的经济帮助，判决由医院向原告支付人民币 10 万元。二审法院驳回了死者李某家属的上诉，维持原判。

第三节 医患纠纷的预防与处理

医患纠纷是指患者对医疗服务不满意而与医方之间发生的争执。医患纠纷发生的时间不仅局限于医疗活动过程中，还有可能发生在医疗活动结束之后。

一、医患纠纷的分类

医疗机构及其医务人员在主观上是否存在过错，可将医患纠纷分为医患过错纠纷及医患无过错纠纷[①]。

---

① 孔志学. 医疗纠纷与法律处理. 北京：科学出版社，2007：36.

(一) 医患过错纠纷

医患过错纠纷是指医疗机构及其医务人员在医疗活动中存在过错引起的医疗纠纷。根据其侵害患者权利的客体不同，又可将医患过错纠纷分为一般医患过错纠纷，及特殊医患过错纠纷。

一般医患过错纠纷是指因医疗机构及其医务人员过错行为直接侵害患者生命健康权的纠纷。特殊医患过错纠纷是指医疗机构及其医务人员过错行为直接侵害患者隐私权、知情同意权、名誉权、自主选择权等权利的纠纷。根据是否造成医疗事故，可将一般医患过错纠纷分为医疗事故纠纷与非医疗事故纠纷，但《侵权责任法》实施后，此种分类在民法上已经不再具有意义，但对于卫生行政部门管理医疗机构及医务人员仍具有意义。

(二) 非医患过错纠纷

医患过错纠纷是指医疗机构及其医务人员在医疗活动中不存在过错引起的医疗纠纷。这种纠纷主要是医疗意外、并发症。医疗意外是指由于病情或患者体质特殊而发生难以预料和防范的不良后果。并发症是指能够预见但却不能避免和防范的不良后果。对于此类损害后果，医疗机构及其医务人员不承担法律责任。

二、医患纠纷的预防

医患纠纷对患者、家属、医生、医疗单位以及社会都有很大危害。要预防医患纠纷，关键要从四个方面入手：①完善、落实各项规章管理制度，建立各种技术操作规范，明确岗位职责；②建立各项应急工作预案，完善医院的应急体系建设；③加强专业知识与技能培训，提高医疗技术水平；④树立良好医德医风，提高与患者的沟通能力。

三、医患纠纷的处理

(一) 和解

和解是指在没有第三方主持的情况下，纠纷当事人就争议问题进行协商并达成协议的纠纷解决方式。和解具有高度的自治性。通过和解达成的协议对当事人具有约束力。

(二) 调解

调解是指在第三方的主持劝说下，纠纷当事人自愿协商，达成和解的一种纠纷解决方式。调解以纠纷当事人自愿为基础，调解没有固定的程序。2009年7月以前，调解协议并不具有约束力。2009年7月，最高人民法院发布了《关于建立健全诉讼与非诉讼相衔接的矛盾纠纷解决机制的若干意见》，规定所有非诉讼调解协议，包括人民调解协议、行政调解协议、没有仲裁协议的仲裁调解协议、商事调解协议、行业调解协议以及其他承担调解职能的组织和个人主持达成的调解协议，均具有民事合同性质，即调解协议具有约束力。2011年1月1日，《中华人民共和国人民调解法》开始施行。调解作为解决医患纠纷的方式之一，将会发生更大的作用。

(三）仲裁

仲裁是指发生争议的双方当事人根据其在争议发生前或争议发生后所达成的协议，自愿将该争议提交中立的第三者进行裁判的争议解决制度和方式。仲裁以双方达成仲裁协议为必要。当事人达成仲裁协议，一方向人民法院起诉的，人民法院不予受理，但仲裁协议无效的除外。仲裁实行一裁终局的制度。裁决作出后，当事人就同一纠纷再申请仲裁或者向人民法院起诉的，仲裁委员会或者人民法院不予受理。

（四）诉讼

诉讼是医患纠纷解决方式中最为主要的方式。本章第四节将专门讲述医患纠纷诉讼。

四、医疗事故的处理

医疗事故是指医疗机构及其医务人员在医疗活动中，违反医疗卫生管理法律、行政法规、部门规章和诊疗护理规范、常规，过失造成患者人身损害的事故。《医疗事故处理条例》根据对患者人身造成的损害程度，将医疗事故分为四级：一级医疗事故为造成患者死亡、重度残疾的；二级医疗事故为造成患者中度残疾、器官组织损伤导致严重功能障碍的；三级医疗事故为造成患者轻度残疾、器官组织损伤导致一般功能障碍的；四级医疗事故为造成患者明显人身损害的其他后果的。

发生医疗事故的，医疗机构应当按照规定向所在地卫生行政部门报告。发生医疗事故争议，当事人申请卫生行政部门处理的，应当提出书面申请。申请书应当载明申请人的基本情况、有关事实、具体请求及理由等。当事人自知道或者应当知道其身体健康受到损害之日起1年内，可以向卫生行政部门提出医疗事故争议处理申请。

卫生行政部门接到医疗机构医疗事故争议当事人要求处理医疗事故争议的申请后，对需要进行医疗事故技术鉴定的，应当交由负责医疗事故技术鉴定工作的医学会组织鉴定；医患双方协商解决医疗事故争议，需要进行医疗事故技术鉴定的，由双方当事人共同委托负责医疗事故技术鉴定工作的医学会组织鉴定。

医疗机构发生医疗事故的，由卫生行政部门根据医疗事故等级和情节，给予警告；情节严重的，责令限期停业整顿直至由原发证部门吊销执业许可证，对负有责任的医务人员依照刑法关于医疗事故罪的规定，依法追究刑事责任；尚不够刑事处罚的，依法给予行政处分或者纪律处分。对发生医疗事故的有关医务人员，除依照前款处罚外，卫生行政部门并可以责令暂停6个月以上1年以下执业活动；情节严重的，吊销其执业证书。

案例 10-4

2005年9月7日，邱某（伍某母亲）因"B超发现右肾结石1年余，伴尿痛及镜下血尿1周"入住广州某医院分院微创外科中心，诊断为：①右肾铸型结石；②左肾积液，左肾功能严重受损；③高血压病。2005年9月8日，主治医师查房，问病查体后，嘱完善检查，拟明日行右 PCNL（经皮肾穿刺取石术）。同日，该院与邱某签订手术知情同意书，该书载明：手术名称为微创经皮右肾取石术，术中可能发生的问题包括术中、术后出血，严重时须输血或介入栓塞止血。该院于术前作有总结，其中的手术困难估计中包括术中、术后出血，预防措施为术中操作细致，术后加强止血。该院未作术前讨论，未为手术备血。

2005 年 9 月 9 日 9 时，该院为邱某行微创经皮肾穿刺取石术。在麻醉过程中因硬膜外麻醉效果欠佳，该院征得患者及其家属同意后改用气管内全麻。同日 13 时手术结束后，邱某转入麻醉后恢复室监护。当日下午患者病情发生恶化，主管医师对该时段的病情变化未作病程记录。后在上级医师指导下复查血常规，行床旁 B 超检查，输血补充血容量，生命体征相对稳定后，患者家属在血管性介入检查和治疗的知情同意签署记录上签名同意后，送患者到该院总院放射科行介入治疗，临床诊断为"右肾铸型结石 PCNL 术后出血"，该院当即对患者行超选择性右肾段动脉造影栓塞术，术中发现患者右肾中部两支动脉末梢出血，下支假性动脉瘤改变，上支造影剂外溢至肾包膜外。邱某于同日 20：15 转入监护室治疗。

在治疗过程中，因患者出现肾功能衰竭，该院对其进行连续性肾脏替代治疗（CRRT），并经多次院内外专家会诊讨论，在征得患者家属签字同意后，于 2005 年 11 月 2 日对患者行右肾周血块清除术，术后病情无好转。同年 11 月 9 日患者开始出现昏迷，次日出现低血压，心律失常，心搏骤停。经抢救无效，同日 11 时 20 分临床死亡。死亡诊断为多器官功能衰竭。该院建议尸体解剖，伍某拒绝。

2006 年 8 月 1 日，伍某向原审法院起诉，请求判令广州某医院赔偿各项损失共 76 万余元。在一审审理过程中，经被告申请，原审法院委托广州市医学会对本案进行医疗事故鉴定。鉴定结论为：医方对患者诊断明确，医方的术式选择、手术操作及对并发症的处理，符合诊疗护理规范。患者术后出现危象以致死亡，系 mPCNL 之并发症所致。患者年老体弱、术后出现 DIC 等因素导致并发症加重，最终发展到多器官功能衰竭、感染导致死亡。医方术前虽有术前总结，而未作术前讨论，为其医疗不足。综上所述，未发现医方的医疗行为违反医疗卫生管理、行政法规、部门规章和诊疗护理规范、常规；无医疗过失行为，有医疗不足；患者的死亡属 mPCNL 的并发症，与医方的医疗行为及医疗不足之间不存在因果关系。鉴定结论为本医案不构成医疗事故。法院据此判决驳回原告的全部诉讼请求。

伍某不服，向广州市中级人民法院提起上诉。二审法院审理后认为：广州某医院在术前准备、术后监护方面存在一定过错。其术前未备血致术后不能及时输血，术后监护不力致使未能及时应对病情变化，这些过失尽管与患者术后出血、DIC 等并发症之间无因果关系，但在一定程度上延误了术后出血的发现及休克的抢救，与患者最终发生多器官衰竭及死亡存在一定因果关系。因此广州某医院构成侵权。综合考虑医院的过错，患者的原发病因素及合理的医疗风险，法院认为邱某自身的原发病因素和合理的医疗风险是其死亡的主要因素，医疗过错为次要因素，酌定广州某医院对伍某的损失承担 20% 的赔偿责任。

第四节 医患纠纷诉讼

由于医患双方的权利义务包含法定与约定两部分,因此在医疗诉讼中常出现违约责任与侵权责任竞合的情形。然而,实践中以侵权为由提起医疗诉讼的数量占绝大多数,这是因为在赔偿范围上,侵权责任更有利于患者,且法律法规的相关规定也使得侵权之诉中患者的举证责任更容易完成。一般认为违约责任不能请求精神损害赔偿,同时其赔偿范围还受到可预见规则、减损规则和损益相抵规则的限制。而侵权责任的赔偿范围则遵循实际赔偿原则,既包括直接损失也包括间接损失,既包括物质损失也包括非物质损失。可见,就损害赔偿范围,侵权无疑更对患者有利,尤其是在造成患者巨大的精神损害或财产损失较轻微而非财产损害巨大时。违约之诉中,尽管患者无须证明医方存在过错,但仍需证明医方存在违约行为,但实际上违约行为的证明与过错的证明并没有本质区别。而从2002年4月开始施行的《最高人民法院关于民事诉讼证据的若干规定》规定,医疗侵权诉讼适用举证责任倒置,由医疗机构就医疗行为与损害结果之间不存在因果关系及不存在医疗过错承担举证责任。2010年7月开始施行的《侵权责任法》规定了若干情况下推定医疗机构有过错,如需推翻该推定,则由医疗机构负举证责任。可见,从这个角度而言,以侵权责任为由起诉患者承担更小的举证责任。正由于实践中的这种情况,学术界对医疗侵权诉讼给与的关注也远远多于违约医疗诉讼。本书主要探讨医疗侵权诉讼。

《侵权责任法》实施以前,医疗侵权诉讼处于"二元化"的混乱状态,即诉讼案由二元化、法律使用二元化及医疗鉴定二元化。具体而言,即构成医疗事故的医疗纠纷赔偿适用《医疗事故处理条例》,而不构成医疗事故的医疗纠纷则依据《民法通则》及《最高人民法院关于审理人身损害赔偿案件适用法律若干问题的解释》,且不构成医疗事故的医疗纠纷赔偿数额远大于造成医疗事故的医疗纠纷的怪象。《侵权责任法》面对司法实践中医疗事故责任和医疗过错责任二元化的现实问题,采用了统一的"医疗损害责任"概念。① 即《侵权责任法》实施后,医疗侵权诉讼只有一个诉由——医疗损害,但这不意味着《医疗事故处理条例》已经失效。《医疗事故处理条例》中有关医疗机构及医务人员造成医疗事故应承担的行政责任部分的规定依然有效,其中有关民事的部分,由于《侵权责任法》在位阶上高于《医疗事故处理条例》,因此必须适用《侵权责任法》,而不再适用《医疗事故处理条例》中有关民事的规定。

一、医疗损害责任的归责原则

侵权法中的归责原则包括过错责任原则及无过错责任原则。过错责任原则以行为人主观上的过错为承担侵权责任的基本条件的认定责任的准则。按照过错责任原则,行为

---

① 杨立新. 医疗损害责任概念研究 [M]. 政治与法律, 2009 (3): 12-15.

人仅在有过错的情况下,才承担侵权责任。没有过错,就无须承担侵权责任。在法律没有特别规定的情况下,都适用过错责任原则。

无过错责任原则指没有过错造成他人损害的,依法律规定应由与造成损害原因有关的人承担民事责任的原则。英美法称之为"严格责任"。在无过错责任原则中,责任的承担不考虑行为人是否具有过错,在认定责任时无需受害人对行为人具有过错提供证据,行为人也无需对自己没有过错提供证据,即使提供出自己没有过错的证据也应承担责任。无过错责任原则的适用以法律明文规定为必要,即没有法律条款的明文规定,不能构成无过错责任。在无过错责任原则中,只有法定的免责事由才能免责。

过错推定是与过错责任原则、无过错责任原则平行的一个归责原则,还是属于过错责任中的一种特殊形式而规定在过错责任原则中,对此,学者看法不一。杨立新认为,《侵权责任法》采取了三元说的分类方法,即该法规定的归责原则包括过错责任原则、无过错责任原则及过错推定责任原则[①]。奚晓明等认为,《侵权责任法》采取了二元说的分类方法,即该法规定的归责原则包括过错责任原则、无过错责任原则,认为过错推定责任作为过错责任的一种特殊形式,规定在过错责任中[②]。刘鑫等赞成后一种观点[③]。本书赞同奚晓明、刘鑫等人的观点。

过错推定指在损害事实发生后,基于某种客观事实或条件而推定行为人具有过失,从而减轻或者免除受害人对过失的证明责任,并由被推定者负担证明自己没有过失的规则。从本源上来说,推定是诉讼法上的证据法则,而非固有的实体法原理。过错推定的适用必须以法律明文规定为必要。过错推定在诉讼过程中,减轻了一方当事人(通常是原告)的举证责任,从而可以看做是法律作出的有利于一方当事人的调整。

医疗损害责任的归责原则是指确定医疗机构承担医疗损害责任的一般准则,是在受害患者的人身损害事实已经发生的情况下,为确定医疗机构对自己的医疗行为所造成的损害是否需要承担赔偿责任的准则[④]。医疗损害责任以过错责任原则作为基本,以无过错责任原则为例外的归责原则。

《侵权责任法》医疗损害责任一章的第 1 条(《侵权责任法》第 54 条)就确立了医疗损害责任的过错责任原则。该条规定:"患者在诊疗活动中受到损害,医疗机构及其医务人员有过错的,由医疗机构承担赔偿责任。"即医疗损害责任的成立以医疗机构及其医务人员有过错为必要,无过错则无责任。《侵权责任法》第 58 条规定了适用过错推定的三种情形,即医疗机构具有该法规定的三种情形的,则推定医疗机构存在过错:①违反法律、行政法规、规章以及其他有关诊疗规范的规定;②隐匿或者拒绝提供与纠纷有关的病历资料;③伪造、篡改或者销毁病历资料。对于该三种情形,如果医疗机构能证明自己不存在过错,则无需承担责任。对于该条规定的三种情形,实际上构成了证明妨碍。证明妨碍又称作举证妨碍、证明妨害或证明受阻。尽管措辞不尽相同,但大多

---

① 杨立新.《中华人民共和国侵权责任法》精解[M]. 北京:知识产权出版社,2010:43-44.
② 奚晓明.《中华人民共和国侵权责任法》条文理解与适用[M]. 北京:人民法院出版社,2010:46-47.
③ 刘鑫,张宝珠、陈特. 侵权责任法"医疗损害责任"条文深度解读与案例剖析[M]. 北京:人民军医出版社,2010:25.
④ 杨立新. 论医疗损害责任的归责原则及体系[J]. 中国政法大学学报,2009(2):26-29.

学者都认为证明妨碍是指不负举证责任的诉讼当事人一方，因故意或过失，以作为或不作为的方式，使负有举证责任的当事人无法提出证据，因而使待证事实真伪不明，故此在事实的认定上，对负有举证责任的当事人（即受到妨碍的当事人）有所偏向，就该当事人的事实主张，作出对该当事人有利的调整。简而言之，"所有的事情应被推定不利于破坏者"[①]。

医疗伦理损害责任及医疗技术损害责任均适用过错责任原则，医疗用品损害责任则适用无过错责任原则。《侵权责任法》第59条规定："因药品、消毒药剂、医疗器械的缺陷，或者输入不合格的血液造成患者损害的，患者可以向生产者或者血液提供机构请求赔偿，也可以向医疗机构请求赔偿。患者向医疗机构请求赔偿的，医疗机构赔偿后，有权向负有责任的生产者或者血液提供机构追偿。"

二、医疗损害责任的构成要件

侵权责任的构成要件是指行为人承担侵权责任的条件，即判断行为人是否应负侵权责任的标准。行为人只有在符合法律规定的条件下才应承担侵权责任，这些条件就是侵权责任的构成要件。法理上，侵权责任构成有"三要素"说及"四要素"说。三要素说认为侵权责任构成要件包括损害事实、因果关系和过错。"四要素"说认为侵权责任构成要件包括损害事实、因果关系、过错以及行为的违法性。其中，"四要素"说为学界通说。本书采用"四要素"说的观点。

医疗损害责任的构成要件包括违法行为，损害后果，因果关系及主观过错。只有在这四个要素同时具备的情形下，医疗损害责任才成立。

1. **医疗机构及其医务人员在医疗活动中存在违法行为**

（1）主体仅限于医疗机构及其医务人员。根据《医疗机构管理条例》及其《医疗机构管理条例实施细则》，医疗机构是指经登记取得"医疗机构执业许可证"，从事疾病诊断、治疗活动的医院、卫生院、疗养院、门诊部、诊所、卫生所（室）以及急救站等医疗机构。医务人员是指依法取得相应资质并在一定的医疗机构注册并执业的医师、护士、药师、技师、医疗机构管理人员等。

（2）必须发生在医疗活动过程中。如果侵害行为不是发生在医疗活动过程中，就不构成医疗损害责任。

（3）必须存在违法行为。违法行为指医疗机构或其医务人员在医疗活动过程中违反相关医疗卫生法律法规、行政规章或有关诊疗规范的规定。

2. **患者遭受损害后果**

无损害则无责任。只有在患者遭受了损害的情况下，才需要考虑医疗机构及其医务人员是否存在医疗过错。损害后果既包括物质性的损害，如造成患者死亡、残废、增加病痛、延长了治疗时间、丧失了好的治疗前景，还包括精神上的损害，如因出现上述情况导致的患者及其亲属精神上的焦虑、忧愁、苦恼，或患者因为隐私被医疗机构泄漏而

---

① 陈小嫦，李大平. 论医疗诉讼中的证明妨碍 [M]. 证据科学，2010（4）：398-400.

十分痛苦等。

3. 医疗机构及其医务人员的违法行为与患者遭受的损害后果间存在因果关系

医疗损害责任中的因果关系反映的是医疗机构及其医务人员的违法行为与患者遭受的损害后果之间的引起与被引起的关系。从时间上考察，医疗机构及其医务人员的违法行为发生在前，患者遭受的损害后果发生在后。这种因果关系必须是根据医学知识分析所必然发生的，而不是可能发生的。医疗纠纷的因果关系十分复杂，极少存在一因一果的情况，更多的是多因一果，一因多果，多因多果的情况，此外，还存在直接因果关系和间接因果关系、盖然性因果关系和必然性因果关系之分。医疗纠纷中的因果关系判断具有极强的专业性，往往必须借助医学会、司法鉴定机构等专业鉴定机构的鉴定加以判断。

4. 医疗机构及其义务人员主观上存在过错

过错指加害人在实施行为时主观上的一种可归责的心理状态，即加害人在实施行为时，心理上没有达到其应当达到的注意程度。[①] 过错包括故意和过失，故意又包括直接故意和间接故意，过失包括过于自信的过失和疏忽大意的过失。此种区分在刑法上具有重要意义，其对于判定犯罪嫌疑人的刑事责任具有关键作用，但在民法中的区分没那么严格，因为民法注重的并非惩罚功能而是弥补功能。即在民法中，只要行为人存在一定过错且其行为造成了损害后果，无论其主观上是故意抑或过失，都要承担相应的责任。医疗机构及其义务人员主观上存在过错表现的是医疗机构及其义务人员的侵害行为具有主观上的可责难性。

三、医疗损害责任的类型

《侵权责任法》将医疗损害责任分为三大类，分别是医疗伦理损害责任、医疗技术损害责任及医疗用品损害责任，并将医疗损害责任的基本责任形态规定为替代责任，将医疗用品损害责任的责任形态规定为不真正连带责任。

（一）医疗伦理损害责任

医疗伦理损害责任是指医疗机构及医务人员从事各种医疗行为时，未对病患充分告知或者说明其病情，未对病患提供及时有用的医疗建议，未保守与病情有关的各种秘密，或未取得病患同意即采取某种医疗措施或停止继续治疗等，而违反医疗职业良知或职业伦理的过失行为，医疗机构所应当承担的侵权赔偿责任。医疗伦理损害责任的核心，是具有医疗伦理过失。

《侵权责任法》第55条是有关其医务人员的说明义务及患者的知情同意权的规定，且规定了替代责任："医务人员未尽到前款义务，造成患者损害的，医疗机构应当承担赔偿责任。"

（二）医疗技术损害责任

医疗技术损害责任是指医疗机构及医务人员具有医疗技术过失时，医疗机构应当承

---

① 江平. 民法学 [M]. 北京：中国政法大学出版社，2007，552.

担的侵权赔偿责任。《侵权责任法》第57条规定"医务人员在诊疗活动中未尽到与当时的医疗水平相应的诊疗义务，造成患者损害的，医疗机构应当承担赔偿责任"。即医疗机构及医务人员从事病情检验、诊断、治疗方法的选择，治疗措施的执行，病情发展过程的追踪，以及术后照护等诊疗行为中，存在不符合当时的医疗水平的过失行为，医疗机构应当承担赔偿责任。

医疗技术损害责任的核心是在医疗活动中如何确定医务人员的过失。认定医务人员是否存在过失关键是看医务人员是否尽到其注意义务——与医疗行为发生时的医疗水平相当的诊疗义务。医疗活动具有未知性、特异性和专业性的特点，因此，有时医务人员就算完全遵守了具体的操作规范，仍然有可能作出事后被证明是错误的判断，实施了事后被证明是错误的行为。医务人员的注意义务与合法合规并非是完全等同的概念。在认定医务人员是否存在过错这个问题上，不能只看结果，关键是看是不是其他医务人员一般都不会犯该错误。因此，医务人员的注意义务，应当理解为一般情况下医务人员可以尽到的、通过谨慎的作为或不作为避免患者受到损害的义务。考察医务人员是否尽到注意义务要从问诊是否充分、诊断以及治疗是否错误三个方面综合进行。

（三）医疗用品损害责任

医疗用品损害责任是指医疗机构在医疗过程中使用有缺陷的药品、消毒药剂、医疗器械、血液及制品等医疗用品，因此造成患者人身损害，医疗机构或者医疗产品生产者、销售者应当承担的医疗损害赔偿责任。

近来，医疗用品的风险不断增加，因药品、消毒药剂、医疗器械的缺陷或输入不合格血液造成患者损害的案件时有发生。2006年，广州中山大学附属第三医院发生了轰动全国的"齐二药"事件，2006年7月，发生了在全国十几个省市造成患者伤亡的"欣弗"事件。这些事件使得医疗用品的安全，尤其是药物的安全问题受到各界空前的热切关注。

在《侵权责任法》颁布前，法院对于因药品、消毒药剂、医疗器械的缺陷或输入不合格血液造成患者损害的案件，作出的判决不尽相同。有的法院认为医疗机构对于药品、消毒药剂、医疗器械或血液的缺陷或质量不合格不存在过失，只要医疗机构在使用这些医疗用品时不存在过错，就无须对损害后果承担赔偿责任。有的法院认为医疗机构和生产者应当对损害后果承担连带赔偿责任。

药品、消毒药剂、医疗器械属于产品，对此各界无争议。但对血液是否属于产品，存在不同看法。一种观点认为血液不是产品，因为输血是医疗抢救和治疗的重要手段，不同于普通的商品买卖。血液也不符合《中华人民共和国产品质量法》（以下简称《产品质量法》）中有关产品的定义，不应当适用《产品质量法》[①]。血液是从献血者身上采集，然后进行分装、储存、保管运输及加入抗凝剂等，这些程序均不属于加工和制作。另一种观点认为血液是产品，应如果不经过器械采集、分离、加入抗凝剂等工序，人体流出的血液不能自动成为输血用血液。还有一种观点认为应当将血液视为"产

[①] 《产品质量法》第2条规定："本法所称产品，是指经过加工、制作，用于销售的产品。"

品",使血液提供者与血液制品生产者承担相同的责任。

《侵权责任法》第59条规定:"因药品、消毒药剂、医疗器械的缺陷,或者输入不合格的血液造成患者损害的,患者可以向生产者或者血液提供机构请求赔偿,也可以向医疗机构请求赔偿。患者向医疗机构请求赔偿的,医疗机构赔偿后,有权向负有责任的生产者或者血液提供机构追偿。"可见,在医疗用品损害责任的承担上,医疗机构或者医疗用品生产者承担的是不真正连带责任。

1. 医疗用品损害责任的构成要件

医疗用品损害责任采用无过错责任原则,即医疗用品损害责任的构成不以医疗机构、医疗用品生产者或血液提供机构存在过错为必要。只要满足医疗用品存在问题、患者遭受人身损害、医疗用品存在的问题与患者遭受的人身损害后果之间存在因果关系这三个构成要件,就可认定医疗用品损害责任成立。

《侵权责任法》第59条规定:"药品、消毒药剂、医疗器械的缺陷,或者输入不合格的血液造成患者损害的,患者可以向生产者或者血液提供机构请求赔偿,也可以向医疗机构请求赔偿,医疗机构赔偿后,有权向负有责任的生产者或者血液提供机构追偿。"

在认定是否存在缺陷这一问题上,应当参照《产品责任法》的规定。《产品责任法》第46条规定:"缺陷是指产品存在危及人身、他人财产安全的不合理的危险;产品有保障人体健康和人身、财产安全的国家标准、行业标准的,是指不符合该标准。"可见,药品、消毒药剂、医疗器械存在缺陷,需符合以下条件:①存在危及人身、财产安全的可能。如在药品制作过程中,使用可能造成较大概率过敏反应的原材料取代说明书上标注的原料。②该缺陷不合理。即如果该医疗用品的缺陷是具有一定生产制造知识的人,根据常识就可判断出来,那么就不属于合理范围的缺陷。③医疗用品不符合相关的国家或行业标准。

血液不合格既包括血液成分等质量不符合法定标准,也包括血液的包装、外观等不符合法定要求。与之相关的具体法律法规包括《献血法》、《临床输血技术规范》、《全血和成分血质量要求》等[①]。

2. 医疗用品责任的承担

在医疗用品侵权责任中,医疗机构、医疗用品的生产者及血液提供机构之间的责任是不真正连带责任。即患者可以选择医疗机构、医疗用品的生产者或血液提供机构作为被告。由于医疗用品生产者、血液提供机构通常与患者并不在同一个地方,一旦出现医疗用品损害后果,患者要向医疗用品生产者、血液提供机构主张权利必然存在困难,因此规定患者可以选择医疗机构作为权利主张的对象。

医疗用品的生产者与血液提供机构是最终的责任主体,即如果医疗机构作为被告承担了赔偿责任后,如果医疗机构对医疗用品的缺陷或不合格的血液不存在过错,则有权向负有责任的生产者或者血液提供机构追偿,以弥补自身的损失。如果医疗机构对损害

---

① 刘鑫,张宝珠,陈特.侵权责任法"医疗损害责任"条文深度解读与案例剖析[M].北京:人民军医出版社,2010.

结果具有过错,则医疗机构需按其过错程度及因果关系大小承担赔偿责任。

(1) 医疗机构不能指明缺陷医疗用品的生产者或血液提供机构时,医疗机构需承担无过错责任,即由医疗机构承担赔偿责任。

(2) 医疗机构是缺陷医疗用品的生产者,其使用自己生产的医疗用品致使患者受到损害的,即由医疗机构承担赔偿责任。

(3) 药品、消毒药剂、医疗器械等医疗用品本身存在缺陷,医疗机构在采购这些医疗用品时,已尽了足够的注意义务,仍未能发现产品存在的缺陷。则医疗机构不承担责任,由医疗用品的生产者承担赔偿责任。如果医疗机构先行承担了赔偿责任,则有权向医疗用品的生产者进行追偿。

(4) 药品、消毒药剂、医疗器械等医疗用品本身存在缺陷,医疗机构在采购这些医疗用品时,未尽足够的注意义务,或通过非法途径获得医疗用品,则医疗机构和药品、消毒药剂、医疗器械的生产者均应承担赔偿责任。

(5) 如果不合格的血液是由血站提供,按照《献血法》规定,血站对血液质量负有监测义务,医疗机构对由血站提供的血液不在进行检查,但负有核查义务。如果医疗机构未尽到核查义务,如血型核对错误,或存在其他过错,如对血液的储存措施不当、交叉配血错误,则医疗机构与血站共同承担赔偿责任。如果医疗机构已尽到核查义务,且无其他过错,则由血站承担最终的赔偿责任。

四、医疗损害鉴定

2003年1月,最高人民法院出台《参照医疗事故处理条例审理医疗纠纷民事案件》的司法解释,规定人民法院在民事审判中,根据当事人的申请进行医疗事故鉴定的,交由医学会组织进行。因医疗事故以外原因引起的医疗纠纷需要进行司法鉴定的,可按相关的规定委托司法鉴定机构完成。由此,医疗纠纷鉴定衍生出二元化,即医学会的医疗事故技术鉴定和司法鉴定部门的医疗损害司法鉴定。医学会主持的医疗事故技术鉴定适用卫生部2002年颁布的《医疗事故技术鉴定暂行办法(试行)》,司法鉴定机构进行的医疗过错司法鉴定则适用司法部《司法鉴定程序通则》。两种模式存在重大区别。

(一) 鉴定程序不同

1. 鉴定机构和鉴定人

医疗事故技术鉴定由各级医学会组织进行。设区的市级和省、自治区、直辖市直接管辖的县(市)级地方医学会负责组织专家鉴定组进行首次医疗事故技术鉴定工作。省、自治区、直辖市地方医学会负责组织医疗事故争议的再次鉴定工作。医学会建立专家库,专家库应当依据学科专业组名录设置学科专业组。由于医学会的专家大都来自医疗机构工作人员,因此,这种鉴定模式被称为"兄弟姐妹"间的鉴定,其公正性一直受到大众质疑。

医疗损害司法鉴定则由有资质的司法鉴定机构完成。司法鉴定机构接受委托后,由司法鉴定机构指定司法鉴定人或者由委托人申请并经司法鉴定机构同意的司法鉴定人完成委托事项。同一司法鉴定事项由2名以上司法鉴定人进行。然而,这种模式最大的硬伤是司法鉴定人不具备足够的临床医学知识对医疗过错进行鉴定，从而不能保证鉴定的科学性。

2. 启动鉴定程序

医疗事故技术鉴定机构接受：①双方当事人协商一致，共同书面委托；②县级以上地方人民政府卫生行政部门应当书面移交委托；③司法机关（法院）委托。

而医疗过错司法鉴定程序则应双方当事人申请或者法院依职权启动鉴定。

3. 鉴定级别

医疗事故技术鉴定分为首次鉴定和再次鉴定。任何一方当事人对首次医疗事故技术鉴定结论不服的，可以自收到首次医疗事故技术鉴定书之日起 15 日内，向原受理医疗事故争议处理申请的卫生行政部门提出再次鉴定的申请，或由双方当事人共同委托省、自治区、直辖市医学会组织再次鉴定必要时，对疑难、复杂并在全国有重大影响的医疗事故争议，省级卫生行政部门可以商请中华医学会组织医疗事故技术鉴定。

医疗损害司法鉴定分为初次鉴定、补充鉴定、重新鉴定、复核鉴定。任何一方当事人对初次鉴定结论不服的，可以申请补充鉴定、重新鉴定或复核鉴定，但要符合一定条件。

4. 鉴定时限

负责组织医疗事故技术鉴定的医学会在医疗事故技术鉴定 7 日前，将鉴定的时间、地点、要求等书面通知双方当事人。自接到双方当事人提交的有关医疗事故技术鉴定的材料、书面陈述及答辩之日起 45 日内组织鉴定并出具医疗事故技术鉴定书。

医疗损害司法鉴定一般从受理之日起应当在 15 日内出具司法鉴定文书。如确需延长的，经向委托人说明理由，可延长至 30 日。复杂、疑难案件的鉴定时限确需延长的，经司法鉴定机构负责人批准，并征得委托人同意，可再适当延长。延长期不得超过 60 日。法医精神病鉴定及司法会计鉴定的时限可适当延长，一般应在受理之日起 60 日内完成。鉴定过程中需要补充鉴定材料所需时间，不计入鉴定时限。但实践中一般医疗纠纷案件会在 3 个月内作出法医鉴定结论，但也有超过半年以上的情形。

（二）鉴定结论不同

1. 内容不同

医疗事故技术鉴定结论应当包括下列主要内容：①双方当事人的基本情况及要求；②当事人提交的材料和医学会的调查材料；③对鉴定过程的说明；④医疗行为是否违反医疗卫生管理法律、行政法规、部门规章和诊疗护理规范、常规；⑤医疗过失行为与人身损害后果之间是否存在因果关系；⑥医疗过失行为在医疗事故损害后果中的责任程度；⑦医疗事故等级；⑧对医疗事故患者的医疗护理医学建议。其中第⑥项责任程度分为完全责任、主要责任、次要责任和轻微责任四个级别。

司法鉴定结论内容包括受理日期、委托人、委托事由、鉴定要求、送鉴材料情况、检验或者检查过程、鉴定（检验）结论或者审查（咨询）意见、鉴定（检验、审查、咨询）人以及其他应当包括的内容。其中，重点是对医疗过错与损害结果之间的因果关系、责任比例或损失参与度的认定。损失参与度一般分为 6 个级别。

2. 形式不同

医疗事故技术鉴定结论应当根据鉴定结论作出,其文稿由专家鉴定组组长签发。医疗事故技术鉴定书盖医学会医疗事故技术鉴定专用印章,专家鉴定组成员不签字。

司法鉴定结论上必须有鉴定(检验、审查、咨询)人的签名,并且需要注明专业技术职称,对鉴定结论进行复核的司法鉴定人应当在司法鉴定文书上签名。司法鉴定文书经签发人签发后加盖司法鉴定机构司法鉴定专用章。

(三) 法庭质证不同

医疗事故技术鉴定结论作为证据在法庭时质证时,双方当事人可以自由表达赞成或反对意见,但不能申请人民法院传唤鉴定专家到庭接受质询。

而质证司法鉴定结论时,不服结论一方可以申请人民法院传唤司法鉴定人到庭接受质询,司法鉴定人应当按照司法机关或者仲裁机构的要求按时出庭。司法鉴定人出庭时,应当出示"司法鉴定人执业证书",并应依法客观、公正、实事求是地回答司法鉴定相关问题。

《侵权责任法》并未提及医疗损害鉴定应如何走向。《最高人民法院关于适用〈中华人民共和国侵权责任法〉若干问题的通知》也并未终结医疗损害鉴定二元化的问题。一些地方的高院出台的配套措施更是彰显了这一问题的混乱。例如,《江苏省高级人民法院关于做好〈中华人民共和国侵权责任法〉实施后医疗损害鉴定工作的通知(苏高法〔2010〕341号)》规定:"根据最高人民法院《关于适用〈中华人民共和国侵权责任法〉若干问题的通知》精神,结合我省实际,医疗损害鉴定仍应委托医学会组织专家进行,统称为医疗损害鉴定;当事人均同意委托其他司法鉴定机构进行医疗损害鉴定的,应予准许。"分析这一规定,不难发现,这将实际导致医疗机构对于选取医学会组织鉴定还是司法鉴定机构进行鉴定享有单方决定权,这显然侵害了患方的利益。也有一些地方的医学会根据《侵权责任法》的变化,扩充了鉴定内容,并制定了相应的规则。例如,浙江省医学会于2010年11月15日开始实施《浙江省医学会医疗损害鉴定办法(试行)》,明确鉴定内容包括医疗行为有无过错、患者损害后果(包括伤残等级)、过错与损害后果之间是否存在因果关系、过错在医疗损害后果中的责任程度,而不仅限于医疗事故。医疗损害鉴定的改革是个复杂的系统工程,应当充分分析现有的医疗事故鉴定模式及医疗过错司法鉴定模式各自利弊,并深入研究英美法系中的专家辅助人等相关制度,在取各家所长的基础上进行改革。

五、医疗损害责任的承担方式

医疗损害责任的承担方式包括赔礼道歉、赔偿损失、返还财产、恢复原状、停止侵害、排除妨碍、消除危险、消除影响、恢复名誉。承担责任的方式,可以单独适用,也可以合并适用。

(一) 人身损害赔偿的赔偿范围及标准

人身损害赔偿是指行为人侵犯他人的生命健康权益造成致伤、致残、致死等后果,对受害人承担金钱赔偿责任的一种民事救济制度。《民法通则》第119条规定了人身损害赔偿制度的基本内容，根据该规定，侵害公民身体造成伤害的，应当赔偿医疗费、因误工减少的收入、残废者生活补助费等费用；造成死亡的，并应当支付丧葬费、死者生前扶养的人必要的生活费等费用。《侵权责任法》第16条规定："侵害他人造成人身损害的，应当赔偿医疗费、护理费、交通费等为治疗和康复支出的合理费用，以及因误工减少的收入。造成残疾的，还应当赔偿残疾生活辅助具费和残疾赔偿金。造成死亡的，还应当赔偿丧葬费和死亡赔偿金。"即根据致伤、致残、致死的后果不同，赔偿范围也不相同。

1. 致人身体伤害的赔偿项目

（1）医疗费。医疗费指因医疗损害的发生而支出的医疗费用，包括已经发生的医疗费和今后确定要发生的医疗费。实践中，一般根据医疗机构出具的药费、治疗费等收费凭证，结合病历和诊断证明等相关证据确定医疗费的具体数额。赔偿义务人对治疗的必要性和合理性有异议的，应当承担相应的举证责任。

（2）护理费。护理费是指因医疗损害的发生而导致受害人生活不能自理或不能完全自理，需要有人进行护理而产生的费用。护理人员有收入的，参照误工费的规定计算；护理人员没有收入或者雇佣护工的，参照当地护工从事同等级别护理的劳务报酬标准计算。护理人员原则上为一人，但医疗机构或者鉴定机构有明确意见的，可以参照确定护理人员人数。护理期限应计算至受害人恢复生活自理能力时止。受害人因残疾不能恢复生活自理能力的，可以根据其年龄、健康状况等因素确定合理的护理期限，但最长不超过20年。

（3）交通费。交通费是指患者以及其必要的陪护人员因就医或转院必须乘坐交通工具治疗疾病而实际支出的费用。交通费应当以正式票据为凭，有关凭据应当与就医地点、时间、人数、次数相符合。

（4）误工费。误工费是指患者因医疗损害后果耽误其工作而丧失的收入。误工费根据受害人的误工时间和收入状况确定。误工时间根据受害人接受治疗的医疗机构出具的证明确定。受害人因伤致残持续误工的，误工时间可以计算至定残日前一天。受害人有固定收入的，误工费按照实际减少的收入计算。受害人无固定收入的，按照其最近3年的平均收入计算；受害人不能举证证明其最近3年的平均收入状况的，可以参照受诉法院所在地相同或者相近行业上一年度职工的平均工资计算。

（5）住院伙食补助费。住院伙食补助费是指患者因发生医疗损害而在医疗机构住院治疗时，医方应支付给患者的膳食补助费。住院伙食补助费可以参照当地国家机关一般工作人员的出差伙食补助标准予以确定。受害人确有必要到外地治疗，因客观原因不能住院，受害人本人及其陪护人员实际发生的住宿费和伙食费，其合理部分应予赔偿。

（6）住宿费。住宿费是指患者因发生医疗损害在治疗过程中必须支付的住宿费用。

（7）营养费。营养费是指患者因医疗损害而需补充营养物质所发生的费用。营养费根据受害人伤残情况参照医疗机构的意见确定。

2. 致人残疾的赔偿项目

除了以上致人身体伤害的赔偿项目外，医疗机构及其医务人员致患者残疾的，还应当赔偿残疾生活辅助器具费和残疾赔偿金。赔偿残疾生活辅助器具费是指患者因医疗损害导致残疾而需要配置补偿功能的残疾辅助器具费用。残疾赔偿金是指患者因医疗损害导致劳动能力全部或部分丧失需要得到的相应赔偿。残疾赔偿金根据受害人丧失劳动能力程度或者伤残等级,按照受诉法院所在地上一年度城镇居民人均可支配收入或者农村居民人均纯收入标准,自定残之日起按 20 年计算。但 60 周岁以上的,年龄每增加 1 岁减少 1 年;75 周岁以上的,按 5 年计算。受害人因伤致残但实际收入没有减少,或者伤残等级较轻但造成职业妨害严重影响其劳动就业的,可以对残疾赔偿金作相应调整。

3. 致人死亡的赔偿项目

除了致人身体伤害的赔偿项目外,医疗机构及其医务人员致患者死亡的,还应当赔偿丧葬费和死亡赔偿金。丧葬费是指患者因医疗损害死亡时,其家属因安葬死者而支出的费用。死亡赔偿金其实不是对受害死者的赔偿,而是对受害死者有关的一些人即亲属的赔偿。死亡赔偿金按照受诉法院所在地上一年度城镇居民人均可支配收入或者农村居民人均纯收入标准,按 20 年计算。但 60 周岁以上的,年龄每增加 1 岁减少 1 年;75 周岁以上的,按 5 年计算。赔偿权利人举证证明其住所地或者经常居住地城镇居民人均可支配收入或者农村居民人均纯收入高于受诉法院所在地标准的,残疾赔偿金或者死亡赔偿金可以按照其住所地或者经常居住地的相关标准计算。

(二) 精神损害赔偿

精神损害赔偿是权利主体因其人身权益受到不法侵害而使其遭受精神痛苦或精神利益受到损害而要求进行赔偿的民事法律制度。在法律上具有补偿、抚慰、惩罚三重功能,有利于保护受害人的利益[①]。《侵权责任法》第 22 条规定:"侵害他人人身权益,造成他人严重精神损害的,被侵权人可以请求精神损害赔偿。"可见,造成严重精神损害是请求精神损害赔偿的前提。财产权受到侵害无权请求精神损害赔偿,只有人身权益受到侵害才享有此种权利。精神损害的赔偿数额根据以下因素确定:①侵权人的过错程度,法律另有规定的除外;②侵害的手段、场合、行为方式等具体情节;③侵权行为所造成的后果;④侵权人的获利情况;⑤侵权人承担责任的经济能力;⑥受诉法院所在地平均生活水平。

关键术语

医患关系(doctor-patient relationship) 医疗活动(medical treatment) 知情同意权(the right of informed consent) 医患纠纷(doctor-patient dispute) 医疗损害责任(liability for medical malpractice) 医疗事故(medical accident) 医疗损害鉴定(medical malpractice authentication)

问题与思考

(1) 结合案例 10-1,谈谈你对医患关系以及医患纠纷的看法。

---

① 王胜明. 中华人民共和国侵权责任法解读 [M]. 北京:中国法制出版社,2010:99.

(2) 结合案例 10-2，分析该案中医疗机构具有哪些过错，侵害了患者的何种权利。

(3) 结合案例 10-3，谈谈患者的知情同意权。

(4) 结合案例 10-4，分析如何认定医疗过错。

(5) 结合案例 10-5，分析医疗用品损害责任。

参考法律法规

《中华人民共和国民法通则》
《中华人民共和国侵权责任法》
《中华人民共和国人民调解法》
《中华人民共和国执业医师法》
《中华人民共和国献血法》
《中华人民共和国产品质量法》
《医疗事故处理条例》
《医疗机构管理条例》
《医疗机构管理条例实施细则》
《医院工作制度》
《医疗机构病历管理规定》
《司法鉴定程序通则》
《最高人民法院关于贯彻执行〈中华人民共和国民法通则〉若干问题的意见（试行）》
《最高人民法院关于审理名誉权案件若干问题的解答》
《关于建立健全诉讼与非诉讼相衔接的矛盾纠纷解决机制的若干意见》
《最高人民法院关于民事诉讼证据的若干规定》
《最高人民法院关于审理人身损害赔偿案件适用法律若干问题的解释》
《参照医疗事故处理条例审理医疗纠纷民事案件》
《医疗事故技术鉴定暂行办法（试行）》
《最高人民法院关于适用〈中华人民共和国侵权责任法〉若干问题的通知》

（陈晓嫦　雷光和）

第十一章　医疗保障法律制度

> ✚ **学习目标**
>
> 　　通过本章的学习，使学生掌握医疗保障的基本概念和特点，对医疗保障法律制度有深刻的认识，并能够把握城镇职工医疗保险、新农村合作医疗保险等几类医疗保障制度的各自优缺点。
> 　　(1) 掌握：医疗保障的概念与特点；我国城镇职工医疗保险制度；城镇居民医疗保险制度；新型农村合作医疗保险制度的历史沿革和主要内容。
> 　　(2) 了解：国外医疗保险模式；了解医疗保险法律关系的主体和内容。

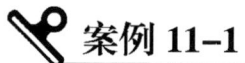

案例 11-1

加快建立和完善多层次医疗保障体系①

　　健康是人全面发展的基础，关系千家万户的幸福。近年来，我国建立了城镇职工基本医疗保险、城镇居民基本医疗保险和新型农村合作医疗，为城乡居民提供基本医疗服务保障，同时，在城市和农村建立了医疗救助制度，为城乡贫困人口提供医疗救助。目前，城镇职工基本医疗保险覆盖约 1.98 亿人口，城镇居民基本医疗保险覆盖 7 594 万人口，新型农村合作医疗覆盖 8.15 亿人口，全国已有超过 10.5 亿城乡居民参加不同形式的基本医疗保障制度，中国特色的基本医疗保障体系框架已初步形成。

　　中国作为最大的发展中国家，医疗保障发展水平与人民群众的医疗保障需求之间还存在较大差距，主要存在城乡和区域之间卫生资源分布不均衡、保障水平较低和管理基础较薄弱等问题。要建立完善的医疗保障体系，还需要一个长期渐进的过程。中国医疗保障体系改革和发展必须从保护和增进人民健康、维护人民健康权益出发，加快建立和完善覆盖城乡居民的多层次医疗保障体系。

　　一是要坚持协调发展。医疗保障体系建设要与公共卫生服务、医疗服务和药品供应等各方面形成良性互动，同步建设，协调推进。要坚持广覆盖、可持续的原则，从重点保障大病起步，逐步向门诊小病延伸。同时，医疗保障体系的协调发展也必须明确政府、社会和个人在医疗保障方面的权利和义务，建立责任明确、分担合理的多渠道筹资机制，充分调动各方积极性，实现社会互助共济。

---

① 尹力. 加快建立和完善多层次医疗保障体系 [N]. 人民日报, 2008 - 12 - 04.

二是要坚持统筹兼顾。基本医疗保障体系是由城镇职工基本医疗保险、城镇居民基本医疗保险、新型农村合作医疗和城乡医疗救助共同组成,必须做好各部分间的有效衔接,协调发展各项基本医疗保障制度。要逐步提高统筹水平和统筹层次,缩小城乡间、区域间以及各类基本医疗保障制度间保障水平的差距,妥善解决农民工的医疗保障问题。

三是要坚持完善制度和机制。有中国特色的基本医疗保障体系框架已经初步形成,具体制度、管理体制和运行机制还有待完善。要在新型农村合作医疗基本覆盖全体农村居民的基础上,逐步提高筹资水平和报销比例,增强保障能力。城镇职工基本医疗保险要争取在2010年底覆盖所有城镇从业人员。要加快推进城镇居民基本医疗保险试点工作,完善城乡社会医疗救助制度,积极发展商业医疗保险,逐步扩大医疗保障覆盖面,提高保障水平。

第一节 医疗保障制度概述

一、医疗保障的意义

英国社会保障制度创始人贝弗里奇从社会保障的目标着手,在《贝弗里奇报告》中将社会保障定义为一种公共福利计划,认为社会保障是指人们在失业、疾病、伤害、老年以及死亡、薪金中断时,予以经济援助,并辅助其生育丧葬的意外费用的经济保障制度。[①] 在我国,社会保障是指国家立法强制规定,由国家和社会出面举办,对公民在年老、疾病、伤残、失业、生育、死亡、遭遇灾害、面临生活困难时给予物质帮助,旨在保障公民个人和家庭基本生活需要并提高生活水平、实现社会公平和社会进步的制度。[②] 从上述国内外关于社会保障的表述中可知,社会保障涵盖了养老、疾病、伤残、失业、生育、死亡等方面的保障。

医疗保障主要是指对于住院医疗、门急诊医疗、康复、护理等医疗费用的补偿或者给付约定的给付金等保障。医疗保障制度作为社会保障制度的重要组成部分与公民的健康息息相关。医疗保障制度不仅关乎社会的稳定、人口的素质,还对社会的经济发展有着重大影响。尤其在人口老龄化问题日益突出、家庭规模小型化、各种疾病风险与经济风险层出不穷的今天,医疗保障制度的建立和完善越来越受到各界的关注。

二、现代医疗保障制度的理论基础

现代医疗保障制度的建立不仅有深厚的医学伦理思想作为基础,还有现代经济学理论作为支撑。

---

① 郑功成. 社会保障概论 [M]. 武汉:武汉大学出版社,1994:4-5.
② 林嘉. 劳动法和社会保障法 [M]. 北京:中国人民大学出版社,2009:297-303.

（一）医学伦理思想

从医学伦理的角度来看，人的生命神圣不可侵犯，人类生命都应当全力救治。医疗保障制度不仅有助于维护和延长患者的生命，还有助于提高患者的生命质量。人人享有医疗保障的理念符合医学人道主义对人类的关爱和尊重的要求，有益于增进人类的健康。另外，医疗保障制度还关注公民医疗的可及性，体现出平等、博爱的思想。

（二）经济学理论依据

规范意义上的医疗保障制度是近现代工业化社会的产物，产生于经济学诞生之后。作为一项社会经济制度，医疗保障制度受到经济学思想与理论的深刻影响。

1. 风险理论

医疗保障制度的产生是基于疾病发生的不确定性以及由此引起的福利损失，因为疾病除了给人们带来生理、心理上的痛苦，还因治病给患者及其家属造成经济负担。疾病的治疗情况不仅直接关系到社会成员的健康和社会的稳定，由于其对劳动力再生产的重要影响，还间接地作用于整个社会经济的发展。面对风险，公民的自我保障能力非常有限。为有效分散风险，克服个人自我保障的不足和个人面对风险的短视，医疗保障非常必要。

2. 国家干预主义思想

凯恩斯主义推崇国家干预，他指出为了解决有效需求的不足，必须积极发挥政府的作用，尤其是通过扩张性的财政政策增加总需求。他的这一政策主张成为后来不少国家建立医疗保障制度的理论依据。单纯依靠个人自愿投保实质上会使部分人群毫无保障，为促进公平医保目标的实现，现代医疗保障制度中国家的积极干预必不可少。

3. 福利经济学思想

新福利经济学以效用序数论和帕累托最优条件论作为其理论基石，将交换和生产上的最优条件作为达到最大社会福利的条件，并用福利标准和补偿验证来代替个人之间的效用比较。新福利经济学较为推崇市场机制的作用，反对政府对分配和生产的全面管制，认为完全竞争的市场机制能够实现资源的最合理配置，达到帕累托最优状态，实现社会福利最大化。福利经济学从补偿社会变革所造成的福利损失的角度来认识医疗保障的作用，肯定了医疗保障制度的作用。

三、医疗保障体系

医疗保障是一个系统的工程，该系统包括医疗保险、医疗救助、社会优抚中的医疗待遇、社会福利等制度。这些制度构成了一张多层次、多角度的医疗保障网络。

（一）医疗保险

社会保险是社会保障的核心内容，同样，医疗保险也是医疗保障的最重要内容。医疗保险是指人们因生病或非因工负伤需要治疗时，由国家或社会为其提供必须的医疗服务及物质帮助的制度。我国的医疗保险体系以基本医疗保险为主，以补充医疗保险为辅，本章重点介绍基本医疗保险。基本医疗保险在农村体现为新型农村合作医疗保险制度，在城市体现为城镇职工医疗保险制度和城镇居民医疗保险制度，各项医疗保险制度的具体内容下文有专节论述,下面简要介绍补充医疗保险。

补充医疗保险是指在基本医疗保险制度以外,政府鼓励由商业保险机构或社会保险机构等各类组织举办并自担风险的医疗保险制度。与基本医疗保险不同,补充医疗保险实行自愿性原则,但只有参加了基本医疗保险的职工和用人单位才能参加社会补充保险。为了妥善解决职工基本医疗保险范围以外的费用负担,使参保职工特别是困难职工一旦发生大额医疗费用时能获得更有效的救济,政府对补充医疗保险给予政策上的鼓励和扶持。目前,我国补充医疗保险主要包括:

(1) 企业补充医疗保险。这是依据企业经营效益和行业特点,经国家社会保障行政管理部门批准设立、由企业和职工按照国家有关规定缴费建立企业补充医疗保险基金,用以支付企业职工基本医疗保险待遇以外医疗费用负担的社会医疗保险制度。

(2) 职工商业补充医疗保险。这是由社会保险机构主办,并由商业保险公司经办的,用以支付职工基本医疗保险待遇以外医疗费用负担的补充医疗保险。

(3) 职工互助医疗保险。这是指由工会主办和经办的,用以支付职工基本医疗保险待遇以外医疗费用负担的补充医疗保险。中华全国总工会主办的中国职工保险互助会是以职工互助形式从事保险业务的组织,其资金主要来源于职工互助会会员的个人缴费、各级行政部门给予的一定补助、工会资助、资金自身利息的增值。

(二) 医疗救助制度

医疗救助制度是医疗保障体系的一个重要组成部分。医疗救助制度与医疗保险制度构成了我国现行医疗保障的支柱,在医疗保障网络中占据重要位置。医疗救助与医疗保险所强调的统筹共济、权利义务对等原则不同,它是政府和社会对贫困人群中因病无经济能力进行治疗,或因支付数额庞大的医疗费用而陷入困境的人群实施专项帮助和经济支持的一种救助制度。医疗救助的形式主要有三种:①提供社会医疗救助金,给救助对象以经济补偿;②给医疗机构一定的经济补贴,医疗机构直接减免救助对象的部分医疗费;③由社会医疗救助机构举办专门医疗机构,免费为救助对象提供医疗服务。我国的医疗救助制度分为城市医疗救助制度和农村医疗救助制度。

1. 城市医疗救助制度

(1) 城市医疗救助制度的发展历程。

在城市医疗保障方面,我国逐步建立了城镇职工医疗保险制度和城镇居民医疗保险制度。然而,医疗保险总有未覆盖的人群。如部分用人单位不为城镇职工缴纳社会保险费用使其不能被城镇职工医疗保险覆盖;又如,部分城镇居民因为种种原因不缴费参加城镇居民医疗保险制度,使其也不能被城镇居民医疗保险覆盖。我国城镇中的未参保对象以城市低收入者和贫困居民为主。未被城市医疗保险覆盖的人群一旦患病,无法按照医疗保险政策报销医疗费用,往往有病不敢医治。另外,参加了城镇职工医疗保险或城镇居民医疗保险的公民,因为起付点需要自付、报销有上限等原因,遇到重大疾病个人依然要支付高昂的医疗费用。为切实缓解城市贫困人员看病就医难、医疗负担重的问题,近年来,我国一些经济发达地区和中西部地区对救助对象实行部分医疗费用减免政策,少数地方积极建立城市医疗救助制度,为城市医疗救助制度的建立进行了有益的探索。例如,2002年,大连市开展了城乡一体特困居民重大疾病医疗救助工作;上海、北京等城市也先后为特困居民施行了医疗救助。

为了使社会上处于弱势的群体能得到医疗救助，满足其基本医疗需求，在总结各地医疗救助经验的基础上，适应改革开放以后城市相对贫困人口和绝对贫困人口逐年增加的社会形势，2005年3月，国务院办公厅转发了民政部、卫生部、劳动保障部、财政部《关于建立城市医疗救助制度试点工作的意见》（以下简称《意见》）。该《意见》决定从2005年开始全面展开我国城市医疗救助制度试点工作，总体目标是从2005年开始，用2年时间在各省、自治区、直辖市部分县（市、区）进行试点，之后再用2～3年时间在全国建立起管理制度化、操作规范化的城市医疗救助制度。该《意见》是我国城市医疗救助制度构建的蓝本，下面介绍该《意见》的主要内容。

（2）城市医疗救助制度主要内容。

1）救助对象。

城市医疗救助的对象主要分为三类：①城市居民最低生活保障对象中未参加城镇职工基本医疗保险人员；②已参加城镇职工基本医疗保险但个人负担仍然较重的人员；③其他特殊困难群众。具体救助条件由地方政府民政部门会同卫生、劳动保障、财政等部门制定并报同级人民政府批准。

2）救助方式。

城市医疗救助的方式是对救助对象在扣除各项医疗保险可支付部分、单位应报销部分及社会互助帮困后，个人负担超过一定金额的医疗费用或特殊病种医疗费用给予一定比例或一定数量的补助。具体补助标准由地方政府民政部门会同卫生、劳动保障、财政等部门制定。对于特别困难的人员，可适当提高补助标准。

县级以上地方政府民政部门、卫生部门共同协商，确定为当地救助对象提供医疗救助服务的医疗卫生机构，原则上参照当地城镇职工基本医疗保险甲类用药目录、诊疗项目目录和医疗服务设施目录制定医疗救助对象医疗服务标准。

3）城市医疗救助基金来源和管理。

城市医疗救助基金由财政预算拨款、专项彩票公益金、社会捐助组成。地方财政每年安排城市医疗救助资金并列入同级财政预算，中央和省级财政对困难地区给予适当补助。城市医疗救助基金纳入社会保障基金财政专户，专项管理、专款专用，不得提取管理费或列支其他任何费用。民政、财政、监察、审计等部门要加强对基金使用情况的监督检查，发现问题及时纠正，并及时向当地政府和有关部门报告。要定期向社会公布医疗救助基金的筹集和使用情况，接受有关部门和社会监督。对虚报冒领、挤占挪用、贪污浪费等违法违纪行为，按照有关法律法规严肃处理。

4）申请和审批程序。

医疗救助的程序分为申请、审核、发放三个步骤。首先由救助对象本人向社区居民委员会提出申请城市医疗救助的书面材料并提供有关证明材料。其次由街道办事处（乡镇人民政府）对上报的申请表和有关证明材料进行审核。最后由县级政府民政部门对街道办事处（乡镇人民政府）上报的有关材料进行审批。救助金由街道办事处（乡镇人民政府）发放，也可以由县级政府民政部门直接发放，有条件的地方要实行社会化发放。

案例 11-2

唐山推行医疗救助新模式①

"以后不必先凑足医药费,就能住院治病了!"近日,原本着急为家人筹措手术费的唐山市迁西县低保户费大妈脸上露出了笑容。唐山市民政局在迁西试点推行医疗救助新模式,切实帮助他们解决了难题。目前,这种救助模式正在全市进行推广。

近年来,唐山市除平均每年利用300余万元资金资助15万余名农村生活困难群众参加新型农村合作医疗(新农合)外,还平均每年投入2 800多万元资金直接救助城乡生活困难群众8 000余人,平均每人每年享受救助金3 200元左右,在一定程度上缓解了生活困难群众的医疗诊治困难。但在救助程序上,一直采取的是"事后"救助的方式。困难群众首先要筹集治疗费用,出院后凭单据到民政部门申请医疗救助。筹集大笔的治疗费,成为治病的第一道坎。

去年以来,经过深入调研、科学论证,唐山市民政局决定对以往的救助政策进行大刀阔斧的改革:在救助程序上,由"事后"救助变为"事前"救助,把以前个人申请、乡级审核、县(区)审批的程序全面废止,救助对象的救助资金由治疗机构垫付,民政部门按季度划拨,这种措施使救助对象因资金不够不能住院治疗或治疗过程中没有后续资金放弃治疗的问题得到了进一步解决。在救助额度上,依据救助对象个人承担诊治费用的总额,按照不低于30%的比例进行救助,缓解救助对象的经济负担。在救助范围上,以农村"五保"对象、城乡低保对象及60年代病残退休职工为救助主体和重点,同时兼顾那些因病致贫、因灾致贫的特困群体。

作为这项救助模式的第一家试点,唐山市迁西县于去年底出台建立实施困难群众医疗救助新模式的文件,开发医疗救助服务软件,与境内18家医疗机构签订服务协议。救助对象到定点医疗机构出具"低保证"、"五保证"或"60年代退职病残职工救助证"等社会救助证件后,可直接入院接受诊疗。住院费用剔除城镇居民基本医疗保险报销或新型农村合作医疗补偿部分,剩余医疗费用按照30%的比例直接进行救助,救助对象只需结算救助后自付部分。定点医疗机构还承诺,对救助对象免收挂号费,各项检查费、取暖费、床位费减收20%。这样算下来,救助对象自掏腰包的费用就大大减少了。据迁西县民政局统计,截至今年3月底,全县困难家庭医疗救助人数与去年同期相比增加近1倍。

这种全新的医疗救助模式,整个救助过程无需经过民政部门审批,救助资金的总额度随着救助对象诊疗实际发生费用而上升,上不封顶。为此,迁西县在去年150万元预算的基础上,今年提升到280万元,充分发挥财政资金的"兜底"作用。

---

① 赵锡臣,张鸥. 唐山推行医疗救助新模式[EB/OL]. (2011-06-07)[2011-12-10]. http://gb.cri.cn/27824/2011/06/07/5311s3270229.htm.

2. 农村医疗救助

（1）农村医疗救助制度的发展历程。

农村医疗救助制度是政府和社会向一部分生活处于低收入甚至贫困状态的社会弱势群体提供最基本的医疗支持，它是多层次医疗保障体系中的一道保护屏障。农村医疗救助为缓解农民无经济能力治病的难题，我国逐步建立了新型农村合作医疗保险制度。为解决新型农村合作医疗未覆盖人群的医疗问题以及新农合覆盖但经济困难人群的医疗问题，农村社会医疗救助制度应运而生。我国从2002年开始探索建立农村医疗救助制度，民政部、卫生部、财政部于2003年发布了《关于实施农村医疗救助的意见》，这是我国开展农村医疗救助制度的主要法律依据。

（2）农村医疗救助的具体内容。

1）救助对象。

农村医疗救助的对象有三类：第一类是农村五保户；第二类是农村贫困户家庭成员；第三类是地方政府规定的其他符合条件的农村贫困农民。救助对象的具体条件由地方民政部门会同财政、卫生部门制定，报同级人民政府批准。

2）救助办法。

开展新型农村合作医疗的地区，资助医疗救助对象缴纳个人应负担的全部或部分资金，参加当地合作医疗，享受合作医疗待遇。因患大病经合作医疗补助后个人负担医疗费用过高、影响家庭基本生活的，再给予适当的医疗救助。尚未开展新型农村合作医疗的地区，对因患大病个人负担费用难以承担，影响家庭基本生活，给予适当医疗救助。国家规定的特种传染病救治费用，按有关规定给予补助。医疗救助对象全年个人累计享受医疗救助金额原则上不超过当地规定的医疗救助标准。对于特殊困难人员，可适当提高医疗救助水平。

3）申请和审批程序。

医疗救助实行属地化管理原则，申请人（户主）向村民委员会提出书面申请，填写申请表，如实提供医疗诊断书、医疗费用收据、必要的病史材料、已参加合作医疗按规定领取的合作医疗补助凭证、社会互助帮困情况证明等，经村民代表会议评议同意后报乡镇人民政府审核。乡镇人民政府对上报的申请表和有关材料进行逐项审核，对符合医疗救助条件的上报县（市、区）民政局审批。乡镇人民政府根据需要，可以采取入户调查、邻里访问以及信函索证等方式对申请人的医疗支出和家庭经济状况等有关材料进行调查核实。县级人民政府民政部门对乡镇上报的有关材料进行复审核实，并及时签署审批意见。对符合医疗救助条件的家庭核准其享受医疗救助金额，对不符合享受医疗救助条件的，应当书面通知申请人，并说明理由。医疗救助金由乡镇人民政府发放，也可以采取社会化发放或其他发放办法。

4）医疗救助服务。

已开展新型农村合作医疗的地区，由农村合作医疗定点卫生医疗机构提供医疗救助服务；未开展新型农村合作医疗的地区，由救助对象户口所在地乡（镇）卫生院和县级医院等提供医疗救助服务。提供医疗救助服务的医疗卫生机构等应在规定范围内，按照本地合作医疗或医疗保险用药目录、诊疗项目目录及医疗服务设施目录，为医疗救助对象提供医疗服务。遇到疑难重症需转到非指定医疗卫生机构就诊时，要按当地医疗救助的有关规定办理转院手续。承担医疗救助的医疗卫生机构要完善并落实各种诊疗规范和管理制度，保证服务质量，控制医疗费用。

5) 基金的筹集和管理。

各地建立医疗救助基金，基金主要通过各级财政拨款和社会各界自愿捐助等多渠道筹集。地方各级财政每年年初根据实际需要和财力情况安排医疗救助资金，列入当年财政预算。中央财政通过专项转移支付对中西部贫困地区农民贫困家庭医疗救助给予适当支持。中央具体补助金额由财政部、民政部根据各地医疗救助人数和财政状况以及工作成效等因素确定。医疗救助资金纳入社会保障基金财政专户。各级财政、民政部门对医疗救助资金实行专项管理，专款专用。

3. 社会优抚

社会优抚是针对军人及其家属所建立的社会保障制度，指国家和社会对军人及其家属所提供的各种优待、抚恤、养老、就业安置等待遇和服务的保障制度。与一般社会成员相比，优抚对象享受的待遇更优越，充分体现了国家和社会对于军人、烈士及其家属的尊重与呵护。其中的医疗优惠待遇构成了对残疾军人、复员军人、带病回乡退伍军人以及烈士遗属、因公牺牲军人遗属、病故军人遗属医疗保障的一个部分。

(1) 社会优抚制度的发展历程。

2004年新修订的《军人抚恤优待条例》第32条规定，国家对一级至六级残疾军人的医疗费用按照规定予以保障，由所在医疗保险统筹地区社会保险经办机构单独列账管理。具体办法由国务院民政部门会同国务院劳动保障部门、财政部门规定。七级至十级残疾军人旧伤复发的医疗费用，已经参加工伤保险的，由工伤保险基金支付，未参加工伤保险，有工作的由工作单位解决，没有工作的由当地县级以上地方人民政府负责解决；七级至十级残疾军人旧伤复发以外的医疗费用，未参加医疗保险且本人支付有困难的，由当地县级以上地方人民政府酌情给予补助。残疾军人、复员军人、带病回乡退伍军人以及烈士遗属、因公牺牲军人遗属、病故军人遗属享受医疗优惠待遇。具体办法由省、自治区、直辖市人民政府规定。中央财政对抚恤优待对象人数较多的困难地区给予适当补助，用于帮助解决抚恤优待对象的医疗费用困难问题。为落实上述对军人的医疗待遇，保证优抚对象能享受略高于一般社会成员的医疗待遇，我国民政部、财政部、劳动和社会保障部、卫生部于2007年共同制定了《优抚对象医疗保障办法》（以下简称《办法》）。

(2) 社会优抚制度的具体内容。

1) 优抚对象。

优抚对象为退出现役的残疾军人、在乡老复员军人、带病回乡退伍军人，以及享受国家抚恤和生活补助的烈士遗属、因公牺牲军人遗属、病故军人遗属等。以上对象除一至六级残疾军人外，在该《办法》中简称其他优抚对象。

2) 优抚对象可享受的医疗救助补助。

该《办法》规定优抚对象按照属地原则相应参加城镇职工基本医疗保险、城镇居民基本医疗保险和新型农村合作医疗等城乡基本医疗保障制度。该《办法》规定，国家对一至六级残疾军人的医疗费用予以保障。一至六级残疾军人参加城镇职工基本医疗保险,具体办法按照 2005 年下发的《一至六级残疾军人医疗保障办法》执行。对于其他优抚对象,参加城镇职工基本医疗保险的,当地政府应督促优抚对象所在单位按规定参保缴费,所在单位确有困难的,各地要通过多渠道筹资帮助参保;参加城镇居民基本医疗保险的,当地政府应按规定帮助其参保;参加新型农村合作医疗的,当地政府应给予相应的缴费补助。

在医疗保险制度的基础上,优抚对象还享有医疗补助,该补助制度对城乡医疗保险制度能够解决的费用以外的个人负担部分给予补助。该《办法》规定,优抚对象未参加城镇职工基本医疗保险、城镇居民基本医疗保险和新型农村合作医疗等医疗保障制度的,以及参加这些医疗保障制度但个人医疗费用负担较重的,可享受城乡医疗救助和优抚对象医疗补助。对一至六级残疾军人,《办法》明确规定对他们在城镇职工基本医疗保险规定范围内、起付标准以下、最高支付限额以上,以及个人共付的医疗费用给予补助。对所在单位无力支付和无工作单位的七至十级残疾军人旧伤复发的医疗费用给予补助;对未参加城镇职工基本医疗保险、城镇居民基本医疗保险、新型农村合作医疗以及享受城乡基本医疗保障制度规定待遇后个人医疗费用负担较重的其他优抚对象给予补助。七至十级残疾军人旧伤复发的医疗费用,已经参加工伤保险的,由工伤保险基金支付;未参加工伤保险的,有工作的由工作单位解决;所在单位无力支付和无工作单位的,由当地政府从优抚对象医疗补助资金中解决。

3) 优抚对象参保工作负责部门。

该《办法》规定,优抚对象参保工作由民政、劳动和社会保障、卫生部门负责,当地政府对优抚对象参保应给予缴费补助或帮助。

4) 优抚对象在医疗服务中享受的优待照顾。

优抚对象到医疗机构就医时凭证件优先挂号、优先就诊、优先取药、优先住院,支持、鼓励、引导医疗机构自愿减免有关医疗服务费用。医疗机构要公开对优抚对象优先优惠的医疗服务项目;要完善并落实各项诊疗规范和管理制度,合理检查、合理用药、合理收费。定点医疗机构要按照规定的用药目录、诊疗项目目录和医疗服务设施目录为优抚对象提供医疗服务;优抚对象患疑难重症需转到非定点医疗机构就诊的,应按照城乡医疗保险、医疗救助有关规定,办理相关手续。

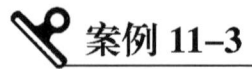

案例 11-3

重点优抚对象享受医疗补助[①]

从市民政局获悉,为切实解决海口市在乡革命伤残人员及其他重点优抚对象的治病难问题,从今年 1 月 1 日起,海口市民政局为一至六级革命伤残人员,发放 3 000 元/

[①] 谢大强,赵永丹. 重点优抚对象享受医疗补助[EB/OL]. (2011-08-05) [2011-12-10]. http://www.hkwb.net/.

年的医疗补助,其他重点优抚对象,也将根据标准给予相应补助。

目前,市政府已为在乡的一至六级革命伤残人员参加了医疗保险。凡符合医保用药住院的个人支付部分,在优抚医院住院的给予转账结算,其他医院住院的,每季度的第一个星期二持医院结算凭证到民政局优抚安置处报销。

对在乡的一至六级革命伤残人员,给予每人每年3 000元的定额补助,由区民政局每年6月份之前拨付到个人账户,门诊医疗费停止报销;七至八级革命伤残人员、1954年10月30日前入伍的在乡复员军人及烈士遗属补助标准为500元/年;其他在乡重点优抚对象补助标准为300元/年。

第二节 农村医疗保障法律制度

我国是一个农业大国,农村和农民问题一直都是事关国家大局的问题。建立完善的农村医疗保障制度制度不仅是保护农民人权的要求,同时也是实现社会相对公平的要求。医疗保障制度还承载着补偿弱势群体,稳定社会的功能,是实现和谐社会的稳压器和减震器。我国的农村医疗保障制度主要包括农村医疗保险制度和农村医疗救助制度,本节主要介绍农村医疗保险制度。

我国农村合作医疗,在改革开放前是通过集体和个人集资,为农村居民提供费用低廉的医疗保健服务的一种互助制度。农村合作医疗制度自产生以来,经历了从萌芽发展到繁荣到的阶段。改革开放以来,农村经济体制发生了变化,以集体经济为依托的农村合作医疗走向低潮。各地进行了多种尝试,为农民的医疗保障问诊把脉。尤其是自2003年以来,新型农村合作医疗的建设成为政府在农村建设的重点内容,是当前解决农民医疗保障的主要方式。新型农村合作医疗是由政府组织、引导、支持,农民自愿参加,个人、集体和政府多方筹资,以大病统筹为主的农民医疗互助共济制度。新型农村合作医疗保险制度和改革开放前盛行的农村合作医疗有共性,也有很大的不同。经历了不断的摸索和尝试,新型农村合作医疗正在逐步完善和发展,是农村医疗保障工作的重要支柱。

一、我国农村合作医疗保险制度的发展历程

(一)农村合作医疗保险制度萌芽和鼎盛时期

我国农村合作医疗孕育于20世纪50年代。1955年,全国实现了农业合作化,山西、河南、湖北等省的农村出现了农业生产合作社举办的保健站,通过由农民出保健费、由农业社从公益金中提取一定比例的方式来筹集资金,用以解决本社农民的防病治病的问题。最早实行医社结合、建立合作医疗保健制度的是山西省高平县米山乡。当地的乡人民委员会(乡政府)统一领导保健站,农业生产合作社、农民群众和医生共同集资兴建,日常经费来自农民交纳的保健费、从农业社提取的15%～20%的公益金和

医疗收入（主要是药费）；每个农民每年自愿缴纳2角钱的保健费，即可享受预防保健服务，患病就诊免收门诊费、出诊费、挂号费、手术费。1956年，全国人大一届三次会议通过的《高级农业生产合作社示范章程》中第51条规定，合作社对于因公负伤或者因公致病的社员要负责医治，并且酌量给予劳动日作为补助；对于因公死亡的社员的家属要给予抚恤。随后，更多地方开始出现以集体经济为基础，集体与个人相结合、互助互济的集体保健医疗站、合作医疗站或统筹医疗站。

1958年，人民公社化运动开始，全国农村掀起了合作医疗的第一次高潮。1959年，卫生部在山西省理山县召开全国农村卫生工作会议，正式肯定了农村合作医疗制度。1959年11月，卫生部党组向中央上报《关于全国农村卫生工作山西稷山现场会议情况的报告》及附件《关于人民公社卫生工作几个问题的意见》，指出目前以实行人民公社社员集体保健医疗制度为宜。该制度的要点是：社员每年交纳一定的保健费；看病时只交药费或挂号费；由公社、大队的公益金中补助一部分。1962年，毛泽东做出了"组织城市高级医务人员下农村和为农村培养医生"、"把医疗卫生工作的重点放到农村去"的两项重要指示，使农村的医疗卫生工作得到了很大加强。1965年，中共中央批转卫生部党委《关于把卫生工作重点放到农村的报告》。强调加强农村基层卫生保健工作，极大地推动了农村合作医疗保障事业的发展。

中国农村合作医疗制度的真正普及和鼎盛时期是1966年"文化大革命"爆发之后。从1968年12月8日至1976年8月31日，《人民日报》连续组织了107期"关于农村医疗卫生制度的讨论"。这些讨论从舆论和声势上进一步推动农村合作医疗制度的普及和发展。1976年，全国农村实行合作医疗制度的生产大队从1968年的20%上升至90%，由合作医疗担负的卫生保健服务覆盖了全国85%的农村人口。①

（二）农村合作医疗保险制度衰落和重建时期

20世纪70年代末期，随着我国农村地区经济体制转变为家庭联产承包为主的生产方式，集体经济组织的力量开始逐渐衰微，集体公益金的累积明显减少，这就使得以公益金为主要组成部分的农村合作医疗制度失去了赖以生存的经济基础，农村合作医疗开始走向低潮。至80年代中期，农村合作医疗在全国的覆盖率猛降至5%左右，全国仅存的合作医疗主要分布在上海和苏南地区，合作医疗制度濒临崩溃，农民群众又面临着"治病难，吃药难，住院难"的困境。面对这种情况，政府进行了一系列的探索，试图恢复重建农村合作医疗保障制度。

1991年，国务院批转了卫生部、农业部、国家计委、国家教委、人事部等《关于改革和加强农村医疗卫生工作》的请示，再次提出"稳步推行合作医疗保健制度"，实现"人人享有卫生保健"的目标。1993年，中共中央在《关于建立社会主义市场经济体制若干问题的决定》中提出，要发展和完善农村合作医疗制度。7个省14个县市开展"中国农村合作医疗制度改革"试点及跟踪研究工作。1997年，中共中央、国务院在《关于卫生改革与发展的决定》中，更加完整地提出要"积极稳妥发展和完善合作

---

① 周寿祺. 探寻农民健康保障制度的发展轨迹[J]. 国际医药卫生导报，2002 (6).

医疗制度"。虽然经过一系列的探索与试点推广，但卫生部于1998年开展的第二次国家卫生服务调查显示，全国农村得到合作医疗保障的人口只有6%，绝大多数的农村人口没有任何形式的医疗保障，我国农民的医疗保障重新回到了自费式的家庭保障模式，其结果是绝大多数农民实际上在医疗方面零保障。

（三）农村合作医疗保险制度发展和新生时期

为农村医疗保障把脉开方，确保农村工作的稳定大局，国务院于2002年下发了《关于进一步加强农村卫生工作的决定》，明确提出"逐步建立新型农村合作医疗制度"，计划到2010年，在全国基本建立起覆盖农村居民的新型农村合作医疗制度。2003年，国务院办公厅转发了卫生部等部门《关于建立新型农村合作医疗制度的意见》，要求各级政府和有关部门在推进新型农村合作医疗试点的工作方面进行合理规划和探索。这两个文件是我国新型农村合作医疗保险开展的主要法律依据。从2003年开始，在全国31个省、自治区、直辖市的部分县，开展了由中央财政、地方财政和农民自愿参加筹资、以大病补助为主的新型农村合作医疗试点。各地区纷纷出台新型农村合作医疗的管理办法，根据国家统计局统计结果，截至2010年年末，新型农村合作医疗参合率达96.3%。

二、新型农村合作医疗保险的基本内容

（一）基本原则

根据《关于建立新型农村合作医疗制度的意见》，建立新型农村合作医疗制度应遵循以下原则：

（1）自愿参加，多方筹资原则。农民以家庭为单位自愿参加新型农村合作医疗，遵守有关规章制度，按时足额缴纳合作医疗经费，乡（镇）、村集体要给予资金扶持，中央和地方各级财政每年要安排一定专项资金予以支持。从参加方式上比较，改革开放前盛行的合作医疗基金一般从集体经济中直接提留，带有一定的强制性；新型农村合作医疗制度采取自愿参加的原则，充分尊重农民群众的意愿。然而自愿参加同时也是一把双刃剑，即使经过多方宣传，经济困难人群或怀有侥幸心理的村民并没有参加新型农村合作医疗保险，一旦患病很难得到保障。

（2）以收定支，保障适度。新型农村合作医疗制度坚持以收定支，收支平衡的原则，既保证这项制度持续有效运行，又使农民能够享有最基本的医疗服务。

（3）先行试点，逐步推广。建立新型农村合作医疗制度必须从实际出发，通过试点总结经验，不断完善，稳步发展。要随着农村社会经济的发展和农民收入的增加，逐步提高新型农村合作医疗制度的社会化程度和抗风险能力。

（二）组织管理

1. 统筹级别

新型农村合作医疗制度一般采取以县（市）为单位进行统筹。条件不具备的地方，在起步阶段也可采取以乡（镇）为单位进行统筹，逐步向县（市）统筹过渡。

2. 管理组织

按照精简、效能的原则，建立新型农村合作医疗制度管理体制。省、地级人民政府成立由卫生、财政、农业、民政、审计、扶贫等部门组成的农村合作医疗协调小组。各级卫生行政部门内部应设立专门的农村合作医疗管理机构，原则上不增加编制。

县级人民政府成立由有关部门和参加合作医疗的农民代表组成的农村合作医疗管理委员会，负责有关组织、协调、管理和指导工作。委员会下设经办机构，负责具体业务工作，人员由县级人民政府调剂解决。根据需要在乡（镇）可设立派出机构（人员）或委托有关机构管理。经办机构的人员和工作经费列入同级财政预算，不得从农村合作医疗基金中提取。

（三）筹资标准

改革开放前盛行的农村合作医疗主要采取个人投入为主，集体扶持和政府适当支持的方式筹资，政府所承担的责任极小甚至不用承担责任。新型农村合作医疗制度实行个人缴费、集体扶持和政府资助相结合的筹资机制，强调重视政府的保障作用。

1. 个人缴费是筹资的基础

根据《关于建立新型农村合作医疗制度的意见》，除对低保人群实行医疗救助，参加新型合作医疗者都应缴费，其额度可视当地经济状况和个人承受能力而定。大量涌向城镇的农民工，在城镇可以参加城镇职工基本医疗保险，按自愿原则，也可对合作医疗不缴费。农民个人每年的缴费标准不应低于10元，经济条件好的地区可相应提高缴费标准。乡镇企业职工（不含以农民家庭为单位参加新型农村合作医疗的人员）是否参加新型农村合作医疗由县级人民政府确定。随着时间变化，各地个人缴费标准也有变化，根据卫生部、民政部、财政部《关于做好2011年新型农村合作医疗有关工作的通知》，原则上农民个人缴费提高到每人每年50元，困难地区可以分两年到位。将农村重度残疾人的个人参合费用纳入农村医疗救助资助范围。

2. 集体扶持是合作医疗的条件

有条件的乡村集体经济组织应对本地新型农村合作医疗制度给予适当扶持。扶持新型农村合作医疗的乡村集体经济组织类型、出资标准由县级人民政府确定，但集体出资部分不得向农民摊派。鼓励社会团体和个人资助新型农村合作医疗制度。

3. 政府资助是引导筹资的前提

没有政府财政补助很难持续地巩固新型合作医疗制度。地方财政每年对参加新型农村合作医疗农民的资助不低于人均10元，具体补助标准和分级负担比例由省级人民政府确定。经济较发达的东部地区，地方各级财政可适当增加投入。从2003年起，中央财政每年通过专项转移支付对中西部地区除市区以外的参加新型农村合作医疗的农民按人均10元安排补助资金。该补助标准也在不断调整。

根据卫生部、民政部、财政部《关于做好2011年新型农村合作医疗有关工作的通知》，2011年起，各级财政对新农合的补助标准从每人每年120元提高到每人每年200元。其中，原有120元中央财政继续按照原有补助标准给予补助，新增80元中央财政对西部地区补助80%，对中部地区补助60%，对东部地区（含京津沪）按一定比例补助。确有困难的个别地区，地方财政负担的补助增加部分可分两年到位。

（四）资金管理

农村合作医疗基金是由农民自愿缴纳、集体扶持、政府资助的民办公助社会性资金，要按照以收定支、收支平衡和公开、公平、公正的原则进行管理，必须专款专用，专户储存，不得挤占挪用。

1. 农村合作医疗基金由农村合作医疗管理委员会及其经办机构进行管理

农村合作医疗经办机构应在经管理委员会认定的国有商业银行设立农村合作医疗基金专用账户，确保基金的安全和完整。并建立健全农村合作医疗基金管理的规章制度，按照规定合理筹集、及时审核支付农村合作医疗基金。

2. 农村合作医疗基金中农民个人缴费及乡村集体经济组织的扶持资金的缴纳

农村合作医疗基金中农民个人缴费及乡村集体经济组织的扶持资金的缴纳原则上按年由农村合作医疗经办机构在乡（镇）设立的派出机构（人员）或委托有关机构收缴，存入农村合作医疗基金专用账户。地方财政支持资金，由地方各级财政部门根据参加新型农村合作医疗的实际人数，划拨到农村合作医疗基金专用账户。中央财政补助中西部地区新型农村合作医疗的专项资金，由财政部根据各地区参加新型农村合作医疗的实际人数和资金到位等情况核定，向省级财政划拨。中央和地方各级财政要确保补助资金及时、全额拨付到农村合作医疗基金专用账户，并通过新型农村合作医疗试点逐步完善补助资金的划拨办法，尽可能简化程序，易于操作。要结合财政国库管理制度改革和完善情况，逐步实现财政直接支付。关于新型农村合作医疗资金具体补助办法，由财政部与有关部门研究制定。

3. 农村合作医疗基金主要补助参加新型农村合作医疗农民的大额医疗费用或住院医疗费用

有条件的地方，可实行大额医疗费用补助与小额医疗费用补助结合的办法，既提高抗风险能力又兼顾农民受益面。对参加新型农村合作医疗的农民，年内没有动用农村合作医疗基金的，要安排进行一次常规性体检。各省、自治区、直辖市要制定农村合作医疗报销基本药物目录。各县（市）要根据筹资总额，结合当地实际，科学合理地确定农村合作医疗基金的支付范围、支付标准和额度，确定常规性体检的具体检查项目和方式，防止农村合作医疗基金超支或过多结余。

医疗费用的支付方式主要采取类似于城镇医疗保险的后付制，以县为单位集中审核、报销费用，但也有试点城市采取超过自付标准后，住院费用由合作医疗保险经办机构和医疗机构结算的支付办法。

根据卫生部、民政部、财政部《关于做好2011年新型农村合作医疗有关工作的通知》，将新农合政策范围内的住院费用报销比例提高至70%左右，统筹基金最高支付限额提高到全国农村居民年人均纯收入的6倍以上，且不低于5万元。扩大门诊统筹实施范围，普遍开展新农合门诊统筹。人均门诊统筹基金不低于35元，力争达到40元以上。将重性精神疾病患者经常服药费用纳入门诊统筹或门诊特殊病种费用支付范围。按照卫生部、人力资源和社会保障部、民政部、财政部、中国残联五部门《关于将部分医疗康复项目纳入基本医疗保障范围的通知》（以下简称《通知》）（卫农卫发〔2010〕80号）的要求，将9类残疾人康复项目纳入新农合支付的诊疗项目范围。各统筹地区卫生、财政部门应在综合分析历年补偿方案运行和基金使用等情况的基础上，结合筹资标准的提高，优化调整统筹补偿方案。各省（区、市）要加强对辖区内各统筹地区的指导，进一步规范和逐步统一省（区、市）内各统筹地区的补偿方案。

该《通知》还鼓励各地积极开展提高重大疾病医疗保障水平试点工作，要以省（区、市）为单位推开提高儿童白血病、先天性心脏病保障水平的试点。在总结评价试点情况的基础上，可结合本地实际和基金收支等情况，选择疗效确切、费用较高、社会广泛关注的病种，逐步扩大重大疾病救治试点的病种范围（可优先考虑妇女宫颈癌、乳腺癌、重性精神疾病等病种）。重大疾病保障工作要以临床路径为基础，积极推行按病种付费，推进诊疗和收费的规范化，提高医疗服务质量，控制医药费用不合理增长。对于重大疾病的救治，要严格论证，坚持分级治疗，能够在县级医疗机构救治的病种，应当在县级医疗机构治疗。复杂、疑难病可选择三级医院作为定点医疗机构。

4. 农村合作医疗基金支出

农村合作医疗基金的支出涉及基金最终的流向，也是参合农民最关心的问题。合管办从银行专用收入账户转出一部分基金到现金支出账户和银行专用支出账户，参合人员在门诊、住院发生费用后，可到合管办或者合管所直接报销，由合管部门从现金支出账户直接支付给参合人员。有些县市也规定，参合人员可以在医院发生费用后直接在医院报销，由医院垫付报销费用，然后每个月或者每个季度由合管部门与医院结算，合管部门直接从银行专用支出账户转出资金到医院。每年的基金如有剩余，合管部门把基金按照一定的比例从银行专用收入账户转到风险基金账户，当下一年度因为参合人员报销额度的增加而发生基金赤字时，将会由风险基金账户负责支出，保证报销费用的完整和连续性。

按照卫生部等七部委2006年联合下发的《关于加快推进新型农村合作医疗试点工作的通》，基金管理要做到专户储存、专款专用，严格实行基金封闭运行，确保合作医疗基金和利息全部用于参合农民的医疗补助。要建立、健全既方便农民又便于监管的合作医疗审核和报销办法，实行基金使用管理的县、乡、村公示制度，把合作医疗报销情况作为村务公开的重要内容，探索农民参与监督和民主管理的长效机制，保证农民的知情权和监督权。要加强对合作医疗基金管理和使用的专项审计，发现问题，及时纠正。

5. 加强对农村合作医疗基金的监管

农村合作医疗经办机构要定期向农村合作医疗管理委员会汇报农村合作医疗基金的收支、使用情况；要采取张榜公布等措施，定期向社会公布农村合作医疗基金的具体收支、使用情况，保证参加合作医疗农民的参与、知情和监督的权利。县级人民政府可根据本地实际，成立由相关政府部门和参加合作医疗的农民代表共同组成的农村合作医疗监督委员会，定期检查、监督农村合作医疗基金使用和管理情况。农村合作医疗管理委员会要定期向监督委员会和同级人民代表大会汇报工作，主动接受监督。审计部门要定期对农村合作医疗基金收支和管理情况进行审计。

根据卫生部、民政部、财政部《关于做好2011年新型农村合作医疗有关工作的通知》，各地将严格执行以下制度，对农村合作医疗基金监管工作予以加强：①严格执行新农合基金财务会计制度，加强基金监督管理，规范监管措施，健全监管机制，杜绝挪用和违规使用基金、骗取套取基金等行为。②加强基金收支预算管理，建立基金运行分析和风险预警制度，防范基金风险，提高使用效率。既要避免部分地区统筹基金结余过多，又要防止部分地区收不抵支。③继续加强对新农合基金的监督检查，并将新农合基金列入各地的审计计划，定期予以专项审计并公开审计结果。④严格执行新农合三级定期公示制度，并纳入村务公开内容。进一步完善监督举报制度，建立信访内容核查、反馈机制，充分发挥社会和舆论的监督作用。⑤加大对违反各项基金政策行为的查处力度。对有组织进行骗取、套取基金的行为要依法依规严厉查处，违规的医疗机构要取消定点资格，对医疗机构主要负责人要追究责任，重大案件要予以通报。

（五）新型合作医疗保险的覆盖范围

2003年以来，新型农村合作医疗试点工作积极稳妥地推进，取得了显著成效，较好地实现了试点工作预期目标。经国务院新型农村合作医疗部际联席会议研究决定，从2007年开始全国新型农村合作医疗由试点阶段进入全面推进阶段，覆盖全国80%以上的县（市、区）。农村居民是新型合作医疗保险的主要覆盖人群。相对于"传统合作医疗覆盖的对象是农民"这一表述，新的提法对于加快城镇化，缩小城乡差别，妥善解决城镇职工与农村居民之间的中间人群的医疗保障，具有更重要的现实意义。

案例 11-4

中国新型农村合作医疗：关乎9亿农民的健康

日前，中国卫生部部长陈竺宣布：中国参加新型农村合作医疗的人口已达7.2亿，占全国农业人口的八成以上。短短5年时间，新农合制度由局部试点转向全面推开，2008年将基本覆盖全国所有县（市、区）。这一重大举措，体现了中国政府对亿万农民健康的高度关切。

中国是一个13亿人口的大国。9亿农民的健康，是一个最基本的民生问题。建立新农合制度的目的，就是为了维护农民利益，促进卫生公平。如今，这一制度显著减轻了农民的医疗负担，成为农民健康的"保护伞"，得到了广大农民的拥护。

中国农村合作医疗制度曾几经起落。20世纪60年代提出"把医疗卫生工作的重点放到农村去"的方针，到70年代末有90%的行政村实行了农村合作医疗，形成了集预防、医疗、保健功能于一体的县、乡、村三级卫生服务网络，培养了一大批扎根农村的"赤脚医生"。这项制度被世界卫生组织誉为"以最少投入获得了最大健康收益"的"中国模式"。80年代，随着集体经济的衰落，农村合作医疗迅速瓦解崩溃。90年代初，国家提出恢复和重建合作医疗制度，但筹资"以个人投入为主，集体扶持，政府适当支持"，担子主要压在了农民自己肩上，结果没有得到广大农民的响应。

2002年10月，党中央、国务院提出建立新型农村合作医疗制度。其最大特点是，政府投入为主，农民自愿参加。由政府主导，为农民建立医疗保障制度，这在历史上是第一次。该制度以大病统筹为主，重点解决农民因大病导致的风险。由于符合农民的愿望和利益,很快形成燎原之势,成为具有中国特色的农民医疗保障制度。

当然,农村医疗保障制度是一个系统工程。新农合制度只是一项初级医疗保障制度,而不是一把"万能钥匙"。在当前的经济社会发展水平下,它还不能解决农村医疗卫生的所有问题,与农民的期望值还有一定差距。例如,筹资水平较低,抗风险能力不强。特别是在缓解农民因病致贫、因病返贫方面,效果还不够理想。世界卫生组织指出,在一个家庭中,如果医疗费支出占家庭总收入的比例超过40%,就是灾难性卫生支出。目前,新农合的绝大部分资金,已经用到了发生灾难性卫生支出家庭的补助上。但是,仍有很多灾难性卫生支出家庭没有得到解脱。又如,有的地方医疗费用过快上涨,蚕食了政府投入的资金,降低了农民的受益水平。这些都是改革和发展中出现的问题,需要循序渐进,经历一个由不完善到逐步完善、由低水平到较高水平的发展阶段。对此,我们必须用辩证的眼光来看待,既不能高估成绩,也不能盲目否定。

医改是一个动态的过程,新农合制度的建设也绝非一朝一夕的事。新农合制度刚刚起步,还有很长的道路要走。能否办好这件事情,不仅关乎亿万农民的健康,而且关乎医疗卫生体制改革的成败,关乎中国经济社会发展的全局。①

第三节 城镇医疗保障制度

我国城镇居民医疗保障制度是我国医疗保障制度的重要组成部分。城镇医疗保障体系主要包括城镇医疗保险制度和城镇医疗救助制度,本节重点介绍城镇医疗保险制度。城镇医疗保险制度当前又分为城镇职工医疗保险和城镇居民医疗保险。

一、城镇职工医疗保险制度的历史沿革

(一)劳保制度和公费医疗制度

我国的城镇医疗保险制度建立于20世纪50年代。在该阶段我国的城镇医疗保险制度主要分为两种。

一种是适用于企业职工的劳保医疗制度。1951年《中华人民共和国劳动保险条例》(以下简称《劳保条例》)的颁布标志着我国劳保医疗制度的建立。《劳保条例》是一部主要面向企业职工即产业工人的综合性劳动保障法规,涉及养老、医疗、工伤、生育保障等多方面的内容。《劳保条例》中关于企业职工医疗保障的规定主要是:因工负伤的员工在医疗期间工资照发,其全部诊疗费、药费、住院费、住院时的膳食与就医路费,均由企业负担;非因工受伤或生病的员工,在指定医院诊疗时所需诊疗费、手术费、住院费及普通药费均由企业负担;贵重药费、住院的膳食费及就医路费由本人负

---

① 白剑峰.中国新型农村合作医疗:关乎九亿农民的健康[EB/OL].(2007-09-14)[2011-12-10].http://www.e23.cn.

担，如本人经济状况确有困难，由劳动保险基金酌情补助；员工供养的直系亲属患病时，可在指定医院免费诊治，手术费及普通药费由企业负担二分之一，其余费用自理。《劳保条例》建立起的劳保医疗制度最早是以全国国有企业职工及家属为保障对象的，后来城市大集体企业和部分乡镇企业也参照国有企业建立了劳保医疗制度。截至1956年，全国签订劳动保险合同的职工达到2 300万人，占当年全国职工总数的94%以上。①

另一种是适用于机关事业单位工作人员的公费医疗制度。1952年《中央人民政府关于全国各级人民政府、党派、团体及所属事业单位的国家工作人员实行公费医疗预防措施的指示》颁布，标志着我国公费医疗制度的建立。1952年8月卫生部经政务院批准制定发布了《国家工作人员公费医疗预防实施办法》，对享受公费医疗人员的范围，公费医疗的经费来源、管理和督导方法等作了明确具体的规定。1953年，卫生部在《关于公费医疗的几项规定》中将公费医疗的范围又扩大到大学和专科学校的学生和乡干部，1956年国务院批准了国家机关工作人员退休后继续享受公费医疗待遇。

劳保医疗制度和公费医疗制度标志着我国城镇职工医疗保险体系的大致确立。在相当长的一段时间里，虽然对保险的内容、报销范围、转诊等方面有细微的调整，但基本框架没有实质性变化。这两项制度覆盖了当时城镇绝大多数的人群，体现了社会主义的优越性。伴随着改革开放的不断深化以及市场经济体制的确立，劳保医疗制度和公费医疗制度已不能适应市场经济的发展，其存在的弊端日益凸显出来。这两种医疗保障制度完全由国家和企业承担医疗费用，国家和企业的负担太重，而且也滋生了医疗费用严重浪费的现弊病。另外，这两种医疗保险的社会化程度低，覆盖范围尚且不足。最后，同为医疗保险的受保群体、享受医疗待遇高低不齐，也引发了医疗公平方面的问题。

(二) 医疗保险制度的突围和探索

20世纪80年代初，我国传统医疗保险制度进入了近20年的改革探索时期。这一改革的过程大致可以分为两个阶段。

1992年前，推行医疗费用和个人挂钩，以控制医疗费用为中心，对劳保医疗制度和公费医疗制度进行改革。这些改革的持续推进为职工个人负担医疗费用奠定了一定的心理基础，呈现出一种由公费医疗制度向适度自费制度过渡的趋势。促使职工医疗保障制度改革的原因很复杂，其中职工医疗保障制度积弊过多，无法适应经济改革的新形势是主要原因。劳保制度和公费医疗制度导致医疗费用快速攀升，医疗保障负担沉重；另外，改革要求企业自主经营、自负盈亏，企业包办医疗已不符合规律。因此，采取了医疗费用与个人挂钩、社会统筹、加强管理等办法。1982年12月，国务院常务会议提出了对公费医疗和劳保医疗分别研究提出改进办法的要求。1983年9月，劳动人事部召开部分省市医疗制度改革座谈会，积极推动各地进行医疗制度改革。1985年3月，在国家体改委、国家计委和劳动人事部制定的《关于改革社会保障制度的研究提纲（初稿）》中，明确了医疗改革的重点是研究解决职工个人负担一部分医疗费和医疗费的社

---

① 徐道稳. 中国医疗保障制度历史考察与再造 [J]. 求索, 2004 (5).

会统筹两个问题。1989年以后，全国各地逐步实行医疗费用与个人利益挂钩，同时离退休人员的医疗社会统筹也全面推开。1990年11月28日，劳动部召开首次全国部分省、市劳保医疗制度改革工作座谈会，会议确定劳保医疗改革的方向是：在体现社会主义制度优越性和对劳动者加以保护的前提下，实现国家、集体和个人合理负担，逐步建立多种形式的医疗保险制度。这次会议标志着劳保医疗制度改革从思想准备阶段和自发改革阶段，逐步进入有组织的大面积试点阶段。

1992年至1998年，城镇医疗保险制度改革进入到探索试点阶段。1992年5月21日，国务院成立医疗制度改革小组，为即将拉开的医疗保障制度全面总体的改革试验做好了组织准备。其后，由卫生部、劳动部分别提出了公费医疗和劳保医疗的改革方案，在此基础上，国家体改委起草了《国务院关于职工医疗制度改革的决定》（讨论稿），明确了职工医疗改革的目标是建立医疗保险基金，实行医疗社会保险制度。1993年11月，中共十四届三中全会通过了《关于建立社会主义市场经济体制若干问题的决定》，将社会保障确立为社会主义市场经济体制的重要支柱之一，并由此把医疗、养老和失业保险一起列为主要改革项目。《决定》指出："城镇职工养老和医疗保险由单位和个人共同负担，实行社会统筹和个人账户相结合。"以此为起点，在党中央和国务院的直接组织领导下，开始了"统账结合"模式的社会医疗保险探索试验，并最终将其确定为全国普遍实施的新型医疗保障模式。其间在江苏省镇江市和江西省九江市开展"两江"试点，形成了"两江"模式，并于1996年开始在全国推广。同时，一些地区结合各自的特点，逐步探索更多的医疗保障模式。1997年1月15日，《中共中央、国务院关于卫生改革与发展的决定》正式发布，对于社会主义市场经济体制下的卫生工作的地位、性质、方针、原则、政策以及各方面的相互关系和运作模式都提出了规范性意见。1997下半年，国务院医疗保障制度改革办公室开始着手进行医疗保障制度改革方案的重新设计工作。经过数次研究讨论，初步形成了对基本医疗的界定和对医疗保险制度改革模式等问题的认识。中共十五大召开后，医疗保障制度改革被列为五项改革之一，明确提出必须尽快建立统一、规范和完善的社会保障体系，这项工作关系到改革、发展、稳定的大局，刻不容缓。在全国范围内全面实施医疗保险制度改革的时机已经酝酿成熟。

（三）城镇职工医疗保险制度和城镇居民医疗保险制度

1. 城镇职工医疗保险制度

1998年11月底，国务院召开全国职工医疗保险制度改革工作会议，同年12月下发了《国务院关于建立城镇职工基本医疗保险制度的决定》（以下简称《决定》），开始在全国范围内推进职工医疗保险制度的改革工作。这标志着我国传统福利型的劳保医疗制度和公费医疗制度向新的社会型的城镇医疗保险制度的转化，我国城镇医疗保险制度正式进入了全面发展的阶段，现行的城镇职工基本医疗保险制度也以此为标志确基本确立。

该《决定》明确规定了我国现行城镇职工医疗保险制度的政策框架、改革原则和目标任务等。具体来讲，也就是医疗保险的水平要与社会主义市场经济体制下的生产力发展水平相适应，城镇里所有用人单位及职工都要参加基本医疗保险，并且由用人单位和个人共同承担医疗保险的费用,基本医疗保险基金以社会统筹和个人账户相结合的方式实行,其具体内容下文专门介绍。

2. 我国城镇居民医疗保险

2007年7月,国务院下发《国务院关于开展城镇居民基本医疗保险试点的指导意见》(下称《试点意见》),对我国城镇居民基本医疗保险制度的主要内容做了具体的规定。其中包括城镇居民医疗保险的覆盖范围、筹资机制、医疗基金的筹集制度、管理模式和基金的管理制度等方面。

2007年,包括哈尔滨、长春、沈阳、成都、西安、郑州、长沙等大部分省会城市在内的88个大中城市开始了我国城镇居民医疗保险的试点工作。中央本着相同的指导思想和基本原则,根据不同地方的经济等各方面的发展水平采取不同的政策扶持,并由各试点城市制定符合自己当地社会、经济情况的实施办法。截至2007年年底,全国城镇居民基本医疗保险的参保人数达到4 068万,其中88个试点城市的参保人数到达2 583万。

2008年,试点工作又进一步扩大了范围。河南省的开封市、安阳市,山西的大同市、晋中市,福建的漳州市、宁德市,云南省的曲靖市、玉溪市,河北的保定市、廊坊市,江西的南昌市、宜春市,黑龙江的牡丹江市、大庆市等229个城市被列为第二批的城镇居民医疗保险试点城市。

二、城镇职工医疗保险制度

(一) 城镇职工医疗保险覆盖范围

《决定》规定:"城镇所有用人单位,包括企业(国有企业、集体企业、外商投资企业、私营企业等)、机关、事业单位、社会团体、民办非企业单位及其职工,都要参加基本医疗保险。乡镇企业及其职工、城镇个体经济组织业主及其从业人员是否参加基本医疗保险,由各省、自治区、直辖市人民政府决定。"从《决定》的内容和精神来看,这类人员参加的医疗保险是强制性的。然而,城镇职工医疗保险的最大问题是其覆盖范围有限,没有规定一部分劳动者(主要是个体工商户、私营企业主及其他灵活就业人员)的医疗保障问题,城镇无业居民、少年儿童以及绝大部分以农民工为代表的流动人口也不在职工医疗保险的覆盖范围。

2008年1月1日施行的《中华人民共和国劳动合同法》(以下简称《劳动合同法》)第17条规定,社会保险是劳动合同的必备条款。根据该法第38条、46条规定,用人单位未依法为劳动者缴纳社会保险费的,劳动者可以解除劳动合同,用人单位应当向劳动者支付经济补偿。根据第81条规定,用人单位提供的劳动合同文本未载明本法规定的劳动合同必备条的,由劳动行政部门责令改正;给劳动者造成损害的,应当承担赔偿责任。因此,我们可以看出,《劳动合同法》将社会保险涵盖范围界定为所有劳动者,而非部分劳动者,并且对没有为员工购买社会保险的用人规定了有实质威慑力的法律后果,切实推进了城镇职工参加社会保险的工作,医疗保险作为社会保险的一个部分也当然地得到了加强。

（二）城镇职工医疗保险缴费办法

按照《决定》的规定，基本医疗保险费由用人单位和职工共同缴纳。用人单位缴费率应控制在职工工资总额的6%左右，职工缴费率一般为本人工资收入的2%。随着经济发展，用人单位和职工缴费率可作相应调整。

（三）医疗保险基金统筹

按照《决定》的规定，基本医疗保险原则上以地级以上行政区（包括地、市、州、盟）为统筹单位，也可以县（市）为统筹单位，北京、天津、上海3个直辖市原则上在全市范围内实行统筹（以下简称统筹地区）。所有用人单位及其职工都要按照属地管理原则参加所在统筹地区的基本医疗保险，执行统一政策，实行基本医疗保险基金的统一筹集、使用和管理。铁路、电力、远洋运输等跨地区、生产流动性较大的企业及其职工，可以相对集中的方式异地参加统筹地区的基本医疗保险。

（四）医疗保险统筹基金和个人帐户

目前，我国的城镇职工由基本医疗保险统筹基金和个人帐户构成。职工个人缴纳的基本医疗保险费，全部计入个人帐户。用人单位缴纳的基本医疗保险费分为两部分，一部分用于建立统筹基金，另一部分划入个人帐户。划入个人帐户的比例一般为用人单位缴费的30%左右，具体比例由统筹地区根据个人帐户的支付范围和职工年龄等因素确定。

（五）医疗费用的支付和规则

统筹基金和个人帐户要划定各自的支付范围，分别核算，不得互相挤占。要确定统筹基金的起付标准和最高支付限额，起付标准原则上控制在当地职工年平均工资的10%左右，最高支付限额原则上控制在当地职工年平均工资的4倍左右。起付标准以下的医疗费用，从个人帐户中支付或由个人自付。起付标准以上、最高支付限额以下的医疗费用，主要从统筹基金中支付，个人也要负担一定比例。超过最高支付限额的医疗费用，可以通过商业医疗保险等途径解决。统筹基金的具体起付标准、最高支付限额以及在起付标准以上和最高支付限额以下医疗费用的个人负担比例，由统筹地区根据以收定支、收支平衡的原则确定。

（六）特殊人群的医疗待遇

《决定》还规定了几类特殊人群的医疗待遇问题：

（1）离休人员、老红军的医疗待遇不变，医疗费用按原资金渠道解决，支付确有困难的，由同级人民政府帮助解决。离休人员、老红军的医疗管理办法由省、自治区、直辖市人民政府制定。

（2）二等乙级以上革命伤残军人的医疗待遇不变，医疗费用按原资金渠道解决，由社会保险经办机构单独列帐管理。医疗费支付不足部分，由当地人民政府帮助解决。

（3）退休人员参加基本医疗保险，个人不缴纳基本医疗保险费。对退休人员个人帐户的计入金额和个人负担医疗费的比例给予适当照顾。

（4）国家公务员在参加基本医疗保险的基础上，享受医疗补助政策。具体办法另行制定。

(5) 国有企业下岗职工的基本医疗保险费,包括单位缴费和个人缴费,均由再就业服务中心按照当地上年度职工平均工资的60%为基数缴纳。

案例 11-5

未替劳动者购买基本医疗保险,用人单位被判赔偿医疗费用差额[①]

近日,广东省佛山市南海区人民法院对一起工伤保险待遇纠纷作出一审判决,判令被告某厂经营者潘某十日内赔偿原告胡某因不能享受基本医疗保险待遇的医疗费用差额22 425.34元。

法院审理查明,2006年3月,原告胡某进入原某厂工作。2007年9月19日21时左右,原告在作业时被烧红的焊条灼伤颈部,随后在治疗工伤过程中还被发现患有纤维组织细胞瘤,并于同年10月19日至2008年3月5日期间住院治疗。经劳动部门认定,原告颈部灼伤属于工伤事故。2008年10月23日,经佛山市社会保险基金管理局核定,属于工伤保险基金支付范围仅有500元,其余医疗费31 015.02元不属于工伤保险基金支付范围。原告胡某遂向法院起诉,要求原某厂赔偿其上述医疗费。

另查明,原某厂是被告潘某经营的个体工商户,已于同年12月12日办理了注销登记。2006年6月至2007年12月期间,原某厂仅为原告购买了工伤保险,但没有购买基本医疗保险等社会保险。对原告不纳入工伤保险基金支付范围的医疗费31 015.02元,若在某厂已为原告购买了基本医疗保险的情况下,原告可获得基本医疗保险统筹基金支付合计22 425.34元。

庭审中,被告辩称,原告住院治疗的是恶性纤维组织细胞瘤,并非工伤,被告无需支付。且法律也没有明确规定应当购买哪种社会保险,其已为原告购买了工伤保险,已履行了法定义务,故请求法院驳回原告诉讼请求。

法院审理认为,根据《社会保险费征缴暂行条例》第3条规定:"省、自治区、直辖市人民政府根据当地实际情况,可以规定将城镇个体工商户纳入基本养老保险、基本医疗保险的范围,并可以规定将社会团体及其专职人员、民办非企业单位及其职工以及有雇工的城镇个体工商户及其雇工纳入失业保险的范围。"结合广东现有的社保政策,原某厂作为用人单位,应当为原告购买基本医疗保险等社会保险。原某厂不履行法定义务为原告建立基本医疗保险关系,对原告在职期间患病却不能享受基本医疗保险待遇所造成的损失负有过错,应对原告在职期间患病而不能享受基本医疗保险待遇的医疗费用承担赔偿责任。因原某厂是个体工商户并已办理注销登记,被告潘某作为其经营者,应依法对原某厂的债务承担责任。故被告对原告的医疗费31 015.02元,应按社会基本医疗保险的标准核算的数额22 425.34元承担赔偿责任。

[①] 林劲标,周桂颜. 未替劳动者购买基本医疗保险,用人单位被判赔偿医疗费用差额. [EB/OL]. (2009 - 07 - 02)[2011 - 12 - 10]. http://rmfyb.chinacourt.org/public/detail.php?id=129791.

三、城镇居民医疗保险制度

(一) 城镇居民医疗保险的参保范围

《试点意见》明确指出:"不属于城镇职工基本医疗保险制度覆盖范围的中小学阶段的学生(包括职业高中、中专、技校学生)、少年儿童和其他非从业城镇居民都可自愿参加城镇居民基本医疗保险。"由此可见,从覆盖范围来看,城镇居民医疗保险带有一定的补充性;从制度安排来看,城镇居民医疗保险是自愿性的。该种医疗保险给城镇职工医疗保险覆盖范围外的城镇居民提供了参保途径,虽然该种医疗保险试点时间不长,但发展比较迅速。

(二) 城镇居民医疗保险的缴费和补助

《试点意见》规定:"城镇居民基本医疗保险以家庭缴费为主,政府给予适当补助。参保居民按规定缴纳基本医疗保险费,享受相应的医疗保险待遇,有条件的用人单位可以对职工家属参保缴费给予补助。国家对个人缴费和单位补助资金制定税收鼓励政策。"《试点意见》规定的城镇居民医疗保险没有像《决定》中城镇职工医疗保险规定统账结合模式,在医疗保险的风险分担方面迈出了一步。

对试点城市的参保居民,政府每年按不低于人均40元给予补助,其中,中央财政从2007年起每年通过专项转移支付,对中西部地区按人均20元给予补助。在此基础上,对属于低保对象的或重度残疾的学生和儿童参保所需的家庭缴费部分,政府原则上每年再按不低于人均10元给予补助,其中,中央财政对中西部地区按人均5元给予补助;对其他低保对象、丧失劳动能力的重度残疾人、低收入家庭60周岁以上的老年人等困难居民参保所需家庭缴费部分,政府每年再按不低于人均60元给予补助,其中,中央财政对中西部地区按人均30元给予补助。中央财政对东部地区参照新型农村合作医疗的补助办法给予适当补助。财政补助的具体方案由财政部门商劳动保障、民政等部门研究确定,补助经费要纳入各级政府的财政预算。政府补助标准也是不断变化的,比如2011年2月17日发布的《医药卫生体制五项重点改革2011年度主要工作安排》规定,2011年政府对城镇居民医保补助标准均由上一年每人每年120元提高到200元。

(三) 费用支付

城镇居民基本医疗保险基金重点用于参保居民的住院和门诊大病医疗支出,有条件的地区可以逐步试行门诊医疗费用统筹。

城镇居民基本医疗保险基金的使用要坚持以收定支、收支平衡、略有结余的原则。要合理制定城镇居民基本医疗保险基金起付标准、支付比例和最高支付限额,完善支付办法,合理控制医疗费用。探索适合困难城镇非从业居民经济承受能力的医疗服务和费用支付办法,减轻他们的医疗费用负担。城镇居民基本医疗保险基金用于支付规定范围内的医疗费用,其他费用可以通过补充医疗保险、商业健康保险、医疗救助和社会慈善捐助等方式解决。

案例 11-6

北京居民医保社保卡今起发放[①]

城镇居民基本医保实施，拉开社保卡发放的第二阶段，涵盖"一老一小"和无业居民参保人员，明年 1 月起将与职工医保一样实现持卡就医。今年，本市整合"一老一小"和无业居民三类人群大病医疗保险制度，出台《北京市城镇居民基本医疗保险办法》。这标志着，今后北京医保制度分为两大类，城镇职工医保和城镇居民医保。

其中，居民医保全部开放门诊报销。这表明，"一小"和无业居民首次与"一老"共享门诊报销待遇，起付线为 650 元，年度累计支付最高报销数额 2 000 元。同时，该项医保政策对重度残疾人员进行倾斜。城镇无业居民和"一老一小"中的重度残疾人员，其个人缴费都统一由残保金支付，即个人不用缴费，可享受到医疗保险待遇。

市人保局表示，此次城镇居民医保制度建立后，将为下一步统筹城乡居民医保制度创造条件。据悉，今起，城镇居民医保社保卡开始发放。市人力资源和社会保障局表示，老参保者为明年缴费时即发卡，新参保者 3 个月内领。2007 年，本市启动"一老一小"大病医疗保险；2008 年，出台无业居民大病医疗保险；2009 年，"一老"开放门诊报销。截至目前，全市参保总人数达到 148 万人。

第四节　医疗保险法律制度

一、医疗保险法的概念和特征

（一）医疗保险法的概念

医疗保险法是指人们因生病或非因工负伤需要治疗时，由国家或社会为其提供必需的医疗服务及物质帮助的一种社会保险法律制度。

1883 年 6 月 15 日，俾斯麦时期的德国国会通过《疾病保险法》建立起了全球第一个法定社会医疗保险制度。该法规定某些行业中工资收入低于一定数额的工人必须参加到疾病保险中。疾病保险基金会强制征收工人和雇主按照一定工资比例缴纳的疾病保险费并用于工人的疾病医疗。对于参加保险的工人，患病时医疗费和药费均实行免费制。随后，这项强制性的社会保险法律制度在欧洲和世界各地得到迅速发展。原来仅适用于劳动者及其亲属的疾病保险适用范围不断扩展，在有些国家甚至扩展到全体国民，医疗

[①] 陶颖. 北京居民医保社保卡今起发放. [EB/OL]. (2010 - 12 - 07) [2011 - 12 - 10]. http://news.qq.com/a/20101207/001333.htm.

保险这一概念逐渐取代疾病保险成为各国社会保障的重要内容。1944年国际劳工组织通过的《医疗保健建议书》呼吁各国政府满足公民对医疗服务和设施的需要,以便恢复健康和预防疾病进一步恶化,减轻疾病所带来的痛苦,进一步保护和改善健康状况。1969年《医疗护理和疾病津贴公约》又扩大了疾病保险的使用范围。[1]

(二)医疗保险法的特征

医疗保险和其他社会保险相比尤其特殊性。由于人类的疾病风险和医疗服务需求的特殊性,医疗保险法具有如下特点:

1. 实质公平性

从各国医疗保险的筹资立法来看,医疗保险待遇的享有与受保人的缴费多少没有直接关系。医疗保险法领域的公平意味着根据人们的支付能力而不是所获得的医疗服务来付费。另外,医疗服务的利用只和实际的病情有关。待遇与实际需要呈正相关,这是医疗保险在待遇上与其他社会保险的不同之处。

2. 适用范围的广泛性

每个社会成员都难以回避疾病的风险,人人都需要医疗保障,社会保障制度的公平性和疾病的风险需要在尽可能大的范围进行分散。因此,与社会保险各项制度比较,医疗保险的适用范围具有广泛性。

3. 医疗保险法所涉及的法律关系十分复杂

任何医疗体制都有筹集资源和提供服务两个功能,而这两个功能的落实,涉及政府、医疗保险机构、医疗服务机构和被保险人,可能还包括用人单位等多方面复杂的主体。医疗保险制度在运行的效果,还与公共卫生资源的合理配置、医疗卫生体制、医药流通体制等紧密相关。再加上医方与患者之间的信息不对称,而医疗费是由第三方社会保险机构给付,导致了对医疗服务的先天约束不足。因此,医疗保险法是一步牵一发动全身的法律,需要制度的设计者充分考虑各方面的影响因素,做出最理性的立法选择。

二、医疗保险法律关系

(一)医疗保险法律关系要素

医疗保险法律关系的要素是指构成医疗保险法律关系的必要条件,包括医疗保险法律关系主体、医疗保险法律客体和医疗保险法律内容。

1. 社会保险法律关系的主体

医疗保险法律关系的主体是指依法参加医疗保险法律关系,享受医疗保险权利和承担医疗保险义务的人。

(1)投保人。指为被保险人建立医疗保险关系,缴纳医疗保险费用的主体。根据《中华人民共和国社会保险法》(以下简称《社会保险法》)规定,城镇职工医疗保险由用人单位和职工按照国家规定共同缴纳基本医疗保险费,用人单位和职工是投保人。无雇工的个体工商户、未在用人单位参加职工基本医疗保险的非全日制从业可以参加职

---

[1] 黎建飞. 劳动与社会保障法教程[M]. 北京:中国人民大学出版社,2007:475.

工基本医疗保险，个人是投保人。城镇居民基本医疗保险实行个人缴费和政府补贴相结合，个人和政府均是投保人。新型农村合作医疗中国家、集体、个人均是投保人。

（2）被保险人。指对医疗保险标的享有保险利益，并享有医疗保险待遇给付请求权的主体。有些国家以职业群体作为医疗保险对象，有些国家被保险人则是全体社会成员。根据被保险人资格取得方式，被保险人还可以分为强制被保险人和任意被保险人两种。强制被保险人是指依据法律规定必须参加医疗保险的被保险人，其被保险人资格的取得是基于法律规定。任意被保险人是指符合法定条件的人，通过申请而取得参加医疗保险资格的被保险人。我国医疗保险是多层次的，不同类型的医疗保险针对的被保险人有所差别，总体目标是通过医疗保险网络实现医疗保险全覆盖。

（3）被保险人以外的其他保险对象。是指除了被保险人外的其他享有医疗保险待遇给付请求权的人，一般是限于法定范围内的与被保险人存在亲属关系的主体。被保险人以外的其他保险对象与保险人之间并不存在医疗保险关系，其保险待遇给付请求权是由被保险人权利转移或延伸而来。如有的医疗保险一人投保，全家可用。

（4）医疗保险机构。指具体经办医疗保险事务并管理医疗保险基金的机构，它必须借助于医疗机构才能为参保人员提供医疗服务。在我国，医疗保险机构是社会保险经办机构。

（5）医疗保险辅助机构。指对医疗保险制度的运行起协助作用的专业机构，如医疗保险和工伤保险中的定点医疗机构。庞大的医疗保险体系所涵盖的医疗服务，不可能由保险人本身直接来履行，所以一般要委任给第三人。

2. 医疗保险法律关系的客体

医疗保险法律关系的客体是指医疗保险法律关系的权利义务所指的对象。我们认为，医疗保险法律关系的客体是行为——主要是医疗保险费用征缴行为和医疗保险待遇给付行为。

3. 医疗保险法律关系的内容

医疗保险法律关系的内容是指医疗保险法律关系主体在医疗保险活动中依法所享有的权利义务。基于权利义务的依存、对应的特点，下面以义务为主线来展开医疗保险法律关系的内容。

（1）医疗保险机构的义务。在我国，医疗保险机构承担的主要义务是负责医疗保险基金的筹集、管理和支付，确立医疗服务机构与服务方式，确定合适的医疗费用支付方式并实施医疗保险费用的结算，对医疗服务的供给方和需求方实施有效的监督。《社会保险法》第29条规定：参保人员医疗费用中应当由基本医疗保险基金支付的部分，由社会保险经办机构与医疗机构、药品经营单位直接结算。社会保险行政部门和卫生行政部门应当建立异地就医医疗费用结算制度，方便参保人员享受基本医疗保险待遇。《社会保险法》第30条规定：下列医疗费用不纳入基本医疗保险基金支付范围：①应当从工伤保险基金中支付的；②应当由第三人负担的；③应当由公共卫生负担的；④在境外就医的。医疗费用依法应当由第三人负担，第三人不支付或者无法确定第三人的，由基本医疗保险基金先行支付。基本医疗保险基金先行支付后，有权向第三人追偿。

（2）投保人的义务。投保人的主要义务是缴费义务。在我国城镇职工基本医疗保险制度中，用人单位负有强制性的缴费义务。依照《劳动合同法》第38条规定，用人单位未依法为劳动者缴纳社会保险费的，劳动者可以解除劳动合同。

但在城镇居民基本医疗保险制度以及新型农村合作医疗保险制度中，用人单位并不作为主体而存在，投保人为被保险人和政府，如投保人不缴纳保费，则无法享受相应的医保待遇。

享受最低生活保障的人、丧失劳动能力的残疾人、低收入家庭60周岁以上的老年人和未成年人等所需个人缴费部分，由政府给予补贴，其个人不用缴费。

（3）医疗保险服务机构的义务。我国医疗保险制度中的医疗服务机构被称为定点医疗机构，是指通过劳动保障行政部门资格审定，与社会保险经办机构签订合同，为基本医疗保险参保人员提供医疗服务并承担相应责任的医疗机构，包括医院与药店。《社会保险法》第31条规定：社会保险经办机构根据管理服务的需要，可以与医疗机构、药品经营单位签订服务协议，规范医疗服务行为。医疗机构应当为参保人员提供合理、必要的医疗服务。我国规范医疗服务机构的法规主要是1999年《城镇职工基本医疗保险定点零售药店管理暂行办法》、《城镇职工基本医疗保险定点医疗机构管理暂行办法》。

（二）医疗保险法律事实

法律事实是法律规范所规定的、能够引起法律后果即法律关系产生、变更和消灭的现象。医疗保险法律事实是指医疗保险法律规范所规定的、能够引起医疗保险法律关系产生、变更或者消灭的各个事实。医疗保险法律事实按照是否以权利主体的意志为转移为标准分为事件和行为。例如投保行为可以导致医疗保险法律关系的产生，又如被保险人死亡的事件可以引起医疗保险法律关系消灭。

三、医疗保险模式

全球医疗保障制度多种多样，从筹资及管理运行体制看，可以分为国家卫生服务模式、社会医疗保险模式、私营医疗保险模式、医疗储蓄模式和社区医疗保险模式等。

（一）国家健康保障模式

国家健康保障模式又称为国民健康保障模式或者税收模式。该模式是由国家预算来筹集健康保障基金，为全体国民提供公平均等的、接近于免费的医疗保障服务。[①] 从筹资角度来讲，它不是借助私营保险的方式，也不是借助雇主和雇员一起筹资的方式，而是采用税收的方式筹资。筹资和保障的对象都是全体国民。这种模式可以分为两种类型。

一种是国家卫生服务模式（national health service，NHS），以英国为代表。从筹资角度看国家卫生服务模式是国家主导的，它是政府直接举办医疗卫生事业，在全国范围内综合考虑，建立公立医院，向国民免费提供医疗卫生服务和健康维护服务。政府通过税收的方式筹集医疗保险基金，再通过财政预算的方式来分配，按财政预算拨给公立医

[①] 梁浩材. 国外健康保险制度 [M]. 北京：北京医科大学、中国协和医科大学联合出版社，1992：68.

院以维护其正常运行，由公立医院为国民直接提供健康维护服务。这种模式的最大特点就是有国家的介入，全体国民都能免费获得医疗保障。政府是这种模式卫生服务提供的组织者和最大购买者，从理论上讲在控制成本方面应该有很大的优势，但实际导致的严重浪费等问题非常突出。

另一种是国家健康保险模式（national health insurance，NHI），以加拿大和澳大利亚为代表。在筹资方式上，这种模式与英国模式相似，都是国家通过立法强制征税的方式积累医疗保险基金，但健康维护服务的提供不一定由政府出面设立公立医院，也可能是由私营医疗机构提供医疗服务。除了特殊项目外，所有国民都可以获得近乎免费的基本医疗服务。[①]

在国家健康保障模式下，不存在城镇居民与农村居民的医疗保障差异问题，只要是属于该国的国民都可以免费获得应有的医疗保障服务。这种模式必须建立在国家有雄厚的财政经济基础上。

（二）私营医疗保险模式

私营医疗保险模式（private health insurance，PHI）是把医疗保险当作一种特殊商品，筹集费用和提供服务均通过市场机制来完成，美国属于这种模式。[②] 在这种模式下，医疗保险的资金主要来源于参保者个人或其雇主缴纳的保险费，医疗服务的供给和价格等都是通过市场竞争来调节和决定的，政府干预较少。医疗保险中的医疗服务是由营利性或非营利性的私营医疗保险机构提供，医疗保险的买方既可以是企业、社会团体，也可以是政府或个人。

这种模式的特点是投保自愿，保障灵活，能够满足投保方多层次的医疗需求，但公平性较差。在私营医疗保险模式下，过分地强调投保者的自愿性和自由选择，过分依赖市场行为，而由于医疗卫生服务提供和医疗保险市场的特殊性，往往导致市场失灵。

（三）社会医疗保险模式

社会医疗保险模式（social health insurance，SHI），是指由国家立法强制实施，通过税收或个人缴纳社会保险费的方式形成医疗保险基金，政府酌情补贴或者给予优惠政策支持，用于解决看病就医保障的一种社会保险制度。这种模式以德国为代表，另外还有法国、日本、韩国等国。

在社会医疗保险模式下，其国民医疗保障体系也是呈现保障形式多元化、且多以人群分类分别设置一类保险保障，多种运行机制共存。许多社会医疗保险模式国家在其刚开始的政策制定时，覆盖人群起初也往往只限于从业人口，缴费主要由雇主和雇员负担；但逐渐地也采用法定强制方式吸收非从业人口，对非从业人口进行法定医疗保险，其筹资来源于社会保险税或社会保险费；对贫困人口进行医疗救助，从而最终实现全民皆保。

（四）医疗储蓄账户模式

医疗储蓄账户模式（medical saving account，MSA）是一种通过立法强制劳方或劳

---

① 林义. 社会保险 [M]. 北京：中国金融出版社，2003：173.
② 林义. 社会保险 [M]. 北京：中国金融出版社，2003：174.

资双方共同缴费,以雇员的名义建立医疗储蓄账户,用于支付个人及家庭成员医疗费用的一种医疗保险制度,属于公积金制度的一种类型。这种模式的特点是每个人都要为自己的健康定期储蓄,强调了个人责任,同时也强化了医疗费用控制意识,但其公平性较差,缺乏家庭之间的互助共济。这种模式以新加坡为代表,另外还有斯里兰卡、印尼等国。

采用医疗储蓄账户模式的国家或地区,基本上都能为全体国民提供医疗保障,这一模式能够较好地解决人口老龄化带来的医疗保健筹资问题。对于城镇居民来讲,他们的医疗保障的实现主要是通过家庭其他成员的医疗储蓄账户,即老人可以使用他们子女的账户,小孩可以使用他们父母的账户。当家庭成员的医疗储蓄账户都不够用时,可以申请国家的医疗救助。

医疗储蓄账户保障模式的实质是一种自费医疗模式,最大的特点在于国家对本国的医疗卫生服务提供体系实施了严格的管控,进行医疗卫生资源的合理规划,并积极地进行预防保健工作。在实施医疗储蓄保障模式的国家,其医疗卫生服务提供系统井然有序,基本医疗服务的价格受到严格监控,总体医疗费用控制效果显著。但这一模式过分强调个体效率,忽略了总体公平,参保人之间不存在基金的横向流动和收入的再分配,家庭之间不能互助共济。

(五) 社区医疗保险模式评析

社区医疗保险(community-based health insurance,CHI)是指依靠社区力量,按照风险分担、互助共济、自愿参加原则,在社区范围内多方面筹集资金,形成医疗保险基金,用来支付参保人及其家庭的医疗、预防、保健等服务费用的一项综合性医疗保健措施。① 中国的农村合作医疗制度和泰国的健康卡制度是社区医疗保险模式的代表。

社区医疗保险模式与社会医疗保险模式最大差别体现在医疗保障基金的具体筹集方式,前者是自愿的,后者是强制的。社区医疗保险一般是政府引导,以高额补助的方式吸引参保人自愿缴纳保险费,从而形成医疗保险基金。这种模式只有在医疗卫生服务价格处于低水平,并且有较稳定的、负责任的医疗卫生服务提供系统时,社区医疗保险模式才能取得显著成效。

关键术语

医疗保障(medical security) 医疗救助(medical assistance) 社会优抚(social special care) 医疗保险(medical insurance) 新型农村合作医疗保险(the new rural cooperative medical insurance) 农村合作医疗保险(rural cooperative medical insurance) 城镇职工医疗保险(medical insurance for urban workers) 城镇居民医疗保险(medical insurance for urban residents) 国家健康保障模式(national health insurance patterns) 社会医疗保险模式(social health insurance) 公费医疗制度(free medical care system)

---

① 仇雨临,孙树菡. 医疗保险[M]. 北京:中国人民大学出版社,2001:84-86.

医疗储蓄账户模式（medical saving account）　　劳保制度（labor insurance system）　　社区医疗保险（community-based health insurance）

问题与思考

（1）结合案例 11-1，谈谈我国医疗保障体系的建立。
（2）结合案例 11-2，谈谈医疗救助的适用对象和现实意义。
（3）结合案例 11-3，谈谈针对优抚对象的医疗补助。
（4）结合案例 11-4，谈谈我国新型农村合作医疗的意义。
（5）结合案例 11-5，谈谈用人单位不为劳动者参加医疗保险的后果。
（6）结合案例 11-6，谈谈城镇居民医疗保险制度的意义。

参考法律法规

《关于建立城市医疗救助制度试点工作的意见》
《关于实施农村医疗救助的意见》
《军人抚恤优待条例》
《一至六级残疾军人医疗保障办法》
《优抚对象医疗保障办法》
《关于建立新型农村合作医疗制度的意见》
《中华人民共和国劳动保险条例》
《国家工作人员公费医疗预防实施办法》
《关于公费医疗的几项规定》
《国务院关于建立城镇职工基本医疗保险制度的决定》
《国务院关于开展城镇居民基本医疗保险试点的指导意见》
《医疗保健建议书》
《中华人民共和国劳动合同法》
《医疗护理和疾病津贴公约》
《中华人民共和国社会保险法》

（贺红强）

第十二章 传统医学法律制度

> **✚ 学习目标**
>
> 发展中医药长期以来就是我国卫生工作的方针之一,我国宪法对此做出了明确的规定。通过本章的学习,使学生掌握我国发展中医药事业的方针和原则,中国医疗机构与从业人员管理,中西医结合工作的主要任务等。
>
> (1) 掌握:中医药事业的方针和原则;中国医疗机构与从业人员管理;中西医结合工作的主要任务;中药现代化发展的指导思想、基本原则和战略目标。
>
> (2) 熟悉:中医药事业的保障措施;中医药教育与科研;中西医结合人才培养。
>
> (3) 了解:民族医药事业的法律规定。

案例 12-1

某市一区中医院从 2005 年 4 月开始,未经批准,私自在某报纸夹页印刷品及在网页上发布公告。广告中还编造了一些在北京中医药大学附属医院任职的"教授"、"主治医师"的名字和一些"患者"就诊的经历。2005 年 9 月,该医院在本院的网页上发布"名医中药专利药方治疗妇科炎诊疗效百分百"的广告,出现"严×主任医师、王×主任医师、李×教授、唐×教授"及"患者钟×、张×、林×"等人员信息。经调查核实,该医院从未聘任过上述人员,广告内容中列举的所谓患者也不存在。此外,该医院在多家报刊上发布"秘方治疗痛风再创突破"的医疗广告,使用了未经注册的"某市中医药研究院痛风病治疗中心"的医疗机构名称。该中医院的行为违反了《反不正当竞争法》、《广告法》、《医疗机构管理条例》的有关规定,构成虚假宣传,被责令停止违法行为,并处以 5 万元的罚款。

第一节 传统医学法律制度概述

传统医学是在人类社会发展进程中,与自然和疾病作斗争的经验、知识的积累。任何国家、民族都有自己的传统医学,尤其是中华民族的传统医学更具有特色和影响力,因此需要制定有关法律制度予以保护。

一、我国的传统医学概述

我国的传统医学即中国医药学，是我国人民在与疾病长期斗争中逐步形成的具有独特理论体系并以自然药物为主的诊疗实践科学。它包括中医药、民族医药两大领域。

中国医药学具有悠久的历史，是中华民族古老优秀的传统文化，为我国各族人民的繁衍、健康、文明作出了巨大的贡献。新中国成立以来，党和政府一直非常重视中医药事业。1949年，毛泽东就提出："必须很好地团结中医，提高技术，搞好中医工作，发挥中医力量，才能负担起几亿人口的艰巨的卫生工作任务。"1950年第一届全国卫生工作会议将"团结中西医"作为我国卫生工作方针之一。1954年，中央批转中央文委党组《关于改进中医工作问题的报告》指出："团结中西医，正确地发挥中医的力量，为人民保健事业服务，是中央早已明确指示的一项重要的卫生工作会议。"1958年，毛泽东同志提出："中医药学是一个伟大的宝库，应当努力发掘，加以提高。"这一著名论断充分肯定了中医药学的历史地位和科学价值，奠定了党和国家发展中医药方针政策的基石。随后，党的十七大报告明确规定了"中西医并重"、"扶持中医药和民族医药事业发展。"可以说，发展传统医药是我国卫生工作方针的重要内容之一，在我国卫生事业中发挥着不可替代的重要作用，而且越来越显示出其独特的优势。

近年来，随着中医药对外交流的进一步发展，中药以其无毒副作用、独特的治疗方式及临床疗效，受到了世界人民的青睐，在世界范围内得到了一定的传播与应用。世界卫生组织西太区第52次委员会上通过的《西太区发展传统医药战略计划》，为中医药更广泛地走向世界创造了良好的条件。国际上，中医药学的学术交流活动也日益频繁，许多国家政府开始重视中医药的应用、管理和发展，一些国家已经立法承认中医。国家间的中医药使用也进一步加强，国际卫生合作协议中几乎都有中医药的项目。

由于传统医药学的理论体系和实践方法不同于西方医药学，所以不能简单沿用西医药的规章制度进行管理，而应依照中医药的特点和活动规律制定法律法规，将传统医药学纳入法制轨道，以保障和促进传统医药事业的健康发展。

二、传统医学法律规定

中医学法律规定是按照中医学的具体特点和活动规律，规范中医学理论和实践、机构管理和科研人员等活动规范的总和。

依法治理中医药，把医药纳入法制化管理轨道，是新时期中医药工作的重要方针。1982年，我国宪法明确规定，发展现代医药和我国传统医药，这是制定中医药法律规范的根本法律依据。《中共中央、国务院关于卫生改革与发展的决定》中发〔1997〕3号充分肯定了中医药的重要地位和作用，进一步明确了中西医并重的方针，把中医药确定为卫生事业发展的重点领域，为中医药事业的快速健康发展指明了方向。为加强中医药法制建设，国家相继颁布了一系列中医药管理的法律规范，涉及确立中医药的地位、作用和发展方向，中医药医疗机构管理；中医药队伍建设和科研管理制度等方面。同时，国家还批准了医药卫生行政部门先后制定的《中医事业"八五"计划及十年规划设想》、《中医药事业"九五"计划和2010年规划设想》、《国家中医药管理局行政立法暂行规定》等。许多省级人大和地方政府颁布了中医药管理条例等地方性法规。自1985年全国人大颁布《中华人民共和国药品管理法》后，国务院相继颁布了《野生药材资源保护管理条例》、《中药品种保护条例》等几部与中医药相关的法律法规管理。1999年全国人大常委会批准通过了《中华人民共和国执业医师法》，卫生行政部门又发布了《传统医学师承和确有专长人员医师资格考核考试暂行办法》。这些法律法规和中医药行政规章、规范性文件为中医药法制化管理奠定了基础。2003年4月7日，国务院颁布了《中华人民共和国中医药条例》（以下简称《中医药条例》），并于2003年10月1日起施行。这是新中国成立以来第一部对中医药进行规范的行政法规。凡是在中华人民共和国境内从事中医医疗、预防、保健、康复服务和中医药教育、科研、对外交流以及中医药事业管理活动的单位或者个人，都应当遵守《中医药条例》。民族医药的管理也适用该条例。《中医药条例》等管理法规的制定表明了祖国的传统医学已从"无法可依"转向"有法可依"，并且逐步形成了自身的法律体系框架，为我国的传统医药法制化奠定了良好的基础。

三、我国发展传统医学的方针和原则

（一）中西医并重的方针

《中医药条例》第3条规定："国家保护、扶持、发展中医药事业，实行中西医并重的方针，鼓励中西医相互学习、相互补充、共同提高，推动中医、西医两种医学体系的有机结合，全面发展我国中医药事业。"中西医结合是符合我国国情和医学科学发展规律的，中西医结合是对中西医药学各自优势的互补和集成，显示出中西医结合研究在理论与方法学上的创新性。在今后的工作中，一定要继续进行中西医结合医学的探索研究，不要急功近利；要认真系统地总结50年来中西医结合研究的历史经验，在总结经验的基础上，本着"自主创新"的原则和为"创建具有中国特色新医药学奠定基础"的目标，组织全国中西医结合专家认真研究和制定"长远的、符合我国国情的、可行的中西医结合医学研究发展规划"；坚定不移地贯彻落实"中西医并重"的方针，把握和利用好中西医学相互融合、传统医学与现代医学优势互补这一世界性发展趋势，为中西医结合事业的发展创造良好的条件。

（二）继承与创新相结合的原则

《中医药条例》第4条规定："发展中医药事业应当遵循继承与创新相结合的原则，保持和发扬中医药特色和优势，积极利用现代科学技术，促进中医药理论和实践的发展，推进中医药现代化。"中医药是中华民族创造的医学科学，是我国优秀民族文化中的瑰宝，几千年来生生不息，绵延不断，展示着强大的生命力，至今仍然在保障人民群众健康方面发挥着重要的作用，是我国卫生服务体系中不可或缺的重要组成部分。中医药的历史地位、现实作用和科学价值是客观存在并经过实践检验和证明的，因此要认真继承中医药的特色和优势。另外，中医药最具创新潜力，绝大多数中医药理论、诊疗技术和方药都是中华民族独创的，是我国自主创新的重要资源，在建设创新型国家中具有独特的作用。把中医药所具有的创新潜力发挥出来，不但会有力地推动中医药的自身发展，更好地造福于我国人民，而且将为世界科技和医学发展作出贡献，并造福于世界人民。

第二节　中药管理法律制度

一、中药的概念

中药是我国的传统药材。中药是指在中医理论指导下，运用传统的独特方法进行加工炮制并用于疾病的预防、诊断和治疗，有明确适应证和用法、用量的植物、动物和矿物质及其天然加工品等。几千年来，中药被我国人民用于防病治病，当今更已成为我国国民经济和社会发展中一项具有较强发展优势和广阔市场前景的战略性产业。

随着社会经济以及卫生事业发展，我国已加强中药立法，依法管理中药。我国已颁布《药品管理法》、《中药品种保护条例》、《中医药条例》等法律法规。《中医药条例》规定："中药的研制、生产、经营使用和监督管理依照《中华人民共和国药品管理法》执行。"1987年，卫生部、国家中医药管理局发布了《关于加强中药剂研制工作的意见》。1989年10月11日，国家中医药管理局发布了《中药商业质量管理规范（试行）》。2002年10月，科技部、卫生部、国家中医药管理局等部委发布了《中药现代化发展纲要（2002—2010）》。这是我国第一部中药现代化发展的纲领性文件。《中医药创新发展规划纲要（2006—2020）》提出：发展中药产业，提升中药工业，改造中药商业，培育中药知识产业，促进中药产业链的形成与健康发展；保障中药资源可持续利用，强化合理开发和综合利用；研制一批能够进入国际医药保健主流市场的中医药新产品；形成一批拥有自主知识产权的国际知名品牌和国际竞争力较强的优势企业；发展一批集聚效应突出的中药科技产业基地；中医药产品在国内外医药市场的份额显著提高。

二、传统中药发展的现状

中药是几千年来我国人民防病治病的物质基础，是千百年来我国医药学家长期实践与不断积累的医学成果，是中华民族璀璨文化的重要组成部分。

中药大多数是天然植物，成本相对低廉而疗效显著，亦大受青睐，近二三十年在欧美等国也逐渐被认识和接受。人们的广泛共识是，中药对于慢性病乃至一些内科疑难杂症的治疗颇有成效，而诊疗的成本相对于如今西医动辄使用高技术设备检查以及昂贵的药物要低廉得多。曾有德国资深议员在欧洲议会上指出：无论是解决成千上万慢性病患者实际上的无助状态，还是面对医疗开支爆炸性增长等医疗保障体系的问题，都急切需要引入"可选择医疗方法"，而首屈一指的就是中医疗法，如中草药等。可以说，我国传统医学的发展离不开中药的发展，中药现代化已不仅是自身发展的问题，更是时代和历史发展的必然。

中药要走向世界,被各国人民所接受,就必须具备符合国际上通用的解释语言、名词术语、检测方法和质控标准。只有规范对中药的生产、经营,注重中药品种的保护和发展,才能实现中药现代化,加速中药国际化的进程,使中药广泛地走向世界,更好地为全人类的健康服务。

三、中药生产管理

中药生产作为中药产业发展的基础部分,直接制约着中药其他产业的发展。中药是中药饮片和中成药生产的原料,中药生产关系到中药的供应、质量和临床疗效,关系到整个产业现代化基础建设,也关系到对外贸易。因此,搞好中药生产和质量是中药产业发展的关键。发展中药生产必须依靠政策和现代科学技术,增加投入,努力提高中药质量。但由于目前科学技术水平的限制,中药与西药相比,尚缺乏科学系统的实验数据的支持,尤其是中药材因来源、产地、采收期等不同,有效成分或有毒成分含量也不同。因此,必须规范中药的生产管理,使中药生产朝着现代化、规模化、标准化迈进,对于提高中医医疗质量,促进中医药事业的发展,具有至关重要的作用。

我国中药资源丰富,现有 12 807 种,其中药用植物 11 146 种,药用动物 1 581 种,药用矿物 80 种。为了扩大中药生产,提高中药质量,促进中医药事业的发展,1980 年国务院批转国家医药管理局《关于中药广开生产门路的报告》,报告中指出,家种药材要在调整中提高,养生抓好基地建设,有计划地组织生产,培养优良品种,积极防治病虫害,保证中药材质量。野生药材资源既要合理利用,又要重视保护,有的可以建立保护区,有计划地轮封轮采,实行采种结合,扩大资源。

为了增加品种,改革剂型,改进包装,确保国内常见病、多发病、地方病、老年病和疫情急救以及妇幼保健的需要。1987 年,卫生部和国家医药管理局制定的《关于加强中药剂型研制工作的意见》指出,中药剂型研制工作,必须遵循中药性味归经、君臣佐使等理论,克服脱离中医药理论体系套用西药模式研制中药制剂的倾向。对传统中药剂型的继承和对新剂型的研制必须同时并重。要以提高临床疗效为目标,以安全可靠为前提,以满足治疗急危重症需要为重点,要逐步完善质量控制标准和检测手段,严格把关,保证质量,要注意提高社会效益和经济效益,把社会效益放在第一位,做到便民利民,减轻群众经济负担。

为了加强对中药材生产扶持资金(以下简称"中药材资金")的管理,提高中药材资金使用效益,1999 年,财政部发布了《中药材生产扶持专项资金管理办法》,规定中央财政安排用于促进中药材生产发展的专项资金。中药材资金的使用对象一般为国有中药工商企业、药材专业种植养殖场和直接从事中药产业科技开发研究院所。根据中药产业发展政策,中药材资金限于以下范围使用:野生药材资源保护和野生药材变种家养的科研开发及成果应用;中药材种植养殖先进技术研究和推广应用;大宗、紧缺品种的中药材基地建设,中药材种子、种苗基地建设;中药材存储技术研究及改善中药材仓库设施;中药饮片加工技术研究和推广应用。中药材资金使用单位要接受财政、审计等部门的监督。如发现挪用中药材资金等问题,要追究有关人员的责任,收回资金并不再给单位安排资金；触犯法律的，移交司法机关处理。

为规范中药材生产，保证中药材质量，促进中药标准化、现代化，2002年国家药品监督管理局审议通过了《中药材生产质量管理规范（试行）》。该规范是中药材生产和质量管理的基本准则，适用于中药材生产企业（以下简称"生产企业"）生产中药材（含植物、动物药）的全过程。生产企业应运用规范化管理和质量监控手段，保护野生药材资源和生态环境，坚持"最大持续产量"原则，实现资源的可持续利用。该规范严格地规定了中药材的产地生态环境、种质和繁殖材料、培养与养殖管理、采收与初加工管理、包装、运输与贮藏管理、质量管理、人员和设备管理、文件管理。

四、中药经营管理

中药是我国药品的重要组成部分。中药质量不仅关系到人类的健康和生命，也是衡量我国中医药卫生事业水平的重要标志。国家中医药管理局、卫生部先后制定颁布的《中药商业质量管理规范》、《核发中药经营企业合格证验收准则（试行）》，对于整顿中药流通秩序、严厉打击制售伪劣中药、保证药材的安全有效起到了重要作用。国务院《关于进一步搞活农产品流通的通知》中规定，麝香、甘草、杜仲、厚朴四种中药材继续由国家指定的部门统一经营，罂粟壳等28种毒性中药材、国家重点保护的42种野生药材、57种进口药材、中药饮片、中成药仍然由国有药材公司统一收购经营；对所有经营中药材的企业单位，都必须按《药品管理法》的规定，在所在地中药、卫生、工商行政主管部门申请领取"药品经营企业合格证"、"药品经营企业许可证"和"营业执照"，严禁无"证"、无"照"经营。对中药的出口，实行中药出口许可证制度，贯彻先国内、后国外，出口服从内销的原则。

五、中药品种保护

为了提高中药品种的质量，保护中药生产企业的合法权益，促进中医药事业的发展，1993年1月1日，国务院发布了《中药品种保护条例》。《中药品种保护条例》规定，国家鼓励研制开发临床有效的中药品种（包括中成药、天然药物的提取物及其制剂和中药人工制成品，但不包括依照专利法的规定办理申请专利的中药品种），对质量稳定、疗效确切的中药品种实行分级保护制度。国务院卫生行政部门负责全国中药品种保护的监督管理工作。国家中药生产经营主管部门协同管理全国中药品种的保护工作。

（一）中药保护品种等级的划分和审批

依照《中药品种保护条例》，受保护的中药品种必须是列入国家药品标准的品种。经国务院卫生行政部门认定，列为省、自治区、直辖市药品标准的品种，也可以申请保护。受保护的中药品种分为一、二级。符合下列条件之一的中药品种，可以申请一级保护：①对特定疾病有特殊疗效的；②相当于国家一级保护野生药材物种的人工制成品；③用于预防和治疗特殊疾病的。符合下列条件之一的中药品种，可以申请二级保护：①符合本条例第6条规定的品种或者已经解除一级保护的品种；②对特定疾病有显著疗效的；③从天然药物中提取的有效物质及特殊制剂。国务院卫生行政部门批准的新药，按照国务院卫生行政部门规定的保护期给予保护；在保护期限届满前6个月，可以重新依照《中药品种保护条例》的规定申请保护。

（二）申办程序

（1）中药生产企业对其生产的符合保护规定的中药品种，可以向所在地省、自治区、直辖市中药生产经营主管部门提出申请，经中药生产经营主管部门签署意见后转送同级卫生行政部门，由省、自治区、直辖市卫生行政部门初审签署意见后，报国务院卫生行政部门。特殊情况下，中药生产企业也可以直接向国家中药生产经营主管部门提出申请，由国家中药生产经营主管部门签署意见后转送国务院卫生行政部门，或者直接向国务院卫生行政部门提出申请。

（2）国务院卫生行政部门委托国家中药品种保护审评委员会负责对申请保护的中药品种进行审评。国家中药品种保护审评委员会应当自接到申请报告书之日起六个月内做出审评结论。

（3）根据国家中药品种保护审评委员会的审评结论，由国务院卫生行政部门征求国家中药生产经营主管部门的意见后决定是否给予保护。批准保护的中药品种，由国务院卫生行政部门发给"中药保护品种证书"。国务院卫生行政部门负责组织国家中药品种保护审评委员会，委员会成员由国务院卫生行政部门与国家中药生产经营主管部门协商后，聘请中医药方面的医疗、科研、检验及经营、管理专家担任。

（三）中药保护品种的保护

中药保护品种的保护期限分为两种：中药一级保护品种分别为30年、20年、10年；中药二级保护品种为7年。中药一级保护品种的处方组成、工艺制法，在保护期限内由获得"中药保护品种证书"的生产企业和有关的药品生产经营主管部门、卫生行政部门及有关单位和个人负责保密，不得公开。负有保密责任的有关部门、企业和单位应当按照国家有关规定，建立必要的保密制度。向国外转让中药一级保护品种的处方组成、工艺制法的，应当按照国家有关保密的规定办理。中药一级保护品种因特殊情况需要延长保护期限的，由生产企业在该品种保护期满前6个月，依照本条例第9条规定的程序申报。延长的保护期限由国务院卫生行政部门根据国家中药品种保护审评委员会的审评结果确定；但是，每次延长的保护期限不得超过第一次批准的保护期限。被批准保护的中药品种，在保护期内限于由获得"中药保护品种证书"的企业生产；但是，对临床用药紧缺的中药保护品种，根据国家中药生产经营主管部门提出的仿制建议，经国务院卫生行政部门批准，由仿制企业所在地的省、自治区、直辖市卫生行政部门对生产同一中药保护品种的企业发放批准文号。该企业应当付给持有"中药保护品种证书"并转让该中药品种的处方组成、工艺制法的企业合理的使用费，其数额由双方商定；双方不能达成协议的，由国务院卫生行政部门裁决。国务院卫生行政部门批准保护的中药品种如果在批准前是由多家企业生产的，其中未申请"中药保护品种证书"的企业应当自公告发布之日起6个月内向国务院卫生行政部门申报，并依照《中药品种保护条例》第10条的规定提供有关资料，由国务院卫生行政部门指定药品检验机构对该申报品种进行同品种的质量检验。国务院卫生行政部门根据检验结果，可以采取以下措施：

①对达到国家药品标准的,经征求国家中药生产经营主管部门意见后,补发《中药保护品种证书》;②对未达到国家药品标准的,依照药品管理的法律、行政法规的规定撤销该中药品种的批准文号。生产中药保护品种的企业及中药生产经营主管部门,应当根据省、自治区、直辖市卫生行政部门提出的要求,改进生产条件,提高品种质量。中药保护品种在保护期内向国外申请注册的,须经国务院卫生行政部门批准。

（四）法律责任

违反《中药保护品种条例》的规定,造成泄密的责任人员,由其所在单位或者上级机关给予行政处分;构成犯罪的,依法追究刑事责任。对擅自仿制中药保护品种的,由县级以上卫生行政部门以生产假药依法论处;对伪造"中药品种保护证书"及有关证明文件进行生产、销售的,由县级以上卫生行政部门没收其全部有关药品及违法所得,并可以处以有关药品正品价格3倍以下罚款;构成犯罪的,由司法机关依法追究刑事责任。

六、毒性中药的管理

为加强医疗用毒性药品的管理,防止中毒或死亡事故的发生,根据《药品管理法》的规定,1988年12月27日,国务院制定了《医疗用毒性药品管理办法》。医疗用毒性药品系指毒性剧烈、治疗剂量与中毒剂量相近,使用不当会致人中毒或死亡的药品。该办法规定,药品经营企业和医疗单位在经营和使用毒性中药时应注意以下几点:

（1）毒性中药的收购、经营,由各级医药管理部门指定的药品经营单位负责;配方用药由国营药店、医疗单位负责。其他任何单位或者个人均不得从事毒性中药的收购、经营和配方业务。

（2）收购、经营、加工、使用毒性中药的单位必须建立健全保管、验收、领发、核对等制度,严防收假、发错,严禁与其他药品混杂,做到入库有验收有复核、出库有发药有复核,划定仓间或仓位,专柜加锁保管,有专人专帐管理。毒性中药的包装容器上必须印有毒药标志。在运输毒性中药的过程中应当采取有效措施,防止发生事故。

（3）凡加工炮制毒性中药,必须按照药典或者炮制规范的规定进行。符合药用要求的,方可供应、配方。

（4）制备含毒性中药的制剂,必须严格执行制剂工艺的操作流程,在本单位检验人员的监督下投料,并建立完整的制剂记录,保存5年备查。

（5）医疗单位供应和调配毒性中药,凭医师签名的正式处方。每次处方剂量不得超过2日极量。调配处方时必须认真负责,使用与剂量等级相适应的戥称或天平称量,保证计量准确,按医嘱注明要求调配,并由配方人员和具备资格的药学技术人员复核人员签名（盖章）后方可发药。对处方未注明"生用"的毒性中药,应当付炮制品。如发现处方有疑问时,须经原处方医师审定后再行调配。处方一次有效,取药后处方保存2年。

第三节 中医医疗机构管理法律制度

一、中医的概念

中医指中国传统医学,是研究人体生理、病理,以及疾病的诊断和防治等的一门学科。它承载着中国古代人民同疾病作斗争的经验和理论知识,是在古代朴素的唯物论和自发的辩证法思想指导下,通过长期医疗实践逐步形成并发展而成的医学理论体系。无论是在远古时代还是在近代,中医作为人类卫生保健事业的重要组成部分,对保障人民健康,促进世界医学的发展,发挥了重要的作用。

二、中医医疗机构的管理

中医医疗机构是指运用中医传统医学理论特色,结合现代医学科技手段,按照《医疗机构管理条例》的规定办理审批手续,取得医疗机构执业许可证,从事中医医疗活动的单位或组织。

(一) 中医医疗机构的设置

《中医药条例》第8条对中医医疗机构的设置作了明确规定:"开办中医医疗机构,应当符合国务院卫生行政部门制定的中医医疗机构设置标准和当地区域卫生规划,并按照《医疗机构管理条例》的规定办理审批手续,取得医疗机构执业许可证后,方可从事中医医疗活动。"中医医疗机构必须具备下述基本条件:①中医医院(含中医院校及中医研究机构的附属医院)、中医专科医院、中医康复医院:至少设病床30张;医师5人,其中主治中医师以上1人、中医师不少于2人;护师(士)不少于5人;有相应的药剂、放射、检验等医技人员和诊断、治疗等仪器设备。不足30张病床及相应条件者,不得称医院。②中医门诊部:至少有医师3人,其中中医师至少2人;护师(士)2人;并有相应的医技人员和房屋设备。③中医诊所:有2名以上中医师及相应的房屋和设备。④中医诊室:有1名以上中医师及相应的房屋和设备。未经批准擅自开办中医医疗机构从事中医医疗活动的,依照《医疗机构管理条例》的有关规定给予处罚。中医医疗的设置不符合中医医疗机构设置标准的,由县级以上地方人民政府负责中医药管理的部门责令改正;逾期不改正的,责令停业整顿,直至由原审批机关吊销其医疗机构执业许可证,并对负有责任的主管人员和其他直接责任人员依法给予纪律处分。

(二) 中医医疗机构的主管部门和主管事项

《中医药条例》第6条规定:"国务院中医药管理部门负责全国中医药管理工作。国务院有关部门在各自的职责范围内负责与中医药的有关工作。县级以上地方人民政府负责中医药管理的部门负责本行政区域内的中医药管理工作。县级以上地方人民政府有关部门在各自的职责范围内负责与中医药有关的工作。"

《中医医疗机构管理办法（试行）》第8、9、10条规定，中医医疗机构开业，必须进行审批。中医诊所、中医诊室，由当地县（区）级卫生行政部门审批。中医医院（含中医院校及中医研究机构的附属医院）中医专科医院、中医康复医院、中医门诊部、其他以各种名称面向社会而主要从事中医医疗业务的单位，由地（市）级或其以上中医药、卫生行政部门审批。中医医疗机构改变机构名称、增减病床、变更科目、停业、迁移都必须报原批准开业的中医药、卫生行政部门审批登记。其他任何组织和个人都无权批准中医医疗机构开业，也不准擅自借用其他机构名称从事中医医疗活动。中医医疗机构在申请开业时，应提交以下材料：①机构名称、设置科目、床位编制；②卫技人员情况，中医诊所、中医诊室须提交医务人员名单及其有关资格证件；③业务用房产权证书或租赁合约；④诊疗设备及药品情况；⑤与申报规模相称的资金情况；⑥有关规章制度；⑦法人代表有关情况及其资格证件。

（三）中医医院管理

根据卫生部《全国中医医院工作条例（试行）》的规定，中医医院是运用中医中药防治疾病，保障人民健康的社会主义医疗卫生事业单位，是以医疗工作为中心，结合医疗搞好教学和科学研究，成为继承发扬中医药学，培养中医药人才的基地。它必须贯彻执行党的卫生工作方针和中医政策，为社会主义现代化建设服务。

1. 医疗业务突出中医特色

中医医院要办成以中医中药为主，体现中医特色和优势的医疗单位。医疗工作必须遵循中医药自身发展规律，以四诊八纲、理法方药、辨证论治为指导，在诊断、治疗、急救、护理、营养、病房管理等一系列问题上，充分发挥中医特长，积极利用现代科学技术，提高医疗技术水平，促进中医事业的发展。

2. 科室设置和编制

中医医院的业务科室设置和病床分配比例，应根据中医专科特色和各自的规模、任务、特长及技术发展情况确定。根据《全国中医医院组织机构及人员编制标准（试行）》的规定，中医医院人员编制应按病床与工作人员的比例为 $1:1.3\sim1:1.7$ 设置。病床数与门诊量的比例按 $1:3$ 计算，每增减100门诊人次，可增减 $6\sim8$ 人编制，或比同级西医综合医院的编制增加 $15\%\sim18\%$。医生和药剂人员要高于西医综合医院的比例，护理人员可低于西医综合医院的比例。在医生和药剂人员中，中医中药人员要占绝对多数。

3. 教学科研立足于临床实践

中医医院应积极承担临床教学任务，重视职工在职教育和进修培训，加强中医文献资料的整理，采取措施，做好名、老中医学术经验总结、继承工作，提高学术水平，增强中医药人员的技术素质。《中医药条例》第14条规定："国家采取措施发展中医药教育事业。各类中医药教育机构应当加强中医药基础理论教学，重视中医药基础理论和中医药临床实践相结合，推进素质教育。"

4. 加强药剂管理

根据《中药库管理工作制度（试行）》和《中药调剂室工作制度（试行）》的规定，中医医院的药剂科应科学地管理全院药品，为医疗需要及时、准确地调制和供应质量合格的药品和制剂；建立和健全医院药品监督和检查制度，确保医院用药安全有效。在中药加工炮制、贮藏保管、调剂煎熬配方等方面必须严格遵守操作规程和规章制度，保证药品质量。在坚持使用中药为主的前提下，应以饮片为主，中成药为辅，重治轻补，创造条件，开展中药剂型改革。2001年2月28日修订的《药品管理法》第25条规定："医疗机构配制的制剂，应当是本单位临床需要而市场尚没有供应的品种，并必须经所在地省、自治区、直辖市人民政府的药品监督管理部门批准后方可配制。配制的制剂必须按照规定进行质量检验；合格的，凭医师处方在本医疗机构使用。特殊情况下，经国务院或省、自治区、直辖市人民政府的药品监督管理部门批准，医疗机构配制的制剂可以在指定的医疗机构之间调剂使用。医疗机构配制的制剂，不得在市场销售。"

5. 制度建设不断完善

中医医院实行院长负责制，科室实行科主任负责制，采取院科两级领导体制。门急诊工作制度方面，要组织有经验的中医参加门诊，并根据医院技术特长开设专科门诊，病房逐步实现住院医生、主治医生、主任医生三级负责制或住院医生、主治医生两级负责制，定期组织有经验的老中医查房、会诊，指导对疑难、危急病症的诊治。护理方面要逐步制定具有中医特色的常见病和急重症的护理常规，提高护理水平，加强中医急症工作，创造条件积极稳妥地收治急、重症患者，不断提高中医医院的业务水平及管理水平。

三、中医专科管理

中医从业人员应当是依照有关法律规定通过中医执业医师资格考试，经注册并取得执业证书的专业人员。以师承方式学习中医学的人员应当按照国务院卫生行政部门的规定，通过执业医师和执业助理医师的资格考核考试，并经注册及取得医师执业证书后方可从事中医医疗活动。

四、中医医疗机构仪器设备管理

仪器设备是发展中医药事业的物质基础和技术条件，是中医现代化程度的重要标志。《全国中医医院医疗设备标准（试行草案）》、《中医机构仪器设备管理暂行办法》等，对中医机构的仪器设备管理作了明确规定。

（一）组织机构

局直属院校均设独立的仪器设备管理处并与生活后勤分开，其他院校所可根据需要设处或科，相当于县的中医单位须有专人负责。仪器设备工作应由主管业务的副院、校、所长直接领导。要挑选热爱中医药事业，甘愿为医、教、研服务，掌握物资基础理论知识，熟悉仪器设备管理业务，办事能力强，执行国家政策好的同志担任仪器设备管理处（科）的负责人。为加强仪器设备的宏观管理，各单位应成立由领导、专家和管理人员组成的管理委员会。对本单位大型精密贵重仪器设备进行决策和协调。

（二）仪器设备管理工作人员

仪器设备管理人员系指仪器设备供应、管理和维修工程技术人员，属专业技术人员，要合理配置并保持相对稳定。仪器设备管理人员应具备中专以上文化素质，具有一定的专业知识，热爱本职工作，作风正派，遵纪守法，勤俭节约，任劳任怨，对仪器设备有相应的业务知识和独立的工作能力。仪器设备管理工作人员必须经常深入科室，了解调查医、教、研工作的需要，掌握情况，为科室开展工作提供条件。对仪器设备管理人员应定期考核，凡通过等级考试或考核的人员，可根据国家有关规定执行，对工作有突出贡献者，可破格晋升，对不适合做仪器设备管理工作人员必须进行调整。各单位对仪器设备管理人员应制定培训计划，各级领导必须重视关心这支队伍的培养和提高工作。

（三）仪器设备管理

1. 装备原则

遵循"充分论证、统筹安排、重点装备、综合平衡"的原则，根据中医机构的任务、规模、技术力量、专业特长和财力，首先装备常规需要的基本设备，然后再考虑高、精、尖设备，做到有计划、有步骤的更新。

2. 设备标准

中医机构的一般医疗设备仪器，原则上不低于同级西医机构仪器设备的标准。

3. 管理方法

实行统一领导，归口进行，分级负责；建立管理档案，保证设备完好运转；对多科重复出现大型、贵重的仪器设备，采取专管共用方法。对仪器设备定期检查。因任务变动或无安装条件而闲置不用超过半年的仪器，由管理部门进行调配，提高设备使用率。

4. 奖惩措施

对仪器设备管理认真、成绩优秀的科室与个人，应给予表扬和奖励；对管理不善、不负责任、违反操作规程而造成仪器设备损坏，应酌情赔偿；情节严重者应给予行政处分，直至追究法律责任。

第四节　民族医药管理法律制度

一、民族医药概述

我国的民族医药是各民族人民千百年来与疾病作斗争的智慧结晶，是我国传统医学不可分割的组成部分。它包括生理、病理、病因、发病机制、诊断、治疗、药物采收、炮制配方、养生保健等丰富内容，既有其民族特色又自成理论体系。民族医药是广大民族地区不可缺少的重要卫生资源之一。

1949年以前的民族医学，很少受到重视。经过半个世纪的发展，尤其是近20多年来的发展，我国的民族医药已经从无到有、从小到大、从初级水平向中高级水平过渡。在正确的政策大力推动下，我国的民族医药事业得到空前的发展，发掘整理了大量古典民族医药文献，新编了一批民族医药著作。如藏医药的《晶珠本草》、《四部医典》，蒙古医药的《蒙医本草学》、《碧光琉璃医鉴》,傣族医药的《档哈雅》等。已出版的民族药志主要有:《维吾尔药志》、《彝药志》、《佤族药志》、《西双版纳傣药志》、《楚雄彝药志》、《德宏民族药志》、《壮族民间用药选编》(上)、《朝鲜族民族药材录》、《浙江畲族民间药用植物名录》、《傣药传统方志》、《畲族验方集》、《元江哈尼族药》、《大理白族药》、《苗族药物集》、《拉祜族常用药》、《迪庆藏药》、《藏药验方选编》、《青藏高原药物图鉴》、《常用藏药知识》和《实用蒙药学》等。《中国民族药志》的出版,是40年来我国民族药开发研究的历史性总结。这些传统医药为本民族人民的身体健康和繁衍昌盛作出了重要贡献,也为中华民族传统医药宝库增添了更多的光彩。

目前,全国已建立起民族医医院127所,其中藏医医院52所,蒙医医院41所。维医医院26所,傣医医院1所,其他民族医医院8所。各地还建起了一批民族医专科医院和门诊部,一些综合医院和乡卫生院设置了民族医科。西藏、内蒙古、新疆分别建立了高等藏医、蒙医、维医院校和一批中等民族医药专科学校。一些医学院校也开设了民族医专业。西藏、云南等地相继建立了一批民族医药科研机构。为了促进民族医药事业的发展,1997年11月,全国民族医药学会在北京成立。这不仅是开展民族医药学术活动、加强学术交流的需要,同时也是关系到加强民族团结、促进文化交流、弘扬民族精神、发展经济建设的一件大事。对于充分调动和发挥各方面的积极性,协助行政主管部门巩固、充实现有的民族医疗、教育、科研机构,加强内涵建议,积极培养人才,注重科学研究,实施分类指导,主动适应社会主义市场经济和人民群众对民族医药医疗保健的需求必将起到积极的作用。

二、民族医药的法律规定

我国《宪法》明确规定:"国家发展医疗卫生事业,发展现代医药和我国传统医药。"《中共中央、国务院关于卫生改革与发展的决定》中进一步明确指出:"各民族医药是中华民族传统医药的组成部分,要努力发掘、整理、总结、提高,充分发挥其保护各族人民健康的作用。"在党的民族政策和卫生工作方针的正确指引下,新中国成立以来,我国的民族医药事业得到了较大的发展。1984年9月,卫生部和国家国委制定了《民族医事事业"七五"发展规划和意见》,并经国务院办公厅转发了《关于加强全国民族医药工作的几点意见》,促进了民族医药事业的稳步发展。1997年,我国第一部由国家行政部门组织编写、全面反映各民族医药状况的专著——《中国传统医药概览》出版,为了解各民族医药提供了较为翔实的资料。我国民族医学主要包括藏族医学、蒙古族医学、维吾尔族医学、傣族医学等。

(一)藏族医学

藏族医学已有1 200多年文字记载的历史,其理论体系主要是三元素学说(风、胆、痰)。8世纪末的《四部医典》是藏医学的经典著作。目前,我国的藏医主要分布在西藏以及青海、四川、甘肃、云南等地。

(二)蒙古族医学

蒙古族医学以藏医《四部医典》为基础,结合自己的民族文化和医疗实践,产生了《蒙医正典》等古典医学巨著，形成了具有自己特点的以"三根学说"（赫衣、希拉、巴达干）为主要理论体系的蒙医理论。目前，蒙医主要分布在内蒙古、辽宁、吉林、黑龙江、青海、新疆等地。

（三）维吾尔族医学

维吾尔族医学具有悠久的历史，并且早就与内地的中医有广泛的交流，形成了包括"四元素"（土、水、火、风）、"四津"（血津、痰津、胆津、黑胆津）及"五行"（金、木、水、火、土）等内容的理论体系。目前，维医主要分布在乌鲁木齐、喀什、和田、吐鲁番等地。

（四）傣族医学

傣医已有1 000多年的历史，在古老的贝叶经上就有用傣文刻写的医药、方剂、制剂等内容。目前，傣医主要分布在云南西双版纳傣族自治州和德宏傣族、景颇族自治州等地。

三、民族医医院建设

民族医医院是我国民族地区重要的医疗预防保健机构，是发展民族医学、培养民族医药人才的重要基地。为了提高民族地区人民的健康水平，国家中医药管理局于1989年11月发布了《关于加强民族医医院建设的意见》。

（一）民族医医院发展规划

在少数民族聚居地区，要区别情况分类指导，积极稳妥地发展民族医医院。凡有民族医学但未建立民族医医院的地（盟、州）和县（旗），要积极创造条件尽快建立。人口稀少和有特殊情况的县（旗），可先建立民族医门诊部。地、市、县在一起的，可集中力量先建一所民族医医院。没有民族医学的地区，可以建立中医医院。要使每个地（盟、州）、县（旗）有一所民族医医院或门诊部。县级以上的民族医医院应建成综合性民族医医院，各地要将民族医医院与西医医院摆在同等重要位置，并在卫生资源投入上采取倾斜政策。

（二）业务建设

医疗工作要体现民族医疗特色，采用现代科学技术，不断提高医疗护理水平。门诊各科室要建立健全各项工作制度，保证有2/3以上的高年资医师参加门诊，并根据医院技术特长开设专科（病）门诊。创造条件开设急诊室，装备必要的抢救器材和设备，制定急诊抢救常规和抢救措施，提高抢救成功率。加强病房建设，严格执行三级或二级医师查房制度，建立规范的病历考核制度。提高对病房急、危、重症的诊治水平。护理工作要汲取西医护理长处，探索民族医医院护理工作的特点和规律，提高护理工作人员的素质。加强药剂科工作的管理，严格执行民族药炮制规范、配方复核和药品保管制度，提高药品质量，保证临床疗效。

（三）科研工作

民族医医院要逐步开展民族医药的研究工作，从防病治病的实际出发，重点抓好常见病、多发病的研究，发掘民间有效方药和诊疗方法，有条件的医院还可以对民族医药理论和文献进行整理研究。

关键术语

传统医学（traditional Chinese medical sciences）　中医医疗机构（medical institutions of traditional Chinese medicine）　民族医学（folk medicine）　藏族医学（tibetan medicine）　蒙古族医学（mongolian medicine）　毒性中药（toxic herbs）

问题与思考

（1）我国为什么实行中西医并重的方针？
（2）在中医药发展中如何进行继承与创新？
（3）我国对中医医疗机构的管理有哪些规定？
（4）推进民族医药事业的具体要求有哪些？

（李娜玲）

第十三章 医学科学新技术相关法律制度

> **✚ 学习目标**
>
> 通过本章的学习,使学生熟悉人工生殖、基因工程、器官移植、脑死亡、安乐死的相关法律、法规,在此基础上自觉遵守医学科学新技术的法规,并能运用法律、法规分析和解决医学科学新技术在实践中遇到的问题。
>
> (1) 掌握:人工生殖的含义;基因工程的含义;器官移植的含义;脑死亡的含义;安乐死的含义。
>
> (2) 熟悉:人工生殖、基因工程、器官移植、脑死亡与安乐死的相关法律制度。
>
> (3) 了解:人工生殖、基因工程、器官移植、脑死亡、安乐死等法律制度在实践中的具体应用。

案例 13-1

1978年7月25日下午11时40分,在胚胎学家爱德华兹与妇产科医师斯特普托合作下,于英国伦敦奥尔登区域综合院诞生了人类有史以来的第一位试管婴儿路易斯·布朗,重5磅12盎司(2 600 g),以剖宫产方式出生。她从奥尔登市传出的第一声啼哭震撼了医学界。

第一节 人工生殖相关法律制度

一、人类辅助生殖技术概述

人类辅助生殖技术(artificial reproduction technique,ART)是指运用医学技术和方法对配子、合子、胚胎进行人工操作,以达到受孕目的的技术方法。它包括人工授精、体外授精(试管婴儿)及其各种衍生技术。

自1890年美国杜莱姆逊首先将人工授精试用于临床以来,现代生物学在胚胎医学方面已不断取得重大突破,人工授精、试管婴儿、人类异体胚胎移植等新技术都已先后获得成功。人工生殖技术的出现和发展,给患有不育不孕症的夫妇带来了福音,对优生优育、提高人口素质具有重要意义,但也给人类带来许多新的社会伦理和法律问题。

(一) 人工授精

人工授精(artificial insemination,AI)是指用人工方式将精液注入女性体内以取代性交途径使其妊娠的一种方法。根据精液来源不同,分为两种:丈夫精液人工授精(artificial insemination by husband semen,AIH),即使用丈夫的精子进行的人工授精;供精人工授精(artificial insemination by donor semen,AID),即使用供精者的精子所进行的人工授精。1953年,美国阿肯色大学医学中心利用干冰冷冻精子复温后用于人工授精并获得成功后,20世纪60年代以来,美国、法国、英国、意大利等国纷纷建立人类冷冻精子库。人工授精作为治疗男性不育的技术被广泛运用,世界各地通过人工授精而诞生的婴儿已逾百万。

(二) 体外受精

体外受精(in vitro fertilization,IVF)是指胚胎移植技术及其各种衍生技术是指从女性体内取出卵子,在器皿内培养后,加入经技术处理的精子,待卵子受精后,继续培养,到形成早期胚胎时,再转移到子宫内着床,发育成胎儿直至分娩的技术。用这种技术生育的婴儿称为"试管婴儿"。自1978年7月25日世界上第一个试管婴儿诞生以来,随着医学技术的不断进步,体外受精技术已成为一种广泛应用的方法。体外受精技术主要适用于妇女因输卵管阻塞或男子精子数量很低等不孕症,同时对开展人类胚胎学和遗传工程学的研究具有重要意义。最近,美国和澳大利亚等国科学家又成功地使用其他妇女卵子受精发育成胚胎植入过早绝经不能排卵的妇女子宫中妊娠,使其获得"自己"的后代,产生了供卵婴儿。

(三) 代理母亲

代理母亲(surrogate mother)是指代人妊娠的妇女。其方法是将他人的受精卵植入代理母亲的子宫或用人工授精方法使该妇女怀孕妊娠,分娩后婴儿由委托人收养,并支付一定报酬。这种代理生育的契约最早出现于美国20世纪70年代,现在西方已成为一种职业即"代理母亲"。代孕一般分四种:一是精子、卵子来自夫妻双方,借用代孕母亲的子宫;二是精子来自丈夫,卵子由代孕母亲提供,经体外受精后,由代孕母亲怀孕生育;三是精子来自需求方,卵子由代孕母亲提供,经人工授精后,由代孕母亲怀孕生育;四是卵子来自妻子,经异质人工授精后通过胚胎移植由代孕者生育。由于代理生育总是以金钱交易为基础,容易使代理母亲与因此而出生的婴儿被视为商品,从而引发法律问题和社会伦理问题。

(四) 无性生殖

无性生殖也称克隆(cloning),是指生物体并不是通过性细胞的受精,而是从一个共同的细胞、组织或器官繁殖而得到一群遗传结构完全相同的细胞或生物,即无性繁殖。高等生物繁衍生命的自然规律本是有性繁殖,即通过精子和卵子两性细胞的结合而达成。克隆技术却改变了这种自然规律,以无性繁殖代替有性繁殖。1997年2月22日,英国爱丁堡大学罗斯林研究所的胚胎学家伊恩·威尔马特博士领导的科研小组成功地从成年绵羊的乳腺细胞生殖出了小羊"多利",标志着高级哺乳动物的繁殖研究取得重大进步，这为解决因当前世界各国人口问题而愈显严峻的粮食和资源的缺乏提供了崭新的途径和方法。但因其成果应用到人类并不难，由此引发了一场如何看待克隆技术及如何应用克隆技术的全球性争论。目前国际上普遍禁止克隆人的研究。

二、人类辅助生殖技术引发的法律问题

现代生殖技术的问世和应用，既给不育夫妇带来福音，给患有遗传性疾病或有遗传性家族史的夫妇杜绝了其后代再患此病的危险，同时也给人类带来了许多社会伦理和法律问题。

（一）人工授精引发的法律问题

配偶间人工授精所生子女与生母之夫存在着自然血亲关系，一般不存在婴儿法律地位的异议问题。但在丈夫死亡后，利用亡夫生前存于"精子银行"的冷冻精液怀孕所生子女是否具有同等的权利，现行法律没有明文规定。但《中华人民共和国继承法》（以下简称《继承法》）有两项原则：第一，继承人与被继承人存在配偶、子女、父母关系的，均为第一顺序的继承人，享有同等的继承权。第二，继承从被继承人死亡时开始，如果遗产分割时被继承人的遗腹子尚未出生的，应当保留胎儿的继承份额。那么，按照《继承法》的第一项原则用亡夫精子怀孕分娩的子女若被视为婚生子女，那么他们应享有同样的继承权；按照第二项原则，他们在其父死亡时根本不存在，就不能享有继承权。传统的《继承法》对夫精人工授精的遗腹子在适用时发生了碰撞。

而 AID 婴儿与母之夫无血缘关系，从而引发一系列的法律问题。AID 婴儿有两个父亲：一个是生物学父亲（遗传学意义上的父亲），即供精者；一个是养育父亲（社会学意义上的父亲），即生母之夫。许多国家的法律认为，养育父亲与婴儿虽无生物学上的血缘关系，但夫妻合意进行人工授精的行为，已表达了愿将婴儿作为夫妻双方共同子女的意思表示，所以应视其为婴儿的亲生父亲。因此，许多国家倾向于否认供精者的父亲权利。1976年，美国俄克拉荷马州首次就 AID 出生婴儿的法律地位作了以下法律规定：凡由指定的开业医生进行的 AID，并附有夫妻双方同意书而出生的婴儿具有婚生子女身份。此后，美国陆续有 25 个州制定了这样的专门法律。在丹麦，根据人工授精法案，在丈夫同意下出生的 AID 子女，具有婚生子女的身份。在法国，根据亲子关系修正案的规定，对经过丈夫同意而生的 AID 子女也被视为夫之合法子女。英国、瑞典、澳大利亚、以色列都有类似的规定。通过法律规定合意进行人工授精的夫妇离婚后，养育父亲不能拒绝对 AID 出生子女履行抚养义务，AID 出生成年子女也不能拒绝履行赡养年老、无劳动能力的养育父亲。

（二）体外受精引发的法律问题

在 IVF，由于配子来源的复杂性，法律上不仅要确定"谁是父亲"，要解决的问题扩大为"谁是试管婴儿的父母"，根据配子来源可分以下几种情况：

（1）在夫妻双方同意下，用妻子的卵子和丈夫的精子在体外受精，然后把胚胎植入妻子子宫妊娠生育。这种 IVF 所生育的婴儿遗传学的父母即法律上的父母，不存在法律问题。

(2) 在夫妻双方同意下,使用妻卵和供精在体外受精然后将胚胎移植入妻子子宫妊娠生育。这种情形跟供精人工授精相似。有关试管婴儿法律地位的原理类同于 AID 子女。

(3) 在夫妻双方同意下,使用供体卵子与夫精子进行体外受精,然后将胚胎植入妻子子宫妊娠生育,这种情形涉及两个母亲:一个是卵子提供者,即遗传学母亲;另一个是孕育母亲,即子宫的提供者,也称为生身母亲。在自然生殖方式下,母亲这一概念是统一的,集生物母亲、生身母系、养殖母亲为一体,但在 IVF 中,母亲的角色发生了裂变。笔者认为,这个法律母亲应是孕育母亲,与 AID 中并不提供精子的丈夫来说,妻子在孕育和生育过程中的贡献比丈夫大得多,而且与孩子的关系也更为密切。确认孕育母亲为法律母亲,既是合理,同时也有利于子女利益。

(4) 在夫妻双方同意下,使用供卵和供精体外受精后再将胚胎植入妻子子宫妊娠生育。这种情况下的 IVF 比前三种情形更为复杂。所生子女有两个父亲和两个母亲。世界各国的法律观念一般都认为,生下婴儿的妇女应当是孩子的合法母亲。英国在 1990 年的《人工授精和胚胎学》法案中规定:"一个由植入体内的胚胎或精子和卵子而孕育孩子的妇女应被视为该名孩子的母亲,而非其他妇女。"所以,一个孕育母亲在母权确定中应当比遗传母亲处于优势。至于父亲的确定,与在 AID 中的情况一样,养育父亲在父权竞争中完全强于仅提供精子而不承担养育责任的遗传父亲。所以,尽管采用 IVF 技术出生的孩子与准备充当孩子养育父母的夫妇双人无任何遗传关系,但仍应确定这对夫妇为孩子的合法父母。因为孩子的遗传父母仅仅是分别提供了精子和卵子,他们互不认识,更谈不上有合法的婚姻关系;而养育父母则不同,他们有合法的婚姻关系,通过 IVF 所生子女是他们的婚生子女,享受婚生子女的一切权利。

(三) 代理母亲引发的法律问题

在解决卵子提供者与 IVF 婴儿法律关系的问题上,法律确定了"孕育母亲在母权确定中比遗传母亲处于优势"的原则,同时推定该妇女的丈夫为该孩子的父亲,从而解决了谁是 IVF 婴儿父亲的问题。但随着代理母亲的出现,这项原则又遇到了新的法律问题:代理母亲代生婴儿的归属问题,即谁是代理母亲所生婴儿的父母。这有以下几种情况:①生者为母。不论精子、卵子由谁提供,生育婴儿的妇女与其丈夫是婴儿的父母。如澳大利亚的法律规定,生育婴儿的母亲及其丈夫为婴儿的法律父母。②根据遗传学来确定亲子关系。如英国规定提供精子和卵子的男女为婴儿的父母。③按契约约定来确定亲子关系。即代孕母亲所生的婴儿为委托方夫妇的子女。如美国新泽西、密执安等州的法律规定,婴儿的父母是委托所代生的那对夫妇。

除了婴儿的归属问题之外,代理母亲还存在合法性的问题。代理母亲以收取报酬为目的,出租子宫,被他人看做生育机器,是对妇女尊严的侵犯,法律如果不加以制止将彻底改变传统的家庭伦理观念,后果不堪设想。同时也变相地使婴儿成为商品,在自由市场进行买卖,这是灭绝人性的行为,是不能接受的。加之存在母亲替女儿怀孕,姐姐替妹妹怀孕,祖母替孙女怀孕等导致现行亲属关系混乱的现象等。因此,不少国家立法禁止代理母亲。

（四）克隆技术引发的法律问题

目前，在所有的生命技术领域，最令人瞩目、公众议论最多、引发争议最大的莫过于"克隆人"了。

1. 克隆人会给社会带来法律主体上的混乱

什么是"克隆人"？如果人仅仅是指生物学间义上的人，即只指特定的基因组，那么"克隆人"则是与他们父本或者母本完全相同的人；但是，人不仅仅是生物学意义上的人，而且同时具有心理特征、社会属性。从法律的角度来看，由于克隆人是人不是物，所以克隆人应具有自然人的法律主体资格。两个以上有同样个性特征的人的并存，即克隆人与原型人的同时存在，将导致无法从法律的角度确定行为主体，"克隆人"与正常两性生殖条件下产生的人的法律权利、义务怎样承担？试想，如果具有相同的指纹和相同的DNA的一群人进入社会，原型人或者克隆人其中之一的行为构成违法或犯罪，该如何分辨他们（她们）的身份呢？遗留在犯罪现场的头发、指纹或血液等原来可以作为锁定犯罪的铁证的东西，到底是属于原型人还是克隆人呢？除此之外，如果原型人为保护自身安全而牺牲克隆人的利益，嫁祸给克隆人时，应当怎样保护克隆人的合法权益而将真凶绳之于法呢？这无疑会给司法实践带来无数难题。

2. 克隆人的产生会严重冲击我国现行的婚姻家庭法律制度

（1）克隆人技术对家庭的冲击。家庭是社会的细胞，也是个人与社会联系、互动的强有力的中介。家庭构成是由两性结合的婚姻，生育子女、抚育子女为其主要的显著的特征。如果将克隆技术用于人体繁殖，会加剧家庭多元化倾向的发展，破坏传统家庭构成的完整性。克隆人出现，随之而来便会产生新的家庭形式——克隆人家庭。克隆人家庭可能有两种类型：一种是在已有子女的家庭中增添克隆人成员，或尚没有子女的已婚的异性组合家庭以克隆方式产生后代；另一种则是给同性恋家庭或单身族提供了生育子女的机会，破天荒的以无性生殖方式获得孩子组成家庭。无论是前者还是后者，这两种增添"新成员"的新型家庭，一旦介入人类的家庭阵营，会使家庭的法律基础——婚姻变得毫无意义。因为当繁衍生息不再必须两性的结合时，婚姻对维系家庭稳定性的作用不复存在。而克隆人的出现会使非两性结合的单亲家庭比例急剧攀升，传统的核心家庭虽然仍可以维持，但人类社会整个内在的家庭结构会发生变化，家庭中两性互惠互补、制衡的良性功能会随之弱化或丧失，其稳定的社会功能也将随之消减。

（2）克隆人与既有的禁婚范围产生冲突。我国《中华人民共和国婚姻法》第6条规定："直系血亲和三代以内旁系血亲禁止结婚。"因克隆人与被克隆人的基因完全相同，如果克隆人与被克隆人以父子或母子相称，那么就会产生这样的情况，即依法与其父禁婚的人却可与其子结婚，或与其子禁婚的人可与其父结婚。这种情况表面上虽不违反我国的婚姻法，但与我国婚姻法的立法原理的实质相悖。

3. 克隆技术的产生会严重冲击我国现行的刑罚制度

在克隆技术下，一个人可以有自己的众多的"复制品"，那么，刑罚制度还有何威慑力？这种复制人的技术本身会不会成为犯罪侵害的目标抑或成为犯罪手段？刑事责任的构成与承担还有无实际意义？如果法律没有了威慑力，那么，社会的混乱乃至生物体多样性的消失可能会成为人类自身灭亡的灾难。

4. 克隆人的人格尊严如何保护

人格尊严是一般人格权的基本内容之一，也是基本人格权三大利益中的最重要的利益，是一般人格权三项内容的核心，因此，人格尊严实际上也是一般人格权的代名词。人格尊严指民事主体作为一个"人"所应有的最起码的社会地位，并且应受到社会和他人最起码的尊重，即把人真正当成"人"。如果允许用克隆的方法在实验室内去复制或者大批复制同一个人，人的尊严、价值和权利又从何体现？无性生殖技术条件下，是否会产生一群"二等公民"供掌权者作为"会说话的工具"役使？比如，克隆人的父母进行克隆的主要目的可能是出于"补偿塑造"的心态，即认为自己的人生由于各种各样的主客观因素而没有达到预期的目的或理想状态从而利用克隆技术复制自身，然后完全按照自己的意愿与理想模式去再造一个"自我"，或者因为痛失亲人（通常是爱子）而予以复制，以弥补自己心灵上的创伤，给自己精神上以安慰。无论是哪一种理由，只要是出于"补偿塑造"的心态，则权利主体总希望克隆人将来能与被克隆者在体貌、性格上完全一致，而一旦在现实生活中，发现两者存在差距时，很有可能迫使克隆人去模仿被克隆者，如果这个愿望没有实现，克隆人就会被认为有缺陷。这样一来，克隆人会毫无疑问地感觉到自己仅仅是他人人生的复制品，并会因此认为他的人生并不是属于他自己的人生。在这样的背景下，克隆人会因为生活在权利主体为自己设计的既定的生活方式之下而丧失主动性。这种丧失自我的心理会导致克隆人人格尊严的失落，成为无法适应社会环境的弱者。

基于以上诸多考虑，目前国际上普遍禁止克隆人的研究。1997 年 11 月 12 日，联合国教科文组织在巴黎通过了指导基因研究的道德准则性文件《世界人类基因组与人权宣言》，要求禁止克隆人等"损害人类权利和尊严的科研行为"。在日内瓦举行的第 55 届世界卫生大会通过的决议中指出，运用无性繁殖技术复制人类"违背人的尊严和道德，因而必须严格禁止"。WHO 表示，利用克隆技术复制人在伦理上是不能接受的，这种试验违背医学要保护人类尊严和从遗传角度保证人类安全的基本准则。1998 年 1 月 20 日，法国、丹麦、芬兰等 19 个欧洲国家在巴黎签署了《禁止克隆人协议》，禁止用任何技术创造与任何生者或死者基因相似的人。这一协议是人类第一份禁止克隆人的法律文件。

三、人工辅助生殖技术在我国的应用及立法思考

为保证我国人类辅助生殖技术安全、有效和健康发展，卫生部发布了《人类辅助生殖技术管理办法》，并自 2001 年 8 月 1 日起施行。2003 年 10 月 1 日，卫生部又颁布了《人类辅助生殖技术规范》、《人类精子库基本标准和技术规范》和《人类辅助生殖技术和人类精子库伦理原则》，原卫生部颁布的《人类生殖技术规范》、《人类精子库基本标准》、《人类精子库技术规范》和《实施人类辅助生殖技术的伦理原则》同时废止。管理办法确立了我国对人类辅助生殖技术和精子库技术实行的严格准入制度，明确规定由卫生部主管全国人类辅助生殖技术的应用和全国人类精子库的监督管理工作。县级以上地方人民政府卫生行政部门负责本行政区域内人类辅助生殖技术和人类精子库的日常监督管理。

（一）开展人类辅助生殖技术的审批

卫生部根据区域卫生规划、医疗需求和技术条件等实际情况，制定人类辅助生殖技术应用规划。

申请开展人类辅助生殖技术的医疗机构应当符合下列条件：①具有与开展技术相适应的卫生专业技术人员和其他专业技术人员；②具有与开展技术相适应的技术和设备；③设有医学伦理委员会；④符合卫生部制定的《人类辅助生殖技术规范》的要求。

申请开展丈夫精液人工授精技术的医疗机构，由省、自治区、直辖市人民政府卫生行政部门审查批准。申请开展供精人工授精和体外受精—胚胎移植技术及其衍生技术的医疗机构，由省、自治区、直辖市人民政府卫生行政部门提出初审意见，报卫生部审批。

批准开展人类辅助生殖技术的医疗机构应当按照《医疗机构管理条例》的有关规定，持省、自治区、直辖市人民政府卫生行政部门或者卫生部的批准证书到核发其医疗机构执业许可证的卫生行政部门办理变更登记手续。人类辅助生殖技术批准证书每2年校验一次，校验由原审批机关办理。校验合格的，可以继续开展人类辅助生殖技术；校验不合格的，收回其批准证书。

（二）我国人类辅助生殖技术的应用原则

（1）人类辅助生殖技术的应用应当在医疗机构中进行，以医疗为目的，并符合国家计划生育政策、伦理原则和有关法律规定。

（2）人类辅助生殖技术必须在经过批准开展此项技术并进行登记的医疗机构中实施，未经卫生行政部门批准，任何单位和个人不得实施人类辅助生殖技术。

（3）实施人类辅助生殖技术应当符合卫生部制定的《人类辅助生殖技术规范》的规定。

（4）禁止以任何形式买卖配子、合子、胚胎。

（5）医疗机构和医务人员不得实施任何形式的代孕技术。

（6）应当遵循知情同意原则，并签署知情同意书。涉及伦理问题的，应当提交医学伦理委员会讨论。

（7）实施供精人工授精和体外受精、胚胎移植技术及其各种衍生技术的医疗机构应当与卫生部批准的人类精子库签订供精协议。严禁私自采精。医疗机构在实施人类辅助生殖技术时应当索取精子检验合格证明。

（8）实施人类辅助生殖技术的医疗机构应当为当事人保密，不得泄漏有关信息。

（9）实施人类辅助生殖技术的医疗机构不得进行性别选择。法律法规另有规定的除外。

（10）实施人类辅助生殖技术的医疗机构应当建立健全技术档案管理制度。供精人工授精医疗行为方面的医疗技术档案和法律文书应当永久保存。

（11）实施人类辅助生殖技术的医疗机构应当对实施人类辅助生殖技术的人员进行医学业务和伦理学知识的培训。

（三）人类精子库的管理

人类精子库是以治疗不育症及预防遗传病和提供生殖保险等为目的，利用超低温冷冻技术，采集、检测、保存和提供精子的机构。

精子的采集与提供应当在经过批准的人类精子库中进行，未经批准，任何单位和个人不得从事精子的采集与提供活动。我国的人类精子库必须设置在持有"医疗机构执业许可证"的综合性医院、专科医院或持有"计划生育技术服务执业许可证"的省级以上（含省级）计划生育服务机构内，其设置必须符合《人类精子库管理办法》的规定。中国人民解放军医疗机构中设置人类精子库的，根据有关规定，由所在省、自治区、直辖市卫生厅局或总后卫生部科技部门组织专家论证评审、审核，报国家卫生部审批。中外合资、合作医疗机构，必须同时持有卫生部批准证书和商务部颁发的"外商投资企业批准证书"。

人类精子库必须具有安全、可靠、有效的精子来源；机构内如同时设有人类精子库和开展人类辅助生殖技术，必须严格分开管理。

人类精子库必须对精液的采供进行严格管理，必须按《供精者健康检查标准》和供精者基本条件进行严格筛查，保证所提供精子的质量；并建立供精者、用精机构反馈的受精者妊娠结局及子代信息的计算机管理档案库，控制使用同一供精者的精液获得成功妊娠的数量，防止血亲通婚。

人类精子库必须具备完善、健全的规章制度，包括业务和档案管理规范、技术操作手册及人类精子采供计划书（包括采集和供应范围）等；必须定期或不定期对人类精子库进行自查，检查人类精子库规章制度执行情况、精液质量、服务质量及档案资料管理情况等，并随时接受审批部门的检查或抽查。

人类精子库必须贯彻保密原则，除精子库负责人外，其他任何工作人员不得查阅有关供精者身份的资料和详细地址。工作人员应尊重供精和受精当事人的隐私权并严格保密；除司法机关出具公函或相关当事人具有充分理由同意查阅外，其他任何单位和个人一律谢绝查阅供精者的档案。确因工作需要及其他特殊原因非得查阅档案时，则必须经人类精子库机构负责人批准，并隐去供精者的社会身份资料。

人类精子库不得开展以下工作：①不得向未取得卫生部人类辅助生殖技术批准证书的机构提供精液；②不得提供未经检验或检验不合格的精液；③不得提供新鲜精液进行供精人工授精，精液冷冻保存需经半年检疫期并经复检合格后，才能提供临床使用；④不得实施非医学指征的、以性别选择生育为目的的精子分离技术；不得提供2人或2人以上的混合精液；⑤不得采集、保存和使用未签署供精知情同意书者的精液；⑥人类精子库工作人员及其家属不得供精；⑦设置人类精子库的科室不得开展人类辅助生殖技术，其专职人员不得参与实施人类辅助生殖技术的任何工作。

（四）法律责任

未经批准擅自开展人类辅助生殖技术和设置人类精子库的非医疗机构，由县级以上人民政府卫生行政部门责令其停止执业活动，没收非法所得和药品、器械，并可以根据情节处以1万元以下的罚款。

未经批准擅自开展人类辅助生殖技术和设置人类精子库的医疗机构，按照《医疗机构管理条例》及《医疗机构管理条例实施细则》，由县级以上人民政府卫生行政部门予以警告、责令其改正，并可以根据情节处以3 000元以下的罚款；情节严重的，吊销其"医疗机构执业许可证"。

开展人类辅助生殖技术的医疗机构违反本办法，有下列行为之一的，由省、自治区、直辖市人民政府卫生行政部门给予警告及3万元以下罚款，并给予有关责任人行政处分；构成犯罪的，依法追究刑事责任：①买卖配子、合子、胚胎的；②实施代孕技术的；③使用不具有"人类精子库批准证书"机构提供的精子的；④擅自进行性别选择的；⑤实施人类辅助生殖技术档案不健全的；⑥经指定技术评估机构检查技术质量不合格的；⑦其他违反本办法规定的行为。

第二节　基因工程相关法律制度

一、基因和基因工程的概念

基因是DNA上有遗传意义的片段，基因包含一定数量的碱基。基因是基础的遗传单位，它决定着生物的性状、生长与发育。更重要的是，基因与许多疾病有关。

基因工程又称基因拼接技术或DNA重组技术，是指采取类似工程设计的方法，按照人们的需要，通过一定的程序将具有遗传信息的基因，在离体条件下进行剪接、组合、拼接，再把经过人工重组的基因转入宿主细胞大量复制，并使遗传信息在新的宿主细胞或个体中高速表达，产生出人类需要的基因产物，或者改造、创造新的生物类型。

二、人类基因工程引发的法律问题

（一）基因诊断

基因诊断也称DNA诊断、DNA探针技术或基因探针技术，是指通过直接探查基因的存在和缺陷来对人体的状态和疾病作出判断。

最早的基因诊断是1976年凯恩等人借助DNA分子杂交方法首次成功地进行的一例地中海贫血的产前诊断。经过20多年的发展，基因诊断取得了许多成果，目前正广泛应用于许多疾病的诊断。特别是在遗传病诊断方面成绩尤为显著，现在可以用不同途径进行基因诊断的遗传病已达上百种。显而易见，基因诊断的医学意义是巨大的，但它的应用也产生了诸多法律问题。例如，医生是否有为诊断出遗传病的患者保密的义务？如果医生为患者保密，是否损害了患者配偶或未来孩子的利益？如果医生泄密，影响了患者的婚姻、工作、保险，医生是否应负责任等。正是通过基因诊断查明的遗传病患者在社会上受到歧视，使人们开始思考有关基因诊断的法律控制问题。

（二）基因治疗

基因疗法是指改变人体活细胞遗传物质的一种医学治疗方法，即通过基因诊断出异常的基因后，用正常的基因代替异常基因，达到治疗目的。基因治疗一般分为：体细胞基因治疗、生殖细胞基因治疗、增强基因工程和优生基因工程。

基因治疗为人类展示了美好的应用前景，但是，基因治疗涉及改变人类的遗传物质，有可能产生不可预知的严重后果。一般认为，体细胞基因治疗只涉及患者个体，而生殖细胞基因治疗则对人类未来产生深远影响，尤其会在伦理、法律方面引发许多问题：人是否有权利改变人？人的尊严何在？用什么标准来改变人？另外还涉及人体基因是否允许买卖等。所以，目前许多国家对基因治疗采取非常审慎的态度，同时也考虑从法律角度对此作出调整、规范和控制。1985年，美国公布了《基因疗法实验准则》，对人类基因治疗实行有条件的开放。

我国目前仅同意体细胞基因治疗。1993年，卫生部制定了《人的体细胞治疗和基因治疗临床研究质控要点》，强调对基因治疗的临床试验要在运作之前进行安全性论证、有效性评价和免疫学考虑，同时注意社会伦理影响。

（三）人类基因组计划

人类基因组有5万～10万个基因。人类基因组计划是美国科学家于1985年率先提出，并于1990年10月正式启动。它旨在通过国际合作，阐明人类基因组30亿个碱基对的序列，发现所有人类基因并搞清其在染色体上的位置，破译人类全部遗传信息。这样一项人类伟大的生命科学工程，其规模和重要性可与登月计划相比。经过美国、英国、法国、德国、日本和中国6个国家的共同努力，1999年11月23日，完成10亿个碱基对的测定工作。2000年6月26日，科学家公布了已测定的基因组的草图。

人类基因组计划使基因技术发展给人类带来了一系列的法律、伦理和其他社会问题，如基因隐私问题、基因专利问题、利益分享问题等。

三、国外基因工程立法

基因工程诞生于20世纪70年代。当时，由于对重组技术的前途难以预测，过高地估计了它的风险以至于达到了恐怖的程度，担心终有一天人类会因为此项技术而毁灭人类自己。因此，美国首先制定了控制基因工程发展的法规。1976年6月，美国国立卫生研究院被授权制定并公布了世界上第一个实验室基因工程应用法规《重组分子实验准则》。此后，法国、英国、日本、苏联等多个国家也陆续制定了这类法规。1978年开始，人们逐渐认识到基因工程技术的危险在最初被过分夸大了，已制定的准则显得过于严厉而不利于技术发展，所以，有必要修改实验准则。1980年1月，美国政府公布了修正后的《重组分子实验准则》，至今该准则已进行了多次修改。各国政府也在实践的基础上，审慎地一次又一次修改、放宽实验准则。

1982年以来，随着基因工程的产业化、商业化的进展，在美国、日本和一些西欧国家，继运用基因工程商业化生产胰岛素之后，用基因工程合成的人生长激素、乙型肝炎疫苗、组织血纤维蛋白溶酶原激活因子，以及各种干扰素相继进入临床试验。这意味着重组DNA这项新技术将走出实验室进入工厂、医院、社会，从而使所谓的潜在性危害发生的可能性明显增长。为了防止重组DNA所导致的危险和灾害性事故的发生，一些西方国家和国际组织在重组DNA安全操作和有关领域中运用的技术方面制定了法规。1986年通过了《国际生物技术产业化准则》，日本、澳大利亚等国制定了更为具体的

《重组 DNA 技术工业化准则》、《重组 DNA 技术制造药品的准则》等。

四、我国基因工程立法

为了促进我国生物技术的研究和开发，加强基因工程的安全管理，保障公众和基因工程工作人员的健康主，防止环境污染，维护生态平衡，国家科委于 1993 年 12 月发布了《基因工程安全管理办法》，就适用范围、安全性评价、申报和审批、安全控制措施等方面做了规定。

1999 年 9 月，中国获准加入人类基因组计划，负责测定人类基因组全部序列的 1%，也就是 3 300 万个碱基对。中国是继美国、英国、日本、德国、法国之后第 6 个国际人类基因组计划参与国，也是参与这一计划的唯一发展中国家。为了防止人类基因组计划引发的伦理、法律和社会等方面的问题，国家人类基因组南方、北方两个中心成立了伦理、法律、社会问题工作组，对有关问题进行研究，提出相应伦理和法律对策。其目的是在认识人类与其他生物基因的基础上，重新认识社会成员之间、家庭之间，个人、家庭与社会之间的关系，认识人类与生命世界及整个自然的关系，保证人类基因组计划沿着健康轨道进行，重建人类社会更加和睦、人类与自然界更为和谐的新文明。

五、人类遗传资源保护立法

中国是一个人口众多的国家，有 56 个民族和诸多遗传隔离人群，形成了丰富的人类遗传资源，是研究人类基因组多样性和疾病易感性/抗性的不可多得的材料。但由于管理上的问题，在这一珍贵资源的采集、研究、开发中存在盲目、无序、流失的现象。为了有效保护和合理利用我国的人类遗传资源，加强人类基因的研究与开发，促进平等互利的国际合作和交流，1998 年 9 月，经国务院批准，科学技术部与卫生部共同制定了《人类遗传资源管理暂行办法》。

（一）我国对人类遗传资源管理的原则

我国对人类遗传资源管理贯彻保护和利用相统一、加强管理与加强研究并重的原则：

（1）加强对研究工作的支持，以分离、研究、开发重要疾病相关基因为重点。

（2）积极推动在平等互利基础上的国际科技合作，提高我国研究水平和效率。使我国的人类遗传资源得到开发，为全面完成人类基因组计划作出贡献。

（3）加强管理，建立重要遗传资源的登记报告制度、国际合作项目的批准制度和知识产权的分享制度。

（二）国际合作项目的申办程序

人类遗传资源管理办法规定，凡涉及我国人类遗传资源的国际合作项目，应经批准后签约。具体申报程序是：由中方合作单位填报申请书并附合同文本草案、人类遗传资源材料提供者及其亲属的知情同意证明等。中央所属单位按隶属关系报国务院有关部门，非中央所属单位报所在地的地方主管部门，经上述部门初步审查同意后，向中国人类遗传资源办公室提出申请。

（三）研究开发项目知识产权

我国研究开发机构对于我国境内的人类遗传资源信息，包括遗传家系和特定的地区遗传资源及其数据、资源样本等，享有专属持有权。获得上述信息的外方合作单位和个人未经允许不得公开、发表、申请专利或以其他形式向他人披露。

有关人类遗传资源的国际合作项目应当遵循平等互利、诚实信用、共同参与、共享成果的原则来处理知识产权的归属和分享。合作研究成果属于专利保护范围的，应当由双方共同申请专利，专利权归双方共同所有；合作研究开发产生的其他科技成果，其使用权、转让权和利益分享办法应由双方通过合作协议确定，所获利益按双方贡献大小分享。

（四）法律责任

我国的单位和个人违反人类遗传资源管理办法的规定，未经批准私自携带、邮寄、运输人类遗传资源材料出口、出境的，由海关予以没收，并视情节轻重给予行政处罚直至移送司法机关处理。未经批准擅自向外方机构或个人提供人类遗传资料的，没收其所提供的人类遗传资源材料并处以罚款；情节严重的，给予行政处罚直至追究法律责任。

国（境）外单位和个人违反人类遗传资源管理办法规定，未经批准，私自采集、收集、买卖我国人类遗传资源材料的，没收其所持有的人类遗传资源材料并处以罚款；情节严重的，依照我国有关法律追究其法律责任。私自携带、邮寄、运输人类遗传资源材料的，视情节轻重，给予处罚或移送司法机关处理。

人类遗传资源管理部门的工作人员和参与审核的专家负有为申报者保守技术秘密的责任。玩忽职守、徇私舞弊，造成技术秘密泄露及人类遗传资源流失的，视情节轻重给予行政处罚直至追究法律责任。

案例 13-2

1954 年 12 月 23 日，在全球几起悲剧性的失败之后，莫里和哈佛大学梅瑞尔及研究小组在波士顿的彼得·布里格姆医院完成首次成功的肾脏移植手术。此次手术捐献者和接受者是一对同卵双胞胎兄弟。由于是双胞胎，兄弟俩差不多拥有一致的免疫系统，因此不会出现排斥反应，肾脏接受者理查德活了 8 个年头之后于 1963 年 3 月 14 日死于心脏病。这是一个激动人心的成就，千百年来人类的幻想自此成真。

第三节　器官移植相关法律制度

一、器官移植概述

器官移植是指通过手术等方法，替换体内已经损伤的病态的或衰竭的器官，以达到治疗目的的一种医疗措施。根据器官来源的不同，可以分为尸体器官移植和活体器官移植。其中，活体器官移植可分为同种器官移植和异种（动物器官）器官移植，而同种器官移植又可分为自体器官移植和异体器官移植。

器官移植是当代医学科学发展的产物。1902年，卡雷尔和古斯里发展了血管缝合技术，同时由于低温生物学的发展，奠定了人体器官移植临床技术的基础。1954年，第一例同卵双生子之间肾移植在美国波士顿一家医院获得成功，从而为器官移植技术带来了新的曙光和希望。1963年进行了首例肝移植，1967年开展了首例心脏移植。目前，对人体内除了神经系统以外的所有器官和组织都可以移植。但肾脏移植的应用最广泛，存活率也最高。据统计，肾移植5年以上存活率已接近90%，许多患者已存活20年。

人体器官移植技术为现代生命科学的发展开辟了广阔的前景，这项技术使许多本来难以恢复健康的患者得以康复，使患有不治之症的患者有了生的希望和可能。现在全世界由于器官移植手术而获得第二次生命的人已经越来越多。为了肯定这一新成就给人类带来的贡献，1990年诺贝尔生理学和医学奖授予了1954年首例肾移植医生默里和20世纪60年代中期首例骨髓移植医生托马斯，此后又有两位从事人体器官移植研究的科学家获奖。不仅如此，器官移植可以使有限的卫生资源发挥更大效益。以肾移植为例，目前费用虽然较高，但与维持晚期肾衰患者生命的长期透析相比则经济得多，而且患者又可在相当程度上恢复正常的工作和生活，继续为社会创造财富，其社会意义显而易见。

二、器官移植引起的法律问题

在器官移植过程中涉及许多法律问题，其中比较重要的有：器官采集的合法性问题，公民提供器官的义务规定，患者对自己的废弃器官的所有权问题，未成年人是否可以捐献器官，胎儿可否提供器官，是否可以采取强制措施取得尸体的器官，利用动物器官是否损害动物的权利，对个体何时摘取器官是适宜的，人体器官可否进行买卖。这些重要的问题都需要卫生法律法规来加以规定并给出答案。

医疗实践中比较迫切的一个问题就是人体的器官严重供不应求，不但阻碍了医疗工作者治病救人，而且还引起了许多其他社会问题。等待移植的患者每年都在不断增长，而器官的来源却不升反降。人体器官的来源不外乎活体捐献与从尸体获取，其中像心脏、肝脏等每个个体仅有一个器官的则只能来自于尸体，而出于宗像信仰或文化习惯等原因，人们对捐献尸体的器官并没有形成良好的社会共识，器官捐献远远不能适应社会对器官的需求。学者认为，解决器官的来源大致有以下几种方式：①死者生前或死后由家人捐献；②强制性规定死后捐献器官是公民的义务；③形成人体器官的购销市场，从市场上购得人体器官；④由家人或亲属提供等。由于器官来源的严重不足，已经引起了一系列严重的社会问题，为此许多国家都出台了法规明令禁止买卖器官，因为买卖器官违背医学人道主义精神，会导致器官的质量下降，还会引起违法犯罪行为，如盗窃人体器官、人体器官的黑市买卖甚至买卖人口，在有些国家已经有个人被盗窃器官的案例出现，值得引起高度注意。

三、我国器官移植的现状与立法

我国临床器官移植较国际上为晚,但发展较快,迄今已开展了 28 种同种异体器官移植。肾移植技术已达世界先进水平,胰岛移植、血管全脾移植、胎器官移植等技术位居国际领先地位。尽管如此,我国器官移植特别是大器官移植与发达国家相比,在移植例数、存活时间、生存质量上都有较大差距,究其原因,并不完全在于技术、药物等条件方面,而关键在于供体的匮乏与质量低下。导致这种状况的一个重要原因在于缺乏法律保障。我国至今尚未公开颁布有关的法律法规,也未实行脑死亡标准,使器官移植技术得不到法律保障。全国人大代表在人代会上多次呼吁,必须加快器官移植的立法工作,否则,无序的器官移植将带来众多法律、伦理等难题。同时,我国关于遗体捐赠方面的立法也不完善,对于违反协议的人也没有明确具体的责任,协议的执行在很大程度上依赖于道德的力量。遗体捐赠体系的不健全,又使许多愿意在死后捐赠遗体的人捐赠无门,加剧了供体的缺乏。

1999 年,第九次全国医学伦理学学术年会讨论通过的《器官移植伦理原则》成为我国关于器官移植的第一个伦理性文件。该文件明确提出了我国器官移植的基本原则,规范了有关器官移植的道德行为。2003 年 8 月 22 日,深圳市第三届人民代表大会常务委员会第 26 次会议通过《深圳经济特区人体器官捐献移植条例》,这是国内第一部关于器官捐献移植的法规,该法规的颁布和实施给深圳乃至全国带来的深远影响是不言而喻的。2007 年 3 月 21 日,国务院颁布了《人体器官移植条例》,从法规层面上对人体器官的捐献、移植及相关法律责任进行了相应规范。

(一)人体器官的捐献

1. 原则

人体器官捐献应当遵循自愿、无偿的原则。公民享有捐献或者不捐献其人体器官的权利,任何组织或者个人不得强迫、欺骗或者利诱他人捐献人体器官。

2. 捐献人

捐献人体器官的公民应当具有完全民事行为能力。公民捐献其人体器官应当有书面形式的捐献意愿,对已经表示捐献其人体器官的意愿,有权予以撤销。公民生前表示不同意捐献其人体器官的,任何组织或者个人不得捐献、摘取该公民的人体器官;公民生前未表示不同意捐献其人体器官的,该公民死亡后,其配偶、成年子女、父母可以以书面形式共同表示同意捐献该公民人体器官的意愿。任何组织或者个人不得摘取未满 18 周岁公民的活体器官用于移植。

3. 接受人

活体器官的接受人限于活体器官捐献人的配偶、直系血亲或者三代以内旁系血亲,或者有证据证明与活体器官捐献人存在因帮扶等形成亲情关系的人员。

(二)人体器官的移植

1. 准入制度

医疗机构从事人体器官移植应当依照《医疗机构管理条例》的规定,向所在地省、自治区、直辖市人民政府卫生主管部门申请办理人体器官移植诊疗科目登记。医疗机构从事人体器官移植，应当具备下列条件：①有与从事人体器官移植相适应的执业医师和其他医务人员；②有满足人体器官移植所需要的设备、设施；③有由医学、法学、伦理学等方面专家组成的人体器官移植技术临床应用与伦理委员会，该委员会中从事人体器官移植的医学专家不超过委员人数的1/4；④有完善的人体器官移植质量监控等管理制度。

省级以上人民政府卫生主管部门应当定期组织专家根据人体器官移植手术成功率、植入的人体器官和术后患者的长期存活率，对医疗机构的人体器官移植临床应用能力进行评估，并及时公布评估结果；对评估不合格的，由原登记部门撤销人体器官移植诊疗科目登记。具体办法由国务院卫生主管部门制定。

2. 申请与审批

医疗机构及其医务人员从事人体器官移植，应当遵守伦理原则和人体器官移植技术管理规范。实施人体器官移植手术的医疗机构及其医务人员应当对人体器官捐献人进行医学检查，对接受人因人体器官移植感染疾病的风险进行评估，并采取措施，降低风险。在摘取活体器官前或者尸体器官捐献人死亡前，负责人体器官移植的执业医师应当向所在医疗机构的人体器官移植技术临床应用与伦理委员会提出摘取人体器官审查申请。人体器官移植技术临床应用与伦理委员会收到摘取人体器官审查申请后，应当对下列事项进行审查，并出具同意或者不同意的书面意见：①人体器官捐献人的捐献意愿是否真实；②有无买卖或者变相买卖人体器官的情形；③人体器官的配型和接受人的适应证是否符合伦理原则和人体器官移植技术管理规范。经2/3以上委员同意，人体器官移植技术临床应用与伦理委员会方可出具同意摘取人体器官的书面意见。

3. 移植规定

从事人体器官移植的医疗机构及其医务人员摘取活体器官前，应当履行下列义务：①向活体器官捐献人说明器官摘取手术的风险、术后注意事项、可能发生的并发症及其预防措施等，并与活体器官捐献人签署知情同意书；②查验活体器官捐献人同意捐献其器官的书面意愿、活体器官捐献人与接受人存在本条例第10条规定关系的证明材料；③确认除摘取器官产生的直接后果外不会损害活体器官捐献人其他正常的生理功能。从事人体器官移植的医疗机构应当保存活体器官捐献人的医学资料，并进行随访。

摘取尸体器官应当在依法判定尸体器官捐献人死亡后进行。从事人体器官移植的医务人员不得参与捐献人的死亡判定。从事人体器官移植的医疗机构及其医务人员应当尊重死者的尊严；对摘取器官完毕的尸体，应当进行符合伦理原则的医学处理，除用于移植的器官以外，应当恢复尸体原貌。

申请人体器官移植手术患者的排序，应当符合医疗需要，遵循公平、公正和公开的原则。对捐献人、接受人的个人资料应当保密。医疗机构应当定期将实施人体器官移植的情况向所在地省级卫生主管部门报告。

4. 移植费用

从事人体器官移植的医疗机构实施人体器官移植手术，除向接受人收取下列费用外，不得收取或者变相收取所移植人体器官的费用：①摘取和植入人体器官的手术费；

②保存和运送人体器官的费用；③摘取、植入人体器官所发生的药费、检验费、医用耗材费。对于规定费用的收取标准，应依照有关法律、行政法规的规定确定并予以公布。

（三）法律责任

1. 刑事责任

有下列情形之一，构成犯罪的，依法追究刑事责任：①未经公民本人同意摘取其活体器官的；②公民生前表示不同意捐献其人体器官而摘取其尸体器官的；③摘取未满18周岁公民的活体器官的。

2. 行政责任

从事买卖人体器官或者从事与买卖人体器官有关活动的，由设区的市级以上地方人民政府卫生主管部门依照职责分工没收违法所得，并处交易额8倍以上10倍以下的罚款；医疗机构参与上述活动的，还应当对负有责任的主管人员和其他直接责任人员依法给予处分，并由原登记部门撤销该医疗机构人体器官移植诊疗科目登记，该医疗机构3年内不得再申请人体器官移植诊疗科目登记；医务人员参与上述活动的，由原发证部门吊销其执业证书。国家工作人员参与买卖人体器官或者从事与买卖人体器官有关活动的，由有关国家机关依据职权依法给予撤职、开除的处分。

医疗机构未办理人体器官移植诊疗科目登记，擅自从事人体器官移植的，依照《医疗机构管理条例》的规定予以处罚。

实施人体器官移植手术的医疗机构及其医务人员违反规定，未对人体器官捐献人进行医学检查或者未采取措施，导致接受人因人体器官移植手术感染疾病的，依照《医疗事故处理条例》的规定予以处罚。

从事人体器官移植的医务人员违反规定，泄露人体器官捐献人、接受人或者申请人体器官移植手术患者个人资料的，依照《执业医师法》或者国家有关护士管理的规定予以处罚。

医务人员有下列情形之一的，依法给予处分；情节严重的，由县级以上地方人民政府卫生主管部门依照职责分工暂停其6个月以上1年以下执业活动；情节特别严重的，由原发证部门吊销其执业证书：①未经人体器官移植技术临床应用与伦理委员会审查同意摘取人体器官的；②摘取活体器官前未依照本条例第19条的规定履行说明、查验、确认义务的；③对摘取器官完毕的尸体未进行符合伦理原则的医学处理，恢复尸体原貌的。

医疗机构有下列情形之一的，对负有责任的主管人员和其他直接责任人员依法给予处分；情节严重的，由原登记部门撤销该医疗机构人体器官移植诊疗科目登记，该医疗机构3年内不得再申请人体器官移植诊疗科目登记：①不再具备规定条件，仍从事人体器官移植的；②未经人体器官移植技术临床应用与伦理委员会审查同意，作出摘取人体器官的决定，或者胁迫医务人员违反本条例规定摘取人体器官的；③摘取器官没有履行相应义务的。医疗机构未定期将实施人体器官移植的情况向所在地省、自治区、直辖市人民政府卫生主管部门报告的，由所在地省、自治区、直辖市人民政府卫生主管部门责令限期改正；逾期不改正的，对负有责任的主管人员和其他直接责任人员依法给予处分。

从事人体器官移植的医务人员参与尸体器官捐献人的死亡判定的,由县级以上地方人民政府卫生主管部门依照职责分工暂停其6个月以上1年以下执业活动;情节严重的,由原发证部门吊销其执业证书。

第四节 脑死亡相关法律制度

一、脑死亡概述

(一)脑死亡的概念

《中国大百科全书》中死亡的定义是:自然人生命的终止,人体生理机能逐渐衰减以至完全停止的过程。20世纪50年代美国著名的《布莱克法律词典》将死亡定义为:血液循环完全停止,呼吸、脉搏停止。然而,自20世纪五六十年代以来,现代医学在抢救心跳、呼吸骤停以及心脏移植技术方面有了突飞猛进的发展。人工心脏救护设备和人工呼吸机的使用,可以使那些心跳、呼吸停止数小时乃至数余小时的患者起死回生。因此,把心肺功能作为生命最本质的特征和死亡唯一的判断标准受到了现代生物医学的挑战。于是,人们开始对死亡的定义和标准重新认识,一种被医学界认为更加科学的脑死亡概念和脑死亡标准应运而生。

脑死亡是指原发于脑的病变或严重的脑组织创伤,致使脑的全部机能不可逆地停止,最终导致人体死亡。死亡时间从脑的全部机能不可逆地停止开始。

现代医学表明,人脑是生命中枢,以脑为中心的中枢神经系统是整个生命赖以维系的根本。脑死后,其他器官功能不能逆转地相继丧失,现代医学不能使其恢复;而其他器官的死亡,不但可以人工复苏,并可进行彻底的替代治疗——手术移植。因此器官死并不能导致人死,只要脑功能存在,生命可以恢复。而脑死则不可以逆转,并且在目前还没有替代疗法。现代医学研究表明:死亡并不是瞬间来临的事件,而是一个物质变化的过程,同样也有着从量变到质变的规律。在脑死亡的过程中,人的机体的新陈代谢分解大于合成,组织细胞的破坏大于修复,各种脏器功能的丧失大于重建。一旦脑死亡确定,决定了机体各种器官在不久的将来必定出现死亡。并且,这种现象是不可逆转的。脑死亡后即使心跳、血压仍可维持,但作为人所特有的意识、信念、感情、认知均已消失。因此,作为社会意义上的人也就不复存在。

(二)确立脑死亡的意义

1. 有利于促进器官移植的开展

确定脑死亡标准的最大社会意义在于可以为器官移植的顺利进行提供方便。器官移植需要大量的新鲜组织脏器拯救那些因某一器官患有严重疾病或损伤或衰竭的患者。但是,器官摘取过早会认为是杀人,过晚会使得器官的可用性大大降低。因此,一旦确定脑死亡的标准,对于器官的摘除时机的选择就有了实际操作性。并且依靠先进的科技可以通过维持脑死亡者的呼吸与循环功能,为人体器官的移植提供一个优良的设备系统。

中科院院士、中国器官移植创始人之一裘法祖教授指出，中国如能使用国际通用的"脑死亡就等同肌体整体死亡"的概念，并把脑死亡者作为器官来源，将会使成千上万的患者得到新生。

2. 有利于减少医疗资源的浪费，减少患者家属与社会的治疗压力

我们活在一个现实的社会中，资源总是有限的。抢救脑死亡者的医疗资源消耗要比医治普通患者的医疗资源消耗多得多。毫无疑问，脑死亡标准的确立能减少相当数量的医疗花费。确认脑死亡观念和实施脑死亡法，可以适时终止无效的医疗救治，减少无意义的卫生资源消耗，合理使用有限资源。

3. 有利于减轻患者家属等待和无望的痛苦，让患者"死"得有尊严

死亡是所有人都必定要经历的，如何看待死亡其实取决于如何看待生命。要理解死亡，先得认识生命。生命的可贵就在于只有一次，在价值上，所有的个体生命都同样的宝贵和无价。医疗的根本目的也是以有限的价值呵护这无价的生命。拯救每一个可挽回的生命是所有医生的共同理想，但生死总是相伴而来。当死亡降临时，勇敢地承认和面对，这是对死亡的尊重，也是对生命本身的敬畏。脑死亡标准的确立，为确立真死与假死的鉴别提出了科学依据，从而更好地维护人的生命尊严，更好地尊重人的生命价值。

4. 有利于法律的正确实施

众所周知，死亡在诸多法律领域都有着重要的应用。死亡决定着杀人罪的成立，刑事责任的免除，民事权利的终止，继承的开始，婚姻关系的消灭以及诸如合伙、代理等关系的变更等。因此，如何界定死亡在司法实践中有着重要的意义。鉴于前面提到的传统的死亡标准的局限性，并且我国的法律中并无对死亡的明确的界定，因此通过确立新的脑死亡标准，从而在我国的法律中对死亡的概念加以明确的规定就有了重要的意义。

二、国外脑死亡的立法规定

脑死亡的标准最早出之于1968年美国哈佛医学院死亡定义审查特别委员会发表的一份报告，该报告第一次正式把脑死亡作为判断死亡的又一标准。其主要内容是：不可逆深度昏迷，无感应性和反应性；自主运动和呼吸停止；脑干反射消失；脑电波平直。上述状况在24小时内反复测试结果无变化，就可宣告该人死亡。但有两种情况除外：体温过低（低于32.2 ℃）；刚服过巴比妥药物等中枢神经系统抑制剂的病例。目前，世界上大多数国家基本采用哈佛医学院的诊断标准。

芬兰是世界上第一个在法律上确立脑死亡的国家。此后，美国的堪萨斯州在1970年通过了《死亡和死亡定义法》。1976—1979年，英国"联合王国皇家医学会主管部联合会议"发布脑干死亡判断标准。认定程序为：首先，判断患者是否符合脑干死亡的前提条件。其次，进行脑干死亡确认试验。最后，认定患者是否脑死亡。其中符合脑干死亡的前提条件为：①患者处于深度昏迷状态，排除可逆性昏迷原因，如中枢神经抑制药物、低体温、内分泌障碍等；②患者自主呼吸消失，需要借助呼吸机维持，必须排除先前使用影响呼吸功能的药物；③患者的疾病完全是由于脑组织结构损害而引起的。脑干死亡确认试验包括：①瞳孔固定，对光反射消失；②角膜反射消失；③前庭反射消失；④对外来刺激无运动反应；⑤气管刺激无咳嗽反应；⑥关闭人工呼吸器观察10分钟，检视患者能否自行呼吸。1983年，美国医学会、美国律师协会、统一州法律督察全国会议以及医学和生物学行为研究伦理学问题总统委员会建议各州采纳以下条款："任何人患有呼吸和循环不可逆停止或大脑全部功能不可逆丧失就是死人。死亡的确定必须符合公认的医学标准。"上述条款实际上是让传统死亡概念、标准和脑死亡概念、标准并存，避免了人们对死亡定义可能产生的误会。随后，加拿大、阿根廷、瑞典、澳大利亚、奥地利、希腊、意大利、英国、法国、西班牙、波多黎各等多个国家也先后制定了脑死亡法律，承认脑死亡是宣布死亡的依据。比利时、德国、印度、爱尔兰、荷兰、新西兰、南非、韩国、瑞士和泰国等10个国家虽然法律没有明文规定，但临床上已经承认脑死亡状态并用来作为宣布死亡的依据。

为了保证和提高脑死亡诊断的准确性，防止偏差，有的国家规定，脑死亡诊断应由2名内科医生作出，且同器官移植无关联。也有的国家规定，脑死亡的确定，应由2名医生独立进行检查，得出相同结论，或需经上级医生的核准；必要时，还需神经内科、神经外科、麻醉科以及脑电图专家会诊，无异议时方可确定脑死亡。

三、我国脑死亡的立法思考

我国目前尚未制定出一部统一的、正式的、具有法律效力的脑死亡标准。由于我国文化传统的影响，医学技术的发展状况不平衡，人们对脑死亡的认识还很模糊，在短期内，要使全社会对脑死亡标准达成共识是不可能的。但是，随着医学科学的发展，通过法律确定脑死亡的标准，已成为十分现实和迫切的需要。为此，我们建议在脑死亡立法时注意以下四个方面。

1. 两种死亡标准并存

根据我国的具体国情，根深蒂固的传统观念，在现有各级医疗单位在技术、设备、诊疗水平上存在较大差异的情况下，借鉴国外及我国香港、台湾地区的脑死亡立法经验，可以采用传统死亡标准和脑死亡标准同时并存的制度。

2. 严格确定脑死亡诊断标准

判定脑死亡除了检测各种神经反射活动是否消失外，还可以通过脑电图、脑超声图等测定方法来认定。将脑死亡作为确定死亡的标志之一，其鉴定标准必须具备以下条件：人陷入不可逆深度昏迷；反射全部消失，脑循环停止，脑电图平坦无曲线；无自主呼吸，仅靠呼吸机等人工方法维持；病因（昏迷原因）已查明等。

患者在符合上述临床标准后，只能作初步判定，并且需要间隔一定的时间进行复核。复核间隔时间美国为12小时、英国为24小时、日本为6小时，我国在尚未正式实施的《脑死亡判定标准（成人）》中可定为12小时。

3. 确定脑死亡的程序

脑死亡的确定必须在具备一定的医疗条件的医院，通过必要的检测手段后，由2名以上具备相应资格的医师独立作出书面认定，在确定患者脑死亡时，患者的原诊治医师应当回避。患者脑死亡事实一旦确定，由确定脑死亡的医疗组织签发死亡诊断书。

4. 法律责任

脑死亡立法应当明确规定违反脑死亡法律法规者所应承担的法律后果。对于不符合脑死亡标准的患者，因确定医师的过错而导致事故的，应追究责任人的民事责任或行政责任；构成犯罪的，依法追究刑事责任。

案例 13-3

2002 年 3 月 22 日，英国高等法院作出判决，一位 43 岁叫 B 的女性有权要求医生撤除其维持生存的呼吸机，这意味着她拥有安乐死的权利。1 年前，B 颈部血管破裂导致瘫痪，在无助的条件下不能呼吸。B 认为这样生不如死，便向法院请求判决她有权死亡。她表示完全能理解撤除呼吸机意味着什么。这是英国第一例神智完全清醒的患者申请终止其维持生命的治疗。B 的要求和英国法庭的判决再次在全球引起有关安乐死的大讨论。

第五节　安乐死相关法律制度

一、安乐死的概述

（一）安乐死的概念

"安乐死"一词源自希腊语，原意是无痛苦死亡。现代意义上的安乐死是指为结束不治之症患者无法忍受的肉体痛苦，采用科学方法对人的死亡过程进行调节，使死亡状态安乐化，以维护人的死亡尊严。安乐死是一种死亡过程中的良好状态和为达到这种状态而采取的方法，它并不是死亡的原因。

关于安乐死，至今尚无一个统一完整的定义。《布莱克法律词典》对安乐死的解释是："从怜悯出发，把身患不治之症和极端痛苦的人处死的行为或做法。"《牛津法律指南》的定义是："在不可救药的病危患者自己的要求下，所采取的引起或加速死亡的措施。"《中国大百科全书·法学卷》对安乐死的定义是："对于现代医学无可挽救的逼近死亡的患者，医生在患者本人真诚委托的前提下，为减少患者难以忍受的剧烈痛苦，可以采取措施提前结束患者的生命。"从医学伦理学的角度来看，可以将安乐死定义为：患不治之症的患者在危重濒死状态时，由于精神和躯体的极端痛苦，在患者或其亲友的合理要求下，经过医生的鉴定认可，用人为的医学方法使患者在无痛苦下度过死亡阶段而终结生命全过程。

（二）安乐死的历史发展

安乐死的理论和实践已有很长久的历史。斯巴达人为了保持健康与活力，处死生来就存在病态的儿童。亚里士多德曾在其著作中表示支持这种做法。在《理想国》一书中，柏拉图赞成把自杀作为解除无法治疗的痛苦的一种办法。毕达哥拉斯等许多哲人、学者、政治家都认为在道德上对老人与虚弱者，实施自愿的安乐死是合理的。其他社会也有些安乐死的报道。

在人类社会生产水平低下，生活资料不足以养活所有的社会成员时，这种安乐死的习俗减少了无力生产自己必需的生活资料的成员，减轻了社会的负担，在当时可能是适宜的。当人类社会进入生产力水平比较高的阶段后，这种安乐死便不普遍了。对人类思想文化有巨大影响的宗教，都认为人的生命是天神赐予的，死亡也由天神来决定，只有君主有权代表天神主宰臣民的死生；病痛，包括临终前的痛苦，往往被看成天神的惩罚；于是视自杀与安乐死是篡夺了造物主主宰生死的权力。16世纪后人本主义兴起，从天赋人权的基本思想出发，并不提倡安乐死。但是也有学者从社会的效益和理性的思考出发，考虑和提出安乐死的主张。如培根在《新亚特兰提斯》一书中，主张实行自愿的安乐死。休谟和康德也都支持安乐死。但总的来说，关于安乐死的讨论，相对沉寂了一段时间。

安乐死的再次提出，并大肆宣传和广泛推行，发生在1930年代的纳粹德国。实际上，纳粹分子是在安乐死的借口下，实行种族灭绝政策；纳粹罪行的揭发使人们在讨论安乐死和优生学问题时不能不有所忌讳。

后来，安乐死问题又引起广泛的兴趣，这主要来自医学本身。科学技术的进步激化了医学伦理学基本原则中包含的一对固有矛盾。作为医学伦理学基础的希波克拉底誓言，一方面要求医生解除患者的痛苦，另一方面又要求延长患者的生命。以前只要一个人无法进食，生命就难以维持，而呼吸、心跳停止，就算死亡；残疾人很难终其天年。现在人体的许多功能都可以用人工的方法维持；同时，由于一些治疗措施的进步，许多不治之症的结局可以变得相当拖沓。这样一来，患者临终前的痛苦也延长了，这种痛苦不可能在死亡到来前解除。不少疾病终末期的患者，由于不能忍受病痛的折磨，哀求医生结束他的生命，当他们的要求得不到满足时，他们有时就杀死自己。但由于不谙生理解剖，在结束自己的生命时，他们往往不得不忍受多余的痛苦。于是，有关安乐死的案例和讨论不断出现。

二、国外安乐死法律制度

由于安乐死不仅涉及伦理、哲学、医学等方面的问题，还涉及人们对死亡的理解，更会引发一系列的法律后果，因此，迄今为止，人们对安乐死仍褒贬不一。支持安乐死的人看重生命的内容和方式，认为安乐死可以减轻患者痛苦，当患者因垂死而遭受病痛的折磨，感到生不如死时，死亡比生存对他们更加人道。这样，既可以减轻患者家属的精神痛苦和经济负担，又可以节省有限的医药资源，使之发挥更大的效用。他们提倡医学的根本任务是提升人的生存质量，在基本实现优生的前提下，医学也必须实现人的优死。而反对安乐死的人则认为，安乐死不仅与医生的职责相冲突，而且还可能被滥用，成为患者配偶、子女等亲属为了减轻自己的负担，或为了瓜分遗产等其他原因变相杀人的借口。但经过半个多世纪的争论，时至今日，赞成安乐死的呼声愈来愈高。尽管如此，对于安乐死是否要制定法律予以保护，绝大多数国家持慎重态度。目前，在立法上有一定进展的国家，大多是对消极安乐死的认可。1993年2月9日，荷兰议会通过了关于安乐死的法律，允许医生在严格的条件下，可以对患者实施安乐死。荷兰是世界上就安乐死问题制定法律的第一个国家。

三、我国安乐死现状及立法思考

我国关于安乐死的讨论始于20世纪80年代，我国现行的法律未对安乐死加以认可。然而，安乐死案件却多次出现，在发生纠纷又无相关法律调整的情况下，全国人民代表大会的部分代表先后数次提出议案，建议制定安乐死法。最早在全国人大提出安乐死议案的是严仁英和胡亚美，两人分别是中国妇产科学和儿科专业的泰斗。在1988年第七届人大会议上，严仁英在议案中写下这么短短几句话："生老病死是自然规律，但与其让一些绝症患者痛苦地受折磨，还不如让他们合法地安宁地结束他们的生命。"1994年全国"两会"期间，广东32名人大代表联名提出"要求结合中国国情尽快制定'安乐死'立法"议案。1995年第八届人大三次会议上，有170位人大代表递交了4份有关安乐死立法的议案。1996年，上海市人大代表再次提出相关议案，呼吁国家在上海首先进行安乐死立法尝试。在随后于1997年首次举行的全国性"安乐死"学术讨论会上，多数代表拥护安乐死，个别代表认为就此立法迫在眉睫。

由于安乐死是一种具有特殊意义的死亡类型，它既是一个复杂的医学、法学问题，又是一个极为敏感的社会、伦理问题，因此，全国人民代表大会法制工作委员会及卫生部在经过反复研究后认为，目前，我国制定安乐死法规的条件尚不成熟，但可以促请有关部门积极研究这一课题，为安乐死立法做准备。为此，有学者认为在安乐死立法时，应当注意以下问题。

（一）安乐死的必备条件

适用安乐死必须符合以下条件：①自愿要求，即患者要有安乐死的真诚意愿，并亲自主动提出安乐死的要求；②严重痛苦，即病情导致患者肉体上、精神上无法抑制的严重痛苦；③濒临死亡；④施行方法正当，即执行安乐死的技术与方法必须是科学的、文明的、人道的。

（二）安乐死的申请、受理和执行

1. 申请

申请安乐死应当由本人亲自以书面形式主动提出，并附有身患绝症的医疗证明。特殊情况下，口头（包括录音）申请者必须由两名无利害关系的证人出具书面证明。对于陷入永久性昏迷状态、不能表达意愿的患者，可由其法定监护人代为提出。

2. 受理

安乐死的受理机关必须是符合安乐死施行条件的医疗机构。县级以上的医疗单位应当设立安乐科，负责对安乐死申请的审查和批准。对不符合安乐死条件的申请者，审查单位应当在法定期限内以书面形式告知，并说明理由。对符合条件的申请者，应当批准申请，并经公证机关公证后，安排施行。

3. 执行

安乐死申请经批准并公证后，患者所在医院应当按照批准的时间和地点指定医生执行安乐死。执行前，患者撤回申请或表示反悔的，应当立即停止执行。主管医生反对施行安乐死的，应当暂缓施行安乐死。

（三）法律责任

违反安乐死规定的行为主要有：①对不符合安乐死条件的患者施行安乐死的；②擅自执行安乐死的；③不履行或不认真履行职责，造成重大医疗事故的；④采用诱惑、欺骗、胁迫或其他手段强制患者施行安乐死的；⑤在申请、代理、审查、执行中弄虚作假的；⑥违反有关保密规定的。凡违反安乐死规定的直接责任人员，要承担相应的民事责任或行政责任；构成犯罪的应当依法追究其刑事责任。

关键术语

医学新科技（new medical technology） 辅助生殖技术（assisted reproductive technology） 器官移植（organ transplantation） 脑死亡（brain death） 基因工程（genetic engineering） 安乐死（euthanasia）

问题与思考

（1）什么是人类辅助生育技术？它包括哪几种情况？
（2）什么是器官移植？器官移植有什么意义？
（3）什么是脑死亡？认定脑死亡的标准有哪些？
（4）什么是安乐死？目前安乐死在我国是否合法？

（李娜玲）

参 考 文 献

［1］周旺生. 立法学［M］. 北京：法律出版社，2009.
［2］杜仕林. 医疗资源配置法律制度研究——以健康公平为中心［M］. 北京：光明出版社，2010.
［3］Robert Crawford. A cultural account of "health"：control release，and the social body［M］// The political economy of health care. London：Tavistock Publication，1984.
［4］孟庆跃，严非. 中国城市卫生服务公平与效率评价研究［M］. 济南：山东大学出版社，2005.
［5］杜乐勋，张文鸣. 中国医疗卫生发展报告3［M］. 北京：社会科学文献出版社，2007.
［6］World Health Organization. New Horizons in Health. Geneva：WHO，1995.
［7］张人骏. 健康学［M］. 北京：中国科学技术出版社，1993.
［8］World Health Organization. Equity in health and health care. Geneva：WHO/SIDA Initiative，1996.
［9］严友春. 人：西方思想家的阐释［M］. 北京：中国社会科学出版社，2005.
［10］乌日图. 医疗保障制度的国际比较［M］. 北京：化学工业出版社，2004.
［11］（德）马克思，恩格斯. 马克思恩格斯全集：第3卷［M］. 北京：人民出版社，1995.
［12］（澳）罗斯·霍恩. 现代医学批判——21世纪的健康与生存［M］. 姜学清，译. 上海：上海三联书店，2005.
［13］李昌麒，刘瑞复. 经济法［M］. 北京：法律出版社，2004.
［14］李昌麒. 经济法学［M］. 北京：法律出版社，2007.
［15］吴忠民. 社会公正论［M］. 济南：山东人民出版社，2004.
［16］（美）彼得·斯坦，等. 西方社会的法律价值［M］. 王献平，译. 北京：中国法制出版社，2004.
［17］（美）约翰·罗尔斯. 正义论［M］. 何怀宏，等，译. 北京：中国社会科学出版社，2003.
［18］张文显. 法哲学范畴研究［M］. 北京：中国政法大学出版社，2003.
［19］（英）哈特. 法律的概念［M］. 张文显，等，译. 北京：中国大百科全书出版社，1996.
［20］（美）罗纳德·德沃金. 认真对待权利［M］. 信春鹰，等，译. 北京：中国大百科全书出版社，1998.
［21］（美）波斯纳. 法理学［M］. 苏力，译. 北京：中国政法大学出版社，2002.

[22] (美)庞德. 通过法律的社会控制[M]. 沈宗灵,译. 北京: 商务印书馆, 1984.

[23] 苏力. 阅读秩序[M]. 济南: 山东教育出版社, 1999.

[24] The right to the highest attainable standard of health: 11/08/2000. E/C. 12/2000/4. (General Comments).

[25] 高铭暄,马克昌. 刑法学[M]. 4版. 北京: 北京大学出版社、高等教育出版社, 2010.

[26] (英)威廉·韦德. 行政法[M]. 徐炳,等,译. 北京: 中国大百科全书出版社, 1997.

[27] 刘长庆. 器官移植法研究[M]. 北京: 法律出版社, 2005.

[28] John Rawls. A theory of justice[M]. Cambridge, Massachusetts: the Belknap Press of Harvard University Press, 1999.

[29] (英)亚历山大J C. 国家与市民社会[M]. 邓正来,译. 北京: 中央编译出版社, 2002.

[30] 李艳芳. 公众参与环境影响评价制度研究[M]. 北京: 中国人民大学出版社, 2004.

[31] 梁慧星. 民法总论[M]. 3版. 北京: 法律出版社, 2007.

[32] 胡建淼. 行政法学[M]. 2版. 北京: 法律出版社, 2003.

[33] 张明楷. 刑法学[M]. 3版. 北京: 法律出版社, 2007.

[34] Kuznet, Simmon. Modern economic growth, structure and speed[M]. New Haven: Yale University Press, 1996.

[35] 杨秀苔. 资源经济学:资源最优配置的经济分析[M]. 重庆: 重庆大学出版社, 1993.

[36] Leibenstein. Allocative Efficiency vs. X-efficiency[J]. American Economic Review, 1966 (5): 392-425.

[37] 沈满洪. 资源与环境经济学[M]. 北京: 中国社会科学出版社, 2007.

[38] 黄晓光. 卫生经济学[M]. 北京: 人民卫生出版社, 2006.

[39] 刘成武. 资源科学概论[M]. 北京: 科学出版社, 2004.

[40] 王龙兴. 卫生经济学的理论与实践[M]. 上海: 上海交通大学出版社, 1998.

[41] Beauchamp D E. Steinbock. New ethics for the public health[M]. Oxford: Oxford University Press, 1999.

[42] 中国社会科学院语言研究所词典编辑室. 现代汉语词典[M]. 增补版. 北京: 商务印书馆, 2002年.

[43] 郑鹏程. 行政垄断的法律控制研究[M]. 北京: 北京大学出版社, 2002.

[44] (美)Alexander S Preker, John C Langenbrunner. 明智的支出——为穷人购买医疗服务[M]. 郑联盛,王小芽,译. 北京: 中国财经出版社, 2006.

[45] Anthony Giddens. Contemporary critique of historical materialism[M]. Berkeley: California University Press, 1981.

[46] (美)博登海默E. 法理学——法律哲学与法律方法[M]. 邓正来,译. 北京:

中国政法大学出版社,1999.

[47] 祥兴. 医学伦理学 [M]. 北京：人民卫生出版社,1999.

[48] 侯巍. 医疗损害赔偿责任性质及其认定研究 [D]. 武汉：中南财经政法大学,2003.

[49] 中国人大常委会法制工作委员会民法室. 中华人民共和国侵权责任法：条文说明、立法理由及相关规定 [M]. 北京：北京大学出版社,2010.

[50] 孔志学. 医疗纠纷与法律处理 [M]. 北京：科学出版社,2007.

[51] 奚晓明.《中华人民共和国侵权责任法》条文理解与适用 [M]. 北京：人民法院出版社,2010.

[52] 刘鑫,张宝珠,陈特. 侵权责任法"医疗损害责任"条文深度解读与案例剖析 [M]。北京：人民军医出版社,2010.

[53] 陈小嫦,李大平. 论医疗诉讼中的证明妨碍 [J]. 证据科学,2010 (4)：398-400.

[54] 江平. 民法学 [M]. 北京：中国政法大学出版社,2007.

[55] 王胜明. 中华人民共和国侵权责任法解读 [M]. 北京：中国法制出版社,2010

[56] 郑功成. 社会保障概论 [M]. 武汉：武汉大学出版社,1994.

[57] 林嘉. 劳动法和社会保障法 [M]. 北京：中国人民大学出版社,2009.

[58] 黎建飞. 劳动与社会保障法教程 [M]. 北京：中国人民大学出版社,2007.

[59] 梁浩材. 国外健康保险制度 [M]. 北京：北京医科大学、中国协和医科大学联合出版社,1992.

[60] 林义. 社会保险 [M]. 北京：中国金融出版社,2003.

[61] 仇雨临,孙树萌. 医疗保险 [M]. 北京：中国人民大学出版社,2001.

[62] 杨立新. 医疗损害责任概念研究. 重庆：政治与法律,2009 (3).

[63] 雍灵. 经济法视野中的公平 [D]. 西南政法大学,2006.

[64] 吴江生,苏玉菊. 医疗卫生法律关系之探析 [J]. 海南医学院学报,2009 (5).

[65] 张愈,戴金增. 卫生立法的主要特点与我国卫生立法基本框架探讨 [J]. 中国卫生法制,2000 (1)：21-22.

[66] 汪建荣. 我国30年卫生立法进程 [J]. 山东卫生,2009 (4)：53-56.

[67] 石东风,于连芳. 地方卫生立法现状及其问题评析 [J]. 医学与哲学：人文社会医学版,2007 (9)：48.

[68] 孙瑞灼. 卫生立法刻不容缓 [J]. 中国社会保障,2009 (8) 73.

[69] 杨中伟. 人类健康概念解读 [J]. 体育学刊,2004 (1)：133.

[70] 张人骏. 健康学 [M]. 北京：中国科学技术出版社,1993.

[71] 张铁民. 论健康 [J]. 中国健康教育,1992 (8)：3-5.

[72] 赵东耀. 论健康需求的无限性与医学责任的有限性 [J]. 医学与哲学,2002 (5)：23-25.

[73] 刘仲翔. 健康责任与健康公平 [J]. 甘肃社会科学,2006 (4)：112.

[74] 侯剑平. 中国居民区域健康公平性影响因素实证研究 [J]. 特区经济,2006 (10)：26.

[75] 巴德年. 当今医学科技的发展趋势及我国的发展战略[J]. 医学与哲学, 2000 (2): 1-4.

[76] 郭彩琴, 曹健. 教育公平: 配置教育资源的合理性原则[J]. 江苏高教, 2003 (5): 23.

[77] 郭永松. 关于卫生保健公平性的理性思考与实践原则[J]. 中国卫生事业管理, 2002 (3): 135.

[78] 郭彩琴, 曹健. 教育公平: 配置教育资源的合理性原则. 江苏高教, 2003 (5): 24.

[79] 郭小燕. 公平健康权与基本医疗保险[J]. 山东工商学院学报, 2003 (5): 99.

[80] 蒋月, 林志强. 健康权观源流考[J]. 学术论坛, 2007 (4): 145.

[81] 戴剑波. 公民医疗权若干问题研究[J]. 天津大学学报: 社会科学版, 2006 (6): 465.

[82] 公丕祥. 论当代中国法治的价值基础[J]. 法制与社会发展, 1995 (2): 23.

[83] 吴忠民. 公正新论[J]. 中国社会科学, 2000 (4): 54.

[84] 李昌麒, 黄茂钦. 公平分享: 改革发展成果分享的现代理念[J]. 社会科学研究, 2006 (4): 5-6.

[85] 徐梦秋. 公平的类别与公平中的比例[J]. 中国社会科学, 2001 (1): 37.

[86] 牛先锋. 社会公平的多重内涵及其政策意义[J]. 理论探讨, 2006 (5): 20.

[87] 张文显. 规则·原则·概念——论法的模式[J]. 现代法学, 1989 (3).

[88] 杜承铭, 谢敏贤. 论健康权的宪法权利属性及实现[J]. 河北法学, 2007 (1): 64-67

[89] 杜治政. 医学伦理学不可忽视的课题: 利益伦理[J]. 医学与哲学, 2007 (9): 1-6.

[90] 戴正德. 东西方医学伦理思维之共通性[J]. 医学与哲学, 2007 (9): 12-15.

[91] 敖双红. 回顾与前瞻: 行政法律关系之研究[J]. 福建公安高等专科学校学报, 2007 (2): 80-86.

[92] 江必新, 李春燕. 公众参与趋势对行政法和行政法学的挑战[J]. 中国法学, 2005 (6): 50-56.

[93] 余军, 朱新力. 法律责任概念的形式构造[J]. 法学研究, 2010 (4): 159-160.

[94] 马长生, 彭新林. 关于我国刑事政策改革的一点构想———论社会主义法制理念下的前科消灭制度[J]. 法学, 2007 (2) 60.

[95] (德) 乌尔里希·贝克. 风险社会政治学[J]. 刘宁宁, 沈天霄, 译. 马克思主义与现实, 2005 (3): 42.

[96] 李川, 解永照. 医疗事故罪的法定刑研究[J]. 四川警官高等专科学校学报, 2006 (3): 13-19

[97] 万毅. 刑事不起诉制度改革若干问题研究[J]. 政法论坛, 2004 (6): 99-108.

[98] 韦正球. 大资源观初探[J]. 学术论坛, 2006 (2): 63.

[99] 李维华, 韩红梅. 资源观的演化及全面资源论下的资源定义[J]. 管理科学文

摘,2005(3):20.

[100] 陆家骝,林晓洁. 新经济资源观与我国新世纪发展的资源策略[J]. 学海,2000(2):55.

[101] 姚子辉. 需求与资源的有限性与无限性的运动及对生产发展的影响[J]. 学术界,1996(2):7

[102] 李晓西. 试论我国卫生资源的合理配置[J]. 中国卫生经济,2002(2):1.

[103] 叶浩森. 我国卫生资源宏观调控研究概述[J]. 医学与社会,2004(2):15.

[104] 王谦. 医疗卫生资源配置的经济学分析[J]. 经济体制改革,2006(2):33.

[105] 达庆东. 试论卫生与法律的关系[J]. 医学与哲学,2001(4):14.

[106] 邱仁宗. 公共卫生伦理学刍议[J]. 中国医学伦理学,2006(1):4-5.

[107] 杨辉. 构建卫生服务质量的概念框架[J]. 中国卫生质量管理,2007(2):1.

[108] 和晋予,许树强. 我国卫生资源区域配置理论初探[J]. 中国卫生经济,2004(12):6.

[109] 饶克勤,刘新明. 卫生总费用与支付制度的国际趋势[M]//饶克勤,刘新明. 国际医疗卫生体制改革与中国. 北京:中国协和医科大学出版社,2007:71.

[110] 胡汝为. 面包里的政治——读《食品政治》与《食品安全》兼析食品安全法律规制[J]. 开放时代,2008(5):166-174.

[111] 胡汝为. 略论卫生行业政府管制——以奶粉及刺五加事件为楔子[M]//公法研究. 杭州:浙江大学出版社,2009:311-345.

[112] 杨立新. 论医疗损害责任的归责原则及体系. 中国政法大学学报,2009(2):26-29.

[113] 周寿祺. 探寻农民健康保障制度的发展轨迹[J]. 国际医药卫生导报,2002(6):18.

[114] 徐道稳. 中国医疗保障制度历史考察与再造[J]. 求索,2004(5):113-115.

[115] 陈家应,等. 卫生保健与健康公平性研究进展[J]. 国外医学:卫生经济分册,2000(4):153-158.

[116] 裴晓兰. 法院驳回李丽云家属上诉[N]. 京华时报,2010-04-29(14).

[117] 任珊珊. 孕妇拒签字,医院强行剖宫救命[N]. 广州日报,2010-12-04.

[118] 尹力. 加快建立和完善多层次医疗保障体系[N]. 人民日报,2008-12-04.